Erfolgreich führen für Dummies - Schummelseite

Verantwortung ergreifen

Verantwortung ergreifen ist eine Einstellung:

- ✔ Streichen Sie das Wort »Nein« aus Ihrem Vokabular.
- ✔ Lernen Sie, freiwillig zu arbeiten.
- ✔ Zeigen Sie Interesse an den Leuten um Sie herum.
- ✔ Versprechen Sie wenig – halten Sie viel.

Kooperation entlocken

Ihr Ziel ist, dass Ihre Anhänger Ihnen vertrauen:

- ✔ Finden Sie heraus, was die Leute wollen – und warum sie es wollen.
- ✔ Finden Sie Wege, das, was Sie haben – die Macht einer Führungskraft –, einzutauschen gegen das, was Sie brauchen – die Kooperation Ihrer Gruppe.
- ✔ Lächeln Sie die Leute an, und sehen Sie ihnen in die Augen. Das ist der Beginn des Vertrauens, und Vertrauen ist der Beginn der Kooperation.
- ✔ Teilen Sie Informationen mit Ihrem Team, und halten Sie es auf dem Laufenden.

Visionen

Führung beginnt mit der Entwicklung einer Vision:

- ✔ Visionen sind mehr als Ideen. Sie sind machbare Träume.
- ✔ Visionen verbinden die Gegenwart mit der Zukunft.
- ✔ Benutzen Sie Visionen, um Ihre Anhänger dazu zu inspirieren, mehr zu erreichen, als sie für möglich gehalten hätten.
- ✔ Halten Sie Ihre Visionen positiv. Jeder will gerne die Welt verbessern.

Planung

Planung ist notwendig, wenn Ihr Team seine Ziele erreichen soll. Beachten Sie folgende Punkte:

- ✔ Planen Sie jede Eventualität mit ein – und denken Sie daran, dass Sie nicht jede Eventualität einplanen können.
- ✔ Lassen Sie in Ihren Plänen eine Menge Spielraum übrig. Wenn etwas schief läuft, können Sie Regulierungen vornehmen.
- ✔ Stellen Sie sicher, dass Sie angemessene Ressourcen haben. Wenn Sie ohne Lebensmittel und Wasser ins Rettungsboot steigen, vergewissern Sie sich, dass Sie jemanden dabei haben, der in der Lage ist, beides aufzutreiben.
- ✔ Planen Sie für Veränderung. Seien Sie zufrieden, wenn sie eintritt.

Zuhören

Streben Sie danach, so viele Informationen wie möglich einzuholen:

- ✔ Geben Sie auf die Nuancen Acht bei dem, was die Leute sagen und wie sie es sagen.
- ✔ Schenken Sie den Bedürfnissen Ihrer Gruppe Aufmerksamkeit.
- ✔ Konzentrieren Sie sich – hören Sie immer nur einer Person gleichzeitig zu.
- ✔ Lernen Sie, Ihre eigene innere Stimme zu entwickeln – und lernen Sie dann, auf sie zu hören.
- ✔ Geben Sie Acht auf die Welt um Sie herum. Sehen ist eine Form von Zuhören, und visuelle Eindrücke sind oft die stärksten.
- ✔ Lernen Sie, auf die Stimmen der Unterdrückten zu hören. Ihre Bedürfnisse könnten Ihre Angelegenheit werden.

Erfolgreich führen für Dummies - Schummelseite

Missionen entwickeln

Die Mission, die Sie erschaffen, ist der Weg, auf dem Ihr Team seine Ziele erreicht:

- ✔ Stürmen Sie keinen uneinnehmbaren Hügel. Die Verluste sind zu hoch.
- ✔ Nähern Sie sich Ihrer Mission nach und nach. Erledigen Sie kleine Dinge gut und Sie werden großen Erfolg haben.
- ✔ Beziehen Sie in einem frühen Stadium Ihre Gruppe in die Entwicklung und Planung der Mission ein. Hören Sie zu, was sie zu sagen hat, und nehmen Sie gleich zu Anfang die notwendigen Modifikationen vor.
- ✔ Arbeiten Sie daran, dass jeder in der Gruppe die Mission als seine eigene betrachtet. Ihre Anhänger erledigen die schwere Arbeit und sollten daher wissen, wofür sie es tun.
- ✔ Stellen Sie fest, ob Sie einen »Punkt ohne Wiederkehr« haben. Wenn die Mission nicht gut läuft, müssen Sie wissen, wie weit Sie gehen können, so dass Sie trotzdem noch umdisponieren können.
- ✔ Führen Sie Leute; verwalten Sie Ereignisse. Halten Sie Ihr Team motiviert.

SWOT-Diagramm

X = TeamX
0 = Team0

	Gelegenheiten	Gefahren
Stärken	X = exzellente Verteidigung	X = die drei besten Pitcher der League 0 = starker Cleanup-Hitter 0 = guter Shortstop 0 = guter Pitcher
Schwächen	0 = Mangel an Reichweite bei den Outfieldern 0 = First Baseman kann nicht fangen	X = keine Konsistenz beim Schlagen X = Team lässt sich leicht demoralisieren

*Erfolgreich führen
für Dummies*

Marshall Loeb & Stephen Kindel

Erfolgreich führen für Dummies

SONDERAUSGABE

Übersetzung aus dem Amerikanischen
von Barbara und Uwe Jaekel
Überarbeitung von Petra Heubach-Erdmann

Die Deutsche Bibliothek –
CIP-Einheitsaufnahme

Ein Titeldatensatz für diese Publikation ist
bei Der Deutschen Bibliothek erhältlich

ISBN 3-8266-3066-1
1. Auflage 2002

2. und aktualisierte Sonderauflage des Titels »Erfolgreich führen für Dummies«, mitp-Verlag, Bonn

Alle Rechte, auch die der Übersetzung, vorbehalten. Kein Teil des Werkes darf in irgendeiner Form (Druck, Fotokopie, Mikrofilm oder einem anderen Verfahren) ohne schriftliche Genehmigung des Verlages reproduziert oder unter Verwendung elektronischer Systeme verarbeitet, vervielfältigt oder verbreitet werden. Der Verlag übernimmt keine Gewähr für die Funktion einzelner Programme oder von Teilen derselben. Insbesondere übernimmt er keinerlei Haftung für eventuelle aus dem Gebrauch resultierende Folgeschäden.

Die Wiedergabe von Gebrauchsnamen, Handelsnamen, Warenbezeichnungen usw. in diesem Werk berechtigt auch ohne besondere Kennzeichnung nicht zu der Annahme, dass solche Namen im Sinne der Warenzeichen- und Markenschutz-Gesetzgebung als frei zu betrachten wären und daher von jedermann benutzt werden dürften.

Übersetzung der amerikanischen Originalausgabe:
Marshall Loeb, Stephen Kindel: Leadership For Dummies

© Copyright 2002 by mitp-Verlag/ Bonn,
ein Geschäftsbereich der verlag moderne industrie Buch AG & Co.KG/ Landsberg
Original English language edition text and art copyright © 2002 by Hungry Minds, Inc.
All rights reserved including the right of reproduction in whole part or in part in any form.
This edition published by arrangement with the original publisher, Hungry Minds, Inc.,
909 Third Avenue, New York, NY 10022, USA.

Printed in Germany

Cartoons im Überblick
von Rich Tennant

"... und warum glaubst du plötzlich, große Führungsqualitäten zu haben?"

Seite 31

"Das Erste, was du übers Trainieren von Kindern wissen musst, ist, dass man Geduld braucht, Verständnis für ihre begrenzten Fähigkeiten, und dass man ihnen das Gefühl geben muss, dass sie wirklich teilnehmen. Und das sind erst die Eltern ..."

Seite 185

"... und ziemlich bald wussten wir, dass wir uns verirrt hatten. In diesem Moment übernahm Frank, der Caller der Band, die Führung, und ehe wir es richtig kapiert hatten, dosey-doeten wir unseren Weg durchs Unterholz zurück in die Zivilisation."

Seite 123

"Erinnerst du dich noch, als Bruce ›die Truppen sammeln‹ wollte und wir alle nur ein E-Mail-Memo erhalten haben?"

Seite 347

"Na brave! Die Vogelscheuche und ich bekommen Kaffeemaschinen, der Löwe kriegt eine Sofortbildkamera und der Blechmann eine RayBan-Sonnenbrille. Das nächste Mal, wenn wir reingehen, lasst besser mich reden!"

Seite 93

"Ich finde, Dick Fester sollte dieses neue Projekt übernehmen. Er hat die Visionen, er hat die Power, und sagen wir's ganz offen, dieser große weiße Hut schadet auch nicht."

Seite 253

"Entschuldigen Sie, Hannibal, aber würde die Überquerung der Alpen auf - hmmm, sagen wir einmal - BERGZIEGEN Ihre Vision schwer beeinträchtigen?"

Seite 283

Fax: 001-978-546-7747
Internet: www.the5thwave.com
E-Mail: richtennant@the5thwave.com

Inhaltsverzeichnis

Einführung 23

    Wer dieses Buch lesen sollte   24
    Wie dieses Buch benutzt werden sollte   25
    Wie dieses Buch aufgebaut ist   25
        Teil I: Was eine Führungspersönlichkeit ausmacht   25
        Teil II: Führung ist ein Prozess   26
        Teil III: Die Kunst der Führung   26
        Teil IV: Führung im täglichen Leben   26
        Teil V: Führung und Vision   26
        Teil VI: Teambildung   27
        Teil VII: Der Top-Ten-Teil   27
    Die Symbole in diesem Buch   27
    Und wohin jetzt?   28

Teil I
Was eine Führungspersönlichkeit ausmacht 29

Kapitel 1
Ein Marschallstab im Rucksack eines jeden Soldaten 31

    Was ist Führung?   31
        Verantwortung und Verantwortlichkeit   32
        Drei entscheidende Führungsfähigkeiten   33
    Einige Führungsmythen   34
        Der Mythos von der geborenen Führungspersönlichkeit   35
        Der Mythos, dass der Größte und Stärkste die Führung übernimmt   36
        Das Missverständnis, Führen mit Befehlen gleichzusetzen   36
    Verstehen Sie Ihr Führungspotenzial   37
    Was Führungspersonen brauchen   39
        Führungspersonen brauchen Ausbildung   39
        Führungspersonen brauchen ein Ziel   40
        Führungspersonen brauchen Anhänger   40
    Die emotionale Verbindung herstellen   41
        Selbstbewusstsein   43
        Selbstbeherrschung   43
        Motivation   44
        Einfühlungsvermögen   44
        Soziale Geschicklichkeit   46

Sag mir, wo die Führungskräfte sind 46
Führungspersonen können erst auftauchen, wenn es die Situation erfordert 48
Führungspersönlichkeiten können unerwünscht sein, bis sie gebraucht werden 48
Führungskräfte können mit Managern verwechselt werden 49

Kapitel 2
Sie sind nicht zum »Diktator auf Lebenszeit« gewählt 51

Die vergängliche Natur der Führung 51
Situative Führung 53
Entscheidungen, bei denen Geld keine Rolle spielt 54
Moralische Entscheidungen 55
Salomonische Entscheidungen 56
Entscheidungen für einen höheren Zweck 57
Vermittelnde Führung 58
Gemeinschaftsentscheidungen 59
Philanthropische Entscheidungen 59
Institutionelle Entscheidungen 60
Vorübergehende Führung 62
Wenn all die guten Dinge falsch genutzt werden 63
Wenn man Angst vor dem Risiko hat 63
Hierarchische Führung 64

Kapitel 3
Stärken Sie Ihre Muskeln 67

Setzen Sie Ihren Grips in Arbeit um 68
Benutzen Sie, was Sie haben 68
Flexibles Reagieren auf Situationen 69
Ausnutzen zufälliger Gelegenheiten 70
Erkennen von Sinn in zweideutigen oder widersprüchlichen Nachrichten 71
Die Bedeutung verschiedener Faktoren sortieren 72
Gemeinsamkeiten in scheinbar unterschiedlichen Situationen finden 73
Unterschiede zwischen scheinbar ähnlichen Situationen erkennen 73
Konzepte auf neue Weise zusammenstellen 74
Neuartige Ideen hervorbringen 75
Effektives Kommunizieren 75
Sprechen beginnt mit Zuhören 76
Anderen ihre Kooperation entlocken 76
Sich selber antreiben 78
Einen Sinn für Dringlichkeit entwickeln 79
Warten Sie nicht 79
Bilden Sie ein »Küchenkabinett« 80
Aufrichtig sein und nach der Wahrheit suchen 80

Entfalten Sie ein gutes Urteilsvermögen 81
Verlässlich und konsequent sein 81
Eine Atmosphäre des Vertrauens schaffen 82
Eine Lernumgebung fördern 83
Eine gemeinsame Grundlage suchen 83

Kapitel 4
Welchen Hut soll ich tragen? Die Rollen, die Führungskräfte spielen   85

Barhäuptig vor Gott: der Wahrheitssucher 86
   Informationen triangulieren 86
   Informationen sammeln 86
Mit Tropenhelm: der Richtungsweiser 87
Heruntergezogener Filzhut: der Änderungsagent 88
Ein redender Hut: der Sprecher 89
Baseballkappe und Pfeife: der Trainer 90

Teil II
Führung ist ein Prozess   93

Kapitel 5
Die Führung übernehmen? Ich?   95

Was mache ich jetzt bloß? 95
Warum haben die gerade mich ausgesucht? 96
   Schätzen Sie Ihre Situation ein 97
   Machen Sie eine persönliche Bestandsaufnahme 98
Was ist meine Mission? 101
Was sind das für Leute, die ich führen soll? 102

Kapitel 6
Die Missionen einer Führungsperson   105

Missionen und Ziele definieren 105
Der Chefstratege 107
   Suchen nach den Fakten 107
   Fehler eliminieren 108
   Den Zufallsfaktor eliminieren 108
   Zeichnen Sie Ihren SWOT auf 109
Der Marketingchef 110
   Ein niedergeschlagenes Team für eine strahlende Zukunft begeistern 110
   Teamleiter verkaufen Potenzial 111
Der Retter 112

Scheitern ist keine Option	112
Alles wird besser	113
Finden Sie Ihre Nische	113

Kapitel 7
Die Verantwortungen eines Teamleiters — 115

Eine Vision entwickeln	115
Einen Plan ausarbeiten	116
Eine Vision in einen Plan umwandeln	116
Lernen durch Tun	118
Den Plan aufstellen	118
Ziele identifizieren	120
Ein zusammenhaltendes Team aufbauen	120
Die Ressourcen bereitstellen, die Ihr Team benötigt	121
Leute verantwortlich machen	122

Teil III
Die Kunst der Führung — 123

Kapitel 8
Welches sind die Fähigkeiten einer Führungspersönlichkeit? — 125

Führungskonzepte verstehen	125
Führungsentscheidungen fällen	127
Eine Richtung festlegen	127
Schlichtung und Vermittlung	128
Erleichterungen	130
Cheerleading	131

Kapitel 9
Setzen Sie Ihre Stärken und Schwächen ein — 133

Halten Sie Ihr Gleichgewicht	134
Kooperieren	134
Kooperationskarate	134
KooperationsJu-Jutsu	135
Zuhören	135
Karate-Zuhören	136
Ju-Jutsu-Zuhören	136
Andere über sich selbst stellen	136
Altruistisches Karate	137
Altruistisches Ju-Jutsu	137

Kapitel 10
Und was ist mit den Erwartungen?   *139*

  Planen Sie Ihre Erwartungen   139
    An die Vision glauben   140
    Ziele als realistisch und machbar akzeptieren   140
    An die Mission und gemeinsame Ziele glauben   140
    Lassen Sie die Gruppe zu sich kommen   141
    Als Team arbeiten   142
    Kooperieren, um das Ziel zu erreichen   142
    Notwendige Ressourcen anfordern   143
    Verantwortlich sein und sich nicht gegenseitig beschuldigen   143
  Die Erwartungen Ihres Teams verstehen   144
    Intelligenz   144
    Gedanken und Ideen vernünftig mitteilen   144
    Einen Erfolgsdrang besitzen   145
    Sinn für die Dringlichkeit der Mission demonstrieren   145
    Auf der Suche nach der Wahrheit intellektuell aufrichtig und rigoros sein   145
    Gutes Urteilsvermögen praktizieren   145
    Verlässlich und konsequent im Verhalten sein   146
    Eine Atmosphäre des Vertrauens schaffen   146
    Eine Lernumgebung schaffen   146
    Nach Mittelwegen suchen, um Konflikte zu minimieren   147
  Die Erwartungen Ihrer Vorgesetzten   147
    Ziele und Missionen schnell festlegen   148
    Ressourcen effektiv einteilen   148
    Dem leitenden Management Überraschungen ersparen   148
    Ein effektives Team aufbauen, das mit Ihnen arbeiten kann   149

Kapitel 11
Die Axiome der Führung   *151*

  Was Führungskräfte tun   152
    Führungspersonen liefern Managern Kontrolle und Gleichgewicht   152
    Benutzen Sie Ihren gesunden Menschenverstand   152
    Hängen Sie Ihre Ziele an die Wand   153
    Schließen Sie einen Vertrag mit Ihrem Team   153
    Halten Sie die Aufgabe einfach und offensichtlich   154
    Ändern Sie Ihre Kriterien für die Auswahl von Managern   154
    Konzentrieren Sie sich auf Leute, nicht auf Systeme   155
    Sehen Sie's auf die lange Sicht   155
    Machen Sie aus einem großen viele kleine Ziele   156
    Verpassen Sie nie eine Gelegenheit zum Überdenken   157
    Jedes Unternehmen steht für sich allein   159

Renovieren Sie, bevor Sie erneuern	159
Ständige Verbesserung ist nicht nur was für Produkte	160
Wie es Führungspersonen machen	160
Timing ist alles	161
Konzentration auf Vision und Ziele	161

Kapitel 12
Als Führungskraft zurechtkommen — 163

Setzen Sie vernünftige Ziele – vergessen Sie den unmöglichen Traum	163
Delegieren Sie an Ihr Team	165
Wissen, wie man delegiert – lassen Sie sich nicht in den Sumpf ziehen	165
Wissen, was man delegiert – versumpfen Sie nicht in den Details	170
Schlichten Sie Streit im Team	172
Lassen Sie Ihr Team seinen eigenen Weg finden	174

Kapitel 13
Führen ohne Führungsposition — 175

Führen als Anhänger	176
Verbessern Sie auch die einfachsten Dinge	176
Benutzen Sie Informationen, um Teamgeist aufzubauen	176
Fragen Sie immer zugunsten der Gruppe, niemals für sich selbst	178
Ziehen Sie Ihre Gruppe in die Gemeinschaft hinein	178
Erfinden Sie ein Logo	179
Suchen Sie keinen Streit mit Ihren Vorgesetzten	179
Führen, wenn Ihre Position ehrenamtlich ist	179
Führen, wenn Sie von vornherein zum Scheitern verurteilt sind	181
Sammeln Sie Ihr Team	181
Verfolgen Sie das Geld	182
Suchen Sie ein kurzfristiges Ziel aus	182
Erkennen Sie, wenn sich die Ereignisse Ihrer Kontrolle entziehen	182

Teil IV
Führung im täglichen Leben — 185

Kapitel 14
Bieten Sie Ihre Zeit und Ihre Fähigkeiten an — 187

Freiwillige kommen in unterschiedlichen Formen daher	188
Eine gute Entsprechung finden	190
Finden Sie die Zeit	191
Zusätzliche Zeit in der Mittagspause gewinnen	193

Freiwillige Arbeit bei der Arbeit 193
Helfen führt Ihre Organisation zum Erfolg 193
Warum karitative Organisationen scheitern 194
Wenn die Ausstellung eines Schecks die beste Art zu führen ist 196

Kapitel 15
Führungsübernahme als Freiwilliger *197*

Wer sind wir und warum sind wir hier? 198
Halten Sie Ihre Helfer durch eine Gruppenmission zusammen 199
Treiben Sie Geld auf und stellen Sie Profis ein 199
Große (maßvolle) Erwartungen 200
Die Zündkerze setzt die Räder in Bewegung 201
Diplomatie zahlt sich aus 202
Effektive Diplomatie bezieht alle mit ein 203
Ich habe eine kleine Liste 204
Acht Wege, um ein großer ehrenamtlicher Leiter zu werden 205
Seien Sie gut informiert 205
Seien Sie schlau 205
Seien Sie lautstark 205
Seien Sie entschlossen 206
Seien Sie eine treibende Kraft 206
Seien Sie weise 207
Seien Sie konsequent und zuverlässig 207
Seien Sie vertrauenswürdig 207
Wann es Zeit ist zu gehen 207
Tun Sie, was die Gruppe will 208
Treten Sie zurück und bilden Sie eine neue Gruppe 208

Kapitel 16
Führung im Alltag: Training für das wirkliche Leben *211*

Schätzen Sie sich ein – aber fair 211
Das habe ich getan? 212
Feld(er)arbeit 213
Aber was wollen Sie wirklich? 219
Trainieren Sie Ihre Kinder und sich selbst für das wirkliche Leben 221
Für Eltern: Unterrichten Sie Ihre Kinder gut 221
Was ist mit Warum? 223
Kein morgen ist wie heute 224
Versuchen Sie es weiter 225

Kapitel 17
Führen als Trainer   227

Warum Eltern Trainer werden   228
   Verblasster Ruhm   228
   Sich revanchieren   229
   Spaß haben   229
   Lehrer sein   229
Woran jeder Trainer arbeiten sollte   230
   Sport hat mit der Beherrschung von Fähigkeiten zu tun   230
   Sport hat mit der Beherrschung von Schwächen zu tun   231
   Sport hat mit Wettkampf zu tun   232
   Sport hat mit Vorbereitung zu tun   232
Vorsicht vor verrückten Eltern   233
   Geben Sie dem Kind für ein oder zwei Spiele mehr Spielzeit   234
   Ändern Sie Ihre Aufstellung   234
Lassen Sie Sport ein Vergnügen bleiben   235
   Wie lautet die Frage?   235
   Ändern Sie die Positionen   235
   Praktizieren Sie lustige Drills   235
   KISS me   236
   Nur eine Sache auf einmal   236
   Setzen Sie Glücksbringer ein   236
Zehn Regeln für Ihren Erfolg als Trainer   237
   Niemals zu viel voraussetzen   238
   Delegieren   238
   Alle Eltern einbeziehen   238
   Das Positive betonen   239
   Trainieren, um zu gewinnen   239
   Opportunistisch sein   240
   Das eigene Kind nicht bevorzugen   240
   Nicht schummeln   240
   Daran denken, dass es nur ein Spiel ist   241
   Daran denken, dass es nur ein Spiel ist, Teil II   241

Kapitel 18
Organisieren Sie Ihre Gemeinde: Lektionen von Saul Alinsky   243

Warum Gemeindeorganisation?   244
Machen Sie mobil   245
   Drücken Sie Ihre Betroffenheit über das Problem aus   246
   Engagieren Sie sich und finden Sie alle Mitspieler   246
   Klären Sie das Problem   247
   Erwägen Sie alternative Lösungen   247

Bedenken Sie für jede Alternative deren Konsequenzen	248
Informieren Sie andere über Ihre Wahl	248
Aktivieren Sie eine Entscheidung	248
Bewerten Sie Ihre Entscheidung	249
Die Dinge ins Rollen bringen	249
Gemeinden für den öffentlichen Dienst	249
Hartford Food System	250
Madison Park Development Corporation	251
El Centro de la Raza	251

Teil V
Führung und Vision 253

Kapitel 19
Was ist eine Vision? 255

Woher kommen Visionen?	255
Vision aus der Erfahrung heraus	256
Vision und Wissen	256
Phantasie verwandelt Zufälligkeit in eine Vision	257
Vision sorgt für das menschliche Element	257
Eine Vision erinnert Sie daran, warum Sie sich einer Gruppe angeschlossen haben	258
Eine Vision zieht Engagement an und gibt den Leuten Energie	259
Vision etabliert einen Maßstab der Exzellenz	260
Vision lässt Sie ganz vorne mitspielen	260
Wie man ein Visionär wird	260
Alles vergleichen	263
Eine Vision verbindet die Gegenwart mit der Zukunft	263
Bauen Sie auf die Gegenwart	264
Stellen Sie sich die Zukunft vor	264

Kapitel 20
Eine Vision entwickeln 267

Eine Vision ist ein machbarer Traum	268
Verstehen, was machbar ist	268
Die Vision einfach halten	269
Eine Vision ist nicht nur eine Idee	270
Eine Vision hängt von Ihrer Fähigkeit ab, ein Team aufzubauen	270
Eine Vision hängt von Ihrer Fähigkeit ab, einen Plan aufzustellen	273
Eine Vision basiert auf der Realität	274
Denken Sie über die verfügbaren Ressourcen hinaus	275

Reagieren Sie auf schwindende Ressourcen — 275
Eine Vision hilft Ihnen, Gelegenheiten zu nutzen — 276
Eine Gelegenheit entdecken — 276
Sich eine Gelegenheit aussuchen — 277
Die Ideen gedeihen lassen — 278
Von der Idee zum Plan — 279
Eine Vision ist dynamisch — 281

Teil VI
Teambildung — 283

Kapitel 21
Warum von einem Team abhängig sein? — 285

Teams haben mehr Hände und mehr Köpfe — 285
Teams bringen Vorteile für die Teammitglieder — 287
Teammitglieder erwerben das Besitzrecht — 288
Teammitglieder gewinnen Verantwortlichkeit — 288
Teammitglieder erhalten Genehmigungen — 289
Teammitglieder gewinnen Akzeptanz — 289
Teammitglieder erreichen Versöhnung — 290

Kapitel 22
Bauen Sie ein Siegerteam auf — 291

Wählen Sie Ihr Team sorgfältig aus — 291
Die Vielfalt macht's — 292
Beschränken Sie die Teamgröße — 293
Nehmen Sie sich Zeit für Ihr Team — 294
Eine Agenda aufstellen — 296
Überprüfen Sie Ihre Agenda — 297
Überprüfen Sie Ihre Ziele und Ihre Mission — 297
Überprüfen Sie Ihre Vision — 297
Teamlernen — 297
Führen Sie Tagebuch — 298
Fördern Sie den Ideenaustausch in Ihrem Team — 298
Verankern Sie Ihre besten Praktiken — 298
Schuldzuweisungen beheben das Problem nicht — 299
Lassen Sie Ihr Team seinen eigenen Weg finden — 300
Arbeiten mit anderen Teams — 300

Kapitel 23
Teamlernen 303

Informationen sammeln 303
  Der Marktplatz 304
  Ihr Projekt 304
  Ihre Leute 305
  Ihre Konkurrenz 305
  Die große weite Welt 306
Teamlernen kommt aus der Erfahrung 306
  Fingerfertigkeit lernen 307
  Günden Sie eine Zeitung 308
  Zeige und erzähle 308
  Meisterklasse 308
  Andere Erfahrungen 309

Kapitel 24
Teamwissen verbreiten 311

Ein Team nachbilden 311
  Each one teach one – jeder unterrichtet jeden 311
  Boot Camps 312
  Die Assimilationstechnik 314
  Geben Sie es weiter 314
  Außenunterricht 314
Neue Führungskräfte machen 315
  Das Kochbuch des Teamleiters 316

Kapitel 25
Wenn Anhänger nicht folgen wollen 319

Was mach' ich bloß falsch? 320
  Scheitern der Vision 320
  Scheitern der Mission 321
  Scheitern der Ausführung 321
  Scheitern der Führung 322
Habe ich Führung ausgeübt? 322
  Habe ich die Verantwortung ergriffen? 323
  Habe ich Kooperation entlockt? 323
  Habe ich zugehört und das Gehörte verinnerlicht? 324
  Habe ich die Bedürfnisse der Gruppe über meine eigenen gestellt? 324
War ich aufmerksam genug? 325
War ich offen in Bezug auf das Ergebnis? 326
Habe ich die Wahrheit gesagt? 327

Kapitel 26
Ist die Situation noch zu retten? — 329

Können wir von vorne anfangen? — 329
Versprechen Sie nichts, was Sie nicht halten können — 330
Machen Sie's schriftlich — 331
Treiben Sie niemanden in die Enge — 331
Suchen Sie immer nach Gelegenheiten, Ja zu sagen — 332
Brauchen wir neue Informationen? — 334
Brauchen wir eine neue Führung? — 335

Kapitel 27
Führen - quer durch die Kulturen — 337

Führen in einer Welt der Ungleichheit — 338
Befassen Sie sich zuerst mit den verschiedenen Bedürfnissen Ihrer Gruppe — 339
Hören Sie auf Stimmen, die ganz anders als die Ihre klingen — 340
Entlocken Sie einer gemischten Gruppe ihre Kooperation — 341
Wie man aus einer kulturellen Gruppe als Führungsperson heraussticht — 341
Streben Sie danach, mehr zu wollen — 343
Toleranz ist ein schmutziges Wort — 343
Führen über internationale Trennungen hinweg — 344
Geben Sie Ihr Bestes — 344
Wenden Sie die De-Minimus-Regel bei Ihren Entscheidungen an — 344
Verstehen Sie, dass Kapital allein nicht Recht gibt — 345
Führung im virtuellen Zeitalter — 345

Teil VII
Der Top-Ten-Teil — 347

Kapitel 28
Zehn Fehler, die jeder Teamleiter macht — 349

Der Fehler, nicht aus seinen Fehlern zu lernen — 349
Der Fehler, nicht flexibel zu sein — 350
Der Fehler, Ihre Vergangenheit nicht anzuerkennen — 351
Der Fehler, zu befehlen statt zu führen — 351
Der Fehler, nicht zuzuhören — 352
Der Fehler, zuerst an sich zu denken — 352
Der Fehler, zu denken, Führung sei für immer — 353
Der Fehler, nicht unterrichtet zu haben — 353
Der Fehler, keinen Sinn für Humor zu haben — 354
Der Fehler, alles nur schwarz-weiß zu sehen — 355

Kapitel 29
Zehn Kennzeichen einer wahren Führungspersönlichkeit 357

Führungspersönlichkeiten sind eifrig 357
Führungspersönlichkeiten sind fröhlich 358
Führungspersönlichkeiten sind aufrichtig 358
Führungspersönlichkeiten sind einfallsreich 359
Führungspersönlichkeiten sind überzeugend 359
Führungspersönlichkeiten sind kooperativ 360
Führungspersönlichkeiten sind altruistisch 361
Führungspersönlichkeiten sind mutig 362
Führungspersönlichkeiten sind hilfreich 362
Führungspersönlichkeiten sind bestimmt 363

Kapitel 30
Zehn Wege zur Führungsmeisterschaft 365

Arbeiten Sie an Ihrer Vorbereitung 365
Setzen Sie sich für eine gute Sache ein 366
Bleiben Sie offen 366
Proben Sie Ihre Reden 366
Seien Sie diszipliniert 367
Halten Sie Fristen ein 367
Unterhalten Sie den Kontakt zu Ihrer Gruppe 367
Denken Sie daran zuzuhören 368
Kooperieren Sie mit Ihrer Umgebung 369
Und immer zuerst an die anderen denken 369

Stichwortverzeichnis 371

Einführung

Erfolgreich führen für Dummies ist nicht nur ein Buch für Möchtegern-Geschäftsführer oder Fünf-Sterne-Generäle, sondern für *jeden*, der auch nur irgendwie den Wunsch verspürt, die Führung zu übernehmen. Führungsqualitäten sind entscheidend in fast jeder Situation, in der zwei oder mehr Personen zur Verfolgung eines gemeinsamen Ziels zusammenkommen. Zu wissen, wie man führt, ist eine bedeutende Fähigkeit, die wir alle so früh wie möglich im Leben lernen sollten.

Über das Thema Führung sind Hunderte von Büchern geschrieben worden und viele begnadete Denker haben zu definieren versucht, was eine Führungspersönlichkeit ausmacht. Viele der Leute, die über Führung schreiben, sehen eine Führungskrise, einen Mangel an Führungskräften in der Welt, die diese so verzweifelt nötig hätte. Andere sehen keine Krise, sondern eine Chance; wenn Sie Führungspersönlichkeiten früh erkennen oder sich selbst zu einer entwickeln, dann ist Ihre Zukunft gesichert.

Wir tendieren eher zur letzteren Gruppe, weil wir sicher sind, dass sich da draußen eine Menge potenzieller Führungspersönlichkeiten befindet, die nur auf ihre Chance warten. Wir glauben außerdem, dass es gar nicht so kompliziert ist, eine Führungspersönlichkeit zu werden, wie es gerne dargestellt wird. Obwohl sich viele Bücher mit den Problemen der Führung auseinander gesetzt haben, haben sich nur wenige um die Fähigkeiten gekümmert, die man braucht, um eine Führungsposition zu bekleiden. Wir sind der Meinung, dass erfolgreiche Führung in Wirklichkeit nur drei Dinge erfordert: anderen ihre Kooperation zu entlocken, zuzuhören und andere vor sich selbst zu stellen. Diese drei Praktiken sollten das Ziel sein, das es anzustreben gilt.

Das vorliegende Buch konzentriert sich hauptsächlich darauf, wie man diese drei Schlüssel-Führungsqualitäten entwickelt, es erzählt Ihnen aber auch eine ganze Menge mehr. Es zeigt Ihnen, wie Sie Ihrem Arsenal persönlicher Charakterzüge Führungsqualitäten hinzufügen, und erklärt Ihnen, wie Sie dadurch in allen Lebensbereichen an Glück und Zufriedenheit dazugewinnen. *Erfolgreich führen für Dummies* kann Ihnen dabei helfen, sofort mehr aus Ihrem Leben zu machen, indem es Ihnen zeigt, wie Sie

- Respekt gewinnen
- erfolgreicher werden
- mehr Anerkennung in Ihrem Job erhalten
- mehr Kooperation von Ihren Freunden und Ihrer Familie bekommen
- Ihrem Leben eine effektivere Richtung und Ihrer Umgebung mehr von sich geben können

Obwohl wir auch in diesem Buch einige Führungsmissstände aufgreifen wollen, handelt *Erfolgreich führen für Dummies* nicht von den negativen Führungsqualitäten. Führung sollte eine positive Kraft sein, und wahre Führungspersönlichkeiten – die Sorte, zu denen wir aufschauen, die wir bewundern und gerne nachahmen würden – zeigen allesamt die Fähigkeit, die Bedürfnisse der Gruppe vor ihre eigenen zu stellen. Wenn eine Gruppe nach Ihrer Führung verlangt, so bedeutet das, dass sie ihre Ziele nicht erreichen kann, ohne dass sie jemand bei der Hand nimmt – und das könnten Sie sein –, und wenn Sie das nicht wollen oder können, können Sie nicht führen.

Führungspersönlichkeiten lernen aus der Erfahrung, ihren Erfolgen und vor allem auch aus ihren Misserfolgen. Jede der großen Führungspersönlichkeiten musste irgendwann in seinem Leben ein signifikantes Hindernis überwinden: Franklin Roosevelt musste sich mit Kinderlähmung und Zahnklammern herumschlagen. Abraham Lincoln verlor immer wieder Wahlen, bis er endlich 1860 das Rennen um die Präsidentschaft gewann. Joe Torre, der Manager der New York Yankees, hielt sein ganzes Manager-Leben lang den Rekord an Niederlagen, bis die 1998er Saison fast vorüber war, die diesen Rekord zunichte machte.

Das alles soll Ihnen klarmachen, dass es nicht darauf ankommt, gleich zu Beginn schon eine Menge Führungskenntnisse mitzubringen. Führungsqualitäten und das damit verbundene Geschick können allesamt in der Praxis erworben werden.

Wer dieses Buch lesen sollte

Obwohl wir einen großen Teil unseres Werdegangs damit verbracht haben, über erfolgreiche Geschäftsleute zu schreiben, ist *Erfolgreich führen für Dummies* nicht allein für Manager gedacht, die ihre Karriere vorantreiben möchten. Wir sind überzeugt, dass das Erlernen von Führungsqualitäten dem Leben jedes Einzelnen neue Dimensionen geben kann und es aufregender, lohnender und zufrieden stellender macht. Eine erfolgreiche Führungsperson zu werden, kann ein Erlebnis sein, das Ihr Leben verändert.

- ✔ **Dieses Buch ist für Sie gedacht** – ob Sie nun bereits eine Führungsposition bekleiden oder noch nie in Ihrem Leben irgendetwas leiten mussten.

- ✔ **Dieses Buch ist für Sie gedacht** – ob Sie Arbeit suchen oder bereits eine haben und weiterkommen wollen.

- ✔ **Dieses Buch ist für Sie gedacht** – ob Sie noch sehr jung sind und die Aufmerksamkeit eines Erwachsenen erregen wollen oder ob Sie bereits erwachsen und bereit sind, mehr Verantwortung zu übernehmen.

- ✔ **Dieses Buch ist für Sie gedacht** – ob Sie ein Lehrer sind, der nach einem besseren Weg sucht, um seine Schüler zu erreichen, oder ein Elternteil, der gerne effektiver mit seinen Kindern kommunizieren möchte.

- ✔ **Dieses Buch ist für Sie gedacht** – ob Sie eine Idee haben, mit der Sie anderen helfen könnten, oder ob Sie Ihre persönlichen Beziehungen verbessern wollen.

- ✔ **Dieses Buch ist für Sie gedacht** – ob Sie nun eine Führungsposition in einer Firma anstreben oder nur die Qualität Ihres täglichen Lebens verbessern wollen.

Wie dieses Buch benutzt werden sollte

Wir haben die Grundlagen der Führung schrittweise dargelegt. Sie können diese Schritte der Reihenfolge nach durchgehen oder sich aber aus dem Inhaltsverzeichnis die Dinge herauspicken, die Ihnen interessant erscheinen. Lesen Sie die entsprechenden Abschnitte zuerst und wenden Sie sich dann einem anderen Bereich zu, von dem Sie glauben, dass er Ihnen den größten Nutzen bringt.

Wenn Ihnen die Idee, die Führung zu übernehmen, ganz neu ist oder wenn Sie befürchten, dass diese Erfahrung ganz plötzlich über Sie hereinbrechen könnte, machen Sie vielleicht am besten einige Nächte lang durch und lesen das Buch einmal von vorne bis hinten durch.

Falls Sie diese Fähigkeiten in einem bestimmten Bereich Ihres Lebens anwenden wollen, suchen Sie sich das passende Thema heraus, bei dem es um die Entwicklung der entsprechenden Fähigkeit geht, und beachten Sie unsere Tipps dazu.

Wenn Sie bestimmte Fähigkeiten für ein spezielles Projekt oder eine besondere Führungssituation brauchen, können Sie das Buch mit einem Marker in der Hand durcharbeiten und die Stellen markieren, die Ihnen hilfreich erscheinen.

Anstatt uns nur auf unsere eigenen Erfahrungen zu verlassen, haben wir eine umfassende Sammlung von Anekdoten und Geschichten eingearbeitet, die Ihnen die Weisheit führender Leute aus der Geschäftswelt, der Politik, der Religion, des Sports, aber auch des täglichen Lebens vor Augen führen sollen. Dabei erzählen wir Ihnen nicht nur die guten Geschichten, sondern auch die schlechten, damit Sie sich daran erinnern, wenn Sie einmal in ähnliche Situationen geraten. Unsere Hoffnung ist, dass Sie mit Hilfe dieses Buchs die Werkzeuge entwickeln, die Sie dazu benötigen, um mehr Dynamik in Ihr tägliches Leben zu bringen. Und sollte irgendjemand die Regierung stürzen und dabei mit diesem Buch in den Händen fotografiert oder zum Präsidenten einer Fortune-500-Firma gewählt werden, so hätten wir auch nichts dagegen.

Wenn Sie wirklich davon profitieren können, eine Führungspersönlichkeit zu werden, warum dann nicht alle Steine aus dem Weg räumen und die Strategien und Taktiken lernen, die sich bereits für andere bewährt haben?

Wie dieses Buch aufgebaut ist

Erfolgreich führen für Dummies besteht aus sieben Teilen. Die Kapitel in jedem Teil behandeln bestimmte Themenbereiche im Detail.

Teil I: Was eine Führungspersönlichkeit ausmacht

In diesem Teil lernen Sie, dass jeder führen kann. Wir zeigen Ihnen auch, dass Führung vorübergehend ist, und erklären, was Führung ist und was sie nicht ist. Weil das Verstehen von

Missverständnissen der Beginn des Verständnisses ist, erforschen wir in den Kapiteln dieses Teils, wie Führung unser tägliches Leben beeinflusst. Wir stellen Ihnen die Merkmale einer Führungspersönlichkeit, die verschiedenen Führungstypen und die unterschiedlichen Rollen vor, die führende Leute übernehmen, um eine Arbeit erledigt zu bekommen.

Teil II: Führung ist ein Prozess

Vorbereitung ist der Schlüssel zur erfolgreichen Führung und bevor Sie die Führung übernehmen können, müssen Sie sich selbst ein paar kritische Fragen stellen. Besitzen Sie das nötige Geschick, um eine erfolgreiche Führungspersönlichkeit abzugeben? Wissen Sie, was von Ihnen erwartet wird? Kennen Sie die Menschen, die Sie führen sollen, wirklich und wissen Sie, was diese wollen? Unterscheidet sich ihre Mission von der Mission der Leute, die Ihnen die Verantwortung übertragen haben? In diesem Teil behandeln wir die Vorbereitungsschritte, die Sie vom Durchschnitt abheben und Ihnen dabei helfen werden, Ihre Führungsrolle wirksamer anzunehmen.

Teil III: Die Kunst der Führung

Willkommen in der Wirklichkeit der Führung. Jetzt, da Sie mehr über sich wissen, müssen Sie die Fähigkeiten kennen lernen, die Sie benötigen, um eine dynamische Führungspersönlichkeit zu werden. Sie müssen lernen, Ihre Stärken und Schwächen einzusetzen und zwischen Führung und bloßem Verwalten zu unterscheiden. Das vielleicht Wichtigste, das Sie in diesem Teil entdecken werden, ist, dass Sie nicht erst auf einen Titel warten müssen, um die Führung zu übernehmen.

Teil IV: Führung im täglichen Leben

Führung bedeutet, Verantwortung zu übernehmen, und nicht nur dann, wenn es Ihnen gerade passt. Einige der härtesten Herausforderungen, was Führung betrifft, befinden sich schon in Ihrer eigenen Umgebung: in Ihrem Zuhause und auch in den Institutionen, die Ihr persönliches Leben unterstützen, wie etwa Ihre Gemeinde, Ihre Schulen, Ihre Vereine und Ihre religiöse Gemeinschaft. Dieser Teil lässt Sie die Notwendigkeit von Führung in privaten Situationen erkennen und gibt Ihnen die Werkzeuge zur Führung im »wirklichen Leben« an die Hand.

Teil V: Führung und Vision

Stellen Sie sich Führung als die Spitze eines Pfeils vor und Sie verstehen, dass das angepeilte Ziel die Vision ist! Dieser Teil erklärt Ihnen, was Vision ist, warum sie notwendig ist, wie man eine Vision entwickelt und schließlich durchführt.

Teil VI: Teambildung

Dieser Teil handelt von einer der wichtigsten Fähigkeiten, was Führung betrifft: Kooperation. In diesem Abschnitt erklären wir, warum die Arbeit im Team effektiver ist als Führung von ganz oben, wie man ein Gewinnerteam bastelt, wie man sicherstellt, dass alles, was das Team lernt, all seinen Mitgliedern zugute kommt und wie Sie die Führung übernehmen, wenn Ihre Anhänger Ihnen plötzlich nicht mehr folgen wollen. Teamarbeit, das werden Sie noch sehen, erfordert weit mehr Arbeit und Selbstdisziplin als die altmodische Art der Führung durch Befehlen. Aber richtig motiviert, können Teams Großartiges leisten.

Teil VII: Der Top-Ten-Teil

Diese kurzen Kapitel sind vollgepackt mit einigen schnellen Ideen zur Führung und der Kunst der Überzeugung. Sie können sie immer dann lesen, wenn Sie ein paar Minuten Zeit haben oder wenn Sie sich für eine Präsentation oder ein Meeting aufbauen möchten. Sie dienen auch dazu, Ihre Einstellung zu verbessern und Sie für anstehende Aufgaben zu motivieren. Und denken Sie daran: Niemand wird Ihnen die Führung anvertrauen wollen, wenn Sie die Ihnen übertragene Verantwortung nicht reizt.

Die Symbole in diesem Buch

Hier und da werden in diesem Buch wichtige Informationen besonders gekennzeichnet. Die folgenden Symbole helfen Ihnen dabei, den Zweck der jeweils daneben stehenden Informationen besser zu verstehen.

Dieses Symbol markiert entscheidende Informationen und Fähigkeiten, egal, wen oder was Sie führen wollen. Es ist eine rote Flagge, weil es auch eine Warnung darstellt: Vergessen Sie diese Tipps nur auf eigene Gefahr!

Dieses Symbol kennzeichnet fortgeschrittene Strategien und Tipps, die über die Grundlagen dessen, wie man ein Champion im Führen wird, hinausgehen.

Dieses Symbol weist auf erbauliche Geschichten aus unseren eigenen Erlebnissen sowie aus der Erfahrung wohlbekannter Führungspersönlichkeiten hin.

Dieses Symbol markiert Worte der Weisheit, die in allen Führungssituationen angewandt werden können.

Dieses Symbol erinnert Sie freundlich an Informationen, die anderweitig in diesem Buch vorgestellt wurden, oder an Dinge, die Sie sich ganz bestimmt merken wollen.

 Dieses Symbol weist Sie auf häufig begangene Fehler und auf Dinge hin, die Sie vermeiden sollten.

Und wohin jetzt?

Sehen Sie das Buch durch und finden Sie heraus, welcher Teil, welches Kapitel oder welcher Abschnitt Sie am meisten interessiert. Das ist die beste Art, um anzufangen.

Die meisten Leute fangen nicht mit einem Thema an, bei dem sie die meiste Hilfe benötigen würden, und das vor allem deswegen, weil sie gar nicht wissen, dass sie das Material nicht kennen. Stattdessen beschäftigen sie sich mit ihrem Lieblingsthema, in dem sie ohnehin bereits ziemlich gut sind. Das ist in Ordnung so. Wenn Sie so vorgehen, werden Sie einige Verbesserungen in diesen Bereichen feststellen, sobald Sie die Strategien dieses Buchs darauf anwenden. Aber um einen wirklichen Nutzen aus unserem Material zu ziehen, müssen Sie eine kleine Selbstanalyse vornehmen, um herauszufinden, wo Ihre Schwachstellen liegen. Wir wissen, dass es ganz schön hart ist, Fehler zuzugeben, auch vor sich selbst, aber wenn Sie es tun und sich mit der Materie befassen, bei der Sie Schwächen haben, werden Sie den größten Erfolg ernten.

Wahrscheinlich sind Sie bereits auf dem besten Weg, eine Führungspersönlichkeit zu werden. Wir waren immer der Meinung, dass die erfolgreichsten Menschen im Leben diejenigen sind, die nicht aufhören zu lernen. Die Tatsache, dass Sie jetzt diese Zeilen lesen, zeigt doch, dass Sie mit uns einer Meinung sind und in Ihrem Leben weiter kommen wollen als bis zu Ihrem gegenwärtigen Stand. In diesem Fall haben Sie unseren Beifall dafür, dass Sie an sich glauben, an Ihre Fähigkeit, sich zum Guten zu verändern, Ihren Lebensstil sowie das Leben der Leute zu verbessern, denen Sie mit den Tipps zur Kunst der Führung in diesem Buch helfen. Wir wünschen Ihnen nichts weiter als Erfolg und Größe. Und wenn Sie sich an die Vorschläge in diesem Buch halten, sind wir sicher, dass Sie das auch erreichen werden.

Teil I
Was eine Führungspersönlichkeit ausmacht

»... und warum glaubst du plötzlich, große Führungsqualitäten zu haben?«

In diesem Teil ...

Jeder kann führen, aber alle Führung ist vergänglich. In diesem Teil lernen Sie, was Führung ist und was sie nicht ist, wie Sie Ihr Führungspotenzial beurteilen und wie Sie an den Eigenschaften arbeiten, die allen Führungspersönlichkeiten gemeinsam sind. Wir weisen Sie auf allgemeine Missverständnisse, was Führung betrifft, hin und erforschen die Wirklichkeit von Führung und wie sie Ihr tägliches Leben beeinflusst. Wir stellen Ihnen die Wesenszüge einer Führungspersönlichkeit vor, die unterschiedlichen Typen der Führung und die verschiedenen Rollen, die Führungspersonen übernehmen, damit eine Aufgabe erledigt wird.

Ein Marschallstab im Rucksack eines jeden Soldaten

In diesem Kapitel

- Verstehen Sie Führung
- Verabschieden Sie sich von einigen Mythen
- Vertrauen Sie auf Ihr eigenes Potenzial
- Begreifen Sie die Erfordernisse der Führungsrolle
- Nehmen Sie Verbindung zu anderen Leuten auf
- Entdecken Sie, wo die ganzen Führungspersönlichkeiten sind

Jeder französische Soldat trägt einen Marschallstab in seinem Rucksack.

Napoleon Bonaparte

*N*apoleon glaubte, dass jeder Soldat in seiner Armee unter den richtigen Umständen das Zeug zu einem General hätte und dazu, in seiner Abwesenheit die Armee anzuführen. Ob Sie sich dem nun anschließen oder nicht, Tatsache ist, dass es weder den »geborenen« Führungstyp gibt, noch dass irgendjemand das gottgegebene Recht besitzt, zu führen oder zu regieren.

In diesem Kapitel zerstreuen wir die beliebtesten Missverständnisse über Führungspersonen und Führungstätigkeit. Sie haben tatsächlich einen Marschallstab in Ihrem eigenen Rucksack. Das Erkennen Ihres Führungspotenzials ist der erste Schritt dahin, andere zu leiten.

Was ist Führung?

Führung ist die Menge an Eigenschaften, die andere dazu bringt, jemandem zu folgen. Obwohl diese Definition sich im Kreise zu drehen scheint, zeigt sie doch, dass Führung zwei Parteien voraussetzt: eine, die führt, und eine, die folgt. Eine ganze Reihe Experten haben sich darüber den Kopf zerbrochen, was eine Gruppe von Leuten veranlasst, einer bestimmten Person zu folgen und nicht einer anderen, aber die Entscheidung, jemandem zu folgen, scheint nur von einigen wenigen Faktoren abzuhängen.

Führungspersönlichkeiten haben die Fähigkeit, Leute zu inspirieren, über ihr angenommenes Können hinauszugehen, so dass es der Gruppe ermöglicht wird, Ziele zu erreichen, die sie vorher für unerreichbar gehalten hatte. Führungspersönlichkeiten reißen ihre Anhänger mit, indem sie

- ✔ ihr Vertrauen wecken
- ✔ konsequent handeln
- ✔ sie durch Worte und Taten motivieren

Wenn dies auch erklärt, was eine Führungspersönlichkeit *tut*, beantwortet es noch nicht die Frage, was Führung *ist*. In Wirklichkeit lässt sich Führung auf die Bereitschaft, Verantwortung zu akzeptieren, und die Fähigkeit zurückführen, drei Eigenschaften zu entwickeln, die durch Übung erworben werden können. Wenn Sie diese Eigenschaften richtig zusammenfügen, fangen die Leute an, sich Ihnen zuzuwenden, wenn sie Leitung brauchen. Die folgenden Abschnitte stellen diese Eigenschaften vor und erklären, wie Sie sie für eine wirkungsvolle Führung benutzen.

Verantwortung und Verantwortlichkeit

Führung fängt mit der Bereitschaft an, Verantwortung zu ergreifen. Die Ihnen aufgetragene Verantwortung anzunehmen, ist nicht genug. Sie müssen derjenige sein, der vortritt und sagt, »Ich will das tun!«.

Sie können nicht führen, wenn Sie Angst vor Verantwortung und Verantwortlichkeit haben.

Harry Truman hatte ein Schild auf seinem Schreibtisch, auf dem stand, »The buck stops here«, was etwa so viel heißt wie »Den schwarzen Peter bitte hier abgeben.« Mit der Übernahme der Verantwortung haben Sie auch die Verantwortlichkeit. Sie sagen den Leuten: »Wenn irgendetwas schief geht, so stehe ich letztendlich dafür gerade. Ich habe versagt und niemand sonst.« Haben Sie genügend Vertrauen in sich selbst, um die Verantwortung für ein eventuelles Scheitern zu tragen? Falls nicht, werden Sie es in einer Führungsposition nicht leicht haben. Wenn Sie die Bedürfnisse der anderen vor Ihre eigenen stellen, können Sie anderen nicht die Schuld zuweisen. Wenn Sie zu den Leuten gehören, die nach einer Entschuldigung von außerhalb suchen anstatt nach einer inneren Ursache, werden Sie es schwer haben, das Vertrauen der anderen zu erlangen. Und ohne Vertrauen ist es schwieriger, sie zur Kooperation zu gewinnen, was wiederum die Führung erschwert, auch wenn man Ihnen den Titel der Führungsperson verliehen hat.

Auf der anderen Seite bekommt die Führungsperson auch die meisten Lorbeeren und die größte Belohnung, wenn alles gut geht. Ganz egal, wie hart Ihre Untergebenen geschuftet haben, egal, wie bescheiden Sie sind und wie sehr Sie sich auch bemühen, das Lob dem ganzen Team zuteil werden zu lassen; Ihr Name ist es, den man sich merken wird. Das ist der große Vorteil, wenn man die Führung innehat.

In den frühen Siebzigern waren zwei Hausfrauen entsetzt über die konfessionell bedingte Gewalt in Nordirland. Die beiden Frauen, Betty Williams und Mairead Corrigan, bildeten eine

Organisation namens Peace People, um den Dialog zwischen Frauen und Kindern der kämpfenden Parteien zu fördern, in der Hoffnung, dass der Hass, wenn er erst einmal in den Häusern überwunden sei, auch in den Straßen ein Ende finden würde. Der Erfolg der beiden Frauen wurde 1976 mit dem Friedensnobelpreis belohnt.

Jody Williams arbeitete ehrenamtlich für die amerikanischen Vietnamveteranen, eine Organisation, die Geld für Veteranenprogramme sammelte. Nachdem sie mit vielen Veteranen gesprochen hatte, die Opfer von Landminen geworden waren, und von vielen Kindern gelesen hatte, deren Hände und Füße von Jahre vorher gelegten Landminen abgerissen worden waren, beschloss Williams, sich mehr mit diesem Thema zu befassen. Sie stieß auf wenig ermutigende Unterstützung für einen Vertrag zum Verbot von Landminen und übernahm es selbst, die Internationale Landminenkampagne zu gründen. Unter ihrer Koordination wurden Hunderte von Organisationen in mehr als 100 Ländern aufgebaut. Ihre Führung resultierte in einem internationalen Vertrag, der von über 120 Nationen unterschrieben wurde. Auch sie erhielt für ihre Anstrengungen 1997 den Friedensnobelpreis.

In beiden wie auch in Hunderten von anderen Fällen fanden Veränderungen statt, weil Menschen, die wohl niemand als Führungspersönlichkeiten bezeichnet hätte, die Verantwortung ergriffen, eine Änderung herbeizuführen.

Drei entscheidende Führungsfähigkeiten

Nachdem Sie beschlossen haben, dass Sie Verantwortung ergreifen können, erfordert Führung auch, dass Sie fähig sind, drei Dinge zu tun:

- ✔ **Anderen ihre Kooperation entlocken.** Sie müssen fähig sein, andere für Ihre Zukunftsvision und den richtigen Weg dorthin zu gewinnen.
- ✔ **Gut zuhören.** Sie müssen fähig sein, von anderen viele Arten von Informationen einzuholen; das erfordert den Ausbau Ihrer Fähigkeit, zuzuhören.
- ✔ **Die Bedürfnisse der anderen vor Ihre eigenen stellen.** Die Führungsrolle erfordert Ihre Bereitschaft, für ein höheres Ziel Opfer zu bringen.

Der Trick, eine Führungspersönlichkeit zu werden, ist, andere zur Kooperation zu bewegen, auf die Bedürfnisse der anderen zu hören und die Bedürfnisse anderer Leute vor die eigenen zu stellen, und zwar *mit großer Konsequenz*. Das kleinste Kind kann seine Eltern zur Kooperation zwingen, wenn es etwas will oder braucht. Nur ein kompletter Egoist achtet nicht auch gelegentlich einmal die Bedürfnisse von anderen. Die Bedürfnisse eines anderen ein Weilchen vor die eigenen zu stellen, ist auch nicht schwierig, besonders dann, wenn Sie am Ende doch das bekommen, was Sie wollen. Die Begabung liegt darin, diese Fähigkeiten regelmäßig und *konsequent* zu praktizieren.

> **Führung bedeutet konsequentes Führen**
>
> Charlie Lau und Harvey Penick sind vermutlich die stärksten Befürworter der Idee, dass Führung Konsequenz erfordert. Charlie Lau war der wahrscheinlich größte Baseballtrainer für Hitter, der jemals gelebt hat. Er war derjenige, der verantwortlich dafür war, dass George Brett, ein guter Hitter, näher an Ted Williams unsterblichen Durchschnitt von 401 Schlägen pro Einzelsaison herankam als jeder andere Hitter seitdem.
>
> Lau behauptete, dass fast jeder, der eine vernünftige Sehkraft und Reflexe besitzt, hin und wieder ein Major-League-Spiel bestreiten könne, aber dass es die Konsequenz im Verhalten sei, die einige Leute zu Major-League-Spielern, und Inkonsequenz, die den Rest von uns zu reinen Zuschauern mache. Absolute Beherrschung der Strike Zone und die Disziplin, diese Beherrschung aufrechtzuhalten, sagte Lau, machten aus einem Hitter einen Star und einen potenziellen Kandidaten für die Ruhmeshalle. Nach Lau hat Erfolg weniger mit Technik als mit Konsequenz zu tun.
>
> Die Golf-Legende Harvey Penick hat, wie Lau, seinen Sport selber nie großartig praktiziert. Er hat nie ein größeres Turnier gewonnen, aber er wusste genau, welche Techniken in einen Golfschlag eingehen mussten, und er konnte jeden Golfer mit der Bereitschaft zu arbeiten annehmen und ihm diese Techniken besser als jeder andere beibringen. Penick glaubte fest daran, dass Golfer nicht von ihrer Unfähigkeit besiegt wurden, den Ball zu schlagen, sondern von ihrer Unfähigkeit, ihn gut und mit Konsequenz zu schlagen.

Einige Führungsmythen

Zu verstehen, was Führung *nicht ist*, ist genauso wichtig, wie zu verstehen, was sie *ist*, weil eine ganze Menge der Vorstellungen, die darüber im Umlauf sind, falsch sind. Weil Führung und Macht untrennbar miteinander verbunden sind, ranken sich um dieses Thema viele Missverständnisse und Unwahrheiten. Einige dieser Mythen wurden in die Welt gesetzt, um eine existierende Machtstruktur zu festigen oder um die Dominanz einer bestimmten Gruppe über eine andere zu rechtfertigen. Andere resultieren aus Missverständnissen über Führung. In den folgenden Abschnitten stellen wir einige der Mythen vor, die auch heute noch unsere Vorstellung von Führung beeinflussen.

> **Denken Sie an Rudy**
>
> Wenn Sport auch wichtig ist – athletisches Geschick kann Kinder zu vorübergehenden Spielplatzanführern machen –, so ist die Vorstellung, dass körperliche Überlegenheit Führung in frühem Alter bereits vorherbestimmt, dennoch Unsinn. Auch ein Kind ohne auffällige körperliche Fähigkeiten kann eine Führungspersönlichkeit werden.

Wenn Sie mir nicht glauben, sehen Sie sich den Film *Rudy* an. Die wahre Geschichte eines armen, zu klein geratenen, vor sich hin vegetierenden Teenagers, dessen einziges Streben es ist, seinem Vater und Bruder in ein Stahlwerk zu folgen. Als ein Freund bei einem Betriebsunfall ums Leben kommt, fängt Rudy, ein großer Fan der Footballmannschaft Notre Dame an, davon zu träumen, zu Notre Dame zu gehen und dort Football zu spielen. Er ist zu klein, ohne Footballbegabung und akademische Vorbereitung, doch durch Beharrlichkeit und mit der Hilfe einer seiner Lehrer wird Rudy in der Schule zugelassen und darf mit dem Team trainieren. Der Trainer will ihn allerdings nicht spielen lassen. Beim letzten Spiel am letzten Tag der letzten Saison seiner Teilnahmeberechtigung am Football weigert sich das gesamte Team, aufs Spielfeld zu gehen, solange der Trainer nicht auch Rudy ins Spiel schickt. Unter dem Jubel des gesamten Stadions macht er ein entscheidendes Spiel, nach dem seine Teamkameraden ihn auf ihren Schultern vom Platz tragen.

Rudy war niemals der Kapitän des Teams, wurde nie ein typischer Amerikaner, sah niemals sein Bild auf dem Cover der *Sports Illustrated*. Dennoch erkannte jedes Mitglied des Notre-Dame-Footballteams ihn während der Rudy-Jahre als Anführer an. Seine unnachgiebige Entschlossenheit, sich dem Team anzuschließen, wurde zum Vorbild für weitaus begabtere Sportler, das sie anspornte, ihre eigenen Ziele zu erreichen.

Der Mythos von der geborenen Führungspersönlichkeit

Wie die meisten Leute früher glaubten, dass ihre Herrscher durch das göttliche Recht regieren, so existiert auch ein weiterer Mythos – der von der geborenen Führungspersönlichkeit. Nennen Sie es die »Schwert-Stein-Doktrin«, die behauptet, dass nur eine einzige Person – die edlen Herzens und reiner Gesinnung ist – ein Schwert aus einem Stein herausziehen und zum neuen König ernannt werden kann. T. H. White, der *The Once and Future King* über König Arthur schrieb, befreite die Mythologie der westlichen Zivilisation vom Mythos der geborenen, natürlichen Führungspersönlichkeit.

Dieser Mythos – denn er ist wirklich einer – ist über Generationen dazu missbraucht worden, ganze Gruppen von Leuten von Führungspositionen auszuschließen. Jahrelang hat die »Schwert-Stein-Doktrin« Farbige daran gehindert, als Quarterback in der National Football League zu spielen, bis Doug Williams für die Washington Redskins die Superbowl XXII gewann. Jahrzehntelang hielt diese Doktrin Katholiken davon ab, Präsident der Vereinigten Staaten zu werden, bis 1960 J. F. Kennedy gewählt wurde.

Der Mythos von der geborenen Führungspersönlichkeit wurde dazu missbraucht, Unmengen sozialer Missstände zu entschuldigen – die meisten davon durch Vorurteile verursacht –, und hat dabei geholfen, jene Führungskrise heraufzubeschwören, die die Medien so gerne breittreten.

Der Mythos, dass der Größte und Stärkste die Führung übernimmt

Weil Kinder bereits früh Führungsqualitäten zur Schau stellen, glauben viele Leute fälschlicherweise, dass siegreiche Führung auf dem Schulhof beginnt. Wie es der Autor und Historiker Sir William Fraser einmal beschrieb: »Die Schlacht von Waterloo wurde auf den Spielplätzen von Eton gewonnen.« Die Leute neigen dazu zu glauben, dass das schnellste und stärkste Kind – jenes, das den Ball am weitesten wirft – automatisch Gruppenanführer wird. Weiterhin nehmen sie an, dass ein Kind, dem diese Eigenschaften fehlen, zu einem Anhänger wird und sein Leben lang auf die Rolle des Untergebenen festgelegt ist. Die heutige Unterstützung des Frauensports resultiert aus dem sich hartnäckig haltenden Glauben, dass Führungsqualitäten mit physischer Dominanz beginnen und sich bereits in jungen Jahren festsetzen.

Das Missverständnis, Führen mit Befehlen gleichzusetzen

Der größte Fehler, den man im Hinblick auf *Führung* begehen kann, ist, sie mit *Befehlsgewalt* gleichzusetzen. *Befehlsgewalt ist die Autorität zu führen. Sie ist nicht Führung.* Führung wird oft mit den Problemen der Befehlsgewalt verknüpft, aber die beiden Dinge sind total verschieden. Die meisten Organisationen sind sehr militärisch strukturiert. Sie erkennen eine definierte Befehlskette, ein Organisationsschema, den Pfad der Autorität, der alle Entscheidungen wie auch alle potenziellen Entscheidungsträger unterliegen. Wenn Sie in so einer Organisation führen wollen, müssen Sie bereits eine definierte Führungsposition bekleiden. Von den unteren Rängen aus können Sie nicht führen. Sie müssen auf einer Führungsschiene starten und Teil der Befehlsstruktur werden.

Befehlshaber können unfähig sein

Die Schwierigkeit mit Befehlsstrukturen ist die, dass solche Strukturen Leute auf der Grundlage von Kriterien in Führungspositionen bringen, die über eine Eignung als Führungspersönlichkeit absolut nichts aussagen. Beim Militär und in den meisten Unternehmen z.B. ist die Hochschulausbildung einer der Voraussetzungen für eine Befehlsposition, auch wenn nicht bekannt ist, ob Ausbildung und Intelligenz übereinstimmen. Man geht davon aus, dass jemand, der ein Studium geschafft hat, einigermaßen intelligent und immerhin so diszipliniert ist, dass er seine Studienaufgaben freiwillig erledigt hat.

Bevor man Ihnen Befehlsgewalt überträgt, müssen Ihnen außerdem die Werte der Organisation ordnungsgemäß indoktriniert werden. Sowohl das Militär als auch eine ganze Reihe von Firmen opfern jede Menge Zeit für Trainingsstunden, in denen sie ihren potenziellen Führungskräften den »firmeneigenen Weg«, wie bestimmte Dinge zu tun sind, einzutrichtern versuchen, und wundern sich dann, warum diese Leute in kritischen Führungssituationen, die Einfallsreichtum und Findigkeit erfordern, versagen.

Während des Vietnamkriegs wurden zahllose zweite Lieutenants mit College-Ausbildung und nur wenig oder gar keinem Führungstraining in den Kampf geschickt und mit der Leitung von Zügen betraut. Die Cleveren unter ihnen fügten sich ihren erfahreneren, kampferprobten Sergeants und verließen sich auf sie in den Schrecken des Dschungelkriegs. Andere machten den Fehler zu glauben, dass Befehlsgewalt ihnen auch gleich die Weisheit der Führungsrolle verlieh, und deshalb *hörten sie nicht* auf die anderen. Diese zweiten Lieutenants begingen Fehler, die ihr eigenes und das Leben der Männer unter ihrem Kommando gefährdeten.

Unternehmen hängen von Führungspersönlichkeiten ab

Viele der positiven Änderungen, die in der Geschäftswelt in den letzten zwei Jahrzehnten stattgefunden haben, sind Hand in Hand mit der Erkenntnis gegangen, dass es eine Bewegung weg von der Befehlsstruktur hin zur echten Führung gab. Einer der Gründe, dass Firmen auf Unternehmensbasis dazu tendieren, schneller zu wachsen als die traditionellen, ist, dass sie weniger strukturiert und oftmals knapp an Leuten in Schlüsselpositionen sind, so dass Führung automatisch jenseits der normalen Befehlskette erwachsen muss.

Befehlsgewalt konzentriert sich auf die Verwaltung von Aufgaben, nicht auf Menschen

Die meisten Leute innerhalb einer Befehlsstruktur empfangen wohldefinierte Aufgaben und werden dann danach eingestuft, wie gut sie diese erfüllen. Diese Struktur hilft dabei, Führungspersönlichkeiten zu identifizieren, indem sie den leitenden Angestellten des Unternehmens einen Überblick darüber verschafft, wer was tut und wie gut er es tut. Gleichzeitig behindert eine Befehlsstruktur die Entwicklung von Führungspersönlichkeiten, weil es stark von der erhaltenen Unterstützung abhängt, wie gut jemand seinen Job erledigt.

Firmen wie Xerox haben versucht, die negativen Leistungsfaktoren aus dem Bewertungsprozess herauszunehmen, indem sie forderten, dass die übergeordneten Angestellten einen Teil der Verantwortung für das Scheitern eines Mitarbeiters bei einer Aufgabe mittragen, aber diese Lösung wird den Problemen einer Befehlsstruktur nicht gerecht.

Die Befehlsstruktur hat zum größten Teil überhaupt nichts mit Führen zu tun, sondern damit, zu verwalten und die eingeschlagene Richtung des Unternehmens zu halten, anstatt zu überlegen, ob nicht vielleicht eine andere Richtung angebracht wäre.

Verstehen Sie Ihr Führungspotenzial

Führung ist ein integraler Bestandteil menschlicher Interaktion. Selbst in einer Welt, wo die Arbeit in allgemeiner Übereinstimmung erledigt wird, sind die Qualitäten der Führungstätigkeit – anderen zuhören können, andere zur Zusammenarbeit bewegen und die Fähigkeit, eigene Bedürfnisse zugunsten anderer hintanzustellen – entscheidend für den menschlichen Fortschritt. Wenn Leute sich nicht zusammentun, wird kaum etwas getan, und nur wenig wird erreicht ohne die Motivation, die echte Führung liefert. Aus diesem Grund müssen Sie ein sehr klares Bild davon haben, was eine Führungspersönlichkeit ist und wie sie entsteht.

Erinnern Sie sich an die folgenden grundlegenden Prämissen für die Entstehung von Führungspersönlichkeiten:

- ✔ **Jeder hat das Potenzial, die Führung zu übernehmen.** Andere zur Kooperation zu bewegen, gut zuzuhören und die Bedürfnisse anderer über die eigenen zu stellen sind Qualitäten, die sich jeder aneignen kann. Das meinen wir damit, wenn wir sagen, dass jeder das Zeug zu einer Führungspersönlichkeit hat. Aber Sie müssen sich dafür *entscheiden*, eine zu sein. Nachdem Sie sich entschlossen haben, diese Fähigkeiten als zentrale Züge in Ihren Charakter einzubauen und Ihre Reaktionen auf andere von diesen Zügen abhängig zu machen, ist es nur noch eine Frage der Zeit und der Umstände, bis Sie in irgendeiner Weise als Führungspersönlichkeit anerkannt werden.

- ✔ **Führungspersönlichkeiten werden von den Umständen gemacht, nicht durch ihre Herkunft oder ihre Gene.** Manchmal kann der Weg zur Führung durch die Umstände blockiert sein. So war z.B. für Frauen in der Zeit vor den Frauenrechten oder für Farbige in der Zeit vor den Zivilrechten der Weg zur Führung durch Vorurteile versperrt. Trotzdem gelang es Leuten wie Ralph Bunche, Jesse Owens, Jim Thorpe, Marian Anderson, Eleanor Roosevelt, Amelia Earhart, Clara Barton, Marie Curie und einer ganze Menge anderer Menschen, sich gegen alle Widerstände in ihren Gebieten Respekt als Führungspersonen zu verschaffen.

- ✔ **Führung beginnt mit der Bereitschaft, Verantwortung zu ergreifen.** Der Grund dafür, dass Führungspersönlichkeiten aus den Umständen entstehen, ist der, dass sie es begrüßen, die Verantwortung zu übernehmen. Helen Keller wäre vielleicht nichts geblieben als Blindheit und Taubheit, wenn nicht Annie Sullivan Verantwortung dafür ergriffen hätte, einen Weg zu finden, zu diesem brillanten Kind, das in seiner eigenen Welt eingeschlossen war, vorzudringen, und sie wäre womöglich eine Kuriosität geblieben, wenn sie sich nicht dazu entschlossen hätte, zur Sprecherin behinderter Menschen zu werden. Wenn wir über die Schicksale solcher Menschen lesen, neigen wir dazu, sie nur als begnadete Schreiber, Künstler, Musiker, Diplomaten oder Athleten anzusehen, aber wir müssen daran denken, dass sie genauso Führungspersönlichkeiten waren.

Obwohl wir es nicht als ein Wesensmerkmal von Führung ansehen würden, hebt eine gute Führung das Niveau an Menschenwürde in der angeführten Gruppe. All die oben aufgezählten Menschen haben durch ihre Aktionen und ihre Führung den Vorrat an Menschenwürde vergrößert und müssen in dem größeren Zusammenhang der Führung betrachtet werden anstatt in dem engen Kontext ihres beruflichen Erfolgs.

1 ➤ Ein Marschallstab im Rucksack eines jeden Soldaten

Fast jeder hat irgendwann schon einmal geführt, zumindest ein kleines Weilchen lang, auch wenn er es vielleicht gar nicht erkannt hat. So wird z.b. fast jede Mutter bzw. jeder Vater zur Führungsperson. Die Rolle eines Elternteils zu übernehmen bedeutet, eine Führungsrolle zum Zwecke des Überlebens und des Wohls des Babys anzunehmen. Wenn Sie jemals freiwillig einem Ausschuss angehört haben, wenn auch nur in einer untergeordneten Rolle, so macht Sie schon der reine Akt der Freiwilligkeit zu einer Führungsperson.

Die meisten Leute haben in ihrem Leben Führungspositionen bereits vor der Elternschaft inne. Falls Sie verheiratet sind und Ihrem Partner den Heiratsantrag machten, haben Sie dadurch die Führungsrolle übernommen. Sie *übernahmen die Führung*, indem Sie eine Verpflichtung eingingen. Falls Sie Ihre Hochzeit planten, *übernahmen Sie die Führung*, indem Sie die entsprechenden Entscheidungen trafen, um die Zufriedenheit Ihrer Gäste sicherzustellen und für einen reibungslosen Ablauf zu sorgen. Wenn Sie sich freiwillig als Trainer für eine Kinderfußballmannschaft gemeldet haben, haben Sie die *Führung übernommen*, diesen Kindern bei der Entwicklung ihrer Fähigkeiten zu helfen.

Lange bevor Ihr Erwachsenenleben begann, haben Sie bereits als Kind ständig die Führung übernommen. Als Sie studierten, *übernahmen Sie die Führung* darin, den Umgang mit Ihrer Zeit und den Verzicht auf Vergnügen zugunsten der Arbeit zu lernen. Vielleicht haben Sie nur sich selbst geführt, aber Sie haben geführt.

Was Führungspersonen brauchen

Vielleicht sind Sie noch nicht richtig davon überzeugt, dass jeder das Zeug zu einer Führungspersönlichkeit hat. Ihre natürliche Reaktion ist, »Wenn es so einfach wäre, warum leite ich dann nicht irgendwas?« In dem Abschnitt »Einige Führungsmythen« weiter oben in diesem Kapitel weisen wir darauf hin, dass Führungspersönlichkeiten nicht geboren, sondern gemacht werden. Führung passiert nicht einfach so, und sie ereignet sich nicht über Nacht. Führung ist das glückliche Zusammentreffen von jemandem, der den Wunsch zu führen, das nötige Training und die günstigen Umstände hat, mit einer Gruppe von Leuten, die nach Führung verlangt. Die folgenden Abschnitte erklären die notwendigen Voraussetzungen im Einzelnen.

Führungspersonen brauchen Ausbildung

Führungspersonen sind im Übermaß vorhanden; sie müssen nur ermutigt und unterrichtet werden. Und Führungspersonen *müssen* unterrichtet werden. Sogar der Dalai Lama, der mit zwei Jahren durch eine göttliche Fügung als Anführer der Tibetanischen Buddhisten erkannt wurde, wurde sorgfältig auf die Rolle und die Verantwortung hin erzogen, die von den Mönchen, die in Tibets Dörfern und Höfen nach der nächsten lebenden Inkarnation von Buddha suchten, von ihm erwartet wurde.

Napoleon unterzog sich einer langen Erziehung in St. Cyr, bevor er sich auf seinen Weg zum Feldmarschall machte. Winston Churchill war Zeitungsreporter, Abenteurer, Mitglied des englischen Parlaments und Junior-Kabinettminister, bevor er am Vorabend des Zweiten Weltkriegs zur Führungsperson aufstieg.

Alle Führungspersonen durchlaufen eine Periode des Trainings, der Übernahme wachsender Verantwortung und des verstärkten Lernens, und keine Führungsperson gelangt an die Spitze ohne die Unterstützung und – manchmal – die Schirmherrschaft von Leuten, die einer potenziellen Führungskraft die Ermutigung und die Gelegenheiten bieten, die sie braucht, um Führungsqualitäten zu entwickeln.

Führungspersonen brauchen ein Ziel

Sie können das Problem, warum es so schwierig ist, sich als Führungsperson zu beweisen, auch folgendermaßen betrachten: Führung erfordert ein Ziel, das ohne die Hilfe einer führenden Person nicht erreicht werden kann. Wenn eine Gruppe von Leuten selber mit ihren Problemen zurechtkommt, so braucht sie keine Führung.

Als Bill Clintons Wahlhelfer ihm und der Nation sagten, »It's the economy, stupid«, meinten sie in Wirklichkeit, »It's not leadership, stupid.« Als Studenten der Historik beobachteten Clintons Helfer richtig, dass es in Zeiten des Booms das Beste ist, aus dem Weg zu gehen und die Wirtschaft durch eine Lockerung der Vorschriften und niedrigere Zinssätze zu unterstützen. Dies sind keine Führungsentscheidungen, sondern eher kalkulierendes Denken, das erkannte, dass die Wirtschaft ihre eigenen Antriebskräfte hat. Indem er clever genug war, der großen Maschinerie des Marktkapitalismus nicht im Weg zu stehen, konnte Clinton auf einer Welle der Sympathie bis in Weiße Haus reiten.

Umgekehrt wird von einer Person, die ins Weiße Haus einzieht, Führung erwartet, auch wenn nur wenige Führungsaufgaben zur Verfügung stehen. Die vielleicht größte Unterlassungssünde Bill Clintons war, dass er keine Führungsrolle für sich selbst finden konnte und – wie die Kinder von Queen Elizabeth – seinem Leben erlaubte, in den Skandal abzugleiten.

Führungspersonen brauchen Anhänger

Die Idee, dass Führung von der Reaktion der anderen abhängt, ist nicht schwer zu begreifen. Führung erfordert, dass Sie auf die Bedürfnisse der anderen eingehen. Wenn Ihnen die Leute aber zu verstehen geben, dass sie nichts von Ihnen brauchen, haben Sie auch keine Gelegenheit, die Führung zu ergreifen. Wenn Sie darauf bestehen zu führen, obwohl keine Führung erforderlich ist, wird man Sie bald als Nervensäge, Langweiler oder Schlimmeres ansehen. Außerdem sind Sie wahrscheinlich dabei, zur Randfigur zu werden; die wenigen Leute, die erkennen, dass ein Problem (das eine Führung erfordert) existiert, werden Ihnen auch bereitwillig zuhören.

Manchmal, wie im Falle Churchills, gerät eine an den Rand gedrängte Führungspersönlichkeit aufgrund der Umstände in den Mittelpunkt. Diese Verschiebung kennzeichnet die *reaktive Führung*. Churchill erhielt die Chance zu führen als Resultat einer Reaktion auf äußere Ereignisse, nicht aber, weil er unbedingt eine große Führungspersönlichkeit gewesen wäre. Die Tatsache, dass er sich doch als eine solche herausstellte, war Großbritanniens großes Glück – und das der restlichen Welt –, aber er hätte sich genausogut auf dem Höhepunkt der Krise als unfähig oder unentschlossen erweisen können.

Der vielleicht beste Weg, um die Idee der reaktiven Führung zu verstehen, ist, das Rätsel um den schlimmsten »Führer« aller Zeiten zu betrachten, Adolf Hitler. Wie Ron Rosenbaum in seinem exzellenten Buch *Explaining Hitler* schreibt:

> *Ist es möglich, in den spärlich auftauchenden, heiß diskutierten Fakten aus Hitlers Leben, bevor er in einem einzigen Moment des Umbruchs an die Macht kam, ein dramatisches Trauma zu finden oder eine lebensverändernde Begegnung mit einer Svengali-ähnlichen Figur – einen Moment der Metamorphose, der Adolf Hitler machte? Es ist eine Suche angetrieben durch die Abwesenheit einer kohärenten und überzeugenden evolutionären Darstellung von Hitlers psychologischer Entwicklung, eine, die seine Verwandlung erklären würde von dem schüchternen, künstlerisch veranlagten Jugendlichen, dem mutlosen Bewohner eines Wiener Obdachlosenasyls, dem pflichtbewussten, aber entschieden undurchsichtigen Armeekorporal in eine Figur, die, nicht lange nach seiner Rückkehr aus dem Krieg nach München, plötzlich die Bühne der Geschichte als erschreckend aufhetzender und fesselnder Straßenredner betrat. Eine Figur, die sich daranmachte, eine Partei mit einigen Dutzend Mitgliedern zu übernehmen, um sie dazu zu benutzen, Macht über eine Nation von Millionen Menschen zu erlangen und diese Nation zu einem Instrument seines Willens zu machen, eines Willens, der die Welt auf den Kopf stellte und vierzig Millionen Tote zurückließ.*

Hitlers frühere Lebensumstände enthüllen nichts, was darauf hindeutet, wie Führungspersonen gemacht werden: kein Training, keine Situationen, die ihn dazu aufriefen, als Führer zu reagieren und erkannt zu werden, und keine Gruppe, die speziell seiner Führung bedurft hätte. Dennoch spielten eine Reihe von Umständen zusammen, die das Schlechteste in der deutschen Nation hervorriefen und Hitler aufsteigen ließen, genauso, wie die schlechte britische Lage das Beste im englischen Volk hervorrief und Churchill an die Spitze brachte. Sowohl Hitler als auch Churchill reagierten auf etwas; daher die Bezeichnung *reaktive Führung*.

Die emotionale Verbindung herstellen

Um Leute zur Zusammenarbeit zu gewinnen, gut zuzuhören und die Bedürfnisse anderer vor die eigenen zu stellen, müssen Sie eine gewisse emotionale Reife, Weisheit und Demut besitzen. Der Psychologe Daniel Goleman beschreibt die Fähigkeit, Verantwortung zu ergreifen, als *emotionale Intelligenz*, ein Maß für das Selbstbewusstsein, die Selbstbeherrschung, die Motivation, das Einfühlungsvermögen und die sozialen Fähigkeiten eines Menschen. Nach Goleman werden die Führungsqualitäten der Menschen um so entscheidender und das Level der emotionalen Intelligenz, das erfolgreiche Menschen aufweisen, um so höher, je weiter sie in einer Organisation nach oben steigen.

Jede der Komponenten, die Golemans Idee der emotionalen Intelligenz ausmachen, hängt von mindestens einer der entscheidenden Fähigkeiten ab, die gute Führungskräfte brauchen. Und hier der Zusammenhang:

✔ **Die Fähigkeit, andere zur Zusammenarbeit zu bewegen:** Motivation hängt von der Fähigkeit ab, zur Kooperation aufzurufen: zuerst sich selbst, dann die anderen.

Die Idee der Zusammenarbeit mit sich selbst mag Ihnen komisch erscheinen, aber eine unerfreuliche oder unbeliebte Aufgabe auf sich zu nehmen und sich dann bei deren Ausführung selbst zu übertreffen, erfordert meistens einen Akt des bewussten Wollens. Bob Christopher, langjähriger Herausgeber der *Newsweek* und der *Newsweek International*, pflegte jungen Schreibern zu sagen: »Jeder kann seine Arbeit gut erledigen, wenn nichts auf dem Spiel steht. Aber wenn Sie zu einer Aufgabe eigentlich keine Lust haben und trotzdem eine gute Story schreiben, dann wissen Sie, dass Sie ein Profi sind.«

✔ **Die Fähigkeit zuzuhören:** Selbstbewusstsein, Selbstbeherrschung und Einfühlungsvermögen fangen alle mit der Fähigkeit zuzuhören an, sowohl auf Ihre innere Stimme (um Ihre eigenen Motivationen zu verstehen) als auch auf die Stimmen anderer (um herauszufinden, was sie antreibt).

✔ **Die Fähigkeit, die Bedürfnisse anderer vor die eigenen zu stellen:** Selbstbeherrschung hängt großenteils von Ihrer Fähigkeit ab, die eigenen Bedürfnisse hinter die der anderen zu stellen, so dass Sie nicht automatisch in Wut ausbrechen, wenn die Dinge nicht so laufen, wie Sie es sich vorstellen.

Soziales Geschick erfordert jedes dieser Elemente – die Fähigkeit, Zusammenarbeit zu entlocken, zuzuhören und, ganz entscheidend, die Notwendigkeit, andere vor sich selbst zu stellen.

Laut Golemans Untersuchungen begründet ein hoher Grad an emotionaler Intelligenz zu 90 Prozent den Unterschied zwischen einer durchschnittlichen Führungsperson und den Stars.

Bleiben Sie cool

Sind Sie jemals nachts mit einem neugeborenen schreienden Baby durch die Wohnung gewandelt und haben dabei versucht, die Nerven zu behalten, obwohl es kaum auszuhalten war? Diese Art von Verhalten ist Selbstbeherrschung auf höchstem Niveau. Und was ist, wenn Sie im Stau feststecken, aber unbedingt rechtzeitig irgendwo ankommen müssen? Kriegen Sie einen Wutanfall, akzeptieren Sie die Tatsache, dass sich die Situation Ihrer Kontrolle entzieht, oder hören Sie Radio und benutzen im Notfall Ihr Handy, um Bescheid zu sagen?

Selbstbeherrschung hat damit zu tun, in jeder Situation Ruhe zu bewahren, oder, wie Kipling es ausdrückte: »Behalten Sie Ihren Kopf, wenn alle anderen um Sie herum ihren verlieren.«

Selbstbewusstsein

Selbstbewusstsein ist die Fähigkeit, Ihre Stimmungen, Gefühle und Triebe sowie deren Auswirkungen auf andere zu erkennen. Wenn Sie gerade die Führung übernehmen und Verantwortung tragen wollen, dann hat es einen großen Einfluss auf das Ergebnis, wie Sie Ihre Entscheidung planen. Erinnern Sie sich an Ihren Heiratsantrag. Haben Sie sich Gedanken darüber und über die Auswirkungen auf Ihren zukünftigen Ehepartner gemacht? Haben Sie zuversichtlich oder ängstlich gefragt? Hatten Sie die ernsthafte Erwartung, dass Ihr Antrag angenommen würde, eine unrealistische Hoffnung oder gar die Befürchtung, dass er abgelehnt werden würde? Falls Ihr Antrag angenommen wurde, so waren Sie wahrscheinlich realistisch und voller Selbstvertrauen. Das ist es, was Frauen meinen, wenn sie sagen, »Er hat mich umgehauen.« Der romantische Antragsteller macht das natürlich nicht wörtlich, aber in einem übertragenen Sinne, indem er ihr die unbegrenzten Möglichkeiten eines besseren Lebens, vereint als Mann und Frau, ausmalt.

Im Beruf ist die Art, wie Sie mit Ihrer Verantwortung und der Ihnen zugewiesenen Rolle umgehen, ein entscheidendes Maß für Ihr Selbstbewusstsein. Erledigen Sie einfach die Ihnen zugeteilte Aufgabe oder ergreifen Sie sie und versuchen, den wahren Wert in Ihrer Arbeit zu finden? Erlauben Sie trivialen Ereignissen, Sie aus der Bahn zu werfen, oder können Sie sich bis zu Ihrem Ziel durchboxen? Können Sie mit Misserfolg umgehen, der nie ganz auszuschließen ist?

Selbstbewusste Menschen fordern von sich selbst mehr als von anderen, so dass sie ihre Energie auf die vorliegende Aufgabe konzentrieren können. Beobachten Sie die großen Sportler, wenn ihnen ein Missgeschick passiert ist. Nachdem sie einen Schuss oder Pass vertan haben, lächeln sie meistens. Sie geben ihren Fehler zu und schütteln ihn dann gleich ab, weil sie wissen, dass vor ihnen noch die Aufgabe des Punktemachens und des Spielgewinns liegt.

Selbstbeherrschung

Selbstbeherrschung ist die Fähigkeit, spaltende Impulse – z.B. Ärger, Vorurteile, Eigensinn – und Launen zu kontrollieren oder umzuleiten. Selbstbeherrschung erfordert die Fähigkeiten, sich mit seinem Urteil zurückzuhalten und zu denken, bevor man handelt. In kritischen Situationen verlangsamen Personen mit guter Selbstbeherrschung oft die Aktion eher, anstatt sie voranzutreiben. Dadurch gewinnen sie Zeit, um die Situation zu bewerten, und versuchen, genau herauszufinden, was zu sagen oder zu tun ist, um eine Übereinstimmung oder eine Bewegung auf das Ziel hin zu erreichen.

David Halberstamm, ein Journalist, der mit Geschichten über das Verhalten der Mächtigen Karriere machte, schrieb Folgendes über Michael Jordan in seiner späten Karriere: »Als Jordan 1995 von seinem anderthalbjährigen Baseball-Zwischenspiel zum Basketball zurückkehrte, verbrachte er den Sommer in Hollywood, wo er den Kinofilm *Space Jam* drehte, verlangte aber von den Produzenten, dass ein Basketballfeld angelegt würde, auf dem er jeden Tag trainieren könne. Alte Freunde, die an dem Warner-Gelände vorbeikamen, bemerkten, dass er besonders hart an einem Wurf arbeitete, der bereits einen weniger bedeutenden Teil seines Repertoires ausmachte, den er aber nun zu seinem Erkennungswurf machen wollte – ein Sprung, bei dem er den Ball festhielt, eine Bewegung zum Korb hin antäuschte und dann in letzter Sekunde, als er schließlich sprang, leicht zurückfiel, wodurch er einen fast perfekten Abstand zum Verteidigungsspieler erreichte. Wegen seiner Möglichkeit zu springen und der gleichzeitigen Gefahr, dass er zum Korb ziehen konnte, war der Wurf praktisch nicht mehr abzuwehren ... Was professionelle Basketballspieler nun erkennen konnten, war etwas, das früher in seiner Karriere durch seine einzigartige physische Begabung und die kunstvolle Art seines Spiels teilweise verschleiert gewesen war, und dieses Etwas war eine zerstörerische Leidenschaft, sich nicht nur selbst zu übertreffen, sondern zu dominieren.«

Jordan benutzte diesen Wurf später, um die Utah Jazz im zentralen fünften Spiel der 1998-NBA-Meisterschaften aus dem Rennen zu werfen. Es war ein Moment, in dem er, wie er es später beschrieb, genau wusste, was zu tun war und wie es zu tun war, als ob er es bereits einmal durchlebt hätte. »Ich habe nie an mir gezweifelt«, sagte Jordan nach dem Spiel.

Motivation

Motivation ist die Leidenschaft für das, was Sie tun, die über Geld, Macht oder Status hinausgeht. Man erkennt sie an einer Tendenz, Ziele mit Energie und Durchhaltevermögen anzugehen. Leider arbeiten zu viele Leute alleine des Geldes wegen, ohne jemals mit dem Herzen bei einer Sache zu sein. Die Notwendigkeit, sich seinen Lebensunterhalt zu verdienen, verzerrt persönliche Werte oft bis zu dem Punkt, wo Leute in Berufen arbeiten, die sie entsetzlich langweilen, oder in Beziehungen bleiben, die ihre Bedeutung verloren haben. Motivierte Leute haben den Antrieb, über ihre eigenen und die Erwartungen anderer hinauszugehen.

Motivation erfordert auch Ihre Fähigkeit, Ihre Leidenschaft anderen mitzuteilen. Ihre Arbeit mit Hingabe und Begeisterung anzugehen, ist nicht genug. Sie müssen Ihr Engagement ausstrahlen, so dass Ihre Umgebung sich von Ihrer Begeisterung anstecken lässt. Denken Sie daran: Eine der Schlüsselkomponenten der Führung ist die Fähigkeit, andere zur Zusammenarbeit zu bewegen. Darum geht es bei Motivation. Mit Ihrer Bereitschaft, eine Aufgabe anzugehen, gehen Sie den anderen als gutes Beispiel voran.

Einfühlungsvermögen

Einfühlungsvermögen ist die Fähigkeit, das emotionale Make-up anderer Leute zu durchschauen, sowie das Geschick, Menschen ihren emotionalen Reaktionen gemäß zu behandeln. Einfühlungsvermögen hängt sowohl von der Fähigkeit zuzuhören als auch von der Fähigkeit ab, die Bedürfnisse anderer über die eigenen zu stellen.

In den vergangenen Jahren sind sich viele Firmen der Tatsache bewusst geworden, dass sie genauso viele *Anspruchsberechtigte* wie Aktionäre haben. Neben den Aktionären oder Partnern, denen die Firma gehört, können viele andere – Zulieferer, Kunden, Arbeiter, die Gemeinden, in denen die Firmen arbeiten, und größere »Gemeinschaften« von Leuten, die einen Anteil an der Firma haben – bestimmen, ob die Leute eine Firma positiv betrachten oder nicht. Zum Beispiel kann es der öffentlichen Meinung wichtiger sein, wie eine Firma ihr Personal behandelt, als wo sie ihre Fabriken hinsetzt.

All diese Anspruchsberechtigten fair zu behandeln und dabei trotzdem gewissenhaft zu arbeiten, um Profit zu machen, erfordert einen hohen Grad an Einfühlungsvermögen. Möchtegern-Führungskräfte tragen die Last, innovative Lösungen zur Befriedigung berechtigter Bedürfnisse zu finden, während sie sicherstellen, dass die Firma wettbewerbsfähig bleibt. Leute mit hohem Einfühlungsvermögen suchen nach Lösungen, die Probleme kappen, bevor sie überhaupt auftauchen.

Einfühlungsvermögen kommt den Menschen zugute

Stellen Sie sich folgende Situation vor: Sie sind ein Manager, dessen Firma gerade entschieden hat, die gesamte Produktion auszulagern. Als Resultat müssten Sie einen ganzen Betrieb stilllegen. Sie haben verschiedene Möglichkeiten. Sie können Posten aufstellen, die Entlassungen durch eine Notiz am Werktor bekanntgeben und jedem Angestellten ein paar Stunden geben, um seinen persönlichen Besitz aus der Fabrik zu holen. Sie können sich für die Entlassungen entschuldigen, aber die Leute wissen lassen, dass so etwas immer passieren kann.

Oder Sie können die Entscheidung der Firma begründen und sich verpflichten, jedem Angestellten bei der Suche nach neuer Arbeit zu helfen. Führungskräfte mit einem hohen Grad an Einfühlungsvermögen wählen diese Möglichkeit, weil sie den Kummer der Menschen verstehen.

Einfühlungsvermögen zahlt sich aus

Vor einigen Jahren veröffentlichte ein gemeinnütziger Verein namens The Council on Economic Priorities ein Buch namens *Shopping for a Better World*. Die Prämissen des Buchs waren einfach: Der Konsument kann die Politik einer Firma durch sein Kaufverhalten in weiten Bereichen beeinflussen. *Shopping for a Better World* bewertet Firmen nach einer Reihe sozialer Indikatoren, etwa, wie gut eine Firma die Umwelt schützt, ob sie irgendwelche Schutzverträge abschließt, ob sie mit ihren Produkten inhumane Tierversuche durchführt und ob Frauen und Minderheiten in der Firma Aufstiegschancen haben.

Die meisten der bewerteten Firmen – Giganten wie Procter&Gamble oder Phillip-Morris – ignorierten das Buch im Glauben, es sei nicht mehr als linke Kritik am Kapitalismus.

Reuben Mark jedoch, der CEO (Abkürzung für Chief Executive Officer = Geschäftsführer) von Colgate-Palmolive, entschloss sich, das Buch ernst zu nehmen. Er sah sich die ganzen Streitpunkte an, die *Shopping for a Better World* anschnitt, und erteilte Anweisungen, in allen Bereichen der Firma Änderungen vorzunehmen, um Colgate-Palmolive zu einer besseren Firma zu machen. In der nächsten Auflage des Buchs war Colgate in der Rangliste bereits gestiegen.

Mit dem Aufstieg von Colgate in der Rangliste stiegen auch seine Umsätze und sein Profit. Colgate begann, weitaus größere Verbraucherproduktfirmen, was den Bruttogewinn anging, zu überflügeln. Obwohl Reuben Mark vorsichtig damit ist, eine eindeutige Beziehung zwischen Colgates Aufstieg in den Bewertungen von *Shopping for a Better World* und den wachsenden Verkaufszahlen zu sehen, so glaubt er doch, dass die Verbraucher bereit sind, einen Unterschied zwischen Firmen zu machen, was das Einfühlungsvermögen betrifft. Wenn eine Firma Einfühlungsvermögen gegenüber ihrer Umgebung zeigt, so liefert diese auch solches zurück.

Soziale Geschicklichkeit

Soziales Geschick ist das Können im Umgang mit Beziehungen und beim Aufbau von sozialen Netzwerken sowie die Fähigkeit, eine gemeinsame Basis zu finden und ein harmonisches Verhältnis aufzubauen. Der frühere Chrysler-CEO Robert Eaton sagte einmal, dass das Erste, was er als Geschäftsführer lernte, war, dass niemand alles weiß und niemand alles tun kann. Daher hatte er die Wahl: Entweder konnte er Chrysler auf das beschränken, was *er* wusste und konnte, oder sich auf das Wissen und Können anderer verlassen. Als starke Führungspersönlichkeit wählte Eaton den schlaueren Kurs und erlaubte Chrysler dadurch zu wachsen und zu expandieren, während seine Manager starke, multidisziplinäre Teams bildeten, um die Firma neu zu ordnen.

Um Beziehungen erfolgreich zu pflegen, brauchen Sie die Fähigkeit, mit anderen schnell eine gemeinsame Basis zu finden, um mit ihnen zu einer Übereinstimmung bezüglich der zu lösenden Probleme zu kommen. Zu diesem Zweck müssen Sie in Ihrem Benehmen offen und freundlich und in Ihrer Einstellung optimistisch sein. Die Leute müssen Ihnen vertrauen, ohne dass Sie darum bitten müssen.

Ihre Meinung zählt

In Situationen des Arbeitslebens ist oft Motivation der entscheidende Faktor, der ein Projekt gegenüber anderen vorantreibt. Michael Eisner, CEO von Disney, sagt: »Was mich immer wieder erstaunt, ist, dass es immer die Person mit dem entschiedensten Standpunkt ist, die die Gruppe beeinflusst und die sich durchsetzt. Hier bei uns ist ein starker Standpunkt mindestens so viel wert wie 80 IQ-Punkte.« Sie müssen gar nicht schlauer sein als die anderen, nur motivierter, um Ihre Ideen in die Tat umsetzen zu können.

Sag mir, wo die Führungskräfte sind

Wenn Führen so einfach ist, warum gehen einige Leute herum und beklagen den Mangel an guten Führungskräften? Nehmen Sie irgendeine Veröffentlichung über die Geschäftswelt, von *Fortune* bis *Harvard Business Review*, und Sie werden Artikel finden, die behaupten, dass es einen kritischen Mangel an Führungskräften auf jeder Ebene gibt. Wo sind die eloquenten, inspirierten Churchills und Roosevelts, fragen die Autoren, und die raubeinigen, freimütigen, aber ultimativ charismatischen Harry Trumans und Abe Lincolns, jetzt, wo wir sie wirklich brauchen?

Führung besteht aus einer Reihe von Qualitäten und Wesenszügen, die erlernt und erarbeitet werden können, und dennoch ist die allgemeine Auffassung, dass gute Führungskräfte Mangelware sind. In den folgenden Abschnitten lesen Sie, warum.

Führungskräfte kommen in allen Verkleidungen

Sie gelangen durch soziales Geschick in eine Führungsposition, indem Sie verwandte Geister in einer Firma finden, die – oft inoffiziell – zusammenkommen, um ein Problem anzugehen. 1987 traf sich genau solch eine Gruppe von Junior-Ingenieuren und Managern von Chrysler, um über die gerade anstehenden Probleme des Unternehmens zu sprechen: den Mangel an Qualität der von Chrysler produzierten Wagen, den ständig schrumpfenden Marktanteil und die japanische Konkurrenz, vor allem Honda, die dabei war, Chrysler den Kuchen wegzuessen. Nachdem sie Gehör beim Top-Management gefunden hatte, ging die Gruppe, die sich selbst das Youth Advisory Committee nannte, das Problem mit Begeisterung an.

Interessanterweise bestand das Youth Advisory Committee vor allem aus Leuten, die in dem ultrakonservativen Verwaltungssystem von Chrysler als Außenseiter betrachtet worden wären.

Eine der Anführerinnen der Gruppe, eine japanisch-amerikanische Frau namens Reiko McKendry, war sehr erfolgreich darin, die Angestellten bei Honda auszufragen, da sie sich mit dem Sozialverhalten der Japaner auskannte und geschickt mit ihnen umzugehen wusste. Jim Finck, ein anderes Gruppenmitglied, war die vollkommene Antithese des stereotypen Ingenieurs mit Pocket-Protector, kurzärmeligem weißen Hemd und Stoppelhaarschnitt. »Es war verblüffend«, sagt Finck, »nachdem wir die Studie begonnen hatten, fanden wir schnell heraus, dass bei Chrysler keiner mit irgendeinem anderen redete.«

Durch die Einführung der grundlegendsten sozialen Fähigkeit – über Dinge zu reden – gelang dem Youth Advisory Committee die Wiedergeburt eines Unternehmens. Der Abschlussbericht der Gruppe, der einem recht bestürzten obersten Management präsentiert wurde, wurde voll und ganz angenommen und brachte eine Kette von Ereignissen ins Rollen, die das Unternehmen aus den Tiefen eines Autoschrotthaufens an die Spitze der Gewinnpyramide brachte.

Führungspersonen können erst auftauchen, wenn es die Situation erfordert

Führungskräfte können bereits mitten unter uns sein, wo sie auf niederen Ebenen arbeiten und auf die Umstände warten, die sie ins Rampenlicht rücken werden. Wenn es wahr ist, dass in fast jedem von uns ein Führungspotenzial schlummert, dann ist es wahrscheinlich eher ein Mangel an *Gelegenheiten* zur Führung als an Führungspersönlichkeiten, an dem wir leiden.

Suchen Sie sich irgendeine der großen Führungspersönlichkeiten heraus und untersuchen Sie ihren Aufstieg an die Spitze genauer, und Sie werden sehen, dass es mit wenigen Ausnahmen die Ereignisse waren, die sie zu Führenden machten, und nicht umgekehrt. Hätte die Große Depression nicht ihre Wurzeln 1931, wir hätten Herbert Hoover als einen großen Humanisten und Franklin Roosevelt als einen willensschwachen Patrizier, einen billigen Abklatsch seines Cousins Teddy Roosevelt in Erinnerung behalten. Aber Hoover reagierte auf die Depression nicht angemessen, und Roosevelt gab seine bestehende Wirtschaftspolitik auf, die noch schlechter durchdacht war als die Hoovers. Stattdessen konzentrierte er seine Aufmerksamkeit auf das Elend des kleinen Mannes und entwarf Pläne, um es zu lindern. Das ist es, was Roosevelt zu einer großen Führungspersönlichkeit machte.

Harry Truman war ein Herrenausstatter aus Missouri, ein Mietling der politischen Maschinerie St. Louis Pendergasts, der gegen Ende des Zweiten Weltkriegs dem geschwächten und widerwilligen Roosevelt aufgedrängt wurde. Als Roosevelt kurz nach seiner vierten Wiederwahl unerwartet starb, war es an Truman, sich den Mantel der Führung anzuziehen und etwas damit anzufangen. Zu seiner Ehre zeigte er sich der Lage gewachsen, indem er den Krieg zu einem schnellen und entschlossenen Ende brachte und die Wohltaten der Rooseveltschen Wirtschaftsreformen auf große Teile der ländlichen Gebiete Amerikas ausdehnte.

Die simple Tatsache ist die, dass wahrscheinlich keiner dieser Leute sich als Führungspersönlichkeit erwiesen hätte, wenn die Umstände der Krisenzeiten nicht mehr von ihnen verlangt hätten. Aber es ist auch wahr, dass Churchill, Roosevelt und Truman die notwendigen Qualitäten besaßen, um in solch umfassendem Maße zu reagieren, dass sie weit über das hinausgingen, was von ihnen erwartet wurde.

Führungspersönlichkeiten können unerwünscht sein, bis sie gebraucht werden

Eine zynische, jedoch pragmatische Erklärung dafür, dass so viele das Gefühl haben, es herrsche ein Mangel an Führungspersönlichkeiten, ist, dass wir sie in Wirklichkeit gar nicht wollen, solange wir ohne sie auskommen. Wahrscheinlich führen genau die Qualitäten, die es Menschen erlauben, die schwierigsten Herausforderungen zu meistern, dazu, dass sie in den Zeiten, wo diese Herausforderungen nicht existieren, nicht willkommen sind.

Winston Churchill ist genau so ein Beispiel: Während der Dreißigerjahre, als Hitlers dunkle Macht fast täglich größer wurde, war er eine schrille, unerwünschte Stimme in der Wildnis.

1 ► Ein Marschallstab im Rucksack eines jeden Soldaten

Großbritannien war durch den Ersten Weltkrieg dezimiert worden und für zwei Jahrzehnte danach niedergedrückt durch internen Streit und die wirtschaftliche Depression. Die Briten wollten nicht noch mehr Leben, ihre Ehre oder ihr dürftiges Vermögen für die scheinbar unbedeutenden Auseinandersetzungen Europas opfern. Als der britische Premierminister Neville Chamberlain 1938 aus München zurückkam und seine Auslieferung des Sudetenlands, eines Teils der Tschechoslowakei, an die Deutschen als »Peace in our time« feierte, wurde er in den Straßen von London mit Hochrufen empfangen. Kaum zwei Jahre später, als Hitler immer noch auf dem Vormarsch war und britische Truppen in der Defensive in Dünkirchen lagen, folgten viele Menschen Churchills Aufruf zum Kampf. Nach dem Krieg dann allerdings wurden die Briten der Führung Churchills schnell müde.

Führungskräfte können mit Managern verwechselt werden

Manchmal werden Führungspersonen als Manager missverstanden. Hierbei führen sie die ganze Zeit gut, aber der Erfolg ihrer Führung ist einem guten Verwaltungsmodell zuzuschreiben.

In der Zeit seit dem Zweiten Weltkrieg haben sich viele Firmen das Konzept der *Verwaltungswissenschaft* zu Eigen gemacht. Verwaltungswissenschaft ist die Idee, dass mathematische Modelle auf jede Komponente eines Unternehmens angewandt werden können, von der Produktion bis hin zum Verbraucherverhalten, was es Managern erlaubt, vernünftige Voraussagen über die Ergebnisse verschiedener Aktionen zu treffen.

Die meisten Verwaltungsmodelle basieren auf der Idee des *Feedback*, der Fähigkeit, Verhalten auf der Grundlage der erhaltenen Informationen zu modifizieren. Gute Führung basiert auch auf Feedback. Um Kooperation zu erhalten, müssen Sie zuhören, und um Leute auf ihr angestrebtes Ziel hinzuführen, müssen Sie Ihre Bedürfnisse auf die der anderen verschieben, was bedeutet, Ihr Verhalten als Reaktion auf die Bedürfnisse der von Ihnen angeführten Gruppe zu modifizieren. So verkörpern die besten Verwaltungsmodelle, zumindest bis zu einem bestimmten Grad, automatisch Führungsqualitäten in jeder ihrer Komponenten. In einem gut verwalteten Unternehmen werden Führungsqualitäten daher oftmals gar nicht wahrgenommen.

Die Pyramide einebnen

In den letzten zwei Jahrzehnten forderten einige Unternehmensmodelle die weitestgehende Aufspaltung von Führung und Verantwortung, auch *Einebnen der Pyramide* genannt. Das Einebnen der Pyramide ist der Prozess, die Führungsrolle über die ganze Firma aufzuteilen, anstatt die Verantwortung auf einige wenige Leute an der Spitze zu konzentrieren. Wenn jeder Angestellte einer Firma für den Erfolg der Firma mitverantwortlich ist, ist die Rolle der Führungsperson enger definiert. In diesem Fall übernehmen alle Arbeiter die Verantwortung, und die Führung sorgt für ein langfristiges Ziel und eine Vision für die Firma.

Nehmen wir einmal Firmen wie Federal Express oder United Parcel Service (UPS). Jeder Angestellte dieser Firmen ist ein Aktionär und vom ersten Tag an von der Idee beeinflusst, dass jedes Mal, wenn er ein Paket annimmt oder abliefert, sein Verhalten die gesamte Zukunft des

Unternehmens mitbestimmt. Zudem haben die Angestellten einen fairen Spielraum, in dem sie ihren Job erledigen können, so dass sie gezwungen sind, eine gewisse Grundverantwortung zu übernehmen – im Endeffekt, sich selbst zu führen. Die einzige Rolle der Management-Teams beider Firmen ist es, die Vision zu liefern, wo es als Nächstes hingeht, und Pläne auszuarbeiten, um die Firma auf diesen nächsten Schritt hinzuführen.

Den Unterschied zwischen Führung und Verwaltung verstehen

Viele Leute denken, dass Führung und Verwaltung dasselbe sind, aber das sind sie nicht. Führungspersonen stellen die Was- und Warum-Fragen, nicht die Wie-Fragen. Führungspersonen denken über *Bevollmächtigung* nach, nicht über Kontrolle. Bevollmächtigung bedeutet, dass Sie den Leuten nicht ihre Verantwortung stehlen. Gute Unternehmen wie Federal Express und UPS bevollmächtigen ihre Leute, indem sie ihnen erlauben, die Verantwortung für das richtige Tun selber zu übernehmen.

Zwei wichtige Unterschiede trennen Führung von Verwaltung:

- ✔ **Sie verwalten Dinge, aber Sie führen Menschen.** Grace Hopper, eine ehemalige Verwaltungsexpertin, die später der erste weibliche Admiral der US-Navy wurde, beobachtete, dass der Unterschied zwischen Verwaltung und Führung das Objekt der Aktionen ist. Manager arbeiten mit Prozessen, Modellen und Systemen – Dingen also. Führungskräfte dagegen müssen mit Menschen und deren Emotionen umgehen.

- ✔ **Manager machen die Dinge richtig, aber Führungskräfte machen die richtigen Dinge.** Warren Bennis, der Professor an der University of Southern California, der seine Karriere dem Studium von Führungspersönlichkeiten (vor allem Unternehmensführer) gewidmet hat, wies darauf hin, dass man beim Die-Dinge-richtig-Machen automatisch an Kontrollmechanismen und daran, wie die Dinge erreicht werden, denkt. Dieser Prozess ist Management. Wenn Sie dagegen darüber nachdenken, die richtigen Dinge zu tun, steht Ihnen der Sinn sofort danach, an die Zukunft zu denken, an Träume, Missionen, strategische Vorsätze und Absichten. Dieser Zugang ist Führung.

Sie sind nicht zum »Diktator auf Lebenszeit« gewählt

In diesem Kapitel

- Jede Führung ist vergänglich
- Situative Führung
- Vorübergehende Führung
- Hierarchische Führung

The Moving Finger writes; and having writ, Moves on.

Omar Khayyam, The Rubaiyat

Die Leute, die in dieser Welt weiterkommen, sind diejenigen, die sich aufmachen, um nach den Verhältnissen zu suchen, die sie sich wünschen, und wenn sie diese nicht finden, machen sie sie sich selber.

George Bernard Shaw

Nur weil Sie mal eben die Führung innehaben, denken Sie ja nicht, dass das jetzt immer so weitergeht, denn jede Führung ist vorübergehend. Zur Führung kommt es dann, wenn sich eine Notwendigkeit, ein Ziel und eine Person, die bereit ist, Verantwortung zu tragen, kreuzen. Führung hängt oft nur davon ab, zur richtigen Zeit am richtigen Ort zu sein.

Verschiedene Kombinationen von Zeit und Umständen rufen verschiedene Arten der Führung hervor. Manchmal erfordern die Umstände Führung, und die perfekte Person dafür ist auch gerade verfügbar. Diese Sorte von Umständen bringt den optimalen Typ Führung hervor, die *situative Führung*. Ein anderes Mal stehen die Sterne nicht so gut, und die Führungsperson passt entweder nicht zur Situation, oder die Führungsperson ist zwar die richtige, aber das Timing ist schlecht. Wenn Führung in solchen vertrackten Situationen stattfindet, ergibt sich entweder eine *vorübergehende* oder eine *hierarchische Führung*. In diesem Kapitel testen Sie die unterschiedlichen Geschmacksrichtungen der Führung und finden heraus, wie Sie die Unterschiede zwischen ihnen erkennen.

Die vergängliche Natur der Führung

Führung ist vergänglich, und eine Führungsperson erhält gerade so viele Gelegenheiten, erfolgreich zu sein, bis sich seine Anhänger woanders nach einem neuen Anführer umsehen. Die folgende Geschichte illustriert dieses Konzept.

Als Joseph Stalin starb, entbrannte innerhalb der kommunistischen Partei Russlands ein Kampf um die Führung. Nikita Chruschtschow kam an die Macht, aber sein Thron war wackelig. Als er eines Tages in Stalins altem Schreibtisch im Kreml herumstöberte, stieß er auf ein verschlossenes Buch, das er neugierig öffnete. Im Innern befanden sich drei Briefe, die mit einem roten Band zusammengebunden waren, an dem ein Zettel mit der Aufschrift »An meinen Nachfolger« befestigt war. Auf dem ersten Brief befanden sich die Worte »Zu öffnen während der ersten Krise«. Da Chruschtschow sich immer noch mitten in einem Machtkampf befand, öffnete er den Umschlag. Die Notiz im Innern bestand aus nur wenigen Worten: »Schieb die Schuld auf mich!« Chruschtschow berief prompt das ein, was als der Dritte Parteikongress bekannt wurde, denunzierte Stalin, gewann weitreichende Unterstützung und überwand die Krise.

Einige Jahre später, als Russlands Satellitenstaaten zu revoltieren begannen und eine neue Krise drohte, öffnete Chruschtschow den nächsten Briefumschlag. Sein Inneres lautete: »Tu dasselbe, was ich getan habe.« Genau das tat Chruschtschow, indem er den Widerstand in Ungarn, Polen und Ostdeutschland brutal niederschlug. Wieder konnte er sich für eine Weile durchsetzen. In der Mitte der Sechzigerjahre, als sich die Wirtschaft in Aufruhr befand und seine Politik versagte, öffnete Chruschtschow den letzten Brief. In dem stand: »Bestimme einen neuen Anführer, und schreibe ihm drei Briefe.« Das Vakuum, das Stalin hinterließ, machte die Zeit reif für eine Führungsübernahme, aber Chruschtschows Führung dauerte nicht ewig.

Führung ist ein vorübergehender Zustand, aus einer Reihe von guten Gründen:

- ✔ **Die Situation, die Führung erforderlich machte, besteht irgendwann vielleicht nicht mehr.** Wenn Führung bedeutet, einer Gruppe dabei zu helfen, ihr Ziel zu erreichen, was passiert dann, wenn das Ziel erreicht ist? Oder, wie Shelly Zelaznick, der frühere verwaltende Herausgeber des *Forbes*, zu sagen pflegte: »Was macht der Hund mit dem Auto, hinter dem er herjagt, wenn er es gefangen hat?«

- ✔ **Die Zeiten ändern sich und die Umstände ändern sich.** Eine heute anerkannte Führungsperson kann mit den Realitäten von morgen vielleicht schon nichts mehr anfangen. Die Ziele, die das ganze Geschick und die gesamte Energie der Führungsperson herausforderten, können sich geändert haben. Der Kampf von morgen kann tatsächlich all dem, für das eine Führungsperson gestern noch stand, diametral entgegengesetzt sein.

Um sich klarzumachen, wie Zeit und Umstände zusammenarbeiten, um eine führungsfreundliche Atmosphäre zu schaffen, sehen Sie sich Abbildung 2.1 an, die zeigt, was passiert, wenn die richtigen und falschen Umstände und Zeiten zusammentreffen.

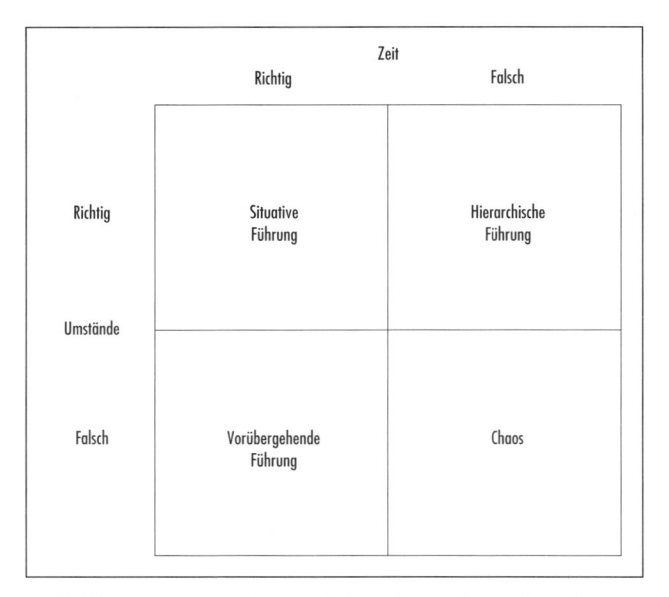

2 ▶ Sie sind nicht zum »Diktator auf Lebenszeit« gewählt

	Zeit	
	Richtig	Falsch
Richtig	Situative Führung	Hierarchische Führung
Umstände		
Falsch	Vorübergehende Führung	Chaos

Abbildung 2.1: Zeit und Umstände beeinflussen die Art der Führung

Situative Führung

Die beste Art, um die situative Führung kennen zu lernen – die richtige Person zur richtigen Zeit am richtigen Ort –, ist, die Tageszeitung zu lesen. Die Zeitungsberichte sind voll von Leuten, die genau zur richtigen Zeit auf bestimmte Umstände reagierten, um eine Führungsrolle auszufüllen.

Um Ihnen zu beweisen, wie alltäglich situative Führung ist, wollen wir Ihnen ein Experiment vorstellen, das wir durchgeführt haben: Wir nahmen eine lokale Zeitung – also nicht die New York Times, die Washington Post oder das Wall Street Journal – und sahen sorgfältig die Berichte durch, auf der Suche nach Beispielen für Führung in Wort oder Tat. *The Morning Call* (Allentown, Pennsylvania) ist z.B. ein typisches Blatt mittlerer Auflage. Am 30. Dezember 1998 enthielten alleine die Hauptnachrichtenteile 81 Geschichten, die Todesanzeigen nicht mitgerechnet. Die Sportberichte haben wir nicht mitgezählt, da die meisten von ihnen infolge der Leistung eines bestimmten Athleten oder irgendeiner Trainerentscheidung automatisch mit Führung zu tun haben – oder einem Mangel daran. Sie können dasselbe Experiment mit Ihrer eigenen Tageszeitung wiederholen. Das Lesen der Zeitung, um Beispiele für Führung in Aktion zu finden, ist tatsächlich ein guter Weg, zu verstehen, was situative Führung ist und wie häufig sie im wirklichen Leben auftaucht.

Bei der situativen Führung erzeugt eine Kette von Ereignissen die Notwendigkeit, dass eine Führungsperson aus der Menge auftaucht. Die Beispiele aus den Zeitungsberichten, die wir in diesem Kapitel bringen, illustrieren einen Umstand oder eine Reihe von Umständen, die nach einer Position oder einer Entscheidung rufen, genau zu dem Zeitpunkt, bevor der Moment vertan ist. Jede der Personen oder Institutionen, die diese Entscheidungen treffen, wird in genau diesem Moment zur Führungsperson, die mit den Erfordernissen der Situation wächst.

Die von uns hervorgehobenen Situationen unterscheiden sich, oft dramatisch, voneinander. Wir haben das so gemacht, weil Führungssituationen nicht immer offensichtlich sind. Manchmal taucht Führung in Momenten einer großen Krise auf. Ein anderes Mal entsteht sie aus einer Streitfrage oder einer Unstimmigkeit, die beigelegt werden muss. Und wieder ein anderes Mal muss eine Führungsperson aufstehen für ein Prinzip oder die Schutzlosen verteidigen. Die Umstände können von Situation zu Situation variieren, aber in jedem Fall bietet die Situation eine Gelegenheit, die erfordert, dass jemand hervortritt und eine Sache oder ein Ziel geltend macht oder auch nur die Verantwortung für die Situation übernimmt, damit die Sache gut ausgeht.

Situative Führung ist überall um Sie herum. Um eine situative Führungsperson zu werden, müssen Sie

✔ erkennen, wann Zeit und Umstände so zusammentreffen, dass Führung erforderlich ist

✔ bereit und fähig sein, die Führungsverantwortung auf sich zu nehmen. Zu diesem Zweck müssen Sie

- zuhören

- die Verantwortung dafür übernehmen, dass die Gruppe ihr Ziel erreicht

- die Zusammenarbeit der Gruppe erwirken, so dass das Ziel tatsächlich erreicht werden kann

Entscheidungen, bei denen Geld keine Rolle spielt

Der erste Zeitungsbericht handelt von einem schlecht-getimeten Bootsrennen, das in einer tödlichen Tragödie endete, als starke Winde und hohe Wellen viele der Boote im Rennen überschwemmten oder sogar versenkten. Obwohl die Rettungsschwimmer ihr Bestes gaben, ertranken einige der Segler. Larry Ellison, der Kapitän der *Sayonara* und Chef eines großen Unternehmens, stand vor einer schwierigen Entscheidung, als die Rettungsaktion begann: Sollte er das Schiff aufgeben und seiner Crew erlauben, sich von den Helikoptern herausziehen zu lassen, oder sollte er versuchen, die Yacht mitsamt Crew in den Hafen zu bringen? Seine Entscheidung ist sehr interessant.

Als Billionär hätte sich Ellison jede Entscheidung leisten können. Seine Multimillionen-Dollar-Yacht zu verlieren, wäre keine ökonomische Katastrophe für ihn gewesen. Und die Kosten für die Helikopterrettung hätten ihm finanziell auch nicht wehgetan. Ellison war damit von nichts anderem belastet als von den Erfordernissen der Situation. Als Führungspersönlichkeit fragte er seine Crew um Rat, schätzte die Situation ein und entschied weiterzusegeln, im Wissen, dass er später immer noch Hilfe herbeirufen konnte, sollten sich die Verhältnisse verschlechtern (falls z.B. der Sturm noch heftiger geworden wäre).

> ### Segler segeln nach dem Unglück widerwillig weiter
>
> Larry Ellison, Chef und Begründer des Software-Giganten Oracle Corp., und seine 80-Fuß-Yacht *Sayorana* überquerten am Dienstag die Ziellinie, um das berühmte Rennen (von Sidney in Australien nach Hobart in Tasmanien) zum zweiten Mal zu gewinnen. »Das war kein Rennen«, sagte er. »Wir haben uns lediglich darauf konzentriert, das Boot in einem Stück mit der gesamten Crew in den sicheren Hafen zu bringen.«

Moralische Entscheidungen

Diese zweite Geschichte handelt von der persönlichen Entscheidung eines chinesischen Dissidentenführers, weiter für das zu kämpfen, woran er glaubt, auch wenn es ihn weitere 13 Jahre Gefängnis kosten wird. Xu Wenli hätte seine Überzeugung auch leicht widerrufen und ein normales Leben führen können, aber indem er sich selbst für eine Sache – Freiheit und Demokratie – opfert, hofft er, Millionen anderer Chinesen zu inspirieren, die vielleicht sonst nicht den Mut hätten, für eine politische Änderung zu kämpfen. Dadurch ist er nicht nur ein Anführer, sondern wird zusätzlich zum Helden.

> ### Chinesische Dissidenten erhalten Arbeitslager ohne Prozess
>
> Ein anderer Dissident, Xu Wenli, schrieb in einem offenen Brief aus dem Gefängnis, datiert auf Montag, dass er keine Berufung gegen seine Verurteilung zu 13 Jahren einlegen werde, aus Verachtung für die chinesische Rechtsordnung. Der Brief endet mit den Worten »mit angelegten Handschellen«.

Xu musste sich einer total anderen Führungssituation stellen. Führung hat damit zu tun, einer Gruppe von Menschen beim Erreichen ihrer Ziele zu helfen, aber oftmals ist dieses Ziel weit weg und abstrakt. Xu, einer der »Dissidenten« vom Platz des Himmlischen Friedens, die in China vor mehr als einem Jahrzehnt aufkamen, hatte viele Gelegenheiten, um die abstrakte Verteidigung des Rechts der Chinesen auf Selbstbestimmung abzubrechen, aber er hat sich jedes Mal geweigert, dies zu tun.

Indem er die Berufung ablehnt, zweifelt Xu die Legitimation genau der Regierung an, die ihn ins Gefängnis gesteckt hat, zugunsten aller anderen Chinesen, was ein großes persönliches Opfer für ihn selbst bedeutet. Er hat die Situation dazu genutzt, um seine Führungsrolle geltend zu machen und die Frage der Demokratie in den Brennpunkt zu rücken.

Salomonische Entscheidungen

Eine der Entdeckungen, die Sie als Führungsperson machen werden, ist, dass Sie niemals alle glücklich machen können. Oft sind die Standpunkte der Leute, die Sie bitten, eine Entscheidung zu treffen, diametral entgegengesetzt zu Ihrem. Wie gehen Sie mit solchen Situationen um? Wie in der Geschichte von König Salomon suchen Sie nach einer Lösung, die so polarisiert ist, dass sie eine Seite dazu bringt, aus gesundem Menschenverstand heraus nachzugeben, damit nicht eine Entscheidung getroffen wird, die Schaden verursacht. In dieser Geschichte beanspruchen zwei Frauen dasselbe Baby und jede »beweist«, dass sie die richtige Mutter ist. Salomon zieht sein Schwert und kündigt an, dass er das Baby jetzt halbieren und jeder Mutter eine Hälfte überlassen wird, da er nicht entscheiden könne, wer von den beiden lügt. Die Frau aber, die die wirkliche Mutter ist, protestiert, weil sie ihr Baby nicht sterben sehen will. Da gibt König Salomon ihr das Baby, weil sie echte Sorge um sein Wohlergehen gezeigt hat.

Rabbi Moshe Shaul Klein praktizierte bei seiner Entscheidung eine etwas enger definierte Version der Führung. Er wusste, dass orthodoxe Juden Probleme damit hatten, das, was sie als ihre religiösen Gesetze kannten, in Einklang damit zu bringen, den Namen Gottes mit einer neuen Technologie zu schreiben. Rabbi Klein musste sich auf Bitten seiner Schäfchen um eine Lösung dieses Problems kümmern, damit orthodoxe Juden nicht etwa von der Benutzung von Computern ausgeschlossen blieben, anstatt wie alle anderen Menschen auch von dieser überaus fortschrittlichen Technologie zu profitieren.

Finden Sie Höllencomputer gottlos? Rabbi gibt sein Okay

Ein führender orthodoxer Rabbi entschied diese Woche, dass das Wort *Gott* von einem Computerbildschirm oder einem Datenträger gelöscht werden dürfe, da die Pixel keine wirklichen Buchstaben darstellten. Rabbi Moshe Shaul Klein veröffentlichte seine Entscheidung in dieser Woche in einem an orthodoxe Juden gerichteten Computermagazin. Nach dem jüdischen Gesetz müssen Drucksachen mit dem Wort Gott – *elohim* auf Hebräisch – und dessen Manifestationen in anderen Sprachen aufbewahrt oder rituell verbrannt werden.

Mit seiner Entscheidung trat Rabbi Klein in die Fußstapfen von König Salomon, indem er nach einem Mittelweg suchte, der sowohl die Streitfrage klar definierte als auch zur gleichen Zeit Raum für eine gewisse Unklarheit bot. Diese Situation, die nach Rabbi Kleins Entscheidung verlangte, hätte sich nicht vor dem Aufkommen von Computern ereignen können und wird auch nicht wieder auftauchen, es sei denn, dass ein Teil der Gruppe sich weigert, Rabbi Kleins Entscheidung zu akzeptieren.

Entscheidungen für einen höheren Zweck

Nennen Sie dies den Jeanne-d'Arc-Stil der Führung. Jeanne war ein Mädchen vom Lande, die während einer Bürgerkriegsphase in Frankreich aufwuchs. Eines Tages hatte sie eine Vision und zog eine Armee zusammen, um einen jungen Mann, einen Prinzen, zu unterstützen, der behauptete, der rechtmäßige Erbe des französischen Throns zu sein. Ihre Armee trug den Sieg davon und der Prinz wurde König. Genauso werden auch heute Menschen von Situationen aufgerüttelt, die sie nicht direkt betreffen, aber dennoch dazu veranlassen, sich für eine Sache einzusetzen. Dies ist im Übrigen einer der wichtigsten Wege, auf denen sich die Welt zum Besseren wandelt.

> ### Haben Geschwister das verfassungsmäßige Recht, zusammenzubleiben?
>
> »Es ist an der Zeit zu untersuchen, wie viel uns an Kindern und ihren Interessen liegt«, sagte Madelyn Freundlich, leitende Direktorin des Adoptionsinstituts, einem New Yorker Planungsstab.

Madelyn Freundlich, leitende Direktorin des Adoptionsinstituts – dem Planungsstab, der Position zu dem Fall einer Trennung von Bruder und Schwester bei einer beabsichtigten Adoption bezogen hat – praktiziert Führung im Abstrakten. Sie besitzt keine rechtliche Stellung in dem Fall, ist aber aus Forschungsgründen daran interessiert und besorgt aufgrund des ernsthaften potenziellen psychologischen Schadens, der den auseinander gerissenen Kindern zugefügt wird. Dieser spezielle Fall trifft zeitlich mit dem angehobenen Profil von Adoptionsanträgen zusammen, die alleiniger Bereich der Gerichtshöfe und Adoptionsagenturen zu sein pflegten.

Der Präzedenzfall für die Position von Madelyn Freundlich geht zurück in die späten Sechzigerjahre. Damals reichte der Sierra Club ein *amicus curiae*-Mandat (amicus curiae = Freund des Gerichtshofs – eine Gruppe ohne rechtliche Stellung in einem Prozess) zugunsten einer Gruppe von uralten Rotwäldern in Kalifornien ein, mit der Begründung, dass die Bäume schließlich nicht selbst klagen könnten, um ihre Rechte zu verteidigen. Genauso versucht Frau Freundlich, obwohl der Gerichtshof legale Repräsentanten für die beiden betroffenen

Kinder ernannt hat, eine Führungsrolle auszuüben, indem sie die Gerichtshöfe bittet, auch andere Gesichtspunkte in Betracht zu ziehen, als sich nur auf die Frage der Obhut zu konzentrieren.

Vermittelnde Führung

Führung hat meistens damit zu tun, andere Leute auf ein Ziel hinzuführen, manchmal aber auch damit, Leute zum Warten anzuhalten, wenn es einen ungelösten Konflikt gibt. In dem folgenden Fall aus Riverside in Kalifornien ist es das vordringliche Ziel des Polizeichefs Jerry Carroll, einen Teil seiner Gemeinde daran zu hindern, in Aufruhr und Protest auszubrechen, ohne dabei einen anderen Teil in Versuchung zu bringen, defensiv und ärgerlich zu werden. Führung bedeutet oft, in Situationen einzutreten und sich selbst zwischen die kämpfenden Parteien zu drängen, bis Sie beide Seiten beschwichtigen und dazu bringen können, miteinander zu reden. Diese Art der Führung ist die schwierigste, weil Sie das Vertrauen der Gruppen gewinnen müssen, die vielleicht von tiefem Misstrauen über Ihre Motive gefangen ist.

> **Familie: Tödliche Polizeischüsse auf Teenager waren keine Notwehr**
>
> Polizeichef Jerry Carroll traf sich am Montag mit schwarzen Gemeindeführern, nachdem Verwandte, die Tyisha Shenee Miller hatten sterben sehen, aussagten, dass sie bewusstlos gewesen sei und gar keine Waffe auf die Beamten habe richten können, wie die Polizei behauptet hatte.

Im Fall des Erschießungstodes von Tyisha Shenee Miller in Riverside, Kalifornien, wurde Polizeichef Jerry Carroll Zeuge der Aufruhr im nahegelegenen Los Angeles, als Polizeibeamte der grundlosen Angriffe auf Minderheiten angeklagt wurden.

Carroll stieß auf eine Situation, die gleich mehrere Führungsverantwortungen erforderte: Er musste die Ordnung in der gesamten Gemeinde erhalten, eine unparteiische Untersuchung im Namen der Familie von Tyisha Shenee Miller und der größeren schwarzen Gemeinde von Riverside durchführen, und er musste das Vertrauen und die Moral seiner Beamten aufrechterhalten, während er diese Untersuchungen durchführte.

Die Tatsache, dass Polizeichef Carroll bei vergangenen Vorfällen, in die Gemeindeprobleme und die Polizei verwickelt waren, das Vertrauen und die Kooperation der Minderheiten von Riverside gewonnen hat, zeigt uns, dass er eine sehr starke Führungspersönlichkeit ist. Er hört allen beteiligten Gruppen aufmerksam zu, ist überaus erfolgreich, wenn es darum geht, andere zur Zusammenarbeit zu gewinnen, und kann die Bedürfnisse verschiedener Gruppen über seine eigenen stellen, alles im Interesse der Wahrung von Frieden und Harmonie in Riverside.

Gemeinschaftsentscheidungen

Eines der Kriterien für Führung ist die Fähigkeit, andere zur Zusammenarbeit zu bewegen. In einer Gemeinschaft kann Zusammenarbeit mit einem Ausschuss beginnen, der sich für ein Ziel entscheidet, das der Gemeinschaft als ganzer nützt. Wenn das Ziel es wert ist und die Ausschussmitglieder ihren Job ernst nehmen, können Sie oft die ganze Gemeinschaft zur Zusammenarbeit gewinnen, die dadurch den Wert des angestrebten Ziels erkennt. Gemeinschaftsentscheidungen werden daher für und durch die Gemeinschaft getroffen, und die Führung ist auf all die verteilt, die an der Realisierung einer größeren Vision teilhaben.

Hotelkäufer erhalten mehr Zeit

Die Christmas City Hotel Corporation verlangt mehr Zeit für den Abschluss ihres 1,9-Millionen-Dollar-Geschäfts, um das Hotel Bethlehem zu kaufen, jetzt, klar ist, dass ihre Investmentpartner vielleicht nicht die Genehmigung für eine 1,5-Millionen-Dollar-Anleihe in lokaler Währung bis spätestens Dienstag bekommen. Die Forderung nach einer Verlängerung bis zum 15. Januar hat den Segen von US-Konkursverwalter John Carroll und der First Community Bank erhalten.

Diese Geschichte über das Hotel Bethlehem ist nur die jüngste Episode in einer fortdauernden Saga. Das Märchen begann, als das Hotel – das seit fast einem Jahrhundert zum Inventar des Geschäftsviertels von Bethlehem, Pennsylvania, gehörte – 1997 plötzlich schloss. Die Christmas City Hotel Corporation ist eine Partnerschaft auf Gemeinschaftsbasis, die ihr Kapital in die Renovierung und Wiedereröffnung des Hotels steckte, in der Überzeugung, es sei das Herz der Downtown.

Weil diese Gruppe ihre eigene Führung zugunsten der Gemeinschaft investierte, fühlten US-Konkursverwalter John Carroll und die First Community Bank, die zusätzliches Kapital für die Renovierung bewilligen soll, sich verpflichtet, der Partnerschaft mehr Zeit zu geben, um die Situation in den Griff zu kriegen. Gute Führung – durch die Partner der Christmas City Hotel Corporation – ruft die Kooperation der anderen hervor, in diesem Fall die des Konkursverwalters und der Bank.

Philanthropische Entscheidungen

Einer der Faktoren, die Führung Inspiration verleihen können, ist der Wunsch, das Schicksal der Menschen zu verbessern. Ob Sie sich nun entschließen, einem Menschen, einer Gruppe oder einer ganzen Gemeinschaft gleichzeitig zu helfen, die Entscheidung, eine Gruppe zu bilden, deren einziger Zweck Menschenfreundlichkeit ist, ist nicht nur nobel, sondern oft auch praktisch. Oft haben Menschen einfach keine Zeit, um sich zu engagieren, aber das Geld. Das Kapital für eine wertvolle Sache aufzutreiben, wird so zu einem Weg zur Mithilfe und zur Führung.

Die Führung der Kiwanis International Foundation bei der Versorgung Jonathan Pierces mit der Spezialkleidung ist offensichtlich. Eine der Rollen, die Kiwanis und andere Gruppen, wie der Lions Club und Rotary International, lange gespielt haben, ist die der kooperativen Führung. Indem sie Gruppen gleichgesinnter Bürger zusammenbringt, um ein gemeinsames Ziel zu erreichen, vergrößert jede dieser Organisationen die Leistungen des Einzelnen und bietet gewöhnlichen Bürgern die Gelegenheit, sich selbst in einer Führungssituation zu übertreffen.

> **Raumanzug zu Weihnachten hilft Jungen, 9, seinen Traum vom Spielen an der frischen Luft zu erfüllen**
>
> Ein neuer NASA-Anzug erfüllte den Weihnachtswunsch des neunjährigen Jonathan Pierce, wie alle anderen Kinder draußen spielen zu können. Jonathan leidet an erythropoietischer Protoporphyria (EPP), einer seltenen Hautstörung, die die Haut anschwellen, blasig und rot werden lässt, sobald sie der ultravioletten Sonneneinstrahlung ausgesetzt ist. Die Kiwanis International Foundation kaufte dem Jungen für 2500 Dollar Hose, Jacke, Handschuhe, Maske, Schutzbrille und einen mit Gel gefüllten »Kühlanzug« für untendrunter, der vor Überhitzung schützen soll.

Institutionelle Entscheidungen

Oft glauben wir, dass unsere Institutionen ihre Aufgabe, uns zu helfen, nicht gut erledigen. Wenn wir einen Blick auf die Vorschriften werfen, die eine Regierungsbehörde erlässt, ist alles, was wir sehen, noch mehr Bürokratie. Manchmal allerdings findet eine Institution einen Weg, zum Kern der Materie vorzudringen – und bürgerlichen Anliegen einen Weg zum Handeln zu bahnen.

Können Institutionen führen? Oft sind individuelle Führungspersonen unsichtbar, weil die Organisation es so verlangt. Jahrelang wusste niemand, wer »M« in dem Britischen Nachrichtendienst MI 5 war, aber jeder wusste, dass MI 5 eine erfolgreiche Organisation war. In unserer komplexen Welt ist es oft schwierig zu erkennen, aus welcher Richtung Führung kommt, aber wir wissen es, wenn sie uns erreicht.

Die vom Pennsylvania Department of Aging ins Leben gerufene Hotline für missbrauchte ältere Menschen ist ein Beispiel für institutionelle Führung, für eine Organisation, die sich um die Bedürfnisse einer bestimmten Gruppe kümmert und dann mit dem Gouverneur und der Legislative zusammenarbeitet, um eine Lösung anzubieten. Die Führung ist in diesem Fall sicherlich indirekt und die Führung, die die Hotline ins Leben rief, mag eine Leistung der Gruppe sein, aber die Führung durch das Department of Aging ist für jeden sichtbar.

> ### Hotline für missbrauchte ältere Menschen vom Staat gegründet
>
> Das staatliche Department of Aging startet Fernseh- und Radiowerbung für seine neue, vertrauliche, gebührenfreie Hotline unter der Nummer 1-800-490-8505 für missbrauchte ältere Menschen.

Führungspersönlichkeiten, Helden und ER (Emergency Room)

Das Wörterbuch versteht unter einem *Helden* einen Menschen mit besonders großem Mut. Auch situative Führung erfordert oft großen Mut, so dass es zumindest einer Erwägung wert ist, ob Helden und Führungspersonen nicht dasselbe sind. Manchmal sind sie es, aber viel öfter auch nicht. Ein Held ist immer eine situative Führungsperson, aber eine situative Führungsperson ist nicht immer auch ein Held.

Situative Führung verlangt von Ihnen die Übernahme der Verantwortung in dem Moment, in dem Handlung gefragt ist; andernfalls könnte der entscheidende Moment vertan sein. Heldentum fordert nur, dass Sie Ihre eigenen Bedürfnisse für die Bedürfnisse eines anderen opfern. Es verlangt nicht, dass Sie zuhören. Oft ist die einzige Stimme, die ein Held hört, seine eigene, die ihn antreibt, in einer kritischen Situation einzugreifen. Manchmal mobilisiert er auch andere und an diesem Punkt übernimmt er die Führungsrolle.

Eine Episode der populären Fernsehserie *Emergency Room* (ER) stellt den Darsteller John Carter, den jungen Praktikanten des Emergency Room, in den Mittelpunkt. Er übernimmt das Kommando im Emergency Room, als der Dienst habende Arzt, Kerry Weaver, plötzlich durch eine von einem verletzten Chemiearbeiter verursachte Benzolvergiftung ausfällt. Es sind auch andere, ranghöhere Ärzte anwesend, die aber zu sehr mit ihren eigenen Patienten beschäftigt sind, um zu merken, dass niemand mehr die Verantwortung für die ganze Situation trägt. Carter mobilisiert alle Doktoren, Schwestern, Hilfspfleger und Assistenzärzte zur Durchführung einer ordnungsgemäßen Evakuierung, während er mit der Behandlung der dringendsten Fälle fortfährt.

Nachdem die Situation unter Kontrolle gebracht ist, gratuliert der Feuerwehrchef, der die Entseuchungsaktion des Emergency Room leitete, Carter zu seiner vollbrachten Leistung und fragt ihn, ob er nicht in einer Notfall-Spezialeinheit arbeiten wolle. Carter verneint, er sei nur ein Praktikant. Der Einsatzleiter sieht ihn an, zwinkert ihm zu und sagt: »Ja, schon, aber wir alle wissen, wer hier wirklich die Verantwortung hatte.«

Diese Episode war zum einen gutes Fernsehen, illustriert aber auch sehr schön die Ähnlichkeiten und Unterschiede zwischen Führungspersonen und Helden. Carter behielt die Erfordernisse der Situation im Auge und gab der Gruppe Führung, so dass jeder der Ärzte seiner Arbeit nachgehen konnte.

Vorübergehende Führung

Vorübergehende Führung findet statt, wenn die Zeit reif ist, aber die Umstände nicht stimmen. In einigen Fällen ist Führung in einem bestimmten Moment erforderlich, aber die Person, die »führt«, ist vielleicht gar nicht fähig, Führung zu geben. Der französische Ausdruck *faux pas*, was so viel bedeutet wie »falscher Schritt«, liefert eine perfekte Beschreibung für vorübergehende Führung. Faux pas ereignen sich ständig in gesellschaftlichen Situationen, so dass Sie sich nicht anstrengen müssen, um sich Führungssituationen vorzustellen, in denen ein falscher Schritt einen überstürzten Abtritt für den Inhaber der Führung zur Folge hat.

Im Frühjahr 1996 wurde Gil Amelio als vierter Chefangestellter von Apple angeworben. Zu dieser Zeit litt das Unternehmen unter niedrigen Umsätzen, starken Geschäftsverlusten und einer offensichtlichen Orientierungslosigkeit. Amelio, der von National Semiconductor gekommen war, hatte eine Erholung dieses Unternehmens beaufsichtigt, inklusive einer Vervierfachung seiner Aktienpreise, was in der Schaffung von über 3,5 Milliarden an Aktienkapital resultierte. Auf dem Papier war Amelio der rechte Mann zur rechten Zeit. Aber er hatte nicht mit der anhaltenden Einmischung und dem Herumnörgeln von Steve Jobs, dem Mitbegründer und Mitglieds des Direktionsausschusses, gerechnet. Die Monate vergingen nach der Ernennung Amelios zum Chefangestellten, das Schicksal Apples wollte und wollte sich nicht zum Guten wenden und Amelio fing inzwischen an, mehr am Erhalt seines Postens interessiert zu sein, als daran, die Firma aus dem Morast zu ziehen. Zu guter Letzt verdrängte Jobs Amelio, führte den iMac-Computer ein und führte Apple so auf den Weg der Gesundung zurück. Amelios Sünde: Er versäumte es, auf die eine Person zu hören, die mehr über Apple und seine einzigartige Kultur wusste als jeder andere.

Amelio wurde, trotz seiner ungeheuren Fähigkeiten, zu jener gefährdeten Spezies, die als *vorübergehende Führungskräfte* bekannt sind. Die Zeit war richtig für Amelio: Apple benötigte dringend gute Führung. Aber die Umstände stimmten nicht. Wie Amelio über seine erste Begegnung mit dem sportlichen Steve Jobs berichtet: »Ich erinnere mich daran, auf meine glänzend polierten schwarzen Schuhspitzen heruntergestarrt und daran gedacht zu haben, meinen Schlips zu lockern. Mein normalerweise pragmatischer Geist hatte sich in visuelle Oberflächlichkeiten verrannt.« Zurückblickend erkannte Amelio bereits am Anfang, dass er der falsche Mann war, um Apple herauszureißen – er passte einfach nicht in die überaus zwanglose Kultur des Unternehmens –, doch, wie er zugibt, »als Geschäftsführer von Apple habe ich mich dazu hinreißen lassen, mich wie ein Superstar zu fühlen.« Amelio hatte sich auf das Erscheinungsbild von Führung, nicht aber auf die Probleme und Aufgaben konzentriert.

Wenn all die guten Dinge falsch genutzt werden

Die vorübergehende Führungsperson mag überaus kompetent sein und alle guten Eigenschaften einer Führungspersönlichkeit in sich vereinen – die Bereitschaft, Verantwortung zu ergreifen, die Fähigkeit, andere zur Kooperation zu gewinnen, und die Fähigkeit, die eigenen Bedürfnisse hinter die der anderen zu stellen. Allerdings werden diese Eigenschaften oft verzerrt. Wenn Sie als Kind *Superman* gelesen haben, erinnern Sie sich vielleicht an Bizarro, eine Kreatur aus einer anderen Dimension, die wie Superman aussah und all seine Eigenschaften besaß, die aber alle leicht verzerrt waren. In einer Episode riss er einen leckenden Staudamm nieder. Anstatt das Leck mit seinen Superkräften und seiner Supergeschwindigkeit zu reparieren, ließ er durch seine Aktion eine Stadt weiter flussabwärts überfluten. Vorübergehende Führungspersonen sind ähnlich: Sie werden gewählt, weil sie irgendwann in ihrer Laufbahn alle Merkmale guter Führung manifestiert haben – z.B. Amelio bei National Semiconductor –, entwickeln in ihrer neuen Rolle aber taube Ohren.

Wenn man Angst vor dem Risiko hat

Vorübergehende Führungspersonen scheuen oft das Risiko. Warum passiert das? Nach Lester Korn, einem Spitzenmann bei der Jagd nach qualifizierten Arbeitskräften, werden situative Führungspersonen dann zu vorübergehenden Führungspersonen, wenn sie risikoscheu werden und sich weigern, ihren Standpunkt zu vertreten. In seinem Buch *The Success Profile* (Simon&Schuster) findet sich eine Tabelle »Faktoren, die einen Wendepunkt in der Karriere nach sich ziehen«. Der wichtigste Faktor für den Karriereerfolg ist nach Korn »rechter Platz, rechte Zeit«, den über die Hälfte der Angestellten in einer Umfrage seiner Firma, Korn/Ferry International, als den kritischen Punkt für ihren Aufstieg an die Spitze angaben.

Der dritte bedeutende Faktor ist nach Korns Tabelle das »Hohes-Risiko-Projekt«, der in der Umfrage bei etwa einem Drittel lag. Oft ist das, was potenziellen Führungspersonen nur eine vorübergehende Rolle zuweist, die Scheu, dem Risiko ins Auge zu blicken, wenn eine solche Konfrontation genau das ist, was in dem Moment erforderlich wäre. Im Fall Amelio hatte Jobs am Anfang argumentiert, dass Apple einen Computer brauchte, der das Unternehmen weit über seinen beliebten Macintosh hinausführen würde. (Der Macintosh, obwohl leistungsfähiger und weit schneller als irgendein Windows/Intel-PC, hatte es nicht geschafft, sich auf dem Markt zu etablieren.) Amelios Strategie war es, Firmen Preisnachlässe auf den Mac zu gewähren, um den Umsatz zu steigern, was nur dazu führte, Apples ohnehin schwindende Gewinne noch weiter schrumpfen zu lassen. Jobs Lösung, die Entwicklung eines neuen, kostengünstigen Computers, war weit riskanter, aber Risiko war genau das, was in dieser drängenden Situation angesagt war.

Wie William Glavin, ein früherer Geschäftsführer von Xerox, es ausdrückt, »Sie müssen genug Vertrauen in sich selbst haben, damit Sie keine Angst haben, gefeuert zu werden oder das Falsche zu sagen oder zu tun. Sie dürfen sich von nichts Angst einjagen lassen. Wenn Sie wirklich voller Vertrauen sind, dass Sie immer wieder einen anderen Job haben können, dann werden Sie das Richtige tun.«

Hierarchische Führung

Wenn vorübergehende Führung solche ist, die stattfindet, wenn der Zeitpunkt richtig ist, aber die Umstände falsch sind, dann ist hierarchische Führung genau das Gegenteil: Die Umstände stimmen, aber der Zeitpunkt ist falsch. Die hierarchische Führungsperson ist jemand, der eine Führungsrolle annimmt, weil er »an der Reihe ist«, sei es aufgrund einer Beförderung oder seines Dienstalters (oder im Falle einer Monarchie aufgrund eines Todesfalls und der Erbfolge).

Hierarchische Führungspersonen haben ein Problem: Sie sind »es«, egal, ob sie den Job wollen oder nicht. König George III. z.B. war während des Siebenjährigen Kriegs nicht fähig, England zu führen. Sein Vater, George II., starb jedoch 1760 – mitten im Krieg. England gewann zwar den Krieg, verlor aber seinen Frieden dadurch, dass es die Amerikanischen Kolonien, um die es so hart gekämpft hatte, aufs Heftigste besteuerte. George III. war nie ein gesunder Mann und litt zunehmend an Anfällen von Verrücktheit und Depressionen. Er war daher unfähig, vernünftige Entscheidungen über das zu treffen, was sein Premierminister, William Pit, als die legitimen Forderungen der Kolonialengländer betrachtete. 1776 wurde die Frage der kolonialen Rechte schließlich so drängend, dass die hierarchische Führungsperson, unfähig, einen Schritt beiseite zu treten und zuzugeben, dass sie vielleicht im Unrecht war, eine Entscheidung erzwang, indem sie Truppen in die Kolonien entsandte und sich weigerte, mit ihren kolonialen Untergebenen zu verhandeln. Die Kolonisten rebellierten, und der Rest ist, wie man sagt, Geschichte.

Das vorangehende Beispiel illustriert das Wesentliche an hierarchischen Führungspersonen – sie verpassen oft den Moment, weil sie taub gegenüber den zeitlichen Geboten der Führung sind. Hierarchische Führungspersonen befinden sich in ihrer Position, weil sie durch die Umstände dorthin befördert worden sind, und nichts außer einer Revolution kann sie von dort entfernen. Denken Sie nur an irgendeine Revolution – in Russland gegen einen schwachen Zar Nikolaus II; in China gegen eine alternde und korrupte Manchukaiserin; in Frankreich gegen einen ängstlichen und leicht verwirrten Louis XVI. –, und Sie verstehen, woran hierarchische Führung scheitert.

Hierarchische Führungspersonen können sich der Lage gewachsen zeigen und situative Führungspersonen werden, und sie tun dies auch. Denken Sie nur an George VI., den Vater von Queen Elizabeth II. Er war durch die Abdankung seines älteren Bruders Edward VIII. am Vorabend des Zweiten Weltkriegs gezwungen, seinen Job zu tun. George VI., ein schüchterner,

2 ▶ Sie sind nicht zum »Diktator auf Lebenszeit« gewählt

zurückhaltender Mann, nahm eine Rolle an, die er nie gewollt hatte (eine, die seinen vorzeitigen Tod durch übermäßigen Stress zur Folge haben sollte). Aber der König nutzte seinen hierarchischen Status dazu, die Britische Monarchie zu schaffen, wie wir sie kennen – eine Monarchie, die trotz ihrer belanglosen Familienstreitereien dem Dienst an der Öffentlichkeit und der Sache des gewöhnlichen britischen Untertans gewidmet ist.

Viele Studenten der Geschichte schreiben es den aufrüttelnden Reden Winston Churchills zu, dass das britische Volk den Willen besaß, der Nazi-Aggression zu widerstehen. Der durchschnittliche Brite, der in dieser schrecklichen Zeit lebte, wird Ihnen unmissverständlich zu verstehen geben, dass es der König war, der den eigentlichen Ausschlag gab – indem er seine Untertanen in den Hospitalen, Waisenhäusern, Bombenstätten und Kriegsfabriken besuchte und seine Leute mit seiner ruhigen Stimme und Worten der Ermutigung wieder aufrichtete.

Stärken Sie Ihre Muskeln

In diesem Kapitel

- Benutzen Sie Ihren Kopf
- Halten Sie Leute auf dem Laufenden
- Werden Sie angetrieben
- Kriegen Sie Ihre Arbeit heute erledigt
- Gehen Sie den Dingen auf den Grund
- Treffen Sie vernünftige Entscheidungen
- Tun Sie es jeden Tag
- Vertrauen Sie und wird Ihnen vertraut
- Lernen Sie und helfen anderen zu lernen
- Finden Sie einen Mittelweg

Führung und Lernen bedingen sich gegenseitig.

John F. Kennedy

Sie wundern sich vielleicht, warum einige Leute scheinbar auf natürliche Weise und ohne Anstrengung in Führungspositionen gelangen und andere nicht. Wahrscheinlich haben Sie auch schon die ehrfürchtigen Gerüchte gehört, dass soundso die *geborene* Führungspersönlichkeit sei, aber (wie wir in den Kapiteln 1 und 2 betonen) Führung ist situationsbedingt, nicht erblich. Es ist natürlich leicht, zu glauben, dass bestimmte Leute für Führungsrollen prädestiniert sind, wenn diese Leute persönliche Merkmale besitzen, die sich für diese Rolle eignen.

Wenn einige Menschen auch natürliche Wesenszüge besitzen, die Führungspersönlichkeiten ausmachen, so können solche Züge doch auch entwickelt werden. Stellen Sie es sich so vor: Einige Leute müssen hart trainieren, um den Golfball zu treffen, andere haben von Natur aus ein Händchen dafür. Genauso kann ein jeder mit Ausdauer und Arbeit seine Führungsqualitäten entwickeln. (Und Leute, die sorgfältig daran arbeiten, eine bestimmte Fähigkeit zu entwickeln, haben am Ende oft mehr Erfolg als solche, die nur mit ihren natürlichen Fähigkeiten »durchkommen«.)

In diesem Kapitel konzentrieren wir uns auf zehn der wichtigsten Merkmale, die eine große Führungspersönlichkeit ausmachen. Wenn Sie diese Eigenschaften in Ihrem täglichen Leben entwickeln, wird Ihnen jeder ansehen, dass Sie das Zeug zum Führen haben.

Setzen Sie Ihren Grips in Arbeit um

Um das Klischee zu bemühen: Sie müssen kein Raumfahrtwissenschaftler oder Gehirnchirurg sein, um eine Führungsposition bekleiden zu können. Eine ganze Menge guter Führungspersonen haben keine höhere Ausbildung, sind aber intelligent, und eine der interessantesten Tatsachen über ihre Intelligenz ist, dass sie eine begrenzte Menge an Information aufnehmen und sie in eine Reihe durchführbarer Fertigkeiten umwandeln können. Stellen Sie sich Führungspersonen etwa in der Art von MacGyver vor, den Fernsehdarsteller, den Richard Dean Anderson vor einigen Jahren spielte. Egal, in welche Situationen er geriet, er war in der Lage, mit kaum mehr als seinem praktischen Schweizer Taschenmesser und einer Rolle Klebeband einen Ausweg zu finden. Seine Begabung lag darin, sich vorstellen zu können, dass die Dinge, die er zur Hand hatte, etwas anderes seien.

Benutzen Sie, was Sie haben

Intelligenz ist entscheidend für Führung, da Informationssynthese zur Erzeugung einer Vision oft notwendig ist. Wenn eine Gruppe nach Ihrer Führung verlangt, sind ihre Ziele oft nicht klar oder nur spärlich umrissen. Als Gott Moses auswählte, um die Hebräer aus der Sklaverei zu befreien, wussten diese nicht einmal, dass so etwas überhaupt möglich war, und viele von ihnen wollten anfangs von dieser Idee gar nichts wissen. Tatsächlich ist die gesamte biblische Geschichte von Moses – nicht die Kinoversion – angefüllt mit dem ständigen Zweifeln der angeführten Menschen. Aber mit Hilfe von Intelligenz können Sie auch von einer Menge von Unbekannten aus oder mit nur sehr wenig Information starten und weitergehen zu einem bekannten Ergebnis – in diesem Fall, Ägypten zu verlassen und eine neue Heimat zu finden.

Der Quarterback eines Footballteams ist normalerweise auch dessen Anführer. Einige Quarterbacks, wie etwa John Elway oder Doug Flutie, zeichnen sich durch ihre Fähigkeiten zum Improvisieren aus. Sie können den Verkehr auf dem Spielfeld regeln, während sich Linebackers auf sie stürzen, und einen Receiver für ein entscheidendes Spiel mit nichts als Handsignalen und Augenbewegungen vorbereiten, selbst wenn das Set Play zerfallen ist. Sie benutzen die Informationen, die sie gerade zur Hand haben, um etwas Neues zu schaffen und ihre Teams aufs Tor zuzutreiben.

In biblischen Tagen, als die Kommunikation zwischen Gott und den Menschen noch direkter war, kamen Visionen als das Wort Gottes zu den Menschen. Heutzutage wird von einer Führungsperson verlangt, dass sie die Vision hat, ein anderes Wort für einen Zweck und ein Ziel oder Ziele für seine Anhänger. Diese Vision zu erschaffen bedeutet, zu erkennen, welche Möglichkeiten die angeführte Gruppe hat, und das erfordert Intelligenz in Form der Fähigkeit, das Können der Gruppe einzuschätzen.

3 ➤ Stärken Sie Ihre Muskeln

Testen Sie Ihren Führungs-IQ

Hier ist ein kleines Quiz. Sehen Sie sich die folgende Liste an und fragen Sie sich, ob Sie diese Dinge oft, manchmal oder nie tun. Geben Sie sich einen Punkt, wenn Sie sie ständig, keinen Punkt, wenn Sie sie manchmal, und einen Minuspunkt, wenn Sie sie niemals tun. Sind Sie so weit?

1. Ich reagiere sehr flexibel auf Situationen.
2. Ich nutze sich zufällig ergebende Umstände aus.
3. Ich kann einen Sinn in zweideutigen oder widersprüchlichen Nachrichten sehen.
4. Ich kann die Bedeutung verschiedener Faktoren in einer Situation erkennen.
5. Ich kann Gemeinsamkeiten zwischen unterschiedlichen Situationen erkennen.
6. Ich kann Unterschiede zwischen ähnlichen Situationen erkennen.
7. Ich kann neue Konzepte herstellen, indem ich alte Konzepte nehme und sie auf neue Arten zusammenbaue.
8. Ich kann neue Ideen hervorbringen.

Wenn Sie vier oder mehr Punkte ergattert haben, sind Sie wahrscheinlich bereits als Führungspersönlichkeit bekannt. Mit zwei oder drei Punkten haben Sie ein gutes Führungspotenzial. Falls Sie einen oder weniger Punkte haben, müssen Sie wohl noch etwas an Ihrer Führungsintelligenz arbeiten.

Flexibles Reagieren auf Situationen

Neue Informationen aufzunehmen und Ihre Reaktion auf bestimmte Situationen anzupassen, erfordert Intelligenz. Anstatt auf reflexartige Weise reagiert eine intelligente Person flexibel unter Beachtung der Umstände und der Erfordernisse.

Stellen Sie sich folgende Situation vor: Sie besitzen ein Ferienhaus, das Sie eine Weile nicht benutzen. Ihr Schwager, der nach dem Haus schaut, hat die Heizung im Winter heruntergedreht, um Ihnen Geld zu sparen, obwohl die Gegend, in der Ihr Haus liegt, zu kurzzeitigen Stromausfällen neigt. Wie es so kommt, in Ihrem Haus ist der Strom ausgefallen, die Leitungen sind eingefroren, und dann kommt der Strom wieder zurück. Als Sie ankommen, sind die gefrorenen Leitungen geplatzt, und die Heizung pumpt fröhlich heißes Wasser durch die ganzen Lecks und überflutet Ihr Haus. Was tun Sie?

Wenn Ihre erste Antwort »Ich schreie und verfluche das Schicksal«, heißt, reagieren Sie nicht besonders flexibel auf die Situation. Wenn Sie damit drohen, sich von Ihrem Ehepartner scheiden zu lassen, der ja schließlich diesen Idioten, der Ihnen das angetan hat, in Ihr Leben gebracht hat, tun Sie sich wahrscheinlich ebenfalls nichts Gutes damit an. Wenn Sie aber die

Tür öffnen und Ihnen das dampfende Wasser entgegen strömt, Sie daraufhin in den Keller rennen, um die Heizung auszustellen, und sich danach mit Putzlappen und Eimer daran begeben, sauberzumachen, reagieren Sie flexibel auf die Situation.

Das Ziel ist, weiteren Schaden zu vermeiden. Da die Zeit drängt und eine Menge Arbeit bevorsteht, wäre es ganz praktisch, wenn Sie Ihren Ehepartner zur Mithilfe bewegen könnten; Sie sollten daher besser weder schreien noch sarkastische Bemerkungen machen. Und hören Sie auf Ihren Ehepartner, der wahrscheinlich besser als Sie weiß, wo sich die Putzlappen befinden, und vielleicht noch einige zusätzliche Ideen hat, wie das Haus wieder trocken zu kriegen ist.

Das Beispiel des überschwemmten Hauses beschreibt sicherlich Führung auf einer sehr begrenzten, persönlichen Ebene, aber es unterscheidet sich im Wesentlichen nicht von der Situation, der Robert Saldick gegenüberstand. 1988 wurde Saldick Präsident von Raychem, damals ein 2-Billionen-Dollar-Hersteller von Elektronikprodukten, nachdem er über 20 Jahre damit zugebracht hatte, sich in dem Unternehmen hochzuarbeiten. Bevor er zum Präsidenten aufgestiegen war, war Saldick ein Verfechter von Raytel gewesen, einem System, um das Haus an Glasfaserkabel anzuschließen. Oberflächlich betrachtet war Raytel genau die Art Produkt, die Raychem in einer kritischen Phase, wenn seine Umsatzzahlen nachließen, einen Kick nach vorne geben konnte.

Als Präsident wusste Saldick, dass er Raytel nicht einfach im Unternehmen durchsetzen konnte, nur weil er das Recht dazu gehabt hätte. Er begann, Raytel aus der Sicht der Führungsrolle zu betrachten, und kam zu dem Schluss, dass Raytel, bevor es vielleicht einschlagen würde, mehr kosten würde, als das Unternehmen sich leisten konnte, dass es vielleicht zu lange dauern würde, es auf den Markt zu bringen, und dass es von anderen Methoden der Konkurrenz ersetzt werden könnte. Daher stoppte er das Raytel-Projekt, nahm eine 200-Millionen-Dollar-Abschreibung vor, und machte sich daran, die Firma durch Einsparungen und die Einführung neuer Produkte umzubauen. Über seinen Zug sagte Saldick:»Wenn Sie ein Produktverfechter sind, sehen Sie sich Produkte auf eine ganz bestimmte Weise an. Sobald Sie aber die Verantwortung für die ganze Firma tragen müssen, müssen Sie alles neu bewerten. Angesichts neuer Umstände müssen Sie flexibel sein.«

Ausnutzen zufälliger Gelegenheiten

Der römische Dichter und Stückeschreiber Virgil sagte einmal, dass das Schicksal die Tapferen begünstige. Dabei meinte er nicht Tapferkeit im heroischen, sondern eher in einem opportunistischen Sinn. Sie müssen nicht nur helle genug sein, um sich mit Flexibilität auf neue Informationen einzustellen, sondern Sie müssen auch den Mut haben, Gelegenheiten zu ergreifen, wenn sie sich bieten. Oft ergibt sich eine Gelegenheit dann, wenn Sie nichts anderes tun, als bestehende Informationen neu zu mischen.

Nehmen Sie z.B. Sam Walton, den Gründer von Wal-Mart. Als er für die Ben-Franklin-Läden arbeitete, versorgte die Kette ökonomische Randgebiete oder was Demografen »C«-Kreise nennen. Walton fiel auf, dass viele der Kunden in den Läden von außerhalb kamen, aus Städten und Dörfern, die noch benachteiligter waren als die Städte, die von der Ben-Franklin-Ladenkette versorgt wurden. Daher beantragte er die Erlaubnis, ein Geschäft in einem »D«-Kreis – ein Gebiet am Boden des ökonomischen Fasses – zu eröffnen. Als das Unternehmen Waltons Antrag ablehnte, kündigte er und eröffnete sein erstes Wal-Mart. Seine vernünftige Überlegung war, dass alle Leute, egal, wo sie leben, dieselben Bedürfnisse haben. Sie müssen Zahnpasta und Rasiercreme, Schuhriemen und all die anderen Kleinigkeiten des alltäglichen Lebens einkaufen. Wenn sie dies tun könnten, ohne dafür lange Wege auf sich nehmen zu müssen, würden sie zu treuen Kunden werden.

Walton nutzte einen Mangel an Flexibilität auf Seiten seines Arbeitgebers aus, um das größte Einzelhandelsimperium in der Geschichte aufzubauen. Er hörte auch seinen Kunden zu und bot ihnen die Gelegenheit, mit ihm zusammenzuarbeiten – als Gegenleistung für ihre Schirmherrschaft eröffnete er einen seiner Läden in ihrer Stadt. Und schließlich stellte er seine Kunden über sich, indem er keine Preisaufschläge verlangte, auch wenn es ihn mehr kostete, seine Waren in entlegenere Gebiete zu transportieren. Indem er mehrere Geschäfte auf einmal in einem Gebiet eröffnete, konnte er seine Hersteller dazu gewinnen, die Mehrkosten durch Mengenrabatt auszugleichen.

Erkennen von Sinn in zweideutigen oder widersprüchlichen Nachrichten

In der griechischen Mythologie war eine der größten Prüfungen für einen Anführer ein Besuch des Orakels von Delphi. Das Orakel war eine Prophetin des Tempels von Apollo. Dieser Tempel, am Fuße der steilen Hänge des Parnassus gelegen, wurde als Zentrum des Universums angesehen. Wenn ein Anführer oder ein Krieger das Orakel aufsuchte, stieg es in den Keller des Tempels hinunter und kaute so lange Lorbeerblätter, bis es in Trance fiel. Seine Priester übersetzten dann seine Worte, die es in Trance von sich gab, in oft hochgradig zweideutige Verse.

Wie nun der Held oder Anführer das Rätsel interpretierte, entschied über seinen Erfolg oder Misserfolg. So ist es auch mit den heutigen Führungspersonen. Sie beziehen Informationen aus einer Vielzahl von Quellen. Viele davon sind widersprüchlich, flüchtig oder im besten Fall zweideutig. Moderne Führungskräfte erhalten vielleicht eine ganze Menge Nachrichten von einer Gruppe, die darauf wartet, geleitet zu werden, inklusive des feindlichen »Wer bist du, dass du glaubst, uns führen zu können?«.

Eine gute Führungsperson hört sich die ganzen Informationen an und sortiert sie dann. Widersprüchliche Nachrichten testen Sie, indem Sie weitere Informationen einholen, um die Wahrheit herauszubekommen. Martin Puris, Vorsitzender der Werbeagentur Ammirati Puris Lintas, nennt dieses Konzept »den Nebel lichten«, und Lintas glaubt, dass die vordringlichste Aufgabe einer Führungsperson »die unaufhörliche Suche nach der Wahrheit« ist.

Oft muss eine Führungsperson, um die Wahrheit ans Licht zu bringen, Leute zur Zusammenarbeit bewegen, die die Antworten gar nicht so gerne liefern wollen. Mit unkooperativen Leuten zu arbeiten kann von einem Teamleiter verlangen, natürliche Neigungen wie Ärger zu unterdrücken und das Bedürfnis der Gruppe, das Problem zu lösen, vor sein eigenes Ego zu stellen. Führungspersönlichkeiten benutzen ihre Intelligenz, um Rätsel zu lösen und die korrekten Antworten zu liefern.

Die Bedeutung verschiedener Faktoren sortieren

Was passiert, wenn Sie alle nötigen Informationen besitzen, die auch allesamt wahr sind, das Problem aber trotzdem atemberaubend kompliziert ist? Lassen Sie uns einen weiteren Ausflug in die Mythologie unternehmen. 333 v. Chr., als Alexander der Große durch Anatolien – heute der asiatische Teil der Türkei – marschierte, erreichte er die Tore von Gordien, der alten Hauptstadt von Phrygien. Dort wurde ihm die Kutsche des Stadtgründers Gordius gezeigt, deren Joch an einen der Pfosten eines der Stadttore gebunden war mit Hilfe eines verzwickten Knotens, dessen Enden versteckt waren. Der lokalen Legende nach konnte dieser Knoten nur vom zukünftigen Herrscher über Asien gelöst werden. Alexander zog sein Schwert und schlug den Knoten entzwei. Der Ausdruck »den Gordischen Knoten zerschlagen« bedeutet heute, ein kompliziertes Problem mit einem kühnen Streich zu lösen.

> Die Geschichte der schnellen Zerschlagung des Gordischen Knotens ist zwar ganz unterhaltsam, aber obwohl schnelles Denken bei realen Krisen oft gefragt ist, enden solche gewagten Schläge häufig in einem Desaster. Eine wahre Führungsperson weiß die unterschiedlichen Faktoren eines Problems rasch zu sortieren und sich auf die wichtigste Komponente einer komplexen und zusammenhängenden Menge von Fakten zu konzentrieren.

Anstatt den Gordischen Knoten zu zerschlagen, besorgt eine starke Führungsperson sich oft weitere Informationen. Als Louis Gerstner Jr. McKinsey verließ, um sich American Express als leitender Vizepräsident seines Travel Related Services (TRS) Division anzuschließen, wusste er bereits eine Menge über den Kern seines Geschäfts – Kreditkarten. Bei McKinsey hatte er fast fünf Jahre damit verbracht, Rücksprache mit TRS zu halten. Doch als er bei American Express landete, »schockierte er«, sagt Harvard Business School Professor John P. Kotter, »die Leute, die die Kartenorganisation leiteten, damit, dass er sie alle innerhalb einer Woche nach seiner Ernennung zusammenbrachte ... und dann damit fortfuhr, sie nach all den Prinzipien auszufragen, mit denen sie ihr Geschäft leiteten.«

Gerstner führte dieselbe Prozedur durch, als er Präsident der TRS Division wurde und später Vizevorsitzender von American Express, und wieder bei RJR Nabisco, als er 1989 dort Vorsitzender wurde, und auch bei IBM, wo er 1993 Geschäftsführer wurde. Gerstner besteht darauf, vom leitenden Management so gut wie möglich informiert zu werden, und er fragt häufig in den unteren Reihen des Managements nach, um sein Wissen über ein Problem abzurunden.

Wenn Gerstner handelt, tut er dies wahrscheinlich mit weit mehr Entschlossenheit, weil er sich alles angehört hat, und nicht nur das, was ihm erzählt wurde.

Gemeinsamkeiten in scheinbar unterschiedlichen Situationen finden

Eines der normalen Kennzeichen von Intelligenz ist das Talent für Analogien. Analoge Intelligenz bei Führungskräften ist die Fähigkeit, von früheren Erfahrungen Gebrauch zu machen, egal, wie schwach die Verbindung ist, um eine Gemeinsamkeit zu finden, mit deren Hilfe sie das Problem lösen können.

> In Ihrem täglichen Leben führen Sie oft, auch wenn Sie es gar nicht merken. Sie können von Ihren alltäglichen Erfahrungen Gebrauch machen und Analogien benutzen, um Einsicht in kompliziertere Probleme zu gewinnen. Die Leute nennen diese Fähigkeit *gesunden Menschenverstand*. Hier ein Beispiel dafür, was wir meinen: Wenn Sie bereits eine Hochzeit organisiert haben und Ihr Chef Sie bittet, ein Meeting zu organisieren, stützen Sie sich auf Ihre Hochzeitserfahrungen, um das Meeting zum Erfolg werden zu lassen. Wenn Sie aufgefordert werden, eine Spezialeinheit zu leiten, und Sie sind einmal Kinderfußballtrainer gewesen, denken Sie daran, dass die Mitglieder Ihrer Einheit von Ihnen dieselbe Art Training erwarten wie die Spieler Ihrer Mannschaft. Die verschiedenen Rollen der Führung werden wir in Kapitel 4 vorstellen.

Unterschiede zwischen scheinbar ähnlichen Situationen erkennen

Sie können genauso oft Unterschiede zwischen Situationen erkennen wie Gemeinsamkeiten, und eine gute Führungsperson lernt zu erkennen, wann A nicht gleich B ist, und die Unterschiede gegenüber den Gemeinsamkeiten hervorzuheben. Zum Beispiel haben Menschen und Schimpansen 98 % ihrer DNS gemeinsam, und dennoch würden Sie keinem Schimpansen die Verantwortung dafür übertragen, eine Rakete zum Mond hochzubringen. Menschen teilen sogar 99,999 % ihrer DNS miteinander, und doch sind es die winzigen Unterschiede, die uns unsere Individualität verleihen und klaffende Abgründe zwischen den Menschen verursachen. Genau dasselbe gilt für Situationen: Jede Situation, der Sie begegnen, ist dieselbe, aber doch anders.

Wie der große Ingenieur und Denker Buckminster Fuller einmal sagte, »Einheit ist Plural und mindestens zwei.« Situationen sind für Menschen ähnlich. Sie können dieselbe Sache hundertmal machen, aber in dem Moment, wo Sie sie als Routine betrachten, kann sich irgendeine Kleinigkeit ändern und den ganzen Krempel umschmeißen. Ein Arzt z.B., der Hunderte von Bypassoperationen gemacht hat, fängt vielleicht an, mit Autopilot zu arbeiten. Und womöglich steht er schon beim nächsten Patienten plötzlich einem Herzen gegenüber, das sich auf der falschen Seite befindet. Hier den Unterschied nicht zu erkennen, würde zu einem Desaster führen.

Eine effektive Führungsperson erkennt, dass Situationen sich selten genau wiederholen, und wird daher kleinere Anpassungen vornehmen und nicht alles genauso machen wie vorher, »weil es doch damals so gut funktioniert hat.«

1992 begann Rally's, eine kleine Hamburgerkette im Mittelwesten und Süden der USA, national zu expandieren. Das Unternehmen suchte nach einem Weg, um den Unterschied zwischen seinem Burger und den Burgern der beiden Giganten zu verdeutlichen. Ed McCabe, der brillante Werbeleiter, der viele bemerkenswerte Kampagnen gestartet hat, analysierte den Fast-Food-Markt und stellte fest, dass die Menüs bei McDonald's und Burger King zu kompliziert und zu teuer geworden waren. Mit Hilfe einer herausragenden Serie von Werbespots, die auf den Unterschied zwischen Rally's einfachem, billigen Menü und den komplizierten, teuren Menüs der großen Fast-Food-Ketten hinwiesen, war McCabe daran beteiligt, die Verkaufszahlen von Rally's von einem zu vernachlässigenden Anteil auf über 5 % des totalen Burgermarktes zu steigern. Die Werbespots zwangen die beiden Ketten allerdings zu einem Preiskrieg, der für Rally's, das die Verluste nicht ausgleichen konnte, letzten Endes schädlich war.

Was in diesem Bereich der Führung von Bedeutung ist, ist nicht die letztendliche Konsequenz, sondern die Fähigkeit, den kleinen Unterschied zu finden, der Ihnen einen Vorteil verschaffen kann, selbst wenn es nur ein vorübergehender ist.

Konzepte auf neue Weise zusammenstellen

Eine weitere Komponente von Intelligenz ist die Fähigkeit, neues Wissen zu synthetisieren, indem altbewährte Konzepte auf neue Weise zusammengestellt werden. Nehmen Sie z.B. die 80-20-Regel, die besagt, dass Sie mit 20 % Ihrer Kunden 80 % Ihres Umsatzes machen. In den Neunzigern benutzte die Mercer Unternehmensberatung diese alte Idee, um ihren Klienten zu helfen, ihre Einzelhandelsbeziehungen zu prüfen, und Herstellern zu helfen, ihre Vertriebskanäle neu auszurichten, um sie effizienter und profitabler zu machen.

Die 80-20-Idee ist schon alt, aber kombiniert mit einer neuen Idee – den Kanal-Beziehungen – wird sie zu neuem Leben erweckt. Was beim Aufgreifen der 80-20-Idee durch Mercer herauskam, war die Idee, in die Kanäle hinein zu verkaufen, wo man am meisten verkauft. Viele Mercer-Klienten haben sich von kleinen Tante-Emma-Läden zurückgezogen und profitablere Geschäfte mit den großen Einzelhändlern abgeschlossen, wo sie wegen der größeren Stückzahlen pro Artikel mehr Profit heraushandeln.

Von Führungspersonen wird oft erwartet, dass sie Ziele herstellen. Tatsächlich hat vieles, was Leute, die über Führung schreiben, *Vision* nennen, in Wirklichkeit mit der Synthese von Ideen und Informationen zu einer neuen Richtung zu tun. Wir greifen die Idee der Vision in Teil V, »Führung und Vision«, auf, wo Sie eine genauere Vorstellung davon erhalten, wie man aus Wissen Visionen synthetisiert.

Neuartige Ideen hervorbringen

Gemäß Ecclesiastes »Es gibt nichts Neues unter der Sonne« ruft Führung manchmal noch mehr als nach Vision nach Inspiration, dem *neuartigen* Denken, das einen befähigt, in eine neue Richtung aufzubrechen. Wenn Sie mit einer Situation konfrontiert sind, in der keine existierende Lösung Ihnen einen Vorteil bringt, müssen Sie etwas komplett Neues erfinden. 1988, als der Kalte Krieg bereits 40 Jahre dauerte, »war alles, das gedacht werden kann, gedacht und versucht worden«, wie es ein deutscher Diplomat im Hinblick auf die Frage der deutschen Wiedervereinigung ausdrückte. Aber denken Sie daran: Führung ist situationsbedingt, und Situationen ändern sich.

1988 erkannte Helmut Kohl, der westdeutsche Kanzler, dass in der Sowjetunion die ernsthafte Gefahr eines Aufstands drohte wegen der Lebensmittelknappheit infolge einer Reihe von strengen Wintern und dem von Russlands lang anhaltendem Krieg mit Afghanistan verursachten wirtschaftlichen Elend. Kohl schlug eine einfache Lösung vor: Er würde Lebensmittel im Wert von mehreren hundert Millionen Dollar, insbesondere Fleisch, an die Russen liefern, falls diese erlaubten, dass die Wiedervereinigungsgespräche mit Ostdeutschland ohne weitere Behinderungen fortgesetzt werden durften. Michail Gorbatschow, der Frieden in Russland dringender brauchte als Ostdeutschland, ergriff die Gelegenheit, und das Ergebnis war – sozusagen über Nacht – das Ende der 45 Jahre alten Sowjetkontrolle über die Osthälfte Deutschlands. Kohl hatte eine neuartige Idee hervorgebracht, und die Welt änderte sich.

Effektives Kommunizieren

Zuerst und vor allem muss eine Führungsperson bei jeder Unterhaltung dafür sorgen, dass sich die Vision in den Köpfen ihrer Anhänger festsetzt, sei es in ausgesprochener oder unausgesprochener Weise. Wenn eine Führungsperson als solche spricht, und nicht als Freund oder Vertrauter, muss sie ihre Leute auf einfache und direkte Art und ohne eine Menge an zusätzlichen Erläuterungen daran erinnern, warum sie die Vision in Wirklichkeit umsetzen sollen.

In seinem Buch *Leadership IQ: A Personal Development Process Based on a Scientific Study of a New Generation of Leaders* sagt Emmett C. Murphy, dass die Führungspersonen, die er erforscht hat, die Kunst der Konversation beherrschen.

> *Als wir ihren Konversationen mit den Anspruchsberechtigten ihrer Organisationen lauschten – ein High-Tech-Marketingmanager, der mit einem erst kürzlich eingestellten Mitarbeiter der Verkaufsabteilung spricht, eine Krankenschwester, die mit ihrem Vorgesetzten redet, ein Team von Stadtratsmitgliedern, die mit lokalen Geschäftsleuten über die ökonomische Entwicklung diskutieren –, sahen wir, dass sie in all ihren Gesprächen wohlüberlegten Skripten folgten.*

Murphy meint hier keine literarischen Skripten. Stattdessen meint er, dass es zwischen Führenden und Anhängern eine Struktur in der Kommunikation gibt, die dazu neigt, immer dieselbe zu bleiben, auch wenn die Umstände oder die Situation sich ändern. Was sind die Komponenten der Kommunikation von Führungspersonen?

Mit anderen Worten, eine Führungsperson muss eine Art Kurzschrift finden, um die Gruppe daran zu erinnern, was das Ziel ist. Oft erscheinen solche Kurzschriften in unserem täglichen Leben als Slogans. Das Problem mit Slogans ist, dass sie von der Werbung überstrapaziert worden sind, so dass die Leute dazu neigen, ihnen nicht mehr zu trauen. Die Verbraucher wollen vielleicht von etwas überzeugt werden, aber sie wollen den Unterschied zwischen einem hoch fliegenden Ziel und einem reinen Kaufimpuls wissen.

Es liegt in der Verantwortung der Führung, die Vision so deutlich mitzuteilen, dass bei denen, die sie ausführen sollen, keinerlei Zweifel übrigbleiben. Im Buch Exodus des Alten Testaments erteilt Gott dem 13-jährigen Joshua detaillierte Instruktionen für den Bau des Tabernakels. Warum einem so jungen Menschen? Weil Gottes Anweisungen so klar sind, dass sogar ein Kind sie verstehen und ausführen kann. Das ist es, was wir unter »klar und deutlich kommunizieren« verstehen.

Führungspersonen müssen nicht nur erklären, sondern ihre Anhänger auch motivieren. Im antiken Griechenland sagten die Leute, wenn Aescinus eine seiner Reden beendet hatte: »Er hat gut gesprochen.« Doch nachdem Demosthenes zu ihnen gesprochen hatte, weinten sie: »Lasst uns marschieren (in den Kampf gegen die Armee Philips von Mazedonien)!« Um Menschen enthusiastisch dazu inspirieren, das zu tun, was notwendig ist, um Erfolg zu sichern, muss ein Geschäftsführer genau die Gründe artikulieren, aus denen die Leute zusammengekommen sind, um ein Unternehmen zu bilden. Ein Gemeindeführer muss dasselbe tun, und Sie – egal, welche Rolle Sie spielen – müssen sicherlich auch in Ihrem täglichen Leben Menschen motivieren.

Wie lernen Sie, motivierend zu sprechen? Es fängt alles mit Ihren wichtigsten Bausteinen an – andere zur Zusammenarbeit zu bewegen, gut zuzuhören und die anderen vor sich selbst zu stellen. Wir sehen uns diese Punkte in den folgenden Abschnitten an.

Sprechen beginnt mit Zuhören

Ein guter Sprecher ist immer auch einer, der die Stimmung oder den Tenor der Zuhörerschaft »hört«, auch wenn die Zuhörerschaft gar nicht verbal kommuniziert. Gute Sprecher spüren Nervosität, Unruhe oder Feindseligkeit innerhalb der Gruppe und lernen, die Stimmung der Menge zu ihrem eigenen Vorteil auszunutzen. Zuhören erfordert auch, Fragen zu stellen und den Antworten Aufmerksamkeit zu schenken. Wenn das hervorstechende Merkmal von Führung hohe Intelligenz ist, dann muss diese Intelligenz auch angewendet werden. Wir stellen die unaufhörliche Suche nach der Wahrheit, die ein Teamleiter durchlebt, wenn er eine Vision oder Ziele für die Gruppe festlegt, weiter oben in diesem Kapitel vor. Diese Suche ist eine Kombination daraus, Fragen zu stellen, auf die Antworten zu hören und die Informationen zu verarbeiten.

Anderen ihre Kooperation entlocken

Andere zur Kooperation zu bewegen ist der Prozess, das eine im Tausch gegen ein anderes anzubieten. Wie ein Musikstück von 1960 sagt, »Nothing from nothing leaves nothing. You gotta have something if you want to be with me.« Führung impliziert das Eintauschen eines auf die Zukunft gerichteten Ziels oder einer Vision gegen Kampf und harte Arbeit in der Gegenwart. Das Ziel muss real und erreichbar sein, und es muss die Bedürfnisse der angeführten Menschen erfüllen.

Wenn ein Unternehmen z.B. Geld verliert und seine Industrie ansonsten im Jahr um 15 % wächst, ist es einem Geschäftsführer nicht anzuraten, das angestrebte Wachstumsziel für nächstes Jahr auf 20 % festzusetzen. Zuerst muss die Unternehmensleitung herausfinden, warum die Firma Geld verliert, während die Konkurrenz Gewinne macht – das bedeutet Zuhören. Dann muss der Chef ein erreichbares Ziel stecken, wodurch das Auslaufen der Kasse vielleicht gestoppt werden kann. Dann und erst dann kann die Firma daran denken, einen Schritt nach vorne zu machen; das ist dann das nächste Ziel. Und auch dann darf das Ziel nicht zu hoch gesteckt sein; es muss erreichbar bleiben.

Problembehebung statt Schuldzuweisung

Den Unterschied zwischen der Konzentration auf Ziele und der Konzentration auf Fehler können Sie sich folgendermaßen klarmachen: In der sich entwickelnden Welt des Internethandels können die Transaktionen online oder offline stattfinden. Bei einer Online-Transaktion ist der Abschluss in dem Moment unter Dach und Fach, wo Sie die Sitzung beenden. Wenn Sie z.B. ein Flugticket im Web kaufen, so ist dies eine Online-Transaktion. Ihr Sitzplatz muss vom zuständigen Computer zu dem Zeitpunkt, an dem die Transaktion abgeschlossen ist, reserviert sein. Der Kauf eines Buchs im Web ist dagegen eine Offline-Transaktion. Es sieht alles ganz gleich aus, aber es wird nicht sofort ein Buch aus dem Regal gezogen. Stattdessen geht Ihre Bestellung am Ende des Tages, vielleicht Stunden, nachdem Sie sie aufgegeben haben, an ein Warenhaus, wo sie dann bearbeitet wird.

Probleme lösen und Schuld zuweisen funktionieren auf dieselbe Weise. Wenn Sie auf ein Problem stoßen und es lösen, schließen Sie eine Online-Transaktion ab, weil Sie den Ereignisfluss nicht unterbrochen haben. Sie arbeiten, um die Bewegung auf Ihr Ziel aufrechtzuerhalten, und bleiben dabei auf einer glatten Flugbahn mit einer kleineren Kursänderung. Wer nun genau für den Fehler verantwortlich ist, der Ihre Vision vom Kurs abkommen ließ, kann später noch offline bestimmt werden, nachdem das Ziel erreicht ist. Die Aktionen zu stoppen, um jemandem die Schuld zuzuweisen, ist eines der gefährlichsten Dinge, die ein Teamleiter tun kann, weil es den Fluss der Ereignisse unterbricht, und diesen Fluss muss ein Teamleiter steuern, um seine Führungsposition in der Gruppe zu erhalten.

Wie stellt ein Sprecher die Bedürfnisse der anderen vor seine eigenen? Indem er eher die Anliegen und Bedürfnisse der Person, mit der er redet, anspricht als seine eigenen. Sie müssen anerkennen, wie hart eine Person von Anfang an für ein gemeinsames Ziel oder eine Vision arbeitet, und nicht Ihre eigene Mühe des Führens betonen. Sie müssen sich auf die Opfer der Gruppe und die Bedeutung der Mission konzentrieren, und Sie müssen herausfinden, wie Sie es unterlassen, Schuldige zu entdecken, auch wenn Sie dabei sind, nach dem Ursprung der Hindernisse zu suchen, die den Abschluss der Mission verhindern. Diese Methode klingt widersprüchlich, ist es aber nicht. Nach Schuldigen zu suchen lenkt vom Ziel ab; den Fehler zu finden, zu korrigieren und weiterzumachen dagegen nicht.

Milch oder Buttermilch

Um zu sehen, was passieren kann, wenn eine Führungsperson lernt zu vertrauen, betrachten Sie das Beispiel von Malcolm Forbes. Bevor Forbes der Herausgeber und Verleger des *Forbes Magazine* wurde, war er bekannt – und verspottet – wegen seiner Unentschlossenheit. Während Forbes' erfolgloser Kandidatur als Gouverneur von New Jersey sagte sein Gegner von ihm, er sei derart wischiwaschi, dass er sich nicht entscheiden könne, ob er Milch oder Buttermilch zum Frühstück wolle. Als Forbes das von seinem Vater gegründete Magazin übernahm, steckte es tief in den roten Zahlen und brauchte eine selbstbewusste Führung. Forbes erschuf buchstäblich eine Rolle, ein für die Öffentlichkeit bestimmtes Bild von Selbstbewusstsein – mit seinen Motorrädern und beim Ballonfahren –, mit dessen Hilfe das Magazin als »The Capitalist Tool« neu aufgemacht werden konnte und äußerst erfolgreich wurde. Im Privatleben blieb er ein scheuer und zögernder Sprecher, aber wann immer Malcolm Forbes im Lichte der Öffentlichkeit stand, wirkte er ausgeglichen und zuversichtlich.

Sich selber antreiben

Der Trieb, erfolgreich zu sein, setzt sich zusammen aus Aggressivität, Selbstvertrauen und der Fähigkeit zu kommunizieren. All diese Merkmale müssen präsent, im Gleichgewicht und auf das anliegende Problem konzentriert sein, sonst kann das Ganze in einem Desaster enden. Eine Führungsperson, die nur aggressiv ist, wird oft einen langfristigen Gewinn durch einen kurzfristigen taktischen Vorteil ersetzen, während jemand, dem es an Selbstvertrauen fehlt, wahrscheinlich öfter mal eine Entscheidung rückgängig machen oder beim ersten Anzeichen von Ärger den Kurs ändern wird.

Ursprünglich war MCI geplant als Mikrowellen-Radiosystem, mit dessen Hilfe Trucker unterwegs miteinander kommunizieren konnten. Aber damit das System funktionieren konnte, war eine Verbindung mit den AT&T-Leitungen erforderlich, wozu die Telefongesellschaft jedoch die Erlaubnis verweigerte. Fast jeder andere hätte angesichts der klaren Monopolstellung von AT&T aufgegeben, aber William McGowan, ein Berater von MCI, bestand darauf, dass die neuen Hauptquartiere der Firma nach Washington verlegt würden, damit er für den Fall MCI eine Lobby bei der Federal Communications Comission (FCC) und dem Kongress suchen könne. Als Ergebnis stellte sich McGowan unter MCI weniger eine Telefongesellschaft als eine »Rechtsfirma mit Antenne auf dem Kopf« vor. McGowans Antrieb, Erfolg zu haben, machte nicht nur MCI erfolgreich, sondern veränderte auch vollständig das Telefonwesen in den USA.

Einen Sinn für Dringlichkeit entwickeln

Im Allgemeinen sind geschäftliche Visionen aus einer Änderung des Marktes geboren, die plötzlich eine Gelegenheit bietet. Was unterscheidet eine erfolgreichere Firma von einer weniger erfolgreichen? Die bessere Führungskraft besitzt einen Sinn für die Dringlichkeit der Umsetzung der Vision in ein Geschäft (siehe Kapitel 7). Eine gute Führungskraft wartet nicht auf Informationen, sie besorgt sie sich selbst. Eine großartige Führungskraft beginnt schon damit, ein Team zu versammeln und zu überlegen, welche Mittel notwendig sind, damit die Idee ein Erfolg wird, auch wenn immer noch neue Informationen hereinkommen.

Warten Sie nicht

Bei Chrysler traf sich, vor seiner Fusion mit Daimler-Benz, die oberste Führungsspitze fast jeden Tag zum Mittagessen. Dabei sollte nicht über Firmenprobleme gesprochen, sondern nur geplaudert werden. Dennoch befanden sich unter diesen zwanglosen Gesprächen oft hitzige Debatten darüber, wie Leute ihren Wagen benutzten und welchen Autotyp die Leute wohl als Nächstes bevorzugen würden.

Bob Lutz, der damalige Präsident und Vizevorsitzende von Chrysler, sagt, dass das Geben und Nehmen in diesen Meetings weitaus wichtiger als jede formelle Marktstudie gewesen sei, weil es die besten und hellsten Köpfe der Firma auf die Zukunft konzentrierte, ohne dass irgendetwas auf dem Spiel stand. »Es gibt eine Menge zwangloser Dinge, mit denen Sie Ihre Firma voranbringen können«, sagt Lutz. »Zu dem Zeitpunkt, wo eine Idee formal vorgeschlagen wird, sollten wir in der Lage sein, Ja zu sagen, weil jeder bereits alles weiß, was es zu wissen gibt. Wenn ein Antrag erst einmal formal genehmigt ist, beeilen wir uns so schnell wie möglich, um den Wagen in Produktion zu bekommen.«

Nur weil eine Führungspersönlichkeit einen Sinn für Dringlichkeit besitzt, bedeutet das nicht, dass gute Führungskräfte wie Lutz oder der frühere Chrysler-Vorsitzende Bob Eaton sich auf Ahnungen oder Intuition verlassen. Einige tun es, aber die besseren verlassen sich auf systematische Planung. Sobald ein Chrysler-Wagen sich jenseits der inoffiziellen Diskussionen befindet und in die formelle Planungsphase eingegangen ist, übernimmt der Planungsprozess das Steuer, und jeder Wagen wird in genau derselben Art und Weise geplant. Systematische Planung ist auch erforderlich, um ein neues Geschäft aufzubauen. Obwohl Geschäfte verschieden sein können, sind für ihre Gründung immer dieselben Schritte erforderlich – Planung, Bestimmung der Notwendigkeiten und das Auftreiben oder die Zuteilung von Geld.

Bilden Sie ein »Küchenkabinett«

Die beste Art, auf dem Laufenden zu bleiben, um Ihre Konzentration auf ein Ziel und Ihren Sinn für das, was dazu nötig ist, zu bewahren, ist, das zu bilden, was Präsident Andrew Jackson ein »Küchenkabinett« von Ratgebern nannte. Diese Ratgeber sind Leute, die nicht nur als Sprachrohr für Ideen agieren, sondern auch den Kern eines Teams bilden können, nachdem die gesamte Information verfügbar ist und die Entscheidung für grünes Licht getroffen werden kann. Dieser Ausschuss ist keine Clique oder eine Elite-Palastwache, sondern eine Gruppe verschiedenster Leute, die Ideen und Wissen auf verschiedenen Gebieten besitzen. Sie können sie um Rat fragen und, falls notwendig, um Hilfe bitten, wenn es darum geht, die Verbindungen herzustellen, die Ihnen beim Erreichen Ihres Ziels dienlich sind.

Nehmen Sie sich Zeit: Denken Sie darüber nach

Intellektuelle Ehrlichkeit ist die vielleicht härteste Eigenschaft, die eine Führungsperson erreichen kann. Wenn Sie ganz oben sind und wirklich an Harry Trumans alte Maxime »The buck stops here« glauben, glauben Sie vielleicht auch, dass Sie auf alles eine Antwort haben müssen, weil Sie das letzte Wort haben. Dem ist nicht so. Auch eine Führungsperson darf »Ich weiß es nicht« sagen und nach so vielen Optionen wie nötig fragen, um zur besten Anwort zu gelangen. Nachdem eine Entscheidung getroffen worden und die Aktion in Gang gesetzt ist, ist es zu spät für weitere Informationen; nehmen Sie sich daher die Zeit, in Ihrer Suche nach der Wahrheit gründlich zu sein, und lernen Sie, sie zu erkennen, wenn Sie sie sehen oder hören.

Aufrichtig sein und nach der Wahrheit suchen

Gute Führung verlangt von Leuten, aufrichtig zu sein, wenn sie sich Informationen ansehen, und ihren eigenen Vorlieben zu widerstehen, auch wenn sie denken, dass sie die Antwort bereits wissen.

Seit der Gründung von US Surgical Ende der Sechzigerjahre war Leon Hirsch der nahezu diktatorische Eigentümer. Er hatte sich beinahe ausschließlich auf seine eigenen Ideen darüber verlassen, wohin der Markt für chirurgische Geräte lief, aber 1994, als er sich mit starken Umsatzeinbußen und wachsenden Verlusten konfrontiert sah, tat er etwas für ihn völlig Uncharakteristisches. Er ging zu seinen Angestellten und fragte sie nach Ideen, um das Unternehmen wieder zu festigen. Er forderte jeden Abteilungsleiter auf, sich zu überlegen, wie man Geld einsparen könne, und er bildete ein Team aus leitenden Angestellten, die neue Wege für die Firma erforschen sollten. Das Ergebnis war eine bemerkenswerte Kehrtwende beim Umsatz und beim Gewinn. Hirsch hätte diese Kehrtwende nicht erreicht, ohne intellektuell extrem aufrichtig zu sein (in diesem Fall, zuzugeben, nicht alle Antworten zu wissen) und ohne seinen eigenen langanhaltenden Glauben über die Zukunft von US Surgical aufzugeben.

Entfalten Sie ein gutes Urteilsvermögen

Führungspersönlichkeiten sind im Allgemeinen ganz schön verantwortungsbewusste Leutchen. Eines der Dinge, nach denen Leute bei einer Führungsperson suchen, ist ihre Bereitschaft, Verantwortung von Anfang an zu übernehmen, und die Leute neigen dazu, potenzielle Führungspersonen danach zu beurteilen, wie gut sie mit ihrer Verantwortung umgehen. Als Führungsperson weiter aufzusteigen bedeutet, dass Sie ständig kluges Urteilsvermögen beweisen und sich nicht erlauben, in extreme Situationen zu geraten. Es bedeutet, dass Sie immer die Bedürfnisse der Gruppe im Auge haben und es nicht zulassen, dass die Gruppe einen potenziell verheerenden Kurs einschlägt. Das ist es, was wir weiter oben damit meinten, als wir erörterten, Ihre Vision an die Fähigkeiten der Gruppe anzupassen. Wenn Sie alles aufs Spiel setzen, riskieren Sie, alles zu verlieren. Wenn Sie aber wenig einsetzen und wenig verlieren, können Sie herausfinden, was schief gelaufen ist, und es nochmal versuchen.

Gutes Urteilsvermögen geht nur in den meisten grauenhaften Auf-Leben-und-Tod-Situationen den Bach hinunter, wenn das Versäumen einer Chance vielleicht zum Ende der Gruppe führen würde. Als Leiter der Gruppe müssen Sie auch dann der Gruppe die verfügbaren Optionen mitteilen und sie dazu überreden, in ihrem eigenen Interesse alles einzusetzen.

Verlässlich und konsequent sein

Sie müssen ein Ziel, um es zu erreichen, konsequent angreifen. Eine Führungsperson darf nicht sprunghaft, launenhaft oder unentschlossen sein. Nachdem ein Ziel oder eine Vision bestimmt und deutlich artikuliert ist, dienen Sie den Bedürfnissen der Gruppe nicht damit, dass Sie den Kurs ändern. Solche Unentschlossenheit führt nur zu Verwirrung und Bestürzung unter Ihren Anhängern.

Verlässlichkeit ist selbst eine Form guten Urteilsvermögens. Natürlich muss eine zuverlässige Führungsperson nicht unbedingt eigensinnig sein. Die Umstände ändern sich ständig, und eine Entscheidung, heute aufgrund der besten verfügbaren Informationen gefällt, kann morgen schon die Katastrophe bedeuten, wenn sich die äußeren Ereignisse signifikant verändern. Konsequenz aber bedeutet, dass Sie immer die Regeln der Führung befolgen. Sie suchen immer nach der Wahrheit, hören immer zu, arbeiten immer an den Dingen, die notwendig sind, damit die Gruppe zusammen auf ihr Ziel hinarbeitet. Sie entziehen niemandem Ihre Unterstützung, auf den Sie angewiesen sind.

Eine Atmosphäre des Vertrauens schaffen

Konsequenz und Zuverlässigkeit sorgen für Vertrauen unter Ihren Untergebenen, vor allem, wenn sie die grundlegenden Erfordernisse der Führung begleiten. Wenn Sie wissen, dass der Leiter Ihrer Gruppe immer auf das hören wird, was Sie zu sagen haben – er muss Ihren Rat nicht unbedingt befolgen, aber Sie können sicher sein, dass Sie eine aufmerksame und faire Anhörung bekommen – und dass er immer einen Weg finden wird, um Sie zur Zusammenarbeit zu bewegen, werden Sie dieser Person wahrscheinlich weit mehr vertrauen als irgendjemand anders, der nicht auf diese Weise kommuniziert.

> Wie Eltern gerne ihren Kindern erzählen, will Vertrauen verdient sein. Jedoch, wie Eltern oft – zu ihrem Verdruss – herausfinden, ist Vertrauen keine Einbahnstraße. Die Handlungen der Eltern müssen konsequent sein, damit ihr heranwachsendes Kind Vertrauen zu ihnen entwickeln kann. Eltern, die ständig die Regeln ändern in Bezug auf das, was erwartet wird und welche Belohnungen und Strafen ausgesetzt werden, entmutigen das Vertrauen ihres Kindes. Umgekehrt müssen Kinder die Lektionen, die ihre Eltern sie lehren, in instinktives Verhalten umwandeln, bevor die Eltern lernen, ihnen voll zu vertrauen und ihre Privilegien und Verantwortung auszuweiten.

> ### Vertrauen ist heilig
> Wie schafft eine Führungsperson eine Atmosphäre des Vertrauens? Der wichtigste Weg ist vielleicht, zu lernen, wie man vertrauliche Mitteilungen für sich behält. Wenn man Ihnen etwas erzählt, das nicht unbedingt geheim gehalten werden muss, müssen Sie lernen, Gespräche als privilegierte Informationen zu behandeln, sofern Ihnen nichts anderes gesagt wird. In Nachrichtendiensten basiert das starre Klassifizierungssystem auf einem »Bedürfnis zu wissen«. Umgekehrt müssen Sie auch lernen, wie Sie Informationen auf eine Weise verbreiten, die alle Ihre Anhänger vollständig auf dem Laufenden hält. Bei Colgate-Palmolive weiß Geschäftsführer Reuben Mark, dass es unmöglich ist, all seinen Tausenden von Angestellten persönlich zu erzählen, was die Firma als Nächstes plant, und daher bereitet er peinlich genaue Rundbriefe für Angestellte in Schlüsselpositionen vor. Er gibt ihnen Briefmaterial, mit dem sie den um einen Rang niedrigeren Angestellten Anweisungen erteilen können usw., bis jeder in der Firma, der nur irgendwie von einer Entscheidung betroffen sein könnte, informiert ist. Den Angestellten wird genau das gesagt, was sie von ihrem Vorgesetzten wissen müssen. Colgate benutzt dieses System erfolgreich, um seine Produkte weltweit zu vermarkten.

Eine Lernumgebung fördern

Die vielleicht wichtigste Sache, die eine Führungsperson tun kann, um sicherzustellen, dass ein Ziel oder eine Vision über einen langen Zeitraum hinweg erreicht wird, ist, das *Gruppenlernen* zu fördern. Gruppenlernen ist einer dieser Begriffe, mit denen Managementberater gerne um sich werfen, aber es bedeutet tatsächlich, dass in dem Maße, wie die ganze Gruppe klüger wird, ihr Leiter bessere Entscheidungen treffen kann. Wenn ein Teamleiter sich die Mühe macht, jeden auf dem Laufenden zu halten, neue Informationen mitzuteilen, anstatt sie zurückzuhalten – mit anderen Worten, wenn ein Teamleiter die Bedürfnisse der Gruppe über seine eigenen stellt –, profitiert die ganze Gruppe auf eine Art und Weise davon, die nicht gemessen werden kann. Im Gegenzug profitiert auch ihr Leiter, weil die Gruppenmitglieder dadurch, dass sie besser informiert sind, wahrscheinlich weit häufiger mit neuen Ideen ankommen, um selbst als hartnäckig verschriene Probleme zu lösen.

Informationen teilen

Gruppenlernen bedeutet, dass der Leiter gleichzeitig von seiner Gruppe lernt und auch selbst ein Lehrer für die Gruppe ist. Weil Teamleiter oft auf die Bedürfnisse mehrerer Gruppen reagieren, können die Informationen, die ein Teamleiter von der einen Gruppe erfährt, einer anderen weitervermittelt werden, so dass am Ende alle mehr wissen. Der Teamleiter wird zur Informationsleitung, so dass alle Gruppen ein Problem aus derselben Perspektive verstehen. Damit diese Art des Nehmens und Gebens stattfinden kann, muss der Teamleiter schnell lernen und in der Lage sein, neue Lektionen aufzunehmen und sie dann in den Dienst des zu erreichenden Ziels zu stellen.

Eine gemeinsame Grundlage suchen

Eine seltsame Sache, gute Führungskräfte betreffend, ist, dass sie im Allgemeinen liebenswürdig sind. Sie wissen, wie man mit Leuten umgeht – nicht nur mit denen, die ihnen folgen oder sie bewundern, sondern auch mit solchen, die allen Grund haben, sie zu verachten. Sie beißen nicht drauflos und kämpfen mit ihren Feinden; lieber versuchen sie, eine gemeinsame Grundlage zu finden, im Wissen, dass ein wohl überlegter Kompromiss beiden Seiten von Nutzen sein kann.

Es gibt natürlich Zeiten, in denen eine Führungsperson nicht mit jedem auskommt. Wenn Sie das Gefühl haben, dass jemand in der Gruppe ernsthaft deren Fortschrittsfähigkeit beeinträchtigt, müssen Sie eine korrigierende Handlung vornehmen, was bedeuten kann, die Bedürfnisse der Gruppe über den Prozess der Kooperation zu stellen.

Lernen Sie, die Leute zu mögen

Wie können Sie mit irgendjemandem eine gemeinsame Grundlage finden? Sie können beginnen, indem Sie sich Will Rogers Maxime »Ich habe nie einen Menschen getroffen, den ich nicht mochte« zu Herzen nehmen. Leute zu mögen, macht es möglich, darauf zu hören, was sie zu sagen haben. Wenn Sie anfangen, wirklich zuzuhören, werden Sie sehen, dass ein Funken Vernunft und Berechtigung in fast jeder Position zu finden ist, es sei denn, dass Sie es mit Verrückten zu tun haben. Ihre Aufgabe als Führungsperson ist es, Ihrem Gegner den Rückzug oder einen Ausweg an der Stelle anzubieten, wo seine Position am wenigsten vernünftig ist. Wenn ein Gegner Ihre Führung angreift, werden Sie vom Erreichen des Gruppenziels abgebracht. Sie müssen sich zu einem Kampf herablassen, um Ihre Führung zu bewahren, und es wird damit enden, dass Sie die Bedürfnisse der Gruppe Ihren eigenen opfern.

Welchen Hut soll ich tragen? Die Rollen, die Führungskräfte spielen

In diesem Kapitel

- Verstehen Sie die vielen verschiedenen Rollen von Führungspersonen
- Werden Sie ein Wahrheitssucher
- Erleuchten Sie den Weg als Richtungsweiser
- Sind Sie ein Katalysator für Änderungen
- Nehmen Sie Ihren Platz als Sprecher ein
- Sammeln Sie ein Team um sich herum

He wears his faith but as the fashion of his hat.

William Shakespeare

In seinem Buch *Visionary Leadership* sagt Burt Nanus, dass eine Führungsperson möglicherweise verschiedene Rollen annehmen muss, um eine Vision in die Wirklichkeit umzusetzen. Auf dem Weg zum Ziel treten wahrscheinlich kleinere Probleme auf und ein guter Teamleiter muss fähig sein, auf jedes Problem die passende Antwort zu haben. Probleme können intern oder extern sein; die Gruppe kann vom Weg abkommen oder sie rast möglicherweise auf ihr Ziel zu, ohne darauf zu achten, was außerhalb an Veränderungen vor sich geht. Manchmal muss der Teamleiter eine Rolle allein zu dem Zweck annehmen, um so viel Kooperation wie möglich aus der Gruppe herauszukitzeln. Ein anderes Mal kostet es den Teamleiter so viel, die Bedürfnisse der Gruppe vor seine eigenen zu stellen, dass er der Gruppe schon fast als Märtyrer erscheint.

Wir wollen hier nicht behaupten, dass ein Teamleiter eine multiple Persönlichkeitsstörung haben muss – nichts könnte weiter von der Wahrheit entfernt sein. Führungspersönlichkeiten müssen immer mit beiden Beinen in der Wirklichkeit stehen und ihrer eigenen Persönlichkeit treu bleiben. Aber die meisten Teamleiter haben auch die Fähigkeit, sich eine neue Rolle überzustreifen, die der Gruppe den benötigten Schubs gibt, um vorwärts zu kommen, indem er den Charakter so spielt wie ein Schauspieler seine Rolle. Sie können sich das Überstreifen dieser Rolle so vorstellen wie das Anziehen eines anderen Hutes, mit dem Sie zu einer anderen Person werden, um eine Art improvisierte Handlung durchzuführen.

Ein Teamleiter kann wahrscheinlich eine unbegrenzte Anzahl von Rollen spielen, aber wir haben fünf Rollen definiert, die wir für eine effektive Führung entscheidend finden. Hin und wieder wird ein Teamleiter alle diese Rollen gleichzeitig spielen. Einige Teamleiter werden mehr von einem als vom anderen sein. Aber Sie können kein guter Teamleiter sein, wenn Sie nicht wenigstens zeitweise einige dieser Rollen spielen. In diesem Kapitel stellen wir jede dieser Rollen einigermaßen detailliert vor, so dass Sie eine Vorstellung davon bekommen, was die Rolle erfordert und wie die grundlegenden Führungsqualitäten dabei ins Spiel kommen.

Barhäuptig vor Gott: der Wahrheitssucher

Ein Teamleiter ist wie die Spitze eines Pilgertrupps auf einer Entdeckungsreise. Wie der Anführer der Pilger muss auch der Teamleiter wissen, wohin die Gruppe geht, und eine leise Ahnung davon haben, wie man dorthin kommt. Aber wie bei den der Amerikanischen Wildnis ausgesetzten Pionieren sind große Teile dieses Wegs Terra Inkognita – unbekanntes Territorium. Wie die US-Historiker Lewis und Clark die Nordwest-Passage erforschten, so sucht auch ein Teamleiter ständig nach Informationen, um den vor sich liegenden Weg zu erhellen. Weil viele dieser Informationen wahrscheinlich aus unzuverlässigen Quellen kommen, muss der gute Teamleiter ein Wünschelrutengänger der Wahrheit und in der Lage sein, die gegebenen Informationen auf ihren Wahrheitsgehalt hin zu testen.

Informationen triangulieren

Wenn Journalisten eine bestimmte Information erhalten, versuchen sie diese zu verifizieren. Sie nennen diesen Verifikationsprozess *Triangulation*, eine Bezeichnung, die der Fliegerei entliehen ist, wo er den Prozess der Lokalisierung eines Funkfeuers meint. Journalisten benutzen Triangulation, um die Information durch mindestens zwei, besser noch drei unabhängige Quellen zu bestätigen. Eine unabhängige Quelle ist eine Quelle, die die Person, von der die Information ursprünglich stammt, nicht kennt. Wenn z.B. jemand einem Journalisten erzählt, dass er Zeuge eines Verbrechens geworden sei, hört der Journalist sich diese Behauptung an. Bevor jedoch an eine Veröffentlichung der Story überhaupt nur im Leisesten gedacht werden kann, sucht ein sorgfältiger, verantwortungsbewusster Journalist nach einem Informationsstück, das dafür spricht, dass tatsächlich ein Verbrechen begangen worden sein könnte. Diese stützende Information könnte von einem Opfer kommen oder (falls das Verbrechen z.B. ein Umweltdelikt ist) das Ergebnis einer Wasserprobe sein, die der Journalist gezogen und untersucht hat.

Informationen sammeln

Gute Teamleiter müssen, wie gute Journalisten, die Glaubwürdigkeit ihrer Quellen genau beurteilen. Eine effektive Methode zur Auswertung von Information ist das Standardmodell, das Nachrichtendienste dazu benutzen, sowohl die Information als auch die Quelle, aus der diese kommt, einzuschätzen. Die Nachrichtendienste weisen der Quelle einen Buchstabengrad und dem Wert der Information einen Nummerngrad zu. Tabelle 4.1 zeigt, wie das Modell aussieht.

Quellen-bewertung	Bedeutung	Grad der Information	Wert
A	immer zuverlässig	1	stimmt ohne weitere Bestätigung
B	hochgradig zuverlässig	2	braucht noch ein Minimum an Bestätigung
C	zuverlässig	3	braucht noch etwas Bestätigung, erfordert zusätzliche Nachforschungen
D	gewöhnlich zuverlässig	4	erfordert eine weitere Überprüfung
E	unzuverlässig	5	stimmt nach erneutem Nachprüfen nicht

Tabelle 4.1: Modell für die Auswertung von Informationen

Erfolgreiche Teamleiter suchen nach der Wahrheit und passen ihre Sichtweisen dem an, was sie dazulernen. Solche Teamleiter sind in der Lage, auf die Bedeutung von Worten Acht zu geben, anstatt nur auf die Worte selber, und zusätzliche Informationen zwischen den Zeilen herauszuhören.

Mit Tropenhelm: der Richtungsweiser

Nachdem Sie die Informationen beisammen haben, die Sie brauchen, um auf einem bestimmten Weg fortzufahren, müssen Sie sicherstellen, dass die Bestimmung, die Sie bereits im Sinn haben, die Sache wert ist. Wir nennen diese Bestimmung eine Vision oder ein Ziel. Die Aufgabe des Teamleiters ist es, dasjenige Ziel in der Zukunft auszuwählen und zu artikulieren, auf das die Organisation ihre Energien richten sollte. Yitzhak Rabins Entscheidung, 1993 mit der Palästinensischen Befreiungsorganisation nach Jahrzehnten des Streits zwischen den Arabern und den Israelis Frieden zu schließen, ist ein Beispiel dafür, wie eine Vision eine ganze Nation auf einen völlig neuen Kurs bringen kann. In der Geschäftswelt ist z.B. Lee Iacoccas Entscheidung, den Chrysler-Minivan zu bauen, ein schlagkräftiges Beispiel dafür, wie die Auswahl einer Vision den Kurs eines Firmenschicksals ändern kann.

Um ein guter Richtungsgeber zu sein, müssen Sie in der Lage sein, einen Kurs in Richtung eines Ziels vorzugeben, das die anderen als repräsentativen realen Fortschritt für die Organisation erkennen können. Fortschritt kann dabei bedeuten,

- ✔ einen deutlichen Schritt vorwärts in Richtung Wirksamkeit und Effizienz zu machen
- ✔ möglicherweise neue Kunden zu gewinnen
- ✔ in einer neuen Technologie oder einem neuen Produktbereich Erkenntnisse zu gewinnen

Wenn Sie als Richtungsgeber Erfolg haben, werden Sie eine derart überzeugende Vision aufgebaut haben, dass jeder in der Organisation dabei helfen wollen wird, sie in die Wirklichkeit umzusetzen.

Heruntergezogener Filzhut: der Änderungsagent

Für einen Teamleiter ist es nicht genug, eine Vision lediglich zu artikulieren. Ein guter Teamleiter ist auch verantwortlich dafür, der Katalysator für Änderungen in der internen Umgebung der Organisation zu sein. Diese Änderungen ermöglichen es der Organisation, ihre Vision oder ihre Ziele zu erreichen. Ein Agent der Änderung zu sein kann bedeuten, die Verantwortung für Anpassungen im personellen Bereich, bei den Ressourcen oder bei den Einrichtungen zu übernehmen, um die Vision erreichbar werden zu lassen. Oft ist die Rolle des Änderungsagenten die am wenigsten betörende Aufgabe eines Teamleiters, weil die Anstrengung Drecksarbeit ist, die sich nicht sichtbar auszahlt.

Ein Ziel zu artikulieren ist einfach, aber der Prozess, es zu erreichen, ist harte Arbeit für einen Teamleiter. Ihre Herausforderungen können variieren: ein neues Team bilden, die Erhöhung des Budgets durchboxen, um neue Software zu kaufen, die die Produktivität der Firma steigern soll, oder Ihre Firma dazu überreden, ein neues Büro oder einen neuen Marketingkanal zu öffnen. Das Ziel kann nur dann erreicht werden, wenn Sie die vorgeschlagene Änderung mit einem Endnutzen verbinden können.

Um zu verdeutlichen, wie Sie eine Verbindung zwischen einer Investition – in diesem Fall Geld – und dem Vorteil, der im Endeffekt dabei herausspringen soll, herstellen können, betrachten Sie einen der IBM-TV-Werbespots über elektronischen Handel. Darin fragt ein leitender Manager einen Untergebenen, was er dem Ausschuss über das Internetinvestment der Firma erzählen werde,»so, dass sie es verstehen«. Nervöse Stille, dann platzt der Angestellte heraus: »Für jede Mark, die wir hineinstecken, holen wir zwei Mark raus.« Der Chef lächelt, weil sein Angestellter eine Verbindung zwischen einer aktuellen Entscheidung und einem zukünftigen Ziel – gesteigerte Gewinne – demonstriert hat. Diese Verbindung, da ist sich der Manager sicher, wird seinen Ausschuss überzeugen.

Führen mit der Vision eines anderen

Jack Maple, ein New York Transit Police Lieutenant, hatte eine Vision: Änderungen in der Polizeistationierung rund um die Stadt – *aktive polizeiliche Überwachung*, wie er es nannte – könnte zu einer beträchtlichen Senkung der Verbrechensrate führen. Maples Idee war einfach. Eine Studie über die Verhaftungen, die in Bussen und Unterführungen gemacht wurden, zeigte ihm, dass gegen Leute, die aufgrund simpler Vergehen wie etwa Schwarzfahren verhaftet wurden, oft ausstehende Haftbefehle vorlagen. Diese Leute hatten oft andere, schwerere Verbrechen begangen und wurden bereits polizeilich gesucht.

Maple arbeitete einen detaillierten Vorschlag für den damaligen Chief of Transit William Bratton aus und überzeugte ihn davon, dass das System funktionieren könnte, wenn es eine Chance erhielt. Mit Zustimmung von New Yorks berühmten Bürgermeister, Rudolph Giuliani, beförderte Bratton (der inzwischen der neue Police Commissioner von New York

> City war) Maple zum stellvertretenden Police Commissioner. Bratton erlaubte Maple, die Kriterien für Verhaftungen zu ändern – es sollte einen deutlichen Anstieg von Verhaftungen für so genannte Kavaliersdelikte, wie Schwarzfahren und Rote-Ampeln-Überfahren, geben – um dann sorgfältig die Akten durchzusuchen, um herauszufinden, ob gegen diese Inhaftierten ausstehende Haftbefehle vorlagen.
>
> Das Ergebnis war ein geradezu erschütternder Rückgang der New Yorker Verbrechensrate, womit Bürgermeister Giuliani erreichte, was in über 30 Jahren kein New Yorker Bürgermeister geschafft hatte – ein Versprechen über die Reduzierung der Verbrechen in New York einzuhalten.
>
> In diesem Beispiel gehörte die *Vision* Maple, aber die *Führung* hatten der Bürgermeister und der Polizeichef inne.

Ein redender Hut: der Sprecher

Jeder kennt Lee Iacocca als den Sprecher von Chrysler, mit seinem kühnen Spruch »Wenn Sie ein besseres Auto finden können, kaufen Sie es.« Aber ein Sprecher ist nicht unbedingt auch eine Führungspersönlichkeit und ein Wagnis ist keine Vision. Was Iacocca zu einer respektierten Führungskraft machte, war, dass er Chrysler dazu zwang, die harte Arbeit des Neuaufbaus auf sich zu nehmen.

Ein Sprecher zu sein, ist oft eine notwendige Aufgabe für die Führungsspitze eines neuen Unternehmens. Denken Sie an Steve Jobs, einen der Mitbegründer von Apple. Jobs hatte die Vision eines PCs, den jeder, auch wenn er überhaupt keine Computerkenntnisse besaß, zur Verbesserung seiner Arbeitsleistung einsetzen konnte. Sowohl intern, seinem Team gegenüber, als auch extern, in der Öffentlichkeit, warb Jobs unermüdlich für seine Vision des Personal Computer, wodurch er sein Team bei der Stange hielt, als die meisten Leute dachten, dass die Schöpfung eines solchen Geräts unmöglich sei.

Jobs redete kein dummes Zeugs. Er hatte die Idee des Personal Computer auf jeder Ebene durchdacht, so dass er sie jedem, mit dem er reden musste, schmackhaft machen konnte. Jobs musste Unternehmenskapitalisten überzeugen wie auch die Reihen der Ingenieure, Programmierer und Chipdesigner, die dann tatsächlich die ersten Maschinen bauten. All diese Leute mussten *evangelisiert* werden (um einen Apple-typischen Ausdruck zu benutzen) in dem Glauben, dass sie Jobs Vision tatsächlich erreichen konnten und dass die Mühe sich lohnte.

> Wie motiviert man als Teamleiter Skeptiker? Ein Teil der Aufgabe besteht darin, das Unmögliche lediglich schwierig erscheinen zu lassen, und das sehr Schwierige höchstens als die Aufgabe eines Tages. Dieser Ansatz bedeutet nicht, dass ein Teamleiter lügen oder die Schwierigkeiten beim Erreichen eines Ziels herunterspielen sollte. Stattdessen wird ein guter Teamleiter

✔ freimütig und ehrlich die Schwierigkeiten beschreiben, aber optimistisch in seinem Glauben an die Fähigkeiten des Teams sein, Widerstände zu überwinden, um das Ziel zu erreichen

✔ normalerweise einen gut durchdachten Plan haben, mit dem er von einer Vision bis zum Ziel gelangt, sowie eine unerschütterliche Entschlossenheit, das angestrebte Ziel zu erreichen

Baseballkappe und Pfeife: der Trainer

Weil jedes Team seine Probleme hat, im Angesicht interner Konflikte und äußeren Drucks – vor allem des Konkurrenzdrucks des Marktes – das Ziel im Blickfeld zu behalten, muss ein guter Teamleiter auch noch eine weitere Rolle beherrschen, um seinem Team zu helfen, voranzukommen – die Rolle des Trainers.

Die erfolgreichsten Trainer, so heißt es oft, leben ihren Beruf. George Siefert, der ehemalige Trainer der San Francisco 49er und der siegreichste Trainer in der Geschichte des NFL, verbrachte unzählige Stunden im Filmraum, wo er sich Bänder zukünftiger Gegner ansah und dabei nach jeder Unstimmigkeit suchte, die seinem Team möglicherweise zum Sieg verhelfen konnte. Zum Zeitpunkt des Spiels hatte Siefert seinen ganzen Spielplan auf eine kleine Folge von Set Plays reduziert, die er auf den Gegner losließ, in der Hoffnung, ihn sowohl zu demoralisieren als auch zu gewinnen. Jedes Spiel nutzte eine bestimmte Schwäche aus und war darauf angelegt, dass die 49er nach Belieben Treffer erzielen konnten.

Um ein erfolgreicher Trainer zu sein, müssen Sie Ihr Team wissen lassen, wo Sie stehen, was die Vision Ihnen bedeutet und wie Sie sie erreichen wollen. Sie müssen sich außerdem dem Erfolg jeden einzelnen Mitglieds Ihrer Mannschaft verpflichtet fühlen, indem Sie die Mitglieder respektieren, ihnen helfen, zu lernen und zu wachsen, und sie lehren, ihre Fähigkeiten im Hinblick auf die angestrebte Vision ständig zu verbessern.

Die Vision leben

Es ist für große Führungspersönlichkeiten nicht nur notwendig, ihren Beruf zu leben, sondern oft auch, »die Vision zu leben« und so als lebende Verkörperung der Ziele des Unternehmens und als Vorbild für jene, deren Anstrengungen für die Bewältigung der Aufgabe notwendig sind, zu dienen.

Tom Chappell und seine Frau Kate, die Tom's of Maine leiten, sind gute Beispiele für das Leben der Vision. Sie testen ihre Körperpflegeprodukte an sich selbst und ihren Kindern, bevor sie sie auf andere Menschen loslassen. Bevor Tom's-of-Maine-Produkte für die Öffentlichkeit freigegeben werden, haben aufeinander folgende Levels von Angestellten die

Produkte getestet, angefangen mit Tom selbst. Nur wenn sie von allen Angestellten gebilligt worden sind, werden die Produkte vermarktet.

Martin Luther King Jr. war ein weiterer erfolgreicher Anführer, der seine Vision lebte. King reichte es nicht, andere Menschen dazu aufzufordern, Widerstand zu leisten. Er nahm selbst an zahlreichen Zivilrechtsdemonstrationen teil und verbrachte zahllose Nächte in Gefängnissen des Südens, wo er das persönliche Risiko auf sich nahm, in seiner Zelle ermordet oder vom aufgebrachten Mob draußen gelyncht zu werden. King glaubte, ein persönlicher Zeuge für die zivilen Rechte sein zu müssen und dass er von niemanden verlangen konnte, irgendein Risiko auf sich zu nehmen, das er nicht auch selbst auf sich nehmen würde.

Teil II
Führung ist ein Prozess

The 5th Wave   By Rich Tennant

»Na bravo! Die Vogelscheuche und ich bekommen Kaffeemaschinen, der Löwe kriegt eine Sofortbildkamera und der Blechmann eine RayBan-Sonnenbrille. Das nächste Mal, wenn wir reingehen, lasst besser mich reden!«

In diesem Teil ...

Vorbereitung ist der Schlüssel zur Führung, und bevor Sie zu führen beginnen können, müssen Sie sich selbst eine Reihe kritischer Fragen stellen. Haben Sie das nötige Geschick, um eine erfolgreiche Führungskraft abzugeben? Wissen Sie, was von Ihnen erwartet wird? Kennen Sie die Leute, die Sie leiten sollen, wirklich, und wissen Sie, was diese wollen? Ist Ihre Mission eine andere als die der Leute, die Ihnen die Leitung übertragen haben? In diesem Teil behandeln wir die Schritte zur Vorbereitung, die Sie von durchschnittlichen Führungskräften abheben und Ihnen dabei helfen werden, Ihre Führungsrolle effektiver auszufüllen.

Die Führung übernehmen? Ich?

In diesem Kapitel

▸ Übernehmen Sie die Führung
▸ Machen Sie eine persönliche Bestandsaufnahme
▸ Definieren Sie Ihre Mission
▸ Treffen Sie Ihre »Lakaien«

Jobs sollten gewählt, nicht angenommen werden.

Lester Korn

Sie sind ein mittlerer Manager, der in seinem Büro sitzt und an einem Projekt arbeitet, als das Telefon klingelt. Der leitende Chef des Unternehmens will Sie sofort sehen. Sie wissen, dass Sie nichts veruntreut haben und dass in Ihrer Abteilung alles bestens funktioniert. So verspüren Sie nur ein klein wenig nervöse Unruhe und Erwartung, als Sie im Bad haltmachen, um Ihre Klamotten glattzustreichen, den Sitz Ihrer Frisur zu überprüfen und sich zu vergewissern, dass Sie kein Oregano von der Pizza zum Mittagessen mehr zwischen den Zähnen haben. Dann hechten Sie nach oben ins Büro Ihres Chefs.

Der Chef begrüßt Sie mit einem warmen Händedruck. Auch der Manager einer anderen Abteilung ist anwesend. Nach dem Austausch einiger Freundlichkeiten kommt Ihr Chef dann direkt auf den Punkt: Der andere Abteilungsleiter wird einen anderen Posten innerhalb der Firma besetzen und Ihr Boss will Sie auf eine neue, höhere Position befördern. Was sagen Sie? Wie reagieren Sie? Welche Fragen stellen Sie? Sollen Sie die Beförderung überhaupt annehmen?

In diesem Kapitel geben wir Ihnen die Werkzeuge an die Hand, um solche Fragen zu beantworten und zu bestimmen, ob Sie und Ihre Fähigkeiten zu einer Führungsposition passen und ob es Ihnen helfen wird, eine bestimmte Position anzunehmen.

Was mache ich jetzt bloß?

Viele Manager hoffen, befördert zu werden, aber die wenigsten sind darauf vorbereitet, was von ihnen erwartet wird, wenn sie sich in einer echten Führungsposition befinden. Kaum ist die erste Begeisterung über die Beförderung vorbei, das mit einem Aufstieg verbundene gute Gefühl und die Befriedigung über die zusätzlichen Vergünstigungen und Vorteile, da tauchen auch schon die ersten Unsicherheitsgefühle auf. Was genau wird in Ihrer neuen Position von Ihnen erwartet, und können Sie von dort aus überhaupt einen echten Beitrag leisten?

Es ist sehr unwahrscheinlich, dass Sie eine Beförderung ablehnen werden, wenn sie Ihnen angeboten wird. Der Angestellte, so Top-Personalchef Lester Korn, der eine Beförderung zurückweist, in der Hoffnung, dass sich ihm noch was Besseres bieten wird, ist selten. Aber, wie Korn bemerkt, manchmal werden Sie eine Beförderung annehmen, die sonst keiner will, weil sie eine außergewöhnliche Gelegenheit bietet, Ihr Talent und Ihre Geschicklichkeit unter Beweis zu stellen.

Wenn Sie auf eine Position höherer Verantwortung befördert werden, sei es im Beruf oder außerhalb, wie gehen Sie dann mit dieser Situation am effektivsten um? Drei Fragen müssen Sie sich stellen:

- ✔ Warum haben die mich ausgesucht?
- ✔ Was ist meine Mission?
- ✔ Wer sind die Leute, die ich führen soll?

Die folgenden Abschnitte befassen sich mit diesen drei Fragen im Detail.

Warum haben die gerade mich ausgesucht?

Gehen Sie in Ihr Büro zurück und schließen Sie die Tür, während Sie dieses Buch lesen, oder suchen Sie sich ein ruhiges Plätzchen in Ihrer Wohnung, denn zu verstehen, warum Ihre Vorgesetzten gerade Sie für den Führungsposten ausgesucht haben, ist für die Planung Ihres zukünftigen Aktionskurses lebenswichtig. Die Möglichkeit, dass Ihnen die Führungsposition nicht notwendigerweise aufgrund des totalen Vertrauens in Ihre einzigartigen Fähigkeiten angeboten wurde, mag Ihr Ego erschüttern, aber Ihre neue Position mit offenen Augen anzutreten kann Ihnen helfen, Ihre Situation realistisch zu bewerten.

Dass ausgerechnet Sie für eine Führungsposition ausgewählt wurden, kann an einem der folgenden drei Gründe liegen:

- ✔ Ihre Vorgesetzten erwarten, dass Sie erfolgreich sein werden.
- ✔ Ihre Vorgesetzten erwarten, dass Sie versagen werden (sie wollen Sie testen).
- ✔ Ihre Vorgesetzten haben Sie standardmäßig ausgewählt.

Diese Gründe korrespondieren auf wunderbarste Weise mit den Konzepten der situativen Führung, der vorübergehenden Führung und der hierarchischen Führung (siehe Kapitel 2). Im Falle einer Beförderung in eine Führungsposition führt das auf die Gleichung:

- ✔ **Situative Führung:** Sie sind die richtige Person zur richtigen Zeit unter den richtigen Umständen. Man erwartet von Ihnen, erfolgreich zu sein.
- ✔ **Vorübergehende Führung:** Sie sind die richtige Person unter den richtigen Umständen zur falschen Zeit. Man erwartet von Ihnen, dass Sie scheitern.
- ✔ **Hierarchische Führung:** Sie sind die richtige Person unter den falschen Umständen zur richtigen Zeit. Sie sind da, weil Sie an der Reihe sind.

5 ➤ Die Führung übernehmen? Ich?

Alle voraussichtlichen Führungspersonen wollen glauben, dass sie situative Führungspersonen sind, und Managementbücher fließen über von Beispielen leitender Angestellten, die Karriere machten, weil sie zur Stelle waren, als die Sterne gerade günstig standen. Sicherlich, die meisten Firmen erwarten, dass die von ihnen ausgesuchten Führungskräfte zu den gegebenen Umstände und zu der gegebenen Zeit die richtigen sind: Niemand liebt den Misserfolg. Dennoch sollten Sie die Möglichkeit in Betracht ziehen, dass Sie eine schlechte Wahl für den Job sein könnten oder dass der neue Job eine schlechte Wahl für Sie ist.

Eine Firma kontrolliert den Job. Sie kontrollieren Ihre Karriere.

Lester Korn

Schätzen Sie Ihre Situation ein

Eine der zentralen Komponenten der Führung ist das Zuhören, und daher ist das erste, was Sie machen müssen, zuzuhören, was Ihnen über die neue Position erzählt wird. Sie müssen Informationen über die Verantwortungen sammeln, die Ihre Vorgesetzten Ihnen übertragen wollen.

Führungspersonen, vor allem Geschäftsführer, gehen gerne das kalkulierte Risiko ein. Sie kommen voran, weil sie wissen, wann sie Ja, und sie bleiben vorne, weil sie wissen, wann sie Nein sagen müssen.

Quinn Kroll, Geschäftsführer von Pull Technologies, Inc.

Wenn Sie eine Führungsposition übernehmen, ist das Erste, was Sie brauchen, Informationen, und zwar eine ganze Menge davon. Lange bevor Sie Ihr Team treffen, müssen Sie eine schnelle, aber ausführliche Untersuchung über die Gruppe, die Sie leiten sollen, durchführen. Dabei sollten Sie die folgenden Fragen stellen:

✔ **Was war die letzte Leistung der Gruppe?** In amerikanischen Unternehmen werden höhere Manager oft alle zwei oder drei Jahre befördert und jeder Teamleiter bringt seine eigenen Ziele mit in die Gruppe. Häufig geht ein Manager weiter, bevor die Gruppe ihr Ziel erreicht hat. Wenn dies geschieht, müssen Sie sich fragen:»Hat das Ziel, auf das die Gruppe hinarbeitet, die Zustimmung des gegenwärtig obersten Managements?«

✔ **Ist das Management an meiner Gruppe interessiert?** Das Wissen, ob die Ziele der Gruppe konstant bleiben oder ständig schwanken, gibt Ihnen eine gute Vorstellung davon, wo die Gruppe in den Augen des höheren Managements steht. Wenn jedem erfolgreichen Manager Spielraum gewährt wurde, sich seine Ziele selbst auszusuchen, so zeigt das an, dass das Management nicht so recht weiß, was es mit der Abteilung anfangen soll. In dieser Situation wird man zwar nicht gerade erwarten, dass Sie scheitern, aber es ist auch keine besonders großes Vertrauen in Ihren Erfolg da.

✔ **Waren Erfolg bzw. Misserfolg der Gruppe lang- oder kurzfristig?** Weil Manager so viel herumkommen, ist es ein Leichtes für sie, die Schuld für langfristiges Versagen von sich zu weisen und die Lorbeeren für kurzfristigen Erfolg einzuheimsen. Haben die Fähigkeiten der Abteilung mit den Fähigkeiten der Personen, die in ihr befördert wurden, übereingestimmt oder wird die Abteilung hauptsächlich als Trainingslager angesehen?

✔ **Gab es im Team viele personelle Veränderungen oder ist es stabil?** Diese Frage ist eine weitere, die sich mit der Wissensbasis der Gruppe befasst. Häufige Personalwechsel verhindern jede Art von kollektivem Gruppengedächtnis, was nicht nur Zeit verschwendet, sondern auch Fehler herausfordert. Gibt es irgendjemanden in der Gruppe – in irgendeiner Position –, der genügend Erinnerung über die Institution besitzt, so dass Sie sich im Notfall auf ihn verlassen können?

✔ **Was sind die Ziele der Gruppe?** Gibt es bereits eine Vision, die Sie vollenden sollen, oder wird von Ihnen verlangt, dass Sie der Gruppe eine neue Vision liefern? Wenn Sie ein Führungsneuling sind, wird es Ihre Aufgabe erschweren, wenn Sie die Verantwortung für die Bereitstellung einer neuen Vision auf sich nehmen sollen.

✔ **Wie steht die Gruppe im Vergleich zu ähnlichen Gruppen da, wenn es darum geht, Mittel anzufordern?** Als Teamleiter werden Sie um Mittel streiten müssen. Wenn Sie eine Firmenabteilung übernehmen, streiten Sie mit anderen Abteilungsleitern um Personal, Geldmittel und Aufmerksamkeit. Wenn Sie eine karitative Organisation übernehmen, streiten Sie mit anderen karitativen Organisationen um Geld und Leute, die bereit sind, sich Ihrer Sache zu verpflichten. Sie sollten eine nüchterne Einschätzung Ihrer Gruppe im Hinblick auf Ihre Fähigkeit vornehmen, die Mittel einzufordern, die für das Erreichen Ihres Ziels notwendig sind.

✔ **Was ist die Verpflichtung der größeren Organisation der Gruppe gegenüber?** Schließlich, wie stark und definitiv passt Ihre Gruppe in die Zukunftspläne Ihrer Organisation? Wenn man von Ihnen Erfolg erwartet, können die Erwartung und die Verpflichtung hoch sein. Wenn Sie Ihre neue Position aber standardmäßig bekommen oder weil niemand allzu viel von Ihnen erwartet, wird sich die Organisation Ihnen in Ihrer neuen Position vielleicht nicht besonders verpflichtet fühlen.

Machen Sie eine persönliche Bestandsaufnahme

Wenn Sie für eine Führungsrolle ausgesucht wurden, ist vermutlich derjenige, der die Wahl getroffen hat, von irgendeiner Komponente Ihres Charakters oder Ihrer in der Vergangenheit geleisteten Arbeit beeindruckt. Versuchen Sie herauszufinden, was das genau ist, während Sie sich mit dem leitenden Management über Ihre neue Aufgabe unterhalten. Die Antwort auf

5 ➤ Die Führung übernehmen? Ich?

eine Frage wie »Welche Qualitäten sind Ihrer Meinung nach am entscheidensten für die Leitung dieser Gruppe?« kann Ihnen klarmachen, warum Sie gewählt wurden und was von Ihnen erwartet wird. Ihre Vorgesetzten sind es Ihnen schuldig, Sie auf möglicherweise auftauchende Probleme und Fallen hinzuweisen. Dennoch gibt es so etwas wie eine absolut ehrliche Person nicht, und es besteht immer das Risiko, dass Sie nicht in alles eingeweiht werden, was es zu wissen gäbe.

Bevor Sie eine neue Position annehmen, vergleichen Sie Ihre Fähigkeiten mit den Anforderungen des Jobs. Auf welchen Gebieten sind Sie gut und worin sind Sie schwach? Sind Sie eher praktisch veranlagt oder benutzen Sie lieber Ihre intellektuellen Fähigkeiten?

Was gehört zu Ihrer persönlichen Bestandsaufnahme? Zuerst müssen Sie sich auf die drei Hauptführungsqualitäten hin einschätzen: die Fähigkeit, anderen ihre Kooperation zu entlocken, die Fähigkeit zuzuhören und die Fähigkeit, andere über sich selbst zu stellen. Niemand ist in allen drei Sachen gleich gut. Bewerten Sie sich auf einer Skala von 1 bis 5, wobei 1 die niedrigste und 5 die höchste Benotung ist. Auf diese Weise sehen Sie sich Ihre Stärken und Schwächen an, und wenn Sie ehrlich sind und z.B. Ihre Fähigkeit, andere über sich selbst zu stellen, niedrig einschätzen, werden Sie mit Hilfe eines »Stoßdämpfers« leiten müssen, jemand, der Sie beraten kann, wie man freundlich mit Teammitgliedern umgeht, die Ihren hohen Anforderungen nicht genügen.

Höchstwahrscheinlich wird sich Ihre Gesamtpunktzahl so um die 10 bewegen, wobei Sie zumindest für eine Führungsqualität ein hervorragendes Ergebnis und für die beiden anderen ein jeweils überdurchschnittliches erzielt haben. Wenn Ihre Punktzahl über 10 liegt, besitzen Sie ein starkes Führungspotenzial. Bei einer Punktzahl von unter 10 haben Sie wohl noch ein Stück Weg vor sich.

Wenn Sie eine niedrige Bewertung

- ✔ beim **Zuhören** haben, entwickeln Sie ein besser organisiertes System, um an Informationen zu gelangen, indem Sie Ihre Gruppe regelmäßige schriftliche und mündliche Präsentationen machen lassen.

- ✔ beim **Entlocken von Kooperation** haben, sind Sie dort, wo Sie stehen, wahrscheinlich durch erstaunliche persönliche Leistungen hingelangt, aber es könnte sein, dass Sie nicht viel weiter kommen. Mit dem Versuch, alle Entscheidungen selbst zu treffen, fahren Sie sich nur völlig fest, was zu allem Möglichen angefangen mit dem Ärger Ihre Untergebenen bis hin zum Verlust Ihres Jobs führen kann. Arbeiten Sie daran, indem Sie eine kleinere Aufgabe aussuchen und sie einem Ihrer Untergebenen übertragen. Nachdem Sie wissen, dass das geklappt hat, suchen Sie etwas anderes aus und machen Sie in immer größerem Umfang so weiter, bis Sie ein Level erreicht haben, mit dem Sie sich wohlfühlen.

- ✔ dabei haben, **die Bedürfnisse der anderen über Ihre eigenen zu stellen,** denken Sie daran: In einigen Religionen wäscht der höchste Priester seinen Jüngern als Zeichen seiner Demut die Füße. Das ist vielleicht ein bisschen viel verlangt, aber Sie können als Führungsperson eine ganze Menge kleiner Dinge tun, um zu zeigen, dass Sie zumindest symbolisch dazu bereit sind, die Bedürfnisse der Gruppe über Ihre eigenen zu stellen. Die morgendlichen Brötchen bringen, den Kaffee für die Besprechung kochen, anstatt die Sekretärin darum zu bitten, sind Beispiele symbolischer Demut. Einen Ausschuss zu bilden, in dem personelle Praktiken geprüft werden und nach neuen Wegen gesucht wird, um die Leute für ihren Arbeitsaufwand zu entschädigen – mit Ausgleichszeiten, zusätzlichem Urlaub, Bonussen usw. – ist ein weiteres.

Ignoriert zu werden ist nicht unbedingt schlecht

Als Bob Lutz, durch Lee Iacocca von Ford abgeworben, zu Chrysler kam, hatte er keinerlei formale Verantwortungen. Schließlich wurde ihm die Leitung eines neu gebildeten »Plattform-Teams« übertragen, dem die gesamte Verantwortung für das Design, die Technik und das Budget für einen neuen Wagen oblag, und ihm wurde angeboten, dass er aus jeglicher Abteilung jeden haben könne, den er nur wolle. In Wahrheit durfte er sich aber nur die Leute herauspicken, die die Abteilungsmanager sowieso ausrangieren wollten.

Anstatt sich von dieser Situation unterkriegen zu lassen, verwandelte Lutz seine Gruppe in eine Art von »Skunk-Arbeitern«, eine Organisation zum Design und Bau von Wagen, die sich außerhalb der Hauptrichtung von Chryslers traditionellem Designethos befand und ganz frei entwickeln konnte, was sie als aussichtsreich betrachtete, mit einigen wenigen Marketingzwängen. Die Wagen, die sie hervorbrachten, wurden zu den großen Limousinen Chryslers. Der Erfolg der Methode der Skunk-Arbeiter-Plattform war so offensichtlich, dass sie sich über die ganze Firma verbreitete, und Lutz stieg zum Präsidenten von Chrysler auf.

Bewerten Sie Ihre funktionellen Fähigkeiten

Nachdem Sie nun wissen, wie es um Ihre Führungsqualitäten bestellt ist, machen Sie auch noch eine persönliche Bestandsaufnahme Ihrer funktionellen Fähigkeiten. Als Philip Smith Präsident und CEO von General Foods war, erzählte er den Leuten bereitwillig, dass er nicht gut sei, sobald es ins Detail gehe. »Ich wusste das schon lange von mir«, sagte er. »In der Business School belegte ich eine Menge Mathematik und Rechnungswesen, und ich muss sagen, es war die Hölle für mich. Den ganzen frühen Teil meiner Karriere habe ich gekämpft, um nicht die Details zu vermasseln, und Dinge wieder und immer wieder getan, um sicherzustellen, dass ich sie richtig gemacht hatte.« Als Smith zum Artikelmanager gemacht wurde und seine ersten Führungsverantwortungen erhielt, tauschte er einen seiner Assistenten gegen einen statistischen Angestellten aus und ließ jemand anders aus seinem Team sich um die Details kümmern. Indem er einen Weg fand, seinen Mangel zu kompensieren, konnte er eine Beförderung zum Leiter der Finanzabteilung seiner Firma annehmen, trotz seines schwachen mathematischen Hintergrunds.

So wie Sie Ihre Führungsqualitäten bewertet haben, sollten Sie auch Ihre funktionellen Fähigkeiten im Hinblick auf Ihre Schwächen und Stärken bewerten. So wie Ihr persönliches *Tiefendiagramm*, das von derselben Art ist wie das, mit dessen Hilfe ein Football-Trainer seine Mannschaft aufstellt, so werden Sie auch den Kern eines Schemas zum Aufbau Ihres eigenen Teams bilden, nachdem Sie Ihre neue Rolle angetreten haben. (Ein Tiefendiagramm ist ein praktisches Werkzeug, das jeden Spieler im Team auf einer Skala – sagen wir von 1 bis 5 – bewertet und dem Trainer sagt, wo die Stärken und Schwächen des Teams liegen.) Wie das? Ein kluger Teamleiter setzt sein Team aus Individuen zusammen, die dort stark sind, wo er selbst schwach ist, und delegiert die Verantwortung in diesen Bereichen an diese Leute.

Bewerten Sie sich hinsichtlich Vision, Kreativität und Zielsetzung

Wenn Sie dem leitenden Management die richtigen Fragen über Ihre neue Position stellen, sollten Sie eine ganz gute Vorstellung von dessen Erwartungen an Sie in dieser Rolle erhalten. Können Sie sie erfüllen? Können Sie neue Ideen hervorbringen, damit Ihre Position ein Erfolg wird? Was haben Sie in der Vergangenheit getan, das als kreativ oder visionär zählte oder von Ihrer Fähigkeit zeugte, ein Ziel zu erreichen? Was immer es war, das das Management in Ihnen sah, Sie müssen lernen, es auch zu sehen und zu verbessern. Wenn Sie z.B. in Ihrem letzten Team den Vorschlag gemacht haben, seine Operationen zu rationalisieren, fangen Sie damit an, zu überlegen, was in Ihrer neuen Gruppe rationalisiert werden kann. Wenn Sie eine großartige Idee zur Umsatzsteigerung hatten, schauen Sie, ob etwas Ähnliches in Ihrer neuen Position auch funktioniert.

Denken Sie daran: Eine neue Idee muss nicht einzigartig sein. Sie muss nur funktionieren.

William Smithburg, der frühere Vorsitzende von Quaker Oats, erzählt die Geschichte eines Artikelmanagers, der für Cap'n-Crunch-Cerealien verantwortlich war und mit Hilfe von Telefonwerbung den Umsatz steigerte. Nachdem er in eine höhere Position aufgestiegen war, vermieden die nächsten drei Manager die Telefonaktion, weil sie dachten, dass eine Nachahmung ihres Vorgängers von Einfallslosigkeit zeuge. Die Folge war, dass der Artikel anfing, schlechter zu gehen, bis schließlich ein vierter Manager auf die Stelle befördert wurde. Dieser Manager setzte wieder die Telefonwerbung ein, aber auf ganz andere Weise, so dass der Artikel wieder seine frühere Wettbewerbsposition erreichte. Und was lernen wir daraus? Versuchen Sie nicht, um jeden Preis originell zu sein. Wichtiger ist es, Erfolg zu haben.

Was ist meine Mission?

Eine *Mission* ist der Aktionsplan, mit dem ein Ziel erreicht werden soll. Sie umfasst die anliegenden Aufgaben und deren erwartete Resultate. Ihre persönliche Mission besteht aus zwei Komponenten: Die erste betrifft Ihren Job, die zweite Ihre Karriere. Im Wesentlichen können Sie es auf die beiden folgenden Fragen zurückführen:

✔ **Welche Leistung wird von mir erwartet?** Wenn Sie in Ihrer neuen Position das Wohlwollen der anderen erreichen wollen, müssen Sie die Ihnen zugewiesene Aufgabe erledigen, sei es, einen Hügel im Sturm zu erobern, ein angestrebtes Verkaufsziel zu erreichen, den Gewinn Ihrer Abteilung anzukurbeln, für Ihre Firma neue Märkte ausfindig zu machen oder als Trainer einer Minifußballmannschaft Kinder samt Eltern glücklich und zufrieden zu machen. Wenn Sie eine demoralisierte oder weniger fähige Gruppe geerbt haben, kann es ausreichen, die Gruppe umzukrempeln und sie auf denselben Standard wie andere Gruppen zu bringen.

✔ **Was kann ich leisten, das nicht von mir erwartet wird?** Sie müssen sich ständig überlegen, was Sie *sonst* noch tun können, wie Sie die Erwartungen übertreffen können. Im Zweiten Weltkrieg wurde General George S. Patton die Kontrolle über das Zentrum der alliierten Streitkräfte bei ihrem Schlag gegen Deutschland übertragen. Anstatt im Gleichschritt mit dem Rest der Armee zu marschieren, drängte Patton seine Truppen – die sich in puncto Kampferfahrung nicht von den anderen Truppen unterschieden – härter und schneller ins deutsche Gebiet, wobei er auch noch die Form des Schlachtfelds änderte und nebenbei die Russen daran hinderte, nach dem Krieg noch größere Teile Deutschlands zu besetzen. Indem er die Erwartungen übertraf und das Unerwartete tat, verkürzte Patton nicht nur den Krieg in Europa, sondern beeinflusste auch noch die Friedensordnung danach.

Alles Unerwartete, das Ihre Gruppe über das Minimum heraushebt, erregt Aufmerksamkeit. Und weil Erfolg Erfolg mit sich bringt, zieht es auch neue Mittel und begabte neue Mitglieder in Ihr Team. Stellen Sie es sich folgendermaßen vor: Als Teamleiter ist es Ihre Aufgabe, Ihre Gruppe zum Gewinner zu machen, nicht nur zum Kämpfer.

Was sind das für Leute, die ich führen soll?

Im Arbeitsleben sind die meisten Führungssituationen nicht organisch. Bevor Sie Ja zu einer neuen Führungsrolle sagen, ist es hilfreich, die Leute, die Sie führen sollen, oder zumindest einige ihrer Schlüsselfiguren zu treffen. Das Mindeste, was Sie tun sollten, ist, sich mit den führenden Köpfen all der Abteilungen zu treffen, die direkt mit Ihnen zu tun haben: Als neuer Artikelmanager sollten Sie sich mit all Ihren Assistenten und den Marketingleuten zusammensetzen. Wenn Sie ein Fußballtrainer sind, treffen Sie die Hilfstrainer und die Spieler Ihrer Mannschaft.

Was wollen Sie in diesem ersten Meeting erreichen?

✔ Erzählen Sie Ihren Assistenten, dass Sie vorhaben (und bereit sind), die Führungsverantwortung zu übernehmen.

✔ Fordern Sie sie zur Zusammenarbeit auf.

✔ Hören Sie auf das, was sie zu sagen haben.

✔ Versprechen Sie, die Bedürfnisse der Gruppe über Ihre eigenen zu stellen.

5 ➤ Die Führung übernehmen? Ich?

Ihre Leute zu treffen, bevor Sie sich wirklich die Führungsrolle überstreifen, gibt ihnen einen Vorsprung im Erkennen von Problembereichen und bei der Identifizierung wahrscheinlicher Verbündeter und Gegner (mehr darüber in Kapitel 28). Dieses erste Treffen gibt Ihnen auch Gelegenheit, den Stil des Teams einzuschätzen und entscheidende Informationen zu sammeln, die Ihnen, als Ihnen die neue Position angeboten wurde, vielleicht vorenthalten worden sind.

Wenn Sie auf eine niedrigere oder mittlere Position befördert wurden, wird Ihnen vielleicht nur mitgeteilt, wann und wo Sie erscheinen sollen, um Ihre neuen Pflichten zu übernehmen. In Fällen, wo Sie nicht so viel Zeit haben, sich vorzubereiten oder die Leute zu treffen, die Sie führen sollen, müssen Sie mit Ihren eigenen Erwartungen umgehen können. Sie mögen ja ziemlich aufgeregt sein mit der Aussicht auf die neue Führungsrolle, aber Sie müssen sich zurückhalten und die Dinge sich entwickeln lassen. Sicherlich wollen Sie Enthusiasmus vermitteln, aber auch nicht von den Bedürfnissen Ihrer eigenen Gruppe verschlungen werden.

Vor allem sollten Sie die Situation mit offenen Augen angehen. Bewerten Sie den Job selber mit Hilfe der folgenden Fragen:

- ✔ **Passt diese neue Beförderung in Ihren Karriereplan?** Wenn Sie bereits drei Aufgaben im Marketingbereich hatten und die Beförderung wieder ein Marketingjob ist, wollen Sie diese Position dann wirklich oder wollen Sie Ihre Erfahrungen lieber mit einem Ausflug ins Finanzwesen oder die strategische Planung abrunden? Wenn Sie von Ihrem Trott abweichen wollen, finden Sie heraus, ob Sie den neuen Job ohne Nachteile ablehnen oder vielleicht eine Zusage für den Wechsel in einen anderen Bereich nach dieser Aufgabe erhalten können. Wenn Sie das Angebot nicht ablehnen können, ist es wahrscheinlich an der Zeit, sich anderswo umzusehen.

- ✔ **Beschert Ihnen die neue Beförderung eine feindliche Arbeitsumgebung?** Wird Ihr Team auf Sie als auf einen Teamleiter reagieren oder Sie als Hindernis ansehen, das es zu überwinden gilt? Fragen wie Rasse, Religion, Nationalität und Geschlecht können als Führungshindernis fungieren. Sie dürfen zu Recht eine faire Chance erwarten, sich zu beweisen, es sei denn, es handelt sich um eine Situation, wo es selbstverständlich ist, dass Ihre Beförderung eine (hoffentlich) kurzfristige Lösung einer Notlage der Firma ist.

- ✔ **Kann der neue Job Sie zufrieden stellen?** Haben Sie, während Sie Informationen sammelten, einen Bereich gefunden, in dem Sie sich vermutlich besonders hervortun können? Falls nicht, sehen Sie sich die Sache zuerst noch einmal an, bevor Sie schließen, dass es einfach keine Gelegenheit gibt. Wenn von Ihnen erwartet wird, dass Sie nichts weiter tun, als auf der Stelle zu treten, ist es vielleicht besser, abzulehnen und sich anderweitig umzusehen.

Die Missionen einer Führungsperson

In diesem Kapitel

▸ Sie sind der Chefstratege

▸ Sie sind der Marketingchef

▸ Sie übernehmen die Mission Impossible – die Mission des Retters.

> *Er hatte sich entschlossen, ewig zu leben oder bei dem Versuch zu sterben, und seine einzige Mission, jedes Mal, wenn er hinaufstieg, war, lebend wieder herunterzukommen.*
>
> Joseph Heller

*E*ine Mission beantwortet zwei Fragen:

✔ Welche Leistung wird von mir erwartet?

✔ Was kann ich zusätzlich noch leisten, was nicht erwartet wird?

Die erste Frage dient der Abklärung von Zielen oder Objektiven. Häufig scheint, wenn Ihnen eine Mission übergeben wird, ein offensichtliches Ziel vorhanden zu sein, aber das wirkliche Ziel versteckt sich dahinter. Das ist deswegen so, weil sich eine Mission aus einem Ziel und dem Grund dafür, warum man dieses erreichen will, zusammensetzt. Weil sich die Leute über ihre Gründe oft nicht im Klaren sind, wird auch die Mission unklar. Eine Mission abzuklären, sei es durch das Einsetzen einer Strategie oder indem Sie herausfinden, warum ein bestimmtes Ziel gewählt wurde, hilft Ihnen dabei, den Erwartungen Ihrer Vorgesetzten gerecht zu werden. Zusätzlich eröffnet sich Ihnen die Möglichkeit, etwas Unerwartetes zu leisten, wenn Sie eine klare Vorstellung von Ihrer Mission haben.

In diesem Kapitel greifen wir die erste Frage – »Welche Leistung wird von mir erwartet?« – auf und stellen sie sehr viel genauer vor. Wenn Sie sich im Zuhören und dem Sammeln von Informationen geübt haben, wie es große Führungspersönlichkeiten tun, und jetzt dabei sind, ein Team zu übernehmen, müssen Sie wissen, was von Ihnen erwartet wird.

Missionen und Ziele definieren

Eine *Mission* ist der Schlachtplan zur Erreichung eines Ziels. Leute arbeiten auf ein Ziel hin, wenn ihr Leben und ihr Lebensunterhalt davon abhängen, aber sie werden es nie erreichen, bis sie eine Vorstellung davon haben, wie sie dorthin gelangen.

Eine Mission ist eine Aussage darüber, was Sie zu erreichen versuchen, während Sie sich auf Ihr Ziel zubewegen, und sie geht über das Ziel selbst hinaus. Eine Mission ist nicht nur das, was Sie tun müssen, um Ihr Ziel zu erreichen, sondern sie beinhaltet auch die Gründe dafür, warum das Ziel der Mühe wert ist. Eine wahre Führungspersönlichkeit macht die Mission zur größten und einzigen Sache in ihrem Leben und ist jemand, der sagt, »Ich gebe dieser Sache Priorität. Ich verpflichte mich, meine gesamte Zeit und Energie dafür aufzuwenden, dass dieses Projekt ein Erfolg wird.«

Oft werden Ziele falsch angegeben, so dass die Mission nicht offensichtlich ist. *Wir wollen, dass Sie den Umsatz um 15 % pro Jahr steigern und die Gewinne um 10 %* klingt wie eine ziemlich eindeutige Mission; ist es aber in Wirklichkeit nicht. Die Zahlen sind Ziele, die erreicht werden wollen, aber die *Mission* ist nicht definiert worden. Diese Zielanweisung zieht auch nicht die Möglichkeit in Betracht, dass Sie vielleicht etwas total anderes machen wollen, etwa ein neues Produkt erzeugen oder eine Firma erwerben, mit deren Hilfe Sie den Umsatz steigern wollen. Ein falsch angegebenes Ziel erschwert nicht nur die Definition der Mission, sondern reduziert auch Ihre Kreativität und Ihren Wagemut.

Die Definition der Mission kann, je nachdem, welche Position Sie in einer Organisation einnehmen, ganz unterschiedlich ausfallen:

✔ **Die Führungsperspektive:** Aus der Perspektive eines Teamleiters kommt die Vision zuerst. *Wir wollen die Nummer Eins im Schnürsenkelgeschäft werden.* Von dieser Vision aus definiert der Teamleiter die Ziele: *Um die Vision in die Wirklichkeit umzusetzen, müssen wir die Firma Auf'nSenkel überholen, die einen Marktanteil von 25 % besitzt und 50 % mehr für ihre Schnürsenkel erhält als wir.* Zum Schluss kommt die Mission: *Wenn wir Auf'nSenkel überholen wollen, müssen wir bessere Schnürsenkel herstellen, die sich besser verkaufen, bessere Preisbeurteilungen auf dem Markt erhalten und uns erlauben, unsere Vision und unser Ziel zu erreichen.*

✔ **Die Managementperspektive:** Management geht typischerweise von einem äußerlichen Ziel aus. *Wir wollen Auf'nSenkel im Schnürsenkelverkauf überholen* ist ein Ziel. Um dieses Ziel zu erreichen, legt das Management eine Mission fest, um eine 15%ige Umsatzsteigerung und eine 10%ige Gewinnsteigerung im nächsten Jahr zu erreichen. Aus der Perspektive des Managements kann das Ziel erreicht werden, wenn Sie mit Ihrer Mission Erfolg haben.

Beziehungen zwischen Arbeiterschaft und Management sind traditionell dürftig, zum Teil deshalb, weil die Arbeiter nur sehr geringen Anteil an der Zielsetzung und Missionsdefinition der Firma hatten. Umgekehrt funktionieren Firmen auf Unternehmensbasis so gut, weil eine enge Beziehung zwischen dem Teamleiter, der geleiteten Gruppe, der Mission und den endgültigen Zielen der Gruppe besteht.

Wenn Leute von einem »Sinn für Mission« sprechen, meinen sie die Fähigkeit, einen Plan auf ein Ziel hin zu formulieren und die Gründe für eine unerschütterliche Verpflichtung diesem Ziel gegenüber zu erklären, auch wenn Plan und Taktik sich ändern. Die Mission eines Fußballtrainers ist es, das Spiel zu gewinnen. Er kann die Mannschaftsaufstellung ändern, zur Halbzeit eine andere Strategie einschlagen oder Spieler auswechseln; auf jeden Fall wird er nicht gleich das Handtuch schmeißen, wenn sein Team gegen Ende der ersten Halbzeit bedrohlich zurückliegt. Seine Mission ist es, einen Weg zum Sieg zu finden, egal, wie widrig die Umstände sind. Und wenn er verliert, so ist sein nächstes Ziel, beim folgenden Spiel zu gewinnen, damit er am Ende gut genug in der Punkteliste dasteht, um nicht absteigen zu müssen.

Weil die meisten Teamleiter ihre Missionen nicht so klar definiert haben wie ein Fußballtrainer, haben wir uns entschlossen, die verschiedenen Typen von Missionen in drei grundlegende Kategorien einzuteilen. Ob Sie einer Firmeneinheit vorstehen, eine kirchliche Spendenstelle leiten oder ein Kinderfußballteam trainieren, Ihre Mission wird in eine der drei Kategorien – Chefstratege, Marketingchef oder Retter – passen und fordert von Ihnen als Teamleiter, verschiedene Rollen zu übernehmen.

Der Chefstratege

Der Chefstratege ist die eindeutigste und konventionellste Rolle der Missionsfestlegung. Ihre Ziele sind kristallklar und wohl formuliert und Ihre Verantwortungen erfordern sorgfältige Planung, die alle möglichen Hindernisse und falschen Schritte mit berücksichtigt.

Suchen nach den Fakten

Bei Chrysler, wie auch in vielen anderen Firmen, findet alle fünf Jahre ein formaler Planungsprozess statt. Das leitende Management zieht sich für etwa eine Woche zurück, um eine Liste von Kategorien aufzustellen – Umsätze, Marketing, Herstellung, Qualität, Handelsbeziehungen, Design, externe Nachfrage, Demografie und so weiter –, die die Gründe erläutern, warum Leute Autos kaufen.

Dann diskutiert das leitende Management diejenigen Faktoren aus jeder Kategorie, die Chrysler kontrollieren kann, sowie die Faktoren, die sich seiner Kontrolle entziehen. Faktoren, die Chrysler kontrollieren kann, sind z.B. das Design der Broschüren und die Co-Op-Werbung, die es auf die Händler ausdehnt. Faktoren jenseits seiner Kontrolle können schwere Verluste in einer Gegend sein, in der traditionell viele Chrysler-Produkte verkauft werden. Nachdem alle Faktoren dargelegt sind, wird die Strategiesuche zu einer Übung darin, all das, was Chrysler richtig macht, auszubauen und das, was falsch läuft, zu minimieren, gepaart damit, den »Faktor Zufall« so weit wie möglich aus dem Spiel zu halten (siehe den Abschnitt »Den Zufallsfaktor eliminieren« weiter unten in diesem Kapitel).

Fehler eliminieren

Fehler zu eliminieren ist eine kritische Aufgabe für den Chefstrategen, weil Fehler eine verzerrte Reaktion auf ein Problem bewirken.

Dass falsche Informationen zu Fehlern führen können, ist nur ein Grund, warum Sie als Chefstratege auf die Dinge Acht geben müssen, die andere Leute für gewöhnlich dem Glück überlassen. Je mehr Zufälligkeiten Sie aus Ihrem Geschäftsplan heraushalten und je mehr Fehler Sie eliminieren können, desto größer sind Ihre Erfolgschancen.

Im Falle Chryslers (siehe den vorhergehenden Abschnitt »Suchen nach den Fakten«) betraf die Führung eine strategische Mission. Die Ziele waren locker definierte Verbesserungen; die Mission war es, eine Strategie zu ersinnen, um diese Ziele zu erreichen. Nachdem alle Mitglieder des Teams verstanden hatten, worin die Mission bestand, konnte jeder seinen Teil Verantwortung dafür übernehmen, die Ziele der Mission zu erreichen.

Wie man eine Strategie festlegt, hängt größtenteils von den beiden ersten Rollen einer Führungsperson ab, dem Wahrheitssucher und dem Richtungsweiser (siehe Kapitel 4). Beachten Sie, dass die Führungskräfte bei Chrysler über alles nur Denkbare Informationen einholten, inklusive so genannter Zufallsfaktoren, um ein klares Portrait davon zu erhalten, was tatsächlich vor sich ging. Außerdem ergab sich aus den erhaltenen Informationen und der Art, wie sie strukturiert waren, eine natürliche Richtung. Das System war nicht viel komplizierter, als dreimal fünf Karten auf ein schwarzes Brett zu pinnen, um die ganzen Daten auf einem Haufen zu haben. Das Besondere allerdings war, dass der Teamleiter die Gruppe dazu aufforderte, mit allen Faktoren herauszurücken, und ihr so lange keinerlei Mission auferlegte, bis über alle Fakten Einigkeit herrschte. Zum Schluss fasste der Gruppenführer nur noch zusammen, was jetzt offensichtlich zu tun war – verstärken, was uns nutzt, beheben, was uns schadet, und einen Weg finden, den Einfluss außergewöhnlicher Ereignisse zu reduzieren.

Den Zufallsfaktor eliminieren

Wie erfüllen Sie als Chefstratege eine Mission? Sie sind der Verantwortliche für die Auswahl der Mission und können daher einen langsamen, stetigen Kurs einschlagen (mit nur minimalem Risiko) oder zu einem kühnen Schlag ausholen (der ein höheres Risiko besitzt, Sie Ihr Ziel aber schneller erreichen lässt). Sie müssen sorgfältig bewerten, was Sie über die gegebenen Informationen wissen. Das lässt sich am einfachsten mit Hilfe eines SWOT-Diagramms erreichen. SWOT steht für Strengthes (Stärken) und Weaknesses (Schwächen), Opportunities (Gelegenheiten) und Threats (Gefahren). Wenn Sie diese in einem Gitter zusammenstellen, erhalten Sie ein leistungsfähiges Werkzeug zur Einschätzung Ihrer Mission. Abbildung 6.1 zeigt ein SWOT-Diagramm. Daraus können Sie ersehen, dass Team X Gegenspieler am Schlagen hindern muss, gemäß der alten Baseball-Maxime »Good pitching beats good hitting«.

Nehmen Sie einmal an, Sie schätzen die Wettbewerbsposition Ihrer Abteilung gegenüber der Konkurrenz aus anderen Firmen ein. Listen Sie alle Faktoren auf, die zur Stärke Ihrer Abteilung beitragen können – Leute, Herstellung, Vertrieb, Marketingkanäle, Kundenbasis, Produktqualität, Innovation usw. –, und bestimmen Sie, welche Faktoren Stärken und welche Schwächen sind. Nun machen Sie dasselbe für jeden Ihrer Konkurrenten. Wenn Sie Ihre Diagramme auf Transparente aufzeichnen, können Sie sie übereinander legen. Indem Sie dies für zwei oder drei Konkurrenten tun, können Sie sehen, wo sich Gelegenheiten ergeben und wo Gefahren drohen. Vielleicht haben Sie z.b. keine so vollständige Produktlinie wie Ihre Konkurrenz, aber dafür ist Ihre Produktqualität besser. Wenn Sie die Produktvielfalt unter Erhalt der Qualität vergrößern können, haben Sie die Gelegenheit, den Umsatz zu steigern.

X = TeamX 0 = Team0	Gelegenheiten	Gefahren
Stärken	X = exzellente Verteidigung	X = die drei besten Pitcher der League 0 = starker Cleanup-Hitter 0 = guter Shortstop 0 = guter Pitcher
Schwächen	0 = Mangel an Reichweite bei den Outfieldern 0 = First Baseman kann nicht fangen	X = keine Konsistenz beim Schlagen X = Team lässt sich leicht demoralisieren

Abbildung 6.1: Ein SWOT-Diagramm ist ein gutes Werkzeug zur Bewertung einer Mission.

Zeichnen Sie Ihren SWOT auf

Sie können das oben eingeführte SWOT-Diagramm auch zur Verdeutlichung der Stärken und Schwächen eines Kinderfußballteams benutzen. Dabei bewerten Sie das Geschicklichkeitsniveau Ihrer kleinen Spieler, die Fähigkeit Ihrer Hilfstrainer, die Fußballkenntnisse Ihrer Spieler und einen ganzen Haufen anderer Dinge.

Als Nächstes drucken Sie für jeden Ihrer Gegner ein SWOT-Diagramm aus. Wenn Sie bereits seit vielen Jahren Trainer sind, werden Sie viele der Spieler Jahr für Jahr immer wieder gesehen haben, wodurch es ein Leichtes für Sie ist, die gegnerischen Diagramme zu erstellen. Wenn Sie die Trainerposition allerdings eben erst angetreten haben, werden Sie zuerst einige zusätzliche Informationen einholen müssen, z.B. aus Gesprächen mit den Eltern, die die Kinder in der Mannschaft wahrscheinlich am besten kennen.

Nachdem Sie Ihr SWOT-Diagramm erstellt haben, haben Sie eine recht gute Vorstellung von den Chancen Ihres Teams gegenüber einem gegebenen Gegner. Wichtiger aber noch ist, dass Sie jetzt wissen, an welchen Fähigkeiten und Eigenschaften Sie arbeiten müssen, um Ihre Mannschaft nach vorne zu bringen und ihr zum Sieg zu verhelfen.

Mit Ihrem SWOT-Diagramm in der Hand können Sie sich eine Strategie ausdenken, die Ihrem Team beim Erreichen seiner Ziele hilft. Sie müssen nicht das Unerwartete vollbringen, sollten jedoch ein klares Bild vor Augen haben, wie Sie Ihre Mission erfüllen. Brillanz, falls nötig, kann warten, bis Sie besser vorbereitet sind.

Der Marketingchef

Die Beschreibung der Mission für den Marketingchef vereint die Rollen des Sprechers – der Person, die die Mission der Firma und deren Bedeutung für die Gruppe und Außenstehende artikuliert – und des Trainers – des Anführers, der die Gruppenmitglieder dazu ermutigt, ihr Bestes zu geben, und als Mentor und Lehrer zur Verfügung steht. Häufig besitzt Ihre neue Gruppe nicht die Fähigkeiten, die zur Erreichung des gegebenen Ziels notwendig sind, und braucht vielleicht ein wenig Ermutigung, selbst wenn es eigentlich leicht zu erreichen ist. Ihre vorrangige Mission ist es daher, Ihren Gruppenmitgliedern das Ziel schmackhaft zu machen und ihnen dann beizubringen, wie sie es erreichen.

Ein niedergeschlagenes Team für eine strahlende Zukunft begeistern

Bei Chrysler, unter Lee Iacocca, wäre es unmöglich gewesen, die Art Strategie durchzuführen, die Bob Eaton regelmäßig anwendet. Als Iacocca 1979 von Ford zu Chrysler wechselte, fand er eine vollständig zersplitterte Firma vor, deren Ingenieure nicht miteinander redeten und schon gar nicht mit den Leuten vom Marketing. Was er außerdem vorfand, war eine Firma mit wenig Geld in der Kasse und enormen Schulden. Alles, was die Firma besaß, war ein kleines, brennstoffbetriebenes Auto namens K-Wagen, das sie aus Geldmangel nicht produzieren konnte.

Iacocca, der ein vollendeter Geschäftsmann ist, ging an die Arbeit und machte seinen Ingenieuren und Marketingleuten, den Vereinigungen, deren Kooperation und Geldmittel er benötigte, sowie dem Kongress und dem Präsidenten, die sich Sorgen machten, dass ein gescheitertes Chrysler den Anfang vom Ende für die bedrängte US-Automobilindustrie einläuten würde, »das neue Chrysler« schmackhaft. Iacocca war autokratisch und in seinen Entscheidungen häufig diktatorisch, aber niemand vermarktete die Idee der Wiederauferstehung Chryslers so effektiv wie er, sei es intern oder extern. Mitte der Achtzigerjahre schwamm die Firma im Geld, und Iacocca wurde bejubelt als eine der brillantesten Führungspersönlichkeiten des 20. Jahrhunderts.

Lange bevor Sie einem Team beibringen können, wie man gewinnt, und Strategien und Spiele ersinnen, ist es Ihre Aufgabe als Teamleiter, Ihr Team von der Vorstellung zu begeistern, dass es gewinnen *kann* und dass dies seine einzige Mission ist. Begeistern ist etwas nicht Greifbares. Sie können Ihre SWOT-Diagramme in der Hand haben, aber andere zu begeistern erfordert, sie davon zu überzeugen, dass sie etwas tun *können*, von dem sie glauben, es nicht zu können.

Sie können die Gruppe nicht belügen, wenn Sie sie für etwas begeistern wollen, weil das ihre Erwartungen in die Höhe schraubt. Um so niederschmetternder ist dann der Misserfolg, wenn sich diese Erwartungen nicht erfüllen, und dieser erzeugt Verbitterung, die auf Sie, den Teamleiter gerichtet ist, der die Gruppe auf eine zum Scheitern verurteilte Mission gesandt hat.

Wenn Sie Ihre SWOT-Analyse durchgeführt und eine Mission ausgesucht haben, ist es die Rolle des Teamleiters als Marketingchef, sicherzustellen, dass die Mission überhaupt möglich ist. Das bedeutet oft, die Mission an Leute außerhalb der Gruppe zu verkaufen. Iacocca war nicht nur der beste Verkäufer innerhalb von Chrysler, sondern genauso auch außerhalb, und versuchte aktiv, den Kongress und den Präsidenten für seine Sicht der Wiedererstarkung der Firma zu gewinnen. Sein Job als Marketingchef war es, an die Mittel zu gelangen, die die Firma für den Fortgang ihrer Mission benötigte.

Teamleiter verkaufen Potenzial

Als Trainer ist es auch Ihre Aufgabe, die Zukunft – den potenziellen Erfolg der Gruppe, ihre Vision und ihre Ziele – zu verkaufen, und das ist der Grund, warum Trainer so stark in der Mitgliederwerbung engagiert sind. Sie verkaufen eine Siegesvision nicht einfach nur an Ihr existierendes Team; Sie verkaufen diese Vision auch an potenzielle Mitglieder. Dasselbe gilt, wenn Sie an einer karitativen Aktion teilnehmen, wie etwa Spenden für Ihre Kirche oder Ihre Schule zu sammeln. Ihre Aufgabe als Marketingchef ist es hier, Leute dazu zu bringen, die harte Arbeit des Telefonierens mit ihren Freunden, Verwandten, Nachbarn und lokalen Geschäften auf sich zu nehmen und sie um Geld zu bitten. Sie müssen eine klare Vorstellung davon haben, was mit dem Geld verwirklicht werden soll, falls genug zusammenkommt – ein neues Spielfeld für die Schule, eine Rollstuhlrampe für die Kirche –, und es muss ein Ziel sein, das auch die anderen lohnend finden.

Eines der schwierigsten Dinge für Sie als Teamleiter ist die Abstimmung der internen Gruppenziele mit den Erwartungen einer größeren, erweiterten Gruppe. Warum sollte ich Geld für die Computer für Ihre Grundschule spenden, wenn meine Schule keine kriegt? Ihre Gruppe zu erweitern ist vielleicht das Erste, was Sie als Teamleiter tun müssen, um ein größeres Sendungsbewusstsein zu erreichen. Wenn alle Schulen in der Gemeinde von den Spenden für neue Computer profitieren, wird sich wahrscheinlich eher die ganze Gemeinde bereit erklären, mitzumachen.

Die Rolle des Chefstrategen ist es, eine Mission auszuwählen, die Rolle des Marketingchefs, zu entscheiden, wem und wie diese Mission verkauft werden soll.

Der Retter

Die Rolle des Retters ist wie eine *Mission Impossible*; wenn Sie sich also in dieser Rolle wiederfinden, sollten Sie ständig die Titelmusik dieser Serie im Ohr haben, während Sie diese wagemutigste Art der Führung verrichten. Führungskräfte sind auf eine unmögliche Mission angesetzt, wenn man von ihnen erwartet, dass sie scheitern oder zumindest nicht den vollen Erfolg haben.

Scheitern ist keine Option

Spitzentrainer Bill Parcells übernahm die New York Jets, als sie eines der schlechtesten Football-Teams überhaupt waren. Bevor Parcell kam, hatten die Jets eine lange Geschichte der Widersprüchlichkeiten, den Negativrekord an Verletzungen in der ganzen NFL, dürftige Vorergebnisse und eine ganze Menge Spieler, die ein unberechenbares Verhalten an den Tag legten, ihre Trainer ignorierten oder total gleichgültig waren. Die meisten New Yorker Sportjournalisten waren, während sie Parcell aufgrund seiner Arbeit mit den New York Giants und den New England Patriots als Retter priesen, dennoch davon überzeugt, dass er denselben Misserfolg ernten würde wie seine Vorgänger.

In dieser Überzeugung wurden sie noch bestärkt, als Parcell keinerlei Anstalten machte, im Team substanzielle Veränderungen vorzunehmen, sondern nur eine Hand voll Spieler, mit denen er sowohl bei New England als auch bei den Patriots gearbeitet hatte, ins Spiel brachte. Außerdem wählte er einen ausrangierten Quarterback, Vinny Testaverde, der im Ruf stand, eher dumm zu spielen und in kritischen Momenten Interceptions zu werfen.

Trotz dieser schlechten Voraussetzungen brachte Parcell nach nur zwei Saisons die Jets in die Play-Offs und verhalf dem Team zu seinem größten Rekord seit 1969, dem Jahr, als es die Super Bowl unter Joe Namath, einer weiteren Mission-Impossible-Persönlichkeit, gewann.

Wenn irgendetwas Mission-Impossible-Leiter von Chefstrategen und Marketingchefs unterscheidet, so ist es ihre Persönlichkeit. Während der Stratege kühl und analytisch ist und der Marketingmensch warm und offen, ist der Mission-Impossible-Leiter oft rau und selbstvertieft. Das soll nicht heißen, dass dieser Führungstyp niemandem zuhört; es ist so, dass er die Informationen sehr schnell aufnimmt, schnelle Entscheidungen trifft und die Optionen für das Team in einfachen Ausdrücken darlegt. Um zu gewinnen, musste Parcell seinem Team die Idee verkaufen, dass die Vereinfachung des Angriffs für Testaverde zu weniger Interceptions und mehr Treffern führen würde. Dann musste er seine Running Backs für die Idee gewinnen, dass mehr Completions das Running Game eröffnen und mehr Treffermöglichkeiten für die

Running Backs erzeugen würden. Parcells wird im Gedächtnis bleiben, dafür, dass er eine komplizierte Situation vereinfachte und sie dann an die Jets verkaufte, wodurch er seinem Team einen klaren Weg zur Meisterschaft ebnete.

Alles wird besser

Die Wende zum Besseren ist die herausragende Leistung der Mission-Impossible-Leiter. Ihre Pläne sind nicht kompliziert, sondern oft atemberaubend einfach. Wenn Sie sich zurückerinnern an die verschiedenen Arten von Hüten, die Führungspersonen tragen (siehe Kapitel 4), dann ist einer der erwähnten Hüte der heruntergezogene Filzhut: der Änderungsagent. Änderung bedeutet, dass Ihre geplante Aktion einen neuen wunderbaren Effekt haben kann. Diese Aktion ist jener kühne Streich, der den größten Knall zur Folge hat und die Leute dazu bringt, ihre Positionen zu überdenken. Die meisten Leute, die wir als große historische Figuren ansehen, waren solche Änderungsagenten. Ihre Ideen waren oft bestürzend einfach – z.B. dass alle Menschen frei sein sollten, dass auch Frauen das Recht zu wählen haben sollten, dass sich jeder einen Personal Computer leisten können sollte –, und sie waren Menschen, die, nachdem sie ihre Mission dargelegt hatten, bereit waren, alles auf sich zu nehmen, um die Mission zu verwirklichen.

Der Änderungsagent ist ein seltenes Individuum, sollte man meinen – eine wirklich kreative Persönlichkeit, die über eine gewöhnliche Führungskraft hinausgeht, indem sie große Dinge tut, während wir anderen erst mal daran arbeiten, zuverlässig zu werden. Aber genau wie jeder ein Führungspotenzial hat und fast jeder im alltäglichen Leben irgendwelche Führungsqualitäten beweist, so hat auch fast jeder das Zeug dazu, ein Änderungsagent zu werden. Die Frage ist nicht, wie hart Sie arbeiten, um eine Führungspersönlichkeit zu werden, oder wie gut Sie Ihre Fähigkeiten entwickeln. Die Frage ist die, was Sie tun werden, wenn sich die Situation ergibt und Sie derjenige sind, der gerade vor Ort ist.

Finden Sie Ihre Nische

Anstatt eine Wende zum Besseren einzuleiten, erkennt der Retter manchmal etwas, um das sich keiner kümmert, und übernimmt die Verantwortung dafür. Lester Korn, einer der größten Personalchefs der Welt, schreibt in seinem Buch *The Success Profile*:

»Manchmal erfordert der Weg heraus gar nicht, irgendetwas besser zu machen, sondern etwas zu tun, das überhaupt nicht gemacht wird. Viele erfolgreiche Angestellte beginnen die Firmenleiter hinaufzuklettern, wenn sie damit aufhören, Gleichgestellte hinsichtlich der ihnen zugewiesenen Verantwortung ausstechen zu wollen. Sie akzeptieren, dass auch die anderen ihre Aufgabe gut machen und dass sie ihre Aufgabe kaum so viel besser machen können, dass sie die anderen übertreffen würden. Daher schauen sie sich (während sie ihren eigenen Job weiterhin ordentlich erledigen) nach etwas anderem um, das getan werden müsste.«

In der Mitte seiner Karriere was Gary Wilson Finanzchef von Marriott und außerdem verantwortlich für das Immobilien-Entwicklungsprogramm der Firma. »Wir bauten Hotels im Wert von einer Milliarde Dollar im Jahr, so dass das die bei weitem wichtigste Sache war, die ich zu tun hatte.« Und wie wurde ihm diese entscheidende Firmenrolle zugewiesen? Sie wurde nicht. Er hatte eine leere Nische gefunden und sich hineingesetzt. »Ein Teil der strategischen Planung für 1975 bis 1976 war es, dass wir das Hotelgeschäft erweitern wollten, und zu diesem Zweck mussten wir Hotels bauen. Also fing ich an. Ich tat es einfach. Keiner sonst wusste, wie man es machte. Ich auch nicht, aber ich machte es.« Bill Marriott unterstützte ihn und die Firma florierte.

Wie können Sie sich von einem Chefstrategen oder einem Marketingchef in einen Retter verwandeln? Wie Sie am Beispiel von Gary Wilson sehen können, brauchte er keine spezielle Begabung – nur die Fähigkeit, zu erkennen, was für die Zukunft der Firma entscheidend war, und die Bereitschaft, sich in den Dienst der Zukunft zu stellen, indem er die Verantwortung für das Wachstum von Marriott übernahm. Häufig bedarf es noch nicht einmal einer *solch* großen Anstrengung.

Wenn Sie Ihre Mission als Chefstratege angegangen sind und Ihr SWOT-Diagramm zur Hand haben, haben Sie innerhalb Ihrer Mission die Möglichkeit, das Unerwartete zu tun. Falls Sie sorgfältig die Gefahren und die Gelegenheiten analysiert haben, können Sie eine Gelegenheit finden, die, wenn Sie ein wenig Mühe investieren, ein Ergebnis zurückliefert, das die Anstrengung um ein Vielfaches wettmacht.

Die Verantwortungen eines Teamleiters

In diesem Kapitel

▶ Entwickeln Sie eine Vision
▶ Entwerfen Sie einen Plan
▶ Arbeiten Sie auf ein Ziel hin
▶ Bauen Sie ein starkes Team auf
▶ Finden Sie heraus, was Ihr Team braucht – und geben es ihm
▶ Kriegen Sie Leute dazu, verantwortlich zu sein

In Träumen beginnt Verantwortung.

William Butler Yeats

In Kapitel 1 haben wir erklärt, dass Führung mit der Bereitschaft beginnt, Verantwortung zu akzeptieren. Aber wie weit soll das gehen? Bedeutet Verantwortung z.B., dass Sie sich in das Privatleben der Menschen, die Sie führen, einmischen sollen? Müssen Sie alles für Ihre Gruppe sein, ständig alle Hüte tragen? Verantwortung anzunehmen und auszuüben ist so fundamental für eine Führungsposition, dass wir diesem Thema in diesem Kapitel mehr Aufmerksamkeit widmen.

Die zentrale Verantwortung eines Teamleiters ist es, für ein Klima zu sorgen, in dem Wachstum und Erfolg gedeihen können. Sie können eine ganze Menge Dinge tun als Teamleiter, aber letzten Endes, wenn Ihre Gruppe keinen Erfolg hat und Sie es nicht hinkriegen, irgendetwas zum Wachsen zu bewegen – seien es die Fähigkeiten und das Wissen einer Gruppe von Kindern, die Sie betreuen, oder der Gewinn eines größeren Unternehmens –, haben Sie in Ihrer grundlegenden Führungsverantwortung versagt.

Die zentrale Verantwortung zu definieren ist simpel. Damit aber Ihre Gruppe ein Erfolg wird und ein gewisses Wachstum erreicht wird, müssen Sie noch eine ganze Menge anderer Dinge tun. Diese Dinge erklären wir in diesem Kapitel, angefangen davon, wie Sie eine Vision und Ziele für Ihre Gruppe entwickeln, bis dahin, wie Sie Ihr Team motivieren und es dazu bringen, zusammen auf diese Ziele hinzuarbeiten.

Eine Vision entwickeln

Eine *Vision* ist ein machbarer Traum – ein entferntes Ziel, das es wert ist, verfolgt zu werden, weil es mit Wachstum und Erfolg verbunden ist und die Energien weckt, die eine Gruppe zusammenschweißen, um Großes zu vollbringen. Egal, ob Sie ein bereits bestehendes Unternehmen leiten oder ein ganz neues gründen; Visionen sind notwendig für Ihren letztendlichen Erfolg als Teamleiter.

- ✔ **Eine Vision kann eine Idee für ein neues Produkt sein.** Als der Chemiker Edwin Lands mit seiner Tochter in der Wüste spazieren ging und Kakteen fotografierte, fragte sie ihn, warum sie immer so lange warten müssten, bis die Bilder fertig seien. Damit lieferte sie ihm die Vision der Erfindung von Polaroidfilmen und -kameras. Wie phantastisch diese Idee zu dieser Zeit auch geklungen haben mag, die Vision war machbar für Lands, dessen Spezialität die Polarisierung von Licht und das Einfangen von Licht in chemischen Kolloiden war. Lands wusste, dass es mit Zeit, Geld und einem guten Team gelingen musste, Sofortbilder zu entwickeln – und er tat es.

- ✔ **Eine Vision kann eine Idee für eine Dienstleistung sein.** Carl Weiss arbeitete im New Yorker Kleidungsviertel. Seine Arbeit führte ihn häufig zum Stoffeinkauf nach Italien. Während seiner Aufenthalte dort verbrachte er viele Stunden in kleinen Cafés und schlürfte Capuccino oder Espresso. Zurück in New York begann er mit der Idee zu spielen, den Inbegriff des italienischen Café-Erlebnisses in New York einzuführen. 1978 öffnete er das Caffe Bianco in New Yorks Upper East Side. Es war vom ersten Tag an ein Erfolg, nicht zuletzt aufgrund von Carls unnachgiebigem Perfektionismus bei der Verfolgung seiner Vision.

- ✔ **Eine Vision kann ein Weg sein, um die Welt zu verbessern.** Eine Vision kann ein Weg sein, bestimmte Lebensumstände zu verbessern oder Menschen zu einem längeren Leben zu verhelfen.

Entscheidend für eine Vision ist, dass Sie in der Lage sind, sich das Ergebnis Ihrer Arbeit und der Arbeit Ihres Teams in Form einer Welt auszumalen, die sich auf irgendeine Weise geändert hat.

Einen Plan ausarbeiten

Weder die großartigste Vision noch die einfachste materialisiert sich von alleine. Beinahe alles, was Sie tun wollen und sich auch lohnt anzustreben, nimmt Zeit und Mühe in Anspruch. Es erfordert außerdem sorgfältige Planung, so dass Sie genau bestimmen können, welche Mittel Ihr Team benötigt, wann es sie benötigt, woher es sie bekommt und welche Ergebnisse bei jedem Schritt auf dem Weg erwartet werden. Niemand gelangt von einer Idee ohne Zwischenschritte direkt zu einem fertigen Produkt, so dass Sie lernen müssen, Pläne zu entwickeln, mit deren Hilfe Sie Visionen in Ziele übersetzen.

Eine Vision in einen Plan umwandeln

Indem Sie Ihre Vision durch einen Plan definieren, können Sie den Umfang Ihrer Vision festlegen. Ihre Erfolgschancen werden umso größer, wenn Sie am Anfang ein wenig Zeit, Anstrengung, Forschung und Untersuchung investieren, um einen soliden Plan aufzustellen.

7 ► Die Verantwortungen eines Teamleiters

Die Größe dieses Plans und die Zahl der Einzelheiten hängt in hohem Maße von der Größe des Projekts, der Komplexität des Unternehmens, den verfügbaren Mitteln und den Schwierigkeiten ab, denen Sie höchstwahrscheinlich auf Ihrem Weg begegnen werden. Einen *visionären* Plan aufzustellen (einen Plan, der die Hauptziele umreißt, die im Zuge Ihrer Vision zu erreichen sind) kann alles zwischen einigen Wochen bis hin zu einigen Monaten, und ein erfolgreiches Unternehmen auf die Beine zu stellen alles von wenigen Wochen bis hin zu Jahren dauern.

Wenn Sie darangehen, Ihre Vision in einen Plan umzusetzen, müssen Sie entscheiden, wie groß ein Unternehmen sein darf, dass Ihre Mittel, Ihr Wissen und Ihr Engagement es noch unterstützen können. Beachten Sie die folgenden drei Faktoren zur Bestimmung der Anfangsgröße und des Umfangs Ihres Unternehmens:

✔ **Die kritische Größe im Hinblick auf den Erfolg des Plans:** Eine Elektronikfirma in einer Garage zu gründen ist heutzutage wesentlich härter, wenn auch Hewlett und Packard es vor 60 Jahren und die beiden Steves – Jobs und Wozniak – es vor über 20 Jahren geschafft haben. Das elektronische Hardware-Geschäft ist heute ein Warengeschäft, in dem die Einzelgewinne recht niedrig sind und große Umsätze notwendig sind, um Gewinne zu erzielen. Das ist praktisch die Definition eines großen und teuren Unterfangens.

Auf der anderen Seite brauchen Sie nicht viel mehr als einen Computer, eine Idee und ein wenig Geschick in Programmiersprachen, um ein Software-Programm zu schreiben und ein Software-Geschäft zu gründen. Scott Cook schrieb das Basisprogramm für Quicken an seinem Küchentisch und gründete in den frühen Achtzigern Intuit. Viele Leute sind seinem Beispiel gefolgt und haben erfolgreiche Unternehmen aufgebaut. Passen Sie also Ihre Idee größenmäßig der Wirklichkeit an – und den Mitteln, die es tatsächlich erfordern wird, Ihre Vision in die Realität umzusetzen.

✔ **Die kritische Größe im Hinblick auf Ihre Konkurrenz:** Hier ist eine einfache Regel: Wenn Sie ein Geschäft innerhalb einer etablierten Industrie gründen, dann muss im Allgemeinen Ihre Geschäftsgründung umso größer sein, je mehr Konkurrenz der Markt für Ihr Produkt aufweist. Diese trifft natürlich nicht für Restaurants zu. Die Größe spielt keine Rolle, wenn Sie eine exquisite Küche, die richtige Lage und großartige Kritiken haben. Für praktisch jedes andere Unternehmen jedoch ist die Größe entscheidend.

✔ **Die kritische Größe im Hinblick auf die Mittel:** Sie können eine Ein-Mann-Stellenvermittlung oder sonst irgendein kleineres Dienstleistungsunternehmen mit wenigen Angestellten gründen, aber eine Halbleiterfirma z.B. benötigt enorme Ressourcen. Der Schlüssel liegt darin, die kritische Größe herauszufinden, so dass Sie die Mittel auftreiben können, um das Unternehmen zu gründen und zu unterhalten, bis es sich selber trägt. Visionen rücken aus dem Brennpunkt, wenn sie über die Möglichkeiten der Leute, die versuchen, sie in die Wirklichkeit umzusetzen, hinausgehen. Wenn Sie klein anfangen, setzen Sie Ihre Vision nicht aufs Spiel. Stattdessen geben Sie sich selbst die Chance, zu lernen und zu wachsen. Wenn Sie klein anfangen, brauchen Sie sich erst mal nicht um die Konkurrenz zu kümmern, können Fuß auf dem Markt fassen, verfügbare Ressourcen benutzen und werden fast automatisch Ihre Überlegungen eher auf Marktnischen konzentrieren, aus denen vielleicht marktführende Positionen werden, während Sie wachsen.

Lernen durch Tun

Wie lernen Sie etwas, indem Sie es tun? Im Wesentlichen auf zwei Arten. Die erste ist, die Fähigkeit des Planens als eine formale Disziplin zu lernen. Sie können Kurse belegen und darin lernen, was erforderlich ist, um einen Plan in die Tat umzusetzen. Der billigere, einfachere Weg ist allerdings, hinauszugehen und Erfahrungen auf freier Wildbahn zu sammeln. Ein Restaurant zu eröffnen, wenn Sie niemals Chef, Restaurantmanager oder jemand waren, der vor den Kulissen als Maitre d' gearbeitet hat, ergibt keinen Sinn. Im Allgemeinen sollten Sie die verschiedenen Aufgaben in einem bestimmten Bereich nacheinander alle einmal ausgeübt haben, um die Sache aus den unterschiedlichsten Perspektiven kennen zu lernen. Diese Erfahrung lehrt Sie sowohl die Fallen als auch die Möglichkeiten einer Idee.

Den Plan aufstellen

Einen guten Plan aufzustellen erfordert mehr Zeit, als Sie sich vielleicht vorstellen. Fred Smiths Geschäftsplan für Federal Express begann als Trimesterarbeit in Yale und er erhielt die Note C dafür. Smith verbrachte zwei Jahre damit, seinen Plan aufzustellen und wieder umzuschreiben, und fast vier Jahre, Geld von seiner Familie, privaten Investoren und Banken aufzutreiben, bevor er 1973 Federal Express gründete.

Wie Ernest Hemingway übers Schreiben sagt, beginnen alle Geschichten gleich: mit einem einzelnen, weißen Blatt Papier. Dasselbe gilt für jede Vision und letztendlich auch für die Pläne, die die Vision in die Realität umsetzen sollen.

Um mit dem Planungsprozess zu beginnen, schreiben Sie auf ein einzelnes Blatt Papier die folgenden vier Dinge:

✔ **Die Idee hinter Ihrem Geschäft:** Versuchen Sie, am besten mit höchstens 25 Worten, die Idee hinter Ihrem Geschäft zu beschreiben, die aussagt, worum es bei diesem Geschäft geht.

- Ich will ein neues Software-Produkt vermarkten, das die für die Buchhaltung aufgebrachte Zeit für kleine Unternehmen um 25 % verkürzt (oder Viren eliminiert oder auf Überseebankgeschäfte spezialisiert ist, z.B.).

- Ich will ein schickes neues Restaurant in einer anspruchsvollen Umgebung eröffnen, das aufregendes fettarmes Essen anbietet.

- Ich will ein Stellenvermittlungsbüro für Leute in der Informationstechnologie eröffnen, das in der Hauptsache mit Fortune-1000-Firmen zusammenarbeitet.

7 ➤ Die Verantwortungen eines Teamleiters

Die Vision, die die Idee antreibt: Walt Disneys Originalversion von Disneyland war in zwei Paragraphen, einer Reihe von Zielen und Erwartungen, klar ausgedrückt – wer dorthin gehen würde, welchen Gewinn sie daraus ziehen würden und warum sie sich entschließen würden wiederzukommen. Ihre Vision muss all diese Dinge klarstellen und die Motivation dafür liefern, die Idee in die Wirklichkeit umzusetzen. Vision konzentriert sich auf den Nutzen, den der Kunde, Ihre Gruppe und die Gesellschaft davon haben werden, wenn Sie Ihre Vision in die Realität umsetzen.

✔ **Warum sie ein Erfolg werden wird:** Ob Sie nun ein neues Produkt, eine neue Dienstleistung, ein Fachbüro, eine Herstellungsfirma, ein karitatives Projekt oder ein Sportprogramm für Kinder planen – seien Sie sich im Klaren darüber, warum die Leute ihre Zeit und ihr Geld Ihrer Idee opfern werden wollen und warum sie auch zukünftig zurückkommen werden.

Im Fall eines Software-Produkts könnten Sie z.B. die Idee für ein einzigartiges Design auf der Grundlage Ihres speziellen Wissens über den Buchhaltungsbedarf kleinerer Unternehmen haben. Im Fall des Restaurants könnte Ihnen auffallen, dass sich keine größeren Restaurants in der Gegend befinden, und auf die Idee kommen, selbst eins zu eröffnen. Oder Sie haben vielleicht in Paris ein wunderbares Vorbild gesehen, von dem Sie glauben, dass es auch in einer Gegend mit bereits vielen verschiedenen Restaurants gut laufen könnte. Im Fall eines Stellenvermittlungsbüros sind Sie vielleicht schon ein Manager im High-Tech-Bereich und wissen, wie schwer es ist, gute Leute zu finden. Ihr eigener Bedarf an guten Angestellten bringt Sie auf die Idee, Ihr eigenes Büro zu eröffnen, um die bereits existierenden Büros, die keine gute Arbeit leisten, zu übertreffen.

✔ **Warum und wie *Sie* sie zum Erfolg machen können:** Selbst die einfachste Vision erfordert starke Führung, um auf ihrem Platz am Markt erfolgreich zu sein. Erfolgreiche Unternehmungen jeder Art werden mit Geschick, Sorgfalt und Energie entwickelt. Beschreiben Sie Ihre Rollen als Teamleiter, wenn es darum geht, Ihre Vision zu erreichen, die Stärken, auf die Sie bauen können, die Mittel, die Sie heranziehen können, und die Verpflichtungen, die Sie bereit sind einzugehen, um dem Unternehmen die besten Chancen zu ermöglichen, zum Erfolg zu werden.

Ein neues Unternehmen zu planen erfordert Kenntnisse, Geschick, Forschung und eine große Anzahl von Annahmen. Die meisten Leute finden es schwierig, Umsatz, Kosten, Personal und die Zeit abzuschätzen, die es dauert, all diese Aufgaben – angefangen mit der Aufstellung des Plans selbst – zu erledigen. Haben Sie keine Angst davor, Annahmen zu machen, und schauen Sie sich, wo immer es möglich ist, bereits existierende ähnliche Unternehmen an, um zu sehen, wie vernünftig Ihre Annahmen sind.

Die tatsächlichen Ergebnisse, die Sie sehen, liegen oft um 50 % niedriger, als Ihr Plan es vorsieht, oder (selten) um 50 % höher als Ihre ursprünglichen Forderungen – und es kann große Unterschiede zwischen Ihrem Plan und der Idee, wie sie sich in Wirklichkeit entwickelt hat, geben. Ihre Annahmen werden nicht perfekt sein, aber sie sind besser als überhaupt keine Annahmen.

Stellen Sie den Plan so auf, dass Sie ihn ernst nehmen können. Halten Sie sich so weit wie möglich an den Plan, aber analysieren Sie, wann Sie von dem Plan abweichen und warum. Es sollte Ihnen klar sein, dass Sie den Plan aktualisieren müssen, wenn das Geschäft startet.

Nachdem Sie Ihren Plan haben, müssen Sie drei Dinge tun:

- ✔ **Gründlich sein.** Den bestmöglichen Plan zusammenzustellen ist wichtig, aber übertreiben Sie es nicht. Geben Sie sich selbst ein realistisches Zeitlimit und zwingen Sie sich, den Plan bis dahin fertig zu stellen. Wenn das Konzept gut ist, sollte Ihnen die reine Logik der Idee dabei helfen, den Plan auszuarbeiten. Wenn das Konzept aber dürftig ist, wird auch ein noch so großer Haufen von Vorbereitung und Papier zu keinem guten Ergebnis führen.

- ✔ **Vorsichtig sein.** Treffen Sie von Anfang an Vorkehrungen für den Fall möglicher Fehler in der Beurteilung, unerwarteter Probleme und Rückschläge, längerer Vorbereitungszeiten als erwartet, größerer Kosten und manchmal radikaler Änderungen in der Ausführung.

- ✔ **Rechtzeitig sein.** Die Aufstellung Ihres Geschäftsplans ist die erste Aufgabe in Ihrem neuen Unternehmen. Wie schnell und wie gut Sie diese erledigen, sagt eine Menge über Ihre Haltung gegenüber Ihrem neuen Unternehmen und der Gruppe, die Sie führen, aus. Ihre Zeit ist eine wichtige Ressource, die nicht erweitert werden kann. Setzen Sie sich selbst ein Zeitlimit und versuchen Sie dann, den bestmöglichen Plan abzuliefern, und zwar rechtzeitig.

Ziele identifizieren

Ihr Plan wird Ihnen dabei helfen, Ihre Vision in eine Mission umzuwandeln, aber Sie dürfen nicht das Ziel Ihrer Vision aus den Augen verlieren. Schon manches Unternehmen hat sich durch übermäßige Detailbesessenheit selbst in die totale Verwirrung geplant. Planbesessene Teamleiter sehen nicht nur den Wald, sondern auch die Bäume, die Rinde, die Nadeln und Blätter auf dem Waldboden und die winzigen Insekten, die unter der Baumrinde vor sich hin bohren. Und noch schlimmer, sie messen jedem Objekt im Wald die gleiche Bedeutung zu und bemerken nicht, dass der Wald brennt. Machen Sie es sich zur Gewohnheit, die in Ihrem Plan angegebenen Ziele regelmäßig zu überprüfen, damit Sie niemals vergessen, was Ihr Ziel ist.

Ein zusammenhaltendes Team aufbauen

Sie als Teamleiter werden die Vision vorgeben, doch es braucht Anhänger, um sie in die Realität umzusetzen. Sie müssen sich also ein zusammenhaltendes Team heranziehen, das zusammen auf ein gemeinsames Ziel hinarbeitet. Hier sind die wichtigsten Faktoren für den Aufbau eines effektiven Teams:

7 ▶ Die Verantwortungen eines Teamleiters

✔ **Motivieren und ermutigen Sie Ihre Anhänger:** Ein guter Teamleiter ist verantwortlich gegenüber seinen Anhängern. Ein Teamleiter muss alles, was möglich ist, tun, um das Beste in seiner Gruppe zum Vorschein zu bringen. Eine der Verantwortungen eines Teamleiters ist es, seine Leute zu motivieren, weil es der schnellste Weg ist, um ein Ziel zu erreichen. Wenn sich jeder auf dasselbe Ziel konzentriert, verschwenden Sie nur ein Minimum an Energie und erreichen das Ziel schneller und besser. In der heutigen, vom Wettbewerbsdenken bestimmten Welt sind die besten Teamleiter diejenigen, die ihre Gruppen konzentriert und motiviert halten können.

✔ **Fördern Sie Teamarbeit in Ihren Reihen:** Auch gute Teamleiter können nicht alles tun, daher müssen Sie eine normalerweise ungeformte Gruppe nehmen und sie zu einem Team umkrempeln, das hochgradig auf das Erreichen eines bestimmten Ziels konzentriert ist. Teams sind geordnet und diszipliniert; Gruppen sind es nicht. Das Erzeugen von Teamgeist ist entscheidend, wenn Leiter einer Gruppe erfolgreich zum Erreichen ihres Ziels verhelfen wollen. Umgekehrt muss das Team, damit eine Vision ein Erfolg wird, wissen, dass sein Leiter begeistert von seinen Anstrengungen ist und dass seine Ausdauer belohnt werden wird.

✔ **Erzeugen Sie eine geordnete Atmosphäre:** Kein Team funktioniert ständig gut. Selbst in der aufgeklärtesten Firma oder in einem weitestgehend demokratisch geführten gemeinnützigen Verein werden immer Situationen auftauchen, in denen Leute unzufrieden sind. Sie können die Spannung in einer Gruppe reduzieren, indem Sie Ordnung schaffen. Ordnung weist jedem Individuum einer Gruppe eine Aufgabe zu und macht es so zum Teil eines Teams, das ein Ziel hat, auf das es sich konzentriert. Ordnung legt Rollen und Regeln fest, aber eine Gruppe kann schnell stecken bleiben, wenn ein Teamleiter nicht lernt, Ordnung einzuführen. Ein Teamleiter ist verantwortlich dafür, Wege zu finden, um Probleme auszuschalten, sobald sie auftauchen.

Ein guter Teamleiter kann Probleme minimieren, indem er Wege einrichtet, auf denen Beschwerden ganz schnell zu den Leuten gelangen, die die Macht haben, sie zu lösen. Ein guter Teamleiter minimiert auch Meinungsverschiedenheiten, indem er die Ziele und Werte des Teams so deutlich werden lässt, dass die Teammitglieder keine Zweifel darüber haben, was von ihnen erwartet wird.

Die Ressourcen bereitstellen, die Ihr Team benötigt

Ein Teamleiter ist verantwortlich dafür, sicherzustellen, dass das Team die benötigten Mittel besitzt oder bekommen kann, die zum Erreichen seines Ziels notwendig sind. Das am häufigsten benötigte Mittel ist wahrscheinlich Geld, aber es kann auch Zeit sein, eine Person mit entscheidenden Kenntnissen, ein Ort, an dem sich die Gruppe treffen kann, organisatorische Fähigkeiten oder sonst eines der hundert Dinge, die eine Gruppe daran hindern können, ihr Bestes zu geben, wenn sie fehlen. Aufgabe des Teamleiters ist es, diese Dinge bereitzustellen, auch wenn er die Gruppe dazu auffordert, sich auf eine Übung einzulassen, bei der jedes Mitglied der Gruppe aufgefordert wird, etwas beizusteuern, das die gesamte Gruppe zu ihrer Ernährung braucht.

Die Idee, dass Teamleiter dafür verantwortlich sind, die Ressourcen der Gruppe bereitzustellen, ist noch gar nicht so alt. Bis ins späte 19. Jahrhundert hinein erwarteten die Firmen von ihren Arbeitern, dass diese ihre eigenen Werkzeuge mit zur Arbeit brachten. Erst im Zeitalter der Massenproduktion und der Standardisierung begannen die Firmen den Wert der Bereitstellung der Ressourcen am Arbeitsplatz zu erkennen, die die Arbeitsergebnisse beständiger und einheitlicher machte. Je gewinnorientierter und komplizierter die Arbeit wurde, desto unvernünftiger erschien die Erwartung, dass Teammitglieder dafür verantwortlich sein sollten, ihre eigenen Werkzeuge mit zum Arbeitsplatz zu bringen.

Nachdem ein Team gebildet ist, ist der Teamleiter dafür verantwortlich, andere Dinge bereitzustellen, die normalerweise nicht unter Ressourcen fallen, aber tatsächlich von größter Wichtigkeit für den zukünftigen Zusammenhalt Ihres Teams sind. In Firmen schließen diese Dinge konkurrenzfähige Löhne und Sozialleistungen ein. Aber in allen Arbeitsumgebungen gehören zu den Dingen, die für gewöhnlich nicht als Ressourcen angesehen werden, auch Unterstützung, Beförderungswege und Bonusse als Belohnungen für gute Leistungen. Teamleiter sollten lernen, alle Ressourcen einzuplanen; andernfalls könnten diese Ressourcen übersehen werden, wenn die Firma erfolgreich geworden ist.

Leute verantwortlich machen

Entschiedenheit und genauso Konsequenz eines Teamleiters sind zum Teil darauf zurückzuführen, dass Führung Firmenpolitik etabliert und Richtungen für das Erreichen von Zielen festlegt und dann an dieser Politik festhält. Das ist es, worum es bei der Mission geht – die How-To-Komponente beim Erreichen eines Ziels. Nachdem eine Mission festgelegt ist und jeder in der Gruppe genau verstanden hat, worin sie besteht, hängen Erfolg oder Scheitern davon ab, wie stark die Teammitglieder an der Mission festhalten, um das Ziel zu erreichen. Im Kampf z.B. ist es nicht so geschickt, einen Hügel einzunehmen, wenn dabei voraussichtlich fast jeder umkommen wird, besonders dann, wenn die Mission lautete, den Hügel mit möglichst geringen Verlusten zu erstürmen.

In der Geschäftswelt bedeutet Leute verantwortlich zu machen oft, diejenigen zu belohnen, die erfolgreich sind, und die zu feuern, die versagen. Aber wenn ein Teamleiter auf diese Weise mit Verantwortlichkeit umgeht, entzieht er sich zum Teil seiner Verantwortung. Als Teamleiter setzen Sie Ihr Team zusammen. Sie entscheiden über die Rollen, die die Mitglieder des Teams spielen sollen, um ein gemeinsames Ziel zu erreichen. Und Sie sind dafür verantwortlich, Leute in die Positionen zu bringen, wo sie in der Lage sind, ihr Bestes zu geben, so dass ein Versagen unwahrscheinlich wird.

Teil III

Die Kunst der Führung

The 5th Wave   By Rich Tennant

SQUARE DANCE PICNIC

»... und ziemlich bald wussten wir, dass wir uns verirrt hatten. In diesem Moment übernahm Frank, der Caller der Band, die Führung, und ehe wir es richtig kapiert hatten, dosey-doeten* wir unseren Weg durchs Unterholz zurück in die Zivilisation.«

In diesem Teil ...

Lassen Sie uns zur Sache kommen. Nun, da Sie sich ein wenig besser kennen, müssen Sie wissen, welche Fähigkeiten Sie brauchen, um eine dynamische Führungskraft zu werden. Sie müssen lernen, wie Sie Ihre Stärken und Schwächen einspannen und zwischen Führen und reinem Verwalten differenzieren. Das vielleicht Wichtigste, das Sie aus diesem Teil mitnehmen können, ist die Erkenntnis, dass Sie oft nicht erst auf einen Titel warten müssen, um Führung übernehmen zu können.

* dosey-doeten: Tanzschritt im Squaredance

Welches sind die Fähigkeiten einer Führungspersönlichkeit?

In diesem Kapitel

- Legen Sie eine Richtung fest
- Schlichten und vermitteln Sie
- Treffen Sie Entscheidungen
- Unterstützen Sie andere
- Betätigen Sie sich als Cheerleader

Ich finde, das Entscheidende in dieser Welt ist nicht so sehr, wo wir stehen, sondern in welche Richtung wir uns bewegen.

Oliver Wendell Holmes

Von Führungskräften wird ständig verlangt, dass sie eine Wahl treffen. Dieses Auswählen fällt im Allgemeinen in eine der folgenden drei Kategorien: die Auswahl eines Ziels, die Auswahl einer Mission oder die Auswahl von Leuten. Die beiden ersten sind schön unkompliziert. Aber immer, wenn Menschen ins Spiel kommen, wird die Wahl, die Sie treffen, automatisch komplizierter. Leute auszuwählen, bedeutet nicht nur, die kollidierenden Ansprüche zu regeln, die die Leute an die Zeit des Teamleiters haben, sondern auch, eine persönliche Entscheidung zu fällen, wie viel Sie mit Ihrer Gruppe zu tun haben möchten.

Dieses Kapitel erläutert Ihnen die Fähigkeiten, mit deren Hilfe Sie eine gute Wahl treffen können, und zeigt Ihnen Schritt für Schritt, wie Sie diese Fähigkeiten in Alltagssituationen anwenden können.

Führungskonzepte verstehen

Sie können nicht wirklich damit anfangen, die Fähigkeiten einer Führungsperson in die Praxis umzusetzen, bevor Sie nicht verstanden haben, was sie bedeuten. Und oft scheinen die Worte, mit denen wir diese Fähigkeiten beschreiben, ähnliche Bedeutung zu haben. Tabelle 8.1 soll Ihnen dabei helfen, diese Begriffe und Konzepte schön voneinander getrennt und einzeln im Sinn zu behalten.

Führungskonzept	Was es bedeutet
Vision	Eine überbrückende Idee oder ein machbarer Traum.
Mission	Eine Aufsummierung von Zielen, die die Vision erfüllen, wenn sie erreicht sind.
Richtung	Ein oder mehrere veränderliche Ziele, die auf die aktuelle Situation oder die beste Information reagieren; der Pfad von Ihrem jetzigen Standpunkt aus bis zum Erreichen der Mission.
Ziel	Ein Zwischenschritt, der auf die aktuelle Situation antwortet und, zusammengenommen mit anderen Zielen, die Mission erfüllt.

Tabelle 8.1: Konzepte der Führung

Führung auf dem Oregon Trail

Oregon Trail, ein beliebtes Computerspiel, das an amerikanischen Grundschulen weitverbreitet ist, bietet eine gute Gelegenheit, über viele der notwendigen Führungsqualitäten nachzudenken. Ziel des Spiels ist es, Ihren Güterzug von St.Louis nach Oregon zu bringen. Unterwegs begegnen Ihnen alle möglichen Probleme, angefangen vom Sturm über feindliche Eingeborene bis hin zu Krankheiten und Unfällen. Ihre Aufgabe ist es, die richtigen Entscheidungen zu treffen, damit der größte Teil Ihrer Fracht wohlbehalten in Oregon ankommt.

Ihre erste Wahl in dem Spiel ist die Festlegung einer Richtung. Ihr Ziel ist Oregon, aber wie kommen Sie dorthin? Fahren Sie im Sommer oder im Winter, im Frühling oder im Herbst? Wählen Sie eine nördliche Route oder fahren Sie lieber südlich? Manchmal ist es besser, zuerst nach Kalifornien zu fahren und dann erst nach Oregon. Diese Art Entscheidungen sind als *Festlegung der Richtung* bekannt.

Als Nächstes machen Sie einen *strategischen Plan*. Sie entscheiden, welche Ausrüstung Sie brauchen und wie viel Sie davon nehmen: Beile, Räder und Achsen, Lebensmittel und Kleidung, Waffen und Munition usw. Diese Vorkehrungen sind für Ihre *Mission*, den detaillierten Plan, wie Sie nach Oregon kommen, wichtig. Sie treffen diese Vorkehrungen, um für alle möglichen Umstände gerüstet zu sein, die Ihnen auf Ihrer Reise begegnen können, seien es vorhersehbare oder unvorhergesehene.

Unterwegs müssen Sie Entscheidungen treffen, die von Ihrer Interpretation von Informationen abhängen. Wenn Sie an einen Fluss kommen, sagt Ihnen der Computer, wie tief der Fluss ist und wie Ihre Aussichten stehen, durchzukommen. Sie können das Risiko wählen und dadurch Zeit gewinnen oder sich dazu entschließen, weiter flussauf- oder -abwärts zu fahren, um sicherzustellen, dass Ihre Gruppe sicher hinüber kommt. Im wirklichen Leben stoßen Sie ständig auf solche schnell dahinfließenden Ströme. Sie sind Hindernisse, die aus dem Nichts aufzutauchen scheinen, nachdem Sie, wie Sie dachten, alles sorgfältig geplant und durchdacht hatten.

8 ➤ Welches sind die Fähigkeiten einer Führungspersönlichkeit?

Führungsentscheidungen fällen

Entscheidungsfindung ist die wichtigste alltägliche Aufgabe einer Führungsperson. Wir benutzen den Begriff *Entscheidungsfindung* hier in einem sehr speziellen Sinn: Entscheidungen fällen, die sich auf Ihre Ressourcen, Pläne, Missionen und Ziele beziehen. Sie erstellen einen Plan und setzen ihn in eine Mission um (»Und so werden wir unser Ziel erreichen ...«); Sie überprüfen ihn ständig und nehmen kleinere Kurskorrekturen vor, wenn neue Informationen eintreffen oder etwas Unerwartetes eintritt.

Sie können nur dann gute Entscheidungen treffen, wenn Sie Informationen haben – und zwar Unmengen von Informationen. Wenn Sie einen gemeinnützigen Verein anführen, wäre eine denkbare Mission etwa, 10 % mehr Geldspenden als im Vorjahr zu sammeln. In diesem Fall konzentrieren sich Ihre Ziele vielleicht auf ein oder zwei sehr erfolgreiche Spendenveranstaltungen. Um Entscheidungen zu treffen, müssen Sie nicht nur die Zeitpläne Ihrer Helfer kennen, sondern, noch wichtiger, die der Leute, von denen Sie sich Spenden erhoffen. Sie werden im ständigen Kontakt mit Insidern aller Gruppen stehen wollen, die als potenzielle Spender in Frage kommen, und deren Zeitpläne kennen wollen. Sie wollen wahrscheinlich wissen, wie Sie am effektivsten den Kontakt zu potenziellen Spendern aufnehmen, so dass Sie entscheiden können, welcher Teil Ihres Budgets für Werbung draufgehen wird. Sie müssen über die Verfügbarkeit von Hotelsälen, Konferenzräumen und Lieferanten in Gegenden, die Ihre potenziellen Wohltäter ansprechen, Bescheid wissen. All diese Informationen sind notwendig, damit Sie effektive Entscheidungen hinsichtlich des richtigen Datums, der richtigen Zeit, der passenden Aktivität und der Mittel, um das Ereignis publik zu machen, treffen können, um so ihre Mission zu erfüllen.

Der dänische Mathematiker Piet Hein prägte den Satz: »Zu wissen, was du nicht weißt, ist im gewissen Sinne Allwissenheit.« Dieser Satz bedeutet, dass Sie sich darauf konzentrieren sollten, herauszufinden, was Sie nicht wissen, anstatt mit dem zu protzen, was Sie wissen, und sich dann die Mühe zu machen, diese Wissenslücken zu füllen. Als Führungsperson werden Ihre Entscheidungen immer von jemandem in Frage gestellt werden; je besser Sie also über jeden Schritt des Wegs informiert sind, desto größer die Wahrscheinlichkeit, dass Sie die richtige Wahl treffen.

Eine Richtung festlegen

Die *Festlegung der Richtung* bedeutet, unter verschiedenen Zielen zu wählen. Vielleicht sollte man besser vom Wählen des Bestimmungsortes sprechen, weil es darum geht, irgendwohin zu gelangen, ein Ziel zu erreichen. Ihre Führungsposition ist Ihnen nicht deswegen zugeteilt worden, weil Sie die beliebteste Person sind. Ihre Gruppe hat die feste Erwartung, dass Sie sie irgendwohin bringen werden, wo sie glaubt, ohne Ihre Leitung – Ihre Führung – nicht hinzukommen.

Wenn Sie wissen, dass Ihre Gruppe ein Ziel in absehbarer Zeit nicht erreichen kann, oder wenn das Erreichen des Ziels in menschlichen Begriffen zu viel kostet – das Opfer ist der Mühe nicht wert –, dann liegt es in Ihrer Verantwortung als Teamleiter, der Gruppe Ihre Entscheidung zu erklären und sie dazu zu überreden, ein anderes, machbares, näher liegendes Ziel anzustreben.

In alltäglichen Begriffen ausgedrückt, bedeutet das Festlegen der Richtung, praktische Entscheidungen über die Ziele, die die Gruppe erreichen will, zu treffen. Sie werden immer ein wenig den Drang verspüren, nach den Sternen zu greifen – also das höchstmögliche Ziel anzustreben. Doch Sie sollten einige Faktoren berücksichtigen, wenn Sie über die Ziele entscheiden, die Ihr Team ohne vernichtenden Stress erreichen kann:

✔ Die Fähigkeiten Ihrer Gruppe

✔ Das Vermögen der Gruppe, als Team zusammenzuarbeiten

✔ Die verfügbaren Mittel

✔ Die anderweitigen Mitstreiter um diese Mittel

Schlichtung und Vermittlung

Als Führungsperson müssen Sie in Ihrer Gruppe Auseinandersetzungen klären. Diese Auseinandersetzungen können nicht die Ziele betreffen – diese werden ja von Ihnen als Teamleiter für die Gruppe ausgewählt. Aber die Gruppenmitglieder werden mit Ihnen streiten; über Ihre Mission; über die Rollen, die Sie für sie ausgewählt haben; und darüber, ob jede Person sich innerhalb der Gruppe einbringt, sei es, was ihre Arbeit oder was ihre Persönlichkeit betrifft (häufig bestimmt die Persönlichkeit eines Teammitglieds, wie viel das Team erreichen kann, weil sie einen starken Einfluss darauf hat, wie wirksam das Team andere zur Zusammenarbeit bewegen kann). Gruppen, die zu Teams werden, akzeptieren, dass jede Person eine zugewiesene Rolle hat, und dass sie irgendwann an der Reihe sein werden, diese zu spielen. Armselige Führungspersonen, solche wie der Trainer mit dem widerspenstigen Haufen, der sich Mannschaft nennt, waren nicht in der Lage, ihre Spieler dahin zu bringen, ihre individuellen Rollen zu akzeptieren.

Eine der Aufgaben eines Teamleiters ist es, auf die Teammitglieder zu hören, bevor er eine Entscheidung trifft. Wenn jemand mit einer Beschwerde über die Leistungen der anderen Teammitglieder zu Ihnen kommt, gehen Sie nicht einfach achselzuckend darüber hinweg. Sie müssen Informationen sammeln – über die Arbeit selbst, die Art der Wechselwirkung zwischen den beiden Teammitgliedern, die einen Konflikt haben, und darüber, wie die Arbeit und der Konflikt die anderen beeinflussen. Wenn Sie sich mit den Klagen einer einzelnen Person befassen, holen Sie keine Auskünfte von anderen Mitgliedern der Gruppe ein, sondern beobachten Sie lieber selber.

8 ▶ Welches sind die Fähigkeiten einer Führungspersönlichkeit?

Wenn Sie genug Informationen beisammen haben, um Ihre Entscheidung zu fällen, ist es an der Zeit zu vermitteln. Wie das Wort schon andeutet, versuchen Sie, einen Mittelweg zu finden, der beide streitenden Parteien zufrieden stellt, unter der Bedingung, dass Ihre Entscheidung keine Partei von ihrer Mission abbringt, die auf ein Ziel hin drängt. Versuchen Sie, Lösungen zu vermeiden, die eine Änderung der Rollen von Teammitgliedern mit sich bringen, indem einer Person Verantwortung entzogen und einer anderen neue Verantwortung aufgebürdet wird. Suchen Sie stattdessen nach Wegen, wo zwei Leute an derselben Aufgabe arbeiten und sich so die Last teilen.

Häufig werden Ihre Vermittlungsversuche fehlschlagen. Für viele Entscheidungen gibt es keinen Mittelweg. Die Situation könnte von Ihnen verlangen, die Bedürfnisse einer Person über die einer anderen zu stellen oder die Bedürfnisse einer einzelnen Person über die der Gruppe. Wenn Sie sich zwischen den Bedürfnissen eines Individuums und denen der Gruppe entscheiden müssen, sollte Ihre Entscheidung immer zugunsten der Gruppe ausfallen. Wenn Sie sich zwischen zwei Personen entscheiden müssen, müssen Sie allerdings entweder eine neue Rolle für die Person finden, gegen die Sie sich entschieden haben, oder Sie werden sich mit einem unzufriedenen (oder potenziell subversiven) Untergebenen abfinden müssen.

Wenn Sie eine unbequeme Entscheidung treffen, steht es der betroffenen Person zu, die genauen Gründe dafür zu kennen, warum sie die Zielscheibe ist. Dies ist eine der Gelegenheiten, bei denen Sie ein Skript brauchen. In diesem Beispiel zeigen wir Ihnen zuerst, was Sie vielleicht normalerweise sagen würden, und pflücken es dann auseinander, so dass Sie erkennen, was wirklich gesagt wird:

Karl, ich muss Sie als Herstellungsleiter ersetzen. Unser Ziel ist es, die Qualität dieses Jahr um eine Größenordnung zu verbessern und die Durchsatzleistung um 10 % zu vergrößern. Wir waren uns alle darüber einig, dies durch Konzentration auf unsere Umarbeitungsrate zu erreichen. Die Qualitätskontrolle hat mir mitgeteilt, dass immer noch eine hohe Anzahl von Ausschussteilen durchkommt, und, wie Sie wissen, haben wir letzten Monat angefangen, uns mit dem Problem zu befassen. Es ist kein Maschinenproblem und liegt auch nicht an irgendeinem der Fließbandarbeiter. Das Problem, tut mir Leid, das sagen zu müssen, ist, dass Sie nicht genug Mühe darauf verwendet haben, die Toleranzen für jeden Fließbandabschnitt zu prüfen. Ich muss jemanden finden, der den Job richtig macht.

Lassen Sie uns diesen Monolog nun auseinander nehmen und Ihnen zeigen, was jeder einzelne Satz bedeutet. Und so klingt es in der Sprache eines Teamleiters:

Karl, ich nehme Sie aus der Rolle, die ich Ihnen zugedacht hatte, wieder heraus. Wir hatten ein Ziel, das wir in der vorgegebenen Zeit nicht erreichen werden, obwohl wir uns alle über die Mission einig waren. Mir ist die Information zugegangen, dass wir nicht effektiv auf die Mission hinarbeiten. Als Gruppe haben wir letzten Monat damit begonnen, uns das Problem anzusehen, und die Lösung besteht nicht darin, die Mittel zu ändern oder zu verbessern oder Änderungen bei den Rollen der anderen Mitglieder im Team vorzunehmen. Sie waren nicht in der

Lage, Ihre vereinbarten Verantwortungen zu erfüllen, und daher muss ich eine andere Person für diese Rolle aussuchen.

Wie Sie sehen können, ist an dieser Entscheidung nichts Willkürliches. Sie haben Ihre Entscheidung im Bezug auf die Ziele und die Mission begründet und erklärt, auf welchem Weg sie zu ihr gelangt sind. Sie haben Karl alle Informationen gegeben, die er braucht, um Ihre Entscheidung zu akzeptieren, und Sie haben ihm keinen Grund gegeben, diese in Frage zu stellen.

Die folgende Dialogstruktur können Sie auf alle Arten von Situationen anwenden, in denen Sie eine harte Entscheidung begründen müssen:

1. **Erklären Sie, was Sie tun.**
2. **Erklären Sie, wie Ihre Handlung zu dem Ziel passt, das Sie zu erreichen versuchen.**
3. **Erklären Sie, wie Ihre Handlung zu Ihrer Mission passt.**
4. **Erläutern Sie die vereinbarten Aufgaben der Mission und die Rolle jeder Person.**
5. **Erklären Sie, was falsch läuft und warum.**
6. **Erklären Sie, wieso die Lösung darin liegt, sich auf ein Individuum zu konzentrieren.**

Die zwei Dinge, die Sie auf keinen Fall sagen dürfen, wann immer Sie eine unbequeme Entscheidung treffen, sind »Weil es immer so gemacht wurde« und »Weil ich es sage«. Solche Aussagen sind willkürlich und tragen nichts dazu bei, dass jemand einsieht, was er falsch gemacht hat. Willkür behindert die Fähigkeit eines Teamleiters, dem Team zu helfen, und ruft ungute Gefühle hervor, falls eine Person aus dem Team entfernt wird.

Erleichterungen

Erleichterungen sind die Dinge, die Sie tun, um es anderen Leuten zu ermöglichen, zu tun, was Sie tun müssen. In einer Krise, wie etwa einer Flutkatastrophe, sind die »Erleichterer« vielleicht die Leute, die den Frontarbeitern, die die Dämme errichten, den Sand, die Sandsäcke und den Kaffee bringen. Erleichtern ist ein anderes Wort für »Unterstützung bieten«, und ein guter Helfer sucht nach Wegen, um anderen Menschen das Leben leichter zu machen.

Oft bedeutet erleichtern herausfordern, anregen und Teammitglieder dafür belohnen, dass sie ihr Bestes geben. Als Carlo DeBenedetti Geschäftsführer von Olivetti, einer italienischen Bürobedarfsfirma, war, ließ er die Tür zu seinem Büro offen, damit die Leute in seinem Hauptquartier wussten, dass sie immer zum Chef kommen konnten. Als das nicht funktionierte, erfand DeBenedetti das, was Business-Autor Tom Peters später »Management durch Herumspazieren« nannte. So konnte DeBenedetti einfach in das Zimmer eines mittleren Managers hineinkommen und ihn fragen, was er gerade tat. Die beiden kamen ins Gespräch, DeBene-

8 ▶ Welches sind die Fähigkeiten einer Führungspersönlichkeit?

dotti machte einige Vorschläge und bot seine Unterstützung an, dann ging er wieder. Leute, die in den frühen und mittleren Achtzigerjahren bei Olivetti arbeiteten, als DeBenedetti Chef war, berichteten, dass sie sich aufgemuntert, unterstützt und vor allem keineswegs bedroht fühlten, als ihr Chef in Hemdsärmeln bei ihnen anhielt, um ihnen auszuhelfen. Seine ermutigenden Worte und Vorschläge waren Unterstützung von höchster Ebene aus.

Ein guter Helfer muss nicht notwendigerweise all die Fertigkeiten besitzen, die notwendig sind, um ein Problem zu lösen. Sie müssen nur fähig sein, Ihr Teammitglied auf möglichst freundliche Weise an das Ziel, das Sie beide anstreben, zu erinnern und an die Mission, auf die Sie sich alle geeinigt hatten, um das Ziel zu erreichen. Häufig stoßen Sie in der Diskussion auf Dinge, die Ihr Teammitglied an der Erfüllung seiner Aufgabe hindern, und Sie können sich dann gemeinsam daranmachen, eine passende Lösung zu finden.

Unterstützen kann Sie in neue Richtungen führen

Selbst wenn Sie der Geschäftsführer eines großen Unternehmens sind, zahlt es sich oft aus, andere zu unterstützen. Die besten Politiker sind, wie der spätere Sprecher des Repräsentantenhauses, Tip O'Neill, zu sagen pflegte, »Einzelhandelspolitiker« – Mitglieder des Kongresses und Senatoren mit starken lokalen Mitarbeiterstäben, die kleine Probleme für ihre Wahlkreise lösen. Dabei kann eine Führungsperson Bedeutung erlangen.

Nehmen wir z.B. Senator Alphonse D'Amato. In New York lange als »Pot Hole Al« bekannt, war D'Amato der vollendete Einzelhandelspolitiker. Keine Aufgabe für einen Wahlkreis war zu gering für seinen Mitarbeiterstab. Aber D'Amato erhielt erst dann den Respekt der New Yorker, als er das Problem einer alten Frau, einer Überlebenden des Holocaust, löste. Die Frau klagte, dass die Schweizer Gesetze über das Bankgeheimnis ihre Bemühungen zunichte machten, an das Geld ihres Vaters zu kommen, das sich auf einer Schweizer Bank befand. D'Amato startete eine Untersuchung, die schließlich zu einer Einigung zwischen Holocaust-Überlebenden und den Banken führte und zu einer Änderung der Art und Weise, wie die Schweizer Banken ihre Konten überwachen.

Cheerleading

Ein Teamleiter muss sich entscheiden, wie viel er mit dem Team zu tun haben will. Diese Entscheidung ist deshalb wichtig, weil Sie, je höher Sie als Teamleiter aufsteigen, wahrscheinlich kaum noch direkt mit den alltäglichen Ereignissen zu tun und nur noch wenig Kontakt zu den Leuten haben, die Sie führen.

Wie aber soll ein unnahbarer Teamleiter sein Team inspirieren, seine Ziele anzugehen und die Mission lohnend zu finden? Aufrichtigkeit ist ein Teil der Antwort, aber ein weitaus größerer ist Cheerleading. Jeder Teamleiter muss in der Lage sein, einer Gruppe Vertrauen einzuflößen, und das so, dass die Gruppe den starken Wunsch hat, das Ziel zu erreichen, auch wenn die

Risiken hoch sind. Teamleiter müssen nicht nur erklären, sondern ihre Gruppe auch motivieren. Ein Teamleiter muss genau die Gründe artikulieren, aus denen sich die Leute zu einem gemeinsamen Unternehmen zusammengetan haben, um sie dazu anzuregen, mit Begeisterung das Notwendige zu tun, damit es ein Erfolg wird.

Häufig motivieren Teamleiter durch die Aussicht auf Belohnungen. In alten Zeiten waren die Belohnungen des Kampfs die Kriegsbeute, aber passende Belohnungen zu finden ist auch heute noch eine Aufgabe motivierender Führung. In vielen High-Tech-Firmen belohnen Teamleiter die Leistungen ihrer Untergebenen mit speziellen Aktienübertragungen an Angestellte, die merkliche Verbesserungen in der Produktivität vorgenommen, oder an Teams, die ein bestimmtes heikles Problem rechtzeitig gelöst haben. Ein steigender Aktienpreis repräsentiert die Leistungen und die Produktivität eines jeden in der Firma. Wenn Sie ins Foyer beinahe jeder großen Firma hineingehen, werden Sie einen gemeinsamen Faktor erkennen. Eines der ersten Dinge, die Sie in jedem Foyer sehen, ist eine elektronische Anzeigetafel, die den Aktienkurs und die aktuelle charakteristische Zahl (z.B. den Auslastungsfaktor bei British Airways) angibt, die entscheidend für den Erfolg in der jeweiligen Industrie ist.

Ihre Aufgabe als Teamleiter ist es, Däumchendreher mit Hilfe der richtigen Mischung aus Anregung und Belohnung dazu zu bringen, Ihnen folgen zu wollen. Das ist es, was Cheerleading ausmacht.

Setzen Sie Ihre Stärken und Schwächen ein

In diesem Kapitel

▸ Lernen Sie Führungs-*Ju-Jutsu*
▸ Lernen Sie Führungs-*Karate*

> *Sie erwerben Stärke, Mut und Zuversicht durch jede Erfahrung, bei der Sie wirklich Ihre Angst überwinden. Dann können Sie sich sagen:* »*Ich habe diesen Schrecken durchgestanden. Ich kann auch die anderen Sachen schaffen, die mir begegnen.*« *Sie müssen die Dinge tun, die Sie nicht tun können.*
>
> Anna Eleanor Roosevelt

Nicht jeder hat dieselben Führungsqualitäten oder auch nur die notwendigsten Fähigkeiten im gleichen Maße. Dieses Ungleichgewicht stört nicht weiter. Wenn man Sie zum Führen auserkoren hat, müssen Sie herausfinden, wie Sie die Schwächen bei Ihren Führungswerkzeugen überwinden und sie in Stärken umwandeln. Zu diesem Zweck müssen Sie erst einmal den Unterschied zwischen *Ju-Jutsu* und *Karate* verstehen.

Beides sind asiatische Kampfsportarten und beide sehen in einem »Hau-drauf«-Film mit Bruce Lee oder Jackie Chan gut aus. Und doch könnten diese beiden Kampfformen nicht unterschiedlicher sein. Ju-Jutsu leitet sich von zwei japanischen Wörtern ab, von *ju*, das Schwäche bedeutet, und von *jutsu*, das Geschick oder Kunst heißt. Ju-Jutsu lehrt Sie, eine gegnerische Stärke auszunutzen, indem Sie sie in Ihre eigene umwandeln. Karate, ein weiteres japanisches Wort, heißt wörtlich *leere Hand* und diente als Angriffsmethode im Kampf, wenn einem Krieger auf dem Schlachtfeld die Waffen ausgingen. Karate ist eine Methode, bei der Sie sich auf Ihre eigenen Stärken verlassen, um einen Gegner lahm zu legen oder außer Gefecht zu setzen.

Karate verlässt sich auf den Stoß nach vorne, Ju-Jutsu darauf, die Stärke ihres Gegners auszunutzen, während Sie zurückweichen. Karate-Führungskräfte ziehen an Problemen. Ju-Jutsu-Führungskräfte lassen das Problem zu sich kommen. Jeder Teamleiter sollte wissen, wann er im Karate-Stil, also mit Stärke, führen und wann er Schwäche zu seinem Vorteil ausnutzen sollte. Nicht jedes Problem kann mit nur einer Methode oder der anderen gelöst werden. In diesem Kapitel stellen wir Ihnen die Merkmale der beiden Führungsformen in Beziehung zu den grundlegenden Fähigkeiten einer Führungsperson vor, so dass Sie bestimmen können, wie sie zu Ihren eigenen Bedürfnissen und Ihrer Persönlichkeit passen.

Halten Sie Ihr Gleichgewicht

Der entscheidende Unterschied zwischen Karate und Ju-Jutsu liegt in der Körperhaltung. Beim Ju-Jutsu müssen Sie, um die Stärke Ihres Gegners und Ihre eigene Schwäche auszunutzen, Ihrem Gegner erlauben, sich auf Sie zu stürzen, was ihn aus dem Gleichgewicht bringt. Weil Sie sich zur selben Zeit wie Ihr Gegner rückwärts bewegen, produziert diese kombinierte Bewegung einen anscheinend mühelosen Wurf, bei dem Ihr Kontrahent Hals über Kopf hinter Ihnen landet. Beim Karate müssen Sie auf Ihren Gegner zugehen, um Ihren Stoß mit maximaler Kraft abzugeben.

Führung arbeitet auf ziemlich ähnliche Weise. Wenn Sie in einer bestimmten Führungseigenschaft schwach sind, müssen Sie der Situation erlauben, auf Sie zuzukommen. Da, wo Sie stark und kontrolliert sind, müssen Sie handeln. Sehen Sie sich an, wie Stärke und Schwäche für die drei Schlüsselkomponenten der Führung unterschiedliche Situationen erzeugen: andere zur Kooperation bewegen, zuhören und andere über sich selbst stellen.

Kooperieren

Kooperation ist für jedes Unternehmen wichtig, weil kaum etwas von Größe oder Bedeutung von nur einem Individuum in annehmbarer Zeit bewerkstelligt werden kann. Bei den Amish People wissen die Leute alles über Kooperation, wann immer ein Nachbar in Schwierigkeiten gerät. Wenn eine Scheune niederbrennt, tauchen die Leute spontan auf und helfen ihrem Nachbarn beim Bau einer neuen Scheune. Alle Männer und Jungen besitzen die notwendigen Fähigkeiten für diese Arbeit und die Frauen erleichtern ihnen gemeinsam die Arbeit, indem sie Werkzeuge, Nägel, Pflöcke und Essen und Trinken an den Arbeitsplatz bringen, so dass das Gerüst für eine große Scheune an einem einzigen Tag fertig gestellt werden kann.

Teamleiter müssen in der Lage sein, ihre Anhänger zur Kooperation zu bewegen, um die Ziele der Gruppe zu erreichen und die Vision des Teamleiters zu realisieren. Doch Kooperation ist eine Eigenschaft, die den Individuen entlockt werden muss, um sie zu Gruppen zu machen. In den folgenden Abschnitten werden wir vorstellen, wie ein Teamleiter Kooperation auf verschiedene Arten erreichen kann.

Kooperationskarate

Wenn Sie eine natürliche Begabung dafür haben, andere zur Zusammenarbeit zu bewegen, und dies eine Ihrer Hauptstärken ist, sind Sie möglicherweise sehr geschickt darin, andere für etwas zu begeistern. Sie besitzen die nötige Dreistigkeit und Unerschrockenheit, um zum Telefon zu greifen und jemanden um Hilfe zu bitten. Sie sind prägnant in Ihren Überlegungen, ein natürliches Konversationstalent, jemand, der die Ziele und Visionen einer Gruppe auf direkte, ja einleuchtende Weise artikulieren kann. Sie vermitteln den Leuten instinktiv ein beruhigendes Gefühl, wenn Sie zu ihnen sprechen, und Sie besitzen eine ruhige Zuversicht, die automatisch das Vertrauen der Leute weckt.

Sie sind der Erste, der die Ziele der Gruppe zu Papier bringt, der Erste, der die Diskussion über die Entwicklung einer Mission in Gang setzt, der Erste, der die Verantwortung übernimmt. Wenn Sie ein Soldat im Ersten Weltkrieg gewesen wären, wären Sie der Erste gewesen, der, »Alles mir nach!« brüllend, dem Schützengraben entsprungen wäre, und ein jeder wäre Ihnen gefolgt, voller Vertrauen, dass Sie wüssten, was Sie tun, und dass Sie nicht von einem Maschinengewehr niedergemacht werden würden.

KooperationsJu-Jutsu

Wie sieht nun aber die sanfte Ju-Jutsu-Version aus, um Leute zur Zusammenarbeit zu bewegen? Sie erzielen auf ruhige Weise Übereinstimmung. Sie fragen andere nach ihrer Meinung und behalten Ihre eigene für sich. Sie sammeln Informationen und Wissen und fügen alles sorgfältig zusammen. Erst dann machen Sie Ihre Präsentation, wobei Sie sich mehr auf die Fakten stützen, als sich auf die Vision zu berufen.

Die Leute vertrauen Ihnen, weil sie wissen, dass Sie sie wahrscheinlich nicht in ein Minenfeld führen und vorsichtig vorgehen werden, wobei Sie sichergehen, dass der Weg frei ist, bevor Sie Ihre Gruppe losschicken. Was das betrifft, sind Sie mehr der Zugführer im Dschungel, der dabei ist, eine Stellung einzunehmen, die Karte in der einen und das Funkgerät in der anderen Hand, die Augen scharf auf das vor Ihnen liegende Unterholz gerichtet. Wenn irgendeine Überraschung aus dem Untergrund auftaucht, sind Sie vorbereitet. Ihre Leute sind sorgfältig darauf trainiert, mit fast jeder Gefahr umzugehen, weil Sie eine Menge Ihrer freien Zeit dafür geopfert haben, ihnen beizubringen, wie sie zu reagieren haben, und ihnen einzutrichtern, dass es das Unerwartete nicht gibt, sondern höchstens das Unvorhergesehene.

Der Unterschied zwischen den beiden Stilen ist der, dass jemand, der andere gut zur Kooperation bewegen kann, sich auf Visionen und Ziele beruft und auf Vertrauen, Liebenswürdigkeit, Selbstvertrauen und Instinkt verlässt, um seine Gruppe voranzutreiben. Einer, der schwach im Entlocken von Kooperation ist, beruft sich auf den Sinn der Mission und stützt sich auf Vorbereitung, das Sammeln von Informationen, das Erzielen von Konsens und darauf, die Gruppe über jeden Schritt zu informieren, um Zusammenhalt, Vertrauen und Zuversicht der Gruppe zu erhalten.

Zuhören

Wenn Sie das Zuhörenkönnen nicht zu einer entscheidenden Eigenschaft bei sich machen, werden Sie nie eine Führungspersönlichkeit sein. Führungspersonen können Menschen nur dahin bringen, wo sie hingehen wollen, und wenn Teamleiter nicht auf die Stimmungen in ihrer Gruppe Acht geben, ist es unmöglich, sie irgendwohin zu bringen. Zuhören lässt Sie Probleme auf jeder Ebene bereits bei den ersten Anzeichen vorausahnen und hilft Ihnen, effektiver im Definieren der Möglichkeiten von Zielen und Missionen zu werden. Aber wie Sie zuhören, ist genauso wichtig wie das, was Sie hören, wie die Beispiele von Karate und Ju-Jutsu in den folgenden beiden Abschnitten verdeutlichen.

Karate-Zuhören

Der Karate-Zuhörer sagt, »Erzähl schon! Ich will es wissen.« Er jagt aktiv nach den Informationen und Wissen und wartet gar nicht erst darauf, dass schlechte Nachrichten ihren Weg zu seiner Tür finden. Der Karate-Zuhörer hat innerhalb der Organisation oder Gruppe Leute, deren vorrangige Aufgabe es ist, ihn auf dem Laufenden zu halten. Trotzdem geht er auch selbst hinaus und zieht noch *mehr* Informationen ein, so dass er nicht Gefahr läuft, Opfer eines Mitarbeiterstabs zu werden, der Informationen herausfiltert, die der Teamleiter vielleicht nicht so gerne hört.

Ju-Jutsu-Zuhören

Der Ju-Jutsu-Zuhörer sagt »Ich höre, dass …« oder »Man erzählte mir, dass …«. Der Ju-Jutsu-Zuhörer hört zu, indem er herumgeht, den Fluss von Memos und E-Mails aufnimmt und überwacht, durch den die Mitglieder einer Gruppe miteinander kommunizieren, und indem er ständig Situationen und Personen innerhalb der Gruppe einschätzt. Wenn Sie ein schwacher Zuhörer sind, müssen Sie Systeme entwickeln, mit denen Sie mehr hören können. Die National Security Agency z.B. besitzt Satelliten und Receiver, die jede bekannte Radiofrequenz abtasten, so dass ihre Analytiker selbst die Spur einer Nachricht feststellen und dekodieren können. Genauso muss sich der schwache Zuhörer eine Organisation zum Zuhören aufbauen, die ein starker Zuhörer wahrscheinlich bereits besitzt.

> Wie bauen Sie sich eine solche Zuhör-Organisation auf? Sie fangen damit an, Zuhörposten über die ganze Organisation zu verteilen, und vor allem an jedem Punkt, an dem Ihre Gruppe eine Schnittstelle zur Außenwelt besitzt. Wenn Sie z.B. ein Geschäftsunternehmen haben, haben Sie einen Posten an jeder Stelle mit Kundenkontakt. Wenn Sie die Kinderfußballmannschaft trainieren, stehen auf Ihrer Telefonliste die Namen und Nummern aller Eltern und aller Mannschaftsfunktionäre.

Wenn Ihre Zuhörposten aktiv sind, müssen Sie jede Person in Ihrer Organisation mit einbeziehen. Oft wird man es Ihnen als Teamleiter nicht erzählen, wenn etwas schief läuft, jedoch einem Freund oder Kollegen. Der Kollege muss dann dazu ermutigt werden, im Sinne der Mission und zugunsten der Ziele der Gruppe die Information an Sie weiterzugeben.

Andere über sich selbst stellen

Ob Sie nun andere unterstützen oder an der Entwicklung eines Plans arbeiten, der die Gruppe ihrem Ziel näher bringen soll, um als Teamleiter wirkungsvoll zu sein, müssen Sie altruistisch sein und die Bedürfnisse der Gruppe über Ihre eigenen stellen. Ein Teamleiter, der sich auf den Ruhm und die Vergünstigungen der Führungsrolle konzentriert, wird kaum lange überleben, während der Teamleiter, der in effektiver Weise die Bedürfnisse der Gruppe erkennt, sich durchsetzen wird, wann immer eine Krise auftaucht.

9 ➤ Setzen Sie Ihre Stärken und Schwächen ein

Sie können den Herausforderungen des Altruismus direkt nachkommen, indem Sie auf die Leute zugehen, sie fragen, was sie brauchen, und es ihnen geben, oder Sie können sie unterstützen, indem Sie geduldig ihre Beschwerden anhören und ihre Last erleichtern, wenn die Probleme noch klein sind, anstatt bereits größer und komplizierter. Beide Wege funktionieren, wie Sie in den folgenden Abschnitten sehen werden.

Altruistisches Karate

Die Karate-Führungsperson ist die Gastgeberin auf einer Party, die sich das Tablett mit den Hors d'Oeuvres schnappt und sie jedem neuen Gast anbietet, wobei sie seinen Getränkewunsch entgegennimmt, während sie Canapés austeilt. Sie ist diejenige, die es übernimmt, Fremde miteinander bekannt zu machen – mit der Begründung, dass es ja schließlich ihre Party und ihre Freunde sind und daher alle auch untereinander Freunde sein sollten. Sie ergreift die Initiative, indem sie sagt: »Kommt zusammen und tut etwas.«

Am 11. Januar 1999 schreibt Malcom Gladwell in *The New Yorker* in »Six Degrees of Lois Weisberg« die Geschichte einer Privatfrau aus Chicago, die Unmengen an persönlichem Einfluss besitzt: »Lois ist eine Type – eine besonders seltene und außergewöhnliche Type, aber nichtsdestoweniger eine Type. Sie ist die Art von Person, die jeden zu kennen scheint, und dieser Typ findet sich in allen Schichten ... Man hat so langsam den Verdacht, dass er oder sie weit bedeutender sein könnte, als wir uns das je vorgestellt haben – dass die Leute, die jeden kennen, auf irgendeine indirekte Weise tatsächlich die Welt regieren. Damit meine ich nicht, dass sie von der Sorte sind, die die Fed oder General Motors oder Microsoft führen, sondern, dass sie auf eine sehr wirklichkeitsnahe, alltägliche Weise die Welt am Laufen halten. Sie verbreiten Ideen und Informationen. Sie verbinden verschiedene und voneinander getrennte Teile der Gesellschaft. Ein Chicagoer Regierungsbeamter beschreibt Lois als »das Epicenter der Stadtverwaltung«, was den Nagel auf den Kopf trifft. Lois ist weit davon entfernt, die mächtigste Person in Chicago zu sein. Aber wenn Sie alle Punkte verbinden, die den gewaltigen Apparat aus Regierung, Einfluss und Interessengruppen in der Stadt Chicago ausmachen, kommen Sie am Ende immer wieder auf Lois zurück. Lois ist ein Bindeglied.«

Altruistisches Ju-Jutsu

Die Ju-Jutsu-Führungsperson sagt, »Wie kann ich helfen? Was kann ich tun, um Ihnen das Leben zu erleichtern?« Die Ju-Jutsu-Führungsperson ist Bobby Kotick, der dynamische CEO von Activision, einem großen Hersteller von Computerspielen mit Sitz in Santa Monica, Kalifornien. Bobby und Howard Marks (sein Geschäftspartner und ehemaliger Zimmerkollege in der University of Michigan) stiegen 1984 mit einem Programm namens Jane ins Computergeschäft ein, das die Performance kleinerer Apple-Computer verbesserte. Howard hatte zwar die Programmierkenntnisse und die Ideen, doch es war Bobby, der CEO des jungen Unternehmens wurde.

Und was tat Bobby Kotick, während die Programmierer ihren Code schrieben? »Alles, was sie brauchten, um glücklich und produktiv zu bleiben«, sagt er. »Meine Aufgabe war es, hinauszugehen und ihnen um 3 Uhr morgens eine Pizza zu holen, ihre Katzen zu füttern und ihre Hunde auszuführen. Ich war der Chefhelfer der Firma.« Mit anderen Worten, Bobby lieferte den »Klebstoff«, der das Unternehmen zusammenhielt, bis es erfolgreich werden konnte, indem er kleinere interne Konflikte löste und alle bei der Stange hielt. Bobby nutzte seine Schwäche – seine totale Unkenntnis von allem, was mit Computern zu tun hat – zu seinem Vorteil aus und half seiner Firma dadurch, zu wachsen.

Wie Sie sehen, müssen Sie keinerlei Stärken besitzen, um eine Führungspersönlichkeit zu sein. Auch Ihre Schwächen können anderen zugute kommen – und dem Unternehmen, das Sie führen.

Und was ist mit den Erwartungen? 10

In diesem Kapitel

▶ Haben Sie Ihre eigenen Erwartungen
▶ Finden Sie heraus, welche Erwartungen die Leute in Ihrem Team haben
▶ Erfüllen Sie die Erwartungen Ihres Chefs

Erwartungen werden oft enttäuscht, und meistens dort, wo sie am meisten versprechen.

William Shakespeare, *Measure for Measure*

Erwartungen sind der Schlüssel zur Führung. Wenn Sie sich in einer Führungsposition befinden, müssen Sie mit verschiedenen Sätzen von Erwartungen umgehen. So haben nicht nur Sie Erwartungen, sondern auch die Leute, die Sie führen. Wenn Ihnen die Führung der Gruppe von jemandem außerhalb der Gruppe übertragen wurde – von einem Team des leitenden Managements z.B.–, müssen Sie sich zudem auch noch mit dessen Erwartungen auseinander setzen.

Ihr Job als Teamleiter ist es, Ihre eigenen Erwartungen, die Ihrer Vorgesetzten und die Ihres Teams in Einklang zu bringen, wodurch Sie bei allen Beteiligten Vertrauen schaffen und Konflikte minimieren, so dass sich alle weiterhin auf das Erreichen des gemeinsamen Ziels konzentrieren können. Wenn Sie es nicht schaffen, diese Erwartungen in Einklang zu bringen, laufen Sie Gefahr, in einem dieser zutiefst unglücklichen Dreiecke gefangen zu werden, in dem Sie, Ihre Gruppe und Ihre Vorgesetzten die Dinge jeweils anders sehen.

Ihr größter Feind sind unrealistische Erwartungen. Ihre Ziele müssen realistisch und machbar sein und sie müssen nach oben an Ihre Vorgesetzten und nach unten an Ihr Team mitgeteilt werden. Dieses Kapitel zeigt Ihnen, wie Sie sicherstellen, dass Erwartungen realistisch sind und dass ein jeder ein klares Verständnis der Ziele hat. Mit Erwartungen richtig umgehen zu können macht Führen zu einer Freude statt zu einer Qual.

Planen Sie Ihre Erwartungen

Ihre Erwartungen sind das Minimum an Dingen, die Sie von Ihrem Team erwarten, um die Mission zu erfüllen, nachdem Sie die Vision oder das Ziel für sie definiert haben. Auf eine gewisse Weise sind Ihre Erwartungen eine Art »Gesetzesvorlage für Führungspersonen« – sie sind das, was Sie in Bezug auf die Interaktionen zwischen Ihnen und den Leuten, die Sie führen, als vernünftig erachten. Ihre Erwartungsliste ist das Spiegelbild der Liste der Führungsverantwortungen. Zu jeder Verantwortung gehört eine Erwartung. Wenn es z.B. in Ihrer Verantwortung liegt, eine Vision zu haben, so ist Ihre Erwartung, dass Ihre Teammitglieder dieser Vision folgen werden, nachdem Sie sie ihnen richtig mitgeteilt haben. (Siehe Kapitel 7 für weitere Informationen über die Verantwortungen, die man in einer Führungsposition hat.)

An die Vision glauben

Sie wurden zur Führungskraft ernannt, weil irgendjemand oder eine ganze Gruppe von Leuten Ihnen die Fähigkeit zutraute, in größerem Umfang zu denken, anstatt nur einzelne Aufgaben erfüllen zu können. Sie wurden in eine Führungsposition gewählt, weil Sie in der Lage waren, eine sinnvolle Vision zu artikulieren oder zumindest zu demonstrieren, dass Sie in der Lage sind, ein angestrebtes Ziel zu erreichen. Jetzt ist es an der Zeit, hinauszugehen und der Gruppe, die Sie gerade führen, diese Vision oder dieses Ziel zu verkaufen.

William Rogers war während der Vietnam-Ära lange Zeit Staatssekretär unter Präsident Nixon. Rogers State Department war ein Ort, an dem Debatten nicht nur toleriert, sondern auch ermutigt wurden. Dennoch befolgte Rogers einen Firmengrundsatz: Nachdem eine Entscheidung über ein außenpolitisches Ziel getroffen worden war, nachdem alle Stimmen gehört worden waren, musste jeder im State Department entweder an dieser Politik festhalten oder sein Amt niederlegen. Rogers hörte sich jeden an, wodurch er Führungsqualitäten bewies, aber er erwartete auch, dass man auf ihn hörte, nachdem er den Teammitgliedern seine Ziele mitgeteilt hatte.

Ziele als realistisch und machbar akzeptieren

Nachdem Ihr Team Ihre Vision im weitesten Sinne akzeptiert hat, muss es auch Ihre Ziele als realistisch und machbar akzeptieren. Niemand glaubt gerne daran, dass er auf eine unmögliche Aufgabe angesetzt wird.

Ein Teamleiter muss seinem Team genau beschreiben, welche Probleme bei dem Versuch, das Ziel zu erreichen, auftreten können und was er tun wird, um diese Probleme zu überwinden. Nur dann wird eine Gruppe akzeptieren, dass das gegebene Ziel machbar und realistisch ist.

An die Mission und gemeinsame Ziele glauben

Sie haben das Recht, anzunehmen, dass Ihre Teammitglieder Ihren Plan zur Erfüllung ihrer Mission, die sie an ihr Ziel bringen wird, akzeptieren werden, wenn Sie sich die Zeit genommen haben, ihnen zuzuhören und ihre Fragen im Planungsstadium zu beantworten sowie die Informationen zu sammeln, mit deren Hilfe Sie die richtige Methode finden, alle zu ihrem gemeinsamen Ziel zu führen.

10 ➤ Und was ist mit den Erwartungen?

Wenn Sie ein überzeugender Teamleiter sind und Ihrer neuen Gruppe Vertrauen einflößen können, können Sie die Gruppe darum bitten, Ihr Urteil darüber, wo die Gruppe hinkommen und wie sie das schaffen soll, zu akzeptieren. Sie werden Ihren Führungshut anziehen und, nachdem Sie ihnen alle Phasen ihrer Mission und die Rolle eines jeden Teammitglieds sorgfältig erklärt haben, sie ermutigen, an die Arbeit zu gehen.

Andere glauben machen

Ihre Teammitglieder davon zu überzeugen, dass der Erfolg möglich ist, ist der Schlüssel zum Erfolg. Während des Zweiten Weltkriegs heuerte das US Army Office of Information den Hollywoodregisseur Frank Capra dazu an, eine Reihe doktrinärer Filme namens »Warum wir kämpfen« zu drehen, die allen Soldaten gezeigt wurden, um ihnen einen Grund zu liefern, in den Kampf zu gehen. Doch solche Filme überzeugten nicht durch sich selbst. Die Generäle Eisenhower und Bradley glaubten, dass die amerikanischen Soldaten nicht so gut ausgebildet waren wie die deutschen und ganz gewiss nicht so kampfprobt. Um die amerikanischen Truppen dazu zu überreden, in den Krieg zu ziehen, musste die militärische Führung eine neue Art von Kriegsdoktrin ersinnen, eine, die die Mission, den Krieg zu gewinnen, erfüllen und gleichzeitig die amerikanischen Soldaten davon überzeugen würde, dass der Krieg zu gewinnen war.

Eisenhower und Bradley entschlossen sich, die Deutschen durch Ausrüstung und logistische Unterstützung zu überwältigen, so dass das, was ihnen an Erfahrung fehlte, durch die reine Masse und eine überwältigende Präsenz wettgemacht werden konnte. Zudem wollten Eisenhower und Bradley, dass sich ihre Soldaten aufs Kämpfen konzentrierten anstatt auf die anderen Probleme des Krieges, wie etwa die Nahrungsmittelversorgung oder die Versorgung der Verwundeten. So wurden für jeden Kampfsoldaten, der an der europäischen Front diente, acht Versorgungstrupps damit betraut, neue Ausrüstung, Nahrung, Munition und Medizin an die Frontlinien zu bringen und die Verwundeten abzutransportieren. Die deutsche Armee hatte im Gegensatz dazu keine Versorgungseinheiten. Dies überzeugte die amerikanischen Soldaten davon, dass der Krieg zu gewinnen war, selbst gegen heftigste Widerstände.

Lassen Sie die Gruppe zu sich kommen

Nachdem Ihr Team in die Gänge gekommen ist, sollten Sie es wissen lassen, dass Ihre Rolle als Teamleiter nicht nur darin besteht, ihm Marschanweisungen zu geben. Sagen Sie Ihren Leuten, dass sie sofort zu Ihnen kommen sollen, wenn die Dinge nicht nach Plan laufen, so dass Sie zusammen überlegen können, wie Sie die Sache wieder ins Lot bringen können. Richten Sie ein System zur wöchentlichen oder monatlichen Berichterstattung ein, so dass Sie Ihre Ziele mitverfolgen und überprüfen können, ob die Richtung noch stimmt. Außerdem sollten Sie Ihre Arbeit aufteilen, indem Sie Komitees bilden, mit denen Sie zusammenarbeiten, die

Sie motivieren und ermutigen und denen Sie durch direktes Eingreifen bei der Lösung ihrer Probleme helfen.

Mit anderen Worten, Sie müssen in einem zutiefst persönlichen Sinn wie ein Teamleiter handeln. Wenn Sie wollen, dass die Leute Ihrem Urteilsvermögen darüber trauen, wo Sie sie hinführen, müssen Sie für Ihr Team in hohem Maße sichtbar bleiben, während Sie auf das Ziel zugehen.

Als Team arbeiten

Die meisten Teams bestehen aus Leuten, die sich *nicht* alle freiwillig über eine Vision oder ein Ziel oder auch nur darüber, wie eine Mission zu erfüllen ist, einig sind. Selbst nachdem das Team eine allgemeine Übereinstimmung erreicht hat, werden unvermeidbar ein oder zwei Leute, oder sogar eine ganze Splittergruppe, immer noch anderer Meinung sein. Diese Leute gehen den Weg zum Ziel mit, weil es ihren eigenen Zwecken dient, aber nicht, weil es ihrer eigenen Motivation entspricht. Diese Situation trifft besonders auf die Politik zu, wo die Bildung von Koalitionen an der Tagesordnung ist und wo Leute, die normalerweise verschiedener Meinung sind, hin und wieder zusammenkommen, um etwas Nützliches zu vollbringen. Als Teamleiter müssen Sie sicherstellen, dass unzufriedene Camper nicht zur Zerrüttung des Teams führen.

Kooperieren, um das Ziel zu erreichen

Oft ist es nur der erste Schritt, Ihr Team im Hinblick auf das angestrebte Ziel zur Zusammenarbeit zu bewegen. Wenn das Ziel ausreichend schwierig zu erreichen ist, müssen Sie außerdem *Engagement* hervorrufen, die Bereitschaft des Teams, so hart für das Ziel zu arbeiten wie der Teamleiter, der ihnen auf dem Weg dorthin zur Seite stehen soll. Genau, wie Sie das Recht haben, vom Team Engagement für die Ziele und die Mission zu erwarten, haben Sie auch das Recht, nur minimale Ablenkungen zu erwarten, wenn erst einmal alle mit der Arbeit an einem Problem begonnen haben. In Tracy Kidders hervorragendem Buch *The Soul of a New Machine* aus den frühen Achtzigern war der Teamgeist – die Verpflichtung dem Team gegenüber – so hoch, dass einige Leute ihr Privatleben vollständig aufgaben, um rechtzeitig einen neuen Computer zu entwickeln. Geschäftsführer Edson de Castro hatte ihnen einen derart überwältigenden Sinn für die Mission eingetrichtert, dass sie überzeugt waren, die Firma retten zu müssen, und bereit, persönliche Opfer auf sich zu nehmen, um genau dies zu tun.

Die meisten Situationen steigern sich gar nicht bis zum Level des vollständigen Engagements. Die Leute haben ein Privatleben – Ehefrauen, Ehemänner, Kinder, Eltern, zu bezahlende Rechnungen, Kreditprobleme, Gesundheitsprobleme und eine ganze Menge persönlichen Kummer. Sie haben Probleme mit ihrer persönlichen Selbstachtung und fragen sich, ob sie für ihre Organisation mehr oder weniger wert sind als ihre Teamkollegen, und schließlich haben sie auch persönliche Bestrebungen und Ambitionen. Keines dieser Probleme verschwindet, wenn sie sich mitten in der Erfüllung einer Aufgabe befinden. Ihre Verantwortung als

Gruppenführer ist es, Ihren Teammitgliedern bei der Lösung ihrer externen Probleme zu helfen, bevor diese zur Beeinträchtigung der Fähigkeit des Teams führt, seine Mission zu erfüllen. Aber Sie haben das Recht, Ihre Teammitglieder dazu aufzufordern, mit ihren Gedanken bei der Mission zu bleiben und sich vernünftig auf die Arbeit zu konzentrieren.

Notwendige Ressourcen anfordern

Sie mögen ja der Leiter einer Gruppe sein und vielleicht haben Sie auch das weltbeste System zur Problemverfolgung, aber Sie sind kein Gedankenleser, und selbst der sorgfältigst durchdachte Plan kann unvorhergesehene Probleme entwickeln. Sie haben das Recht, Ihren Teammitgliedern klarzumachen, dass es im Sinne der Mission in ihrer Verantwortung liegt, Sie von Problemen zu unterrichten und Ihnen mitzuteilen, welche Ressourcen notwendig sind, um diese Probleme zu beheben, bevor sie so schwer wiegend werden, dass sie das ganze Team beeinträchtigen.

Mit anderen Worten, Sie haben das Recht, von Ihren Teammitgliedern Verantwortung zu verlangen – der Mission gegenüber und gegenseitig. Von keinem Teamleiter kann erwartet werden, dass er alles tut.

Verantwortlich sein und sich nicht gegenseitig beschuldigen

Die Dinge laufen eben manchmal einfach schief, sogar im besten Team, und Sie haben das Recht, Leute für ihre Fehler zur Rechenschaft zu ziehen. Aber Verantwortlichkeit gibt Ihnen noch nicht das Recht, Leute wegen ihrer Schuld auszugrenzen oder mit dem Finger auf sie zu zeigen. Ein solches Verhalten bringt nichts und ist sogar kontraproduktiv, weil es sie von der Erfüllung ihrer Mission ablenkt und im Team Unsicherheit erzeugt. Verantwortlichkeit bedeutet, herauszufinden, was falsch läuft und wie man es beheben kann. Verantwortlichkeit beinhaltet auch die Forderung, dass die Person, die das Problem verursacht hat, entweder die Verantwortung für seine Behebung übernimmt oder dem Team erklärt, warum dies nicht geht. Verantwortlichkeit bedeutet jedenfalls nicht Schuldzuweisung.

Wenn bei der NASA ein Raketenstart in die Hose geht und die Rakete zerstört wird, bilden sie ein Komitee, um zu beurteilen, was bei der Mission schief gelaufen ist. Die Leute werden nicht bestraft, indem sie vortreten und erklären müssen, dass das, was sie getan haben, eine Abweichung von den akzeptierten Normen und Vorgehensweisen war, weil der Zweck der Beurteilung ist, sicherzustellen, dass die nächste Mission diejenigen Probleme in den Griff kriegen wird, die die jetzige zum Scheitern brachten. Dieselbe Regel gilt für Konferenzen über Sterblichkeit und Morbidität, die alle Krankenhäuser abhalten, wenn es einen unerwarteten Patiententod gibt. Die zentrale Idee hinter diesen Konferenzen ist die, dass die Ärzte aus den Fehlern ihrer Kollegen lernen sollen, nicht aber, die Verantwortlichen zu beschuldigen.

Die Erwartungen Ihres Teams verstehen

Sie als Führungsperson haben bestimmte Erwartungen an das Verhalten Ihres Teams, aber Ihre Gruppe oder Ihr Team hat auch Erwartungen an ihren neuen Leiter. Jedes Teammitglied wird ein wenig nervös sein, wenn Sie Ihren ersten Auftritt haben, weil jede Person eine unausgesprochene oder ungeschriebene Agenda darüber hat, was sie persönlich erreichen will, und nun unsicher ist, ob Sie in der Lage sein werden, ihr die Gelegenheit dazu zu geben. Als Teamleiter müssen Sie sich die Mühe machen, jedem zuzuhören, um herauszufinden, welches diese versteckten Ziele sind, ob sie privater Natur sind oder zugunsten der Organisation gehen, aber am Ende werden Sie entweder eins davon herauspicken oder Ihren eigenen Weg wählen und unausweichlich einige Ihrer Teammitglieder enttäuschen müssen.

Wenn Sie akzeptieren, dass Führung nicht gottgegeben ist und dass Befehlsgewalt sich nur bis zu dem Punkt ausdehnt, an dem Leute bereit sind, gegen das, was sie als dürftige oder ungerechte Führung ansehen, zu rebellieren, welche Erwartungen gegenüber ihrem neuen Leiter kann eine Gruppe oder ein Team dann mit Recht haben? Die Erwartungen Ihres Teams spiegeln ziemlich genau die Wesensmerkmale einer Führungspersönlichkeit wider (siehe dazu Kapitel 3). Die folgenden Abschnitte befassen sich mit diesen Erwartungen.

Intelligenz

Teammitglieder haben das Recht, Intelligenz von ihrem Leiter zu erwarten. Sie wollen ihr Schicksal begreiflicherweise nicht in die Hände eines Idioten legen. Aber es ist mehr als das. Intelligenz, kombiniert mit Erfahrung und Einfallsreichtum, macht es wahrscheinlicher, dass im Falle von Problemen der Teamleiter einen neuen Weg für das Team finden wird, auf dem es sein angestrebtes Ziel trotzdem noch erreichen kann.

Gedanken und Ideen vernünftig mitteilen

Schlau zu sein und gute Ideen zu haben ist nicht genug. Wirkungsvolle Führung hängt davon ab, das Band zwischen dem Führenden und seinen Anhängern zu erhalten, und dieses Band wird am besten durch Kommunikation gestärkt. Ihr Team erwartet mit Recht, von Ihnen auf dem Laufenden gehalten zu werden, wobei Sie ihm nicht nur notwendige Änderungen, sondern auch die Gründe dafür mitteilen. Große Führungspersönlichkeiten sind häufig sehr eloquent, aber Eloquenz ist nur dann erforderlich, wenn die bevorstehende Aufgabe der Gruppe sehr kompliziert ist. Für die meisten Situationen reicht es aus, wenn eine Führungsperson klar, knapp und schnell kommunizieren kann. Der Zeitpunkt und die Geschwindigkeit einer Nachricht ist genauso wichtig wie der Inhalt selbst. Die Leute werden unsicher, wenn sie das Gefühl haben, dass man sie im Dunkeln stehen lässt, und sie verlieren das Vertrauen Ihnen gegenüber, wenn das passiert.

Einen Erfolgsdrang besitzen

Ihre Gruppe hat das Recht, zu erwarten, dass Ihr Durst, ein Ziel zu erreichen, mindestens so groß ist wie der ihre. Sie zählt darauf, dass Sie ihr die Motivation liefern, und der größte Motivator ist Erfolg. Ihre Einstellung den Zielen oder der Mission gegenüber darf nicht lauwarm erscheinen. Wenn sie es doch ist, denken Sie noch einmal darüber nach, bevor Sie Ihr Team oder Ihre Gruppe auf einen neuen Weg schicken. Ihre Teammitglieder werden Ihre Voraussicht weit mehr schätzen, als wenn Sie plötzlich oder zu spät erkennen, dass Ihr Ziel geändert werden muss.

Sinn für die Dringlichkeit der Mission demonstrieren

Im Zusammenhang mit dem Erfolgsdrang, der sich auf das Erreichen eines Endpunkts bezieht, steht ein gewisser Sinn für die Dringlichkeit der Mission. Die Leute sprechen auf Führungspersonen an, die ständig motiviert sind. Mitten in einer Flutkatastrophe sollte der Leiter einer Sandsackaktion nicht plötzlich eine zweistündige Mittagspause ausrufen, wenn das Wasser beständig ansteigt. Wenn er das täte, würde ein jeder in sein Auto springen und abhauen, bevor das Wasser die Dämme überflutet, und den Leiter mit seinem Butterbrot in der Hand zurücklassen. Die meisten Leute haben im ausreichenden Maß gesunden Menschenverstand, um zu verstehen, dass eine Arbeit innerhalb einer bestimmten Zeit getan sein muss, um möglichst effektiv zu sein. Von einer Führungsperson wird erwartet, dass sie diese Dringlichkeit vermittelt, wenn sie das Gefühl hat, dass die Gruppe im Begriff ist, abzubauen.

Auf der Suche nach der Wahrheit intellektuell aufrichtig und rigoros sein

Teammitglieder haben die starke Erwartung, dass Sie als ihr Teamleiter jede Anstrengung unternehmen werden, in jeder Situation nach der Wahrheit zu suchen, anstatt Schuld zuzuweisen oder Entschuldigungen vorzubringen, warum etwas schief gelaufen ist. Sie wiederum haben das Recht, bei der Suche nach der Wahrheit die Kooperation Ihres Teams einzufordern. Außerdem haben Sie das Recht, von ihm zu erwarten, dass es Sie auf Probleme rechtzeitig aufmerksam macht, damit aus kleinen Problemen keine großen werden und aus großen keine unüberwindbaren. Die Suche nach der Wahrheit ist häufig schwierig, weil sie oft durch den Druck belastet ist, eine Teillösung zu finden, damit das Team mit seiner Arbeit fortfahren kann. Doch in Krisenzeiten sollten Sie die Sorte Führungsperson sein, die bei der Suche nach den Tatsachen absolut rigoros vorgeht und den Mut besitzt, einschneidende Änderungen vorzunehmen, wenn es sein muss.

Gutes Urteilsvermögen praktizieren

Was gutes Urteilsvermögen ausmacht, ist alles andere als einfach. Sie müssen kein Moralapostel sein. Aber Sie sind dafür verantwortlich, Ihre Anhänger nicht unnötig auf einen schlechten Weg zu schicken oder sie aufzufordern, irgendetwas zu tun, das die Gruppe als Ganzes dazu bringt, entweder das Ziel oder die Mission oder Ihre Verpflichtung jedem gegenüber in Frage zu stellen. Gutes Urteilsvermögen bedeutet, die Dinge zu tun, die ein Team auf seine Ziele ausrichtet, aber auch, die Dinge zu unterlassen, die es von diesem Ziel abbringt.

Verlässlich und konsequent im Verhalten sein

Einher mit gutem Urteilsvermögen gehen Konsequenz und Zuverlässigkeit, aber nur im konstruktiven Sinne. Attila, der Hunnenkönig, war konsequent, aber sein Verhalten war blutrünstig und erzeugte Angst und Schrecken sogar unter seinen eigenen Leuten. Heutzutage müssen Führungspersonen durch ihr Vorbild und durch das Schaffen von Vertrauen unter ihren Anhängern wirken. So bedeutet ein verlässliches Verhalten, die Dinge zu tun, die die Kommunikation zwischen dem Teamleiter und seinen Untergebenen offen halten, und kein irgendwie willkürlich oder negativ geartetes Verhalten an den Tag zu legen, wenn nicht alles so läuft, wie es soll. Ihre Teammitglieder erwarten mit Recht, dass Sie keine willkürliche Vetternwirtschaft innerhalb der Gruppe betreiben oder auf ihre Kosten handeln, ohne eine Erklärung, die mit der Mission und den Zielen der Gruppe im Einklang steht.

Eine Atmosphäre des Vertrauens schaffen

Ein gutes Urteilsvermögen, konsequentes Verhalten und Zuverlässigkeit führen zu Vertrauen, und Ihre Teammitglieder erwarten, dass Sie ihnen vertrauen und dass umgekehrt Sie ihr Vertrauen verdienen, einzeln und als Gruppe. Zu diesem Zweck müssen Sie offen und kommunikativ sein und nicht etwa geheimnisvoll oder vom Rest der Gruppe abgeschottet. Ihre Teammitglieder haben das Recht, zu erwarten, dass Sie sich um die Bedürfnisse und das Wohlergehen der Gruppe und einzelner Mitglieder kümmern, dass Sie ihnen die Dinge zur Verfügung stellen, die sie zur Erfüllung der Mission benötigen, und dass Sie keine Entschuldigungen dafür vorbringen, warum Sie Ihr Wort nicht gehalten haben.

Eine Lernumgebung schaffen

Wie wir alle werden auch Sie und Ihre Teammitglieder Fehler machen. Aber anstatt sich oder Ihre Teammitglieder dafür zu bestrafen, sollten Sie ihnen einen besseren Weg zeigen, ihre Aufgabe zu erfüllen. Außerdem sollten Sie ihnen die Gelegenheit geben, nicht nur von Ihrer Führung, sondern auch von der ganzen Gruppe zu lernen. Die besten Gruppen sind Lernumgebungen, in denen die eingezogenen Informationen in den Rahmen des existierenden Wissens eingepasst und dann in der ganzen Gruppe verbreitet werden, so dass die Mission angepasst werden kann, lange bevor ein Problem kritisch zu werden beginnt. Ihre Aufgabe ist es, diese Lernumgebung zu schaffen und zu erhalten und dafür zu sorgen, dass Teammitglieder in jeder Phase der Mission an dem Lernprozess teilnehmen.

Nach Mittelwegen suchen, um Konflikte zu minimieren

»Fluch dir und dem Pferd, auf dem du geritten kommst«, ist eine alte Maxime für neue Führungspersonen. Konfrontiert mit ihrem neuen Teamleiter, nämlich Ihnen, werden sich viele Ihrer Teammitglieder dasselbe fragen, was Sie sich vielleicht auch schon gefragt haben, wenn auch mit einer anderen Betonung und einem anderen Tonfall. Warum Sie? Wer sind Sie überhaupt, dass Sie mir sagen, was ich zu tun habe? Warum sollte ich Ihnen folgen? Mitglieder eines Teams sind von Natur aus skeptisch jedem neuen Leiter gegenüber, vor allem gegenüber einer organisatorischen Führungsperson von außerhalb der Gruppe. Egal, wie sorgfältig der Auswahlprozess vor sich ging, einige Teammitglieder werden Sie und Ihre Führungsrolle in Frage stellen.

Was tun unter diesen Umständen? Ihre Gruppe hat das Recht, zu erwarten, dass Sie nicht zu ihrem größten Zankapfel werden bzw. dass Sie ihr entgegenkommen und einen Weg finden werden, Übereinstimmung zu erzielen. Selbst die skeptischste Person will überzeugt werden und begeistert von der Idee sein, dass Sie die richtige Wahl sind. Wenn Sie einer Gruppe einen Leiter auferlegen, so ist das im Grunde so etwas wie das Arrangement zwischen einem Lehrer und seinen Schülern. Der Lehrer hat eine Gruppe von Kindern, die ihm zugewiesen wurden, um sie zu unterrichten, und die Aufgabe seiner Schüler ist es, in der Klasse anwesend zu sein. Indem jeder vom anderen abhängt, lässt sich die Atmosphäre in der Klasse leichter ertragen, und es findet schließlich echtes Lernen statt.

Nachdem Sie und Ihr Team sich verbündet haben, hat Ihr Team das Recht, auch weiterhin zu erwarten, dass Sie beim Lösen und Minimieren von Konflikten unter Teammitgliedern oder zwischen Ihnen und anderen Mitgliedern der Gruppe die Führung übernehmen werden. Sie werden niemals jedem gefallen, aber Sie können zumindest die schwierigsten Mitglieder der Gruppe dazu kriegen, einzusehen, dass Ihre Ziele und Ihre Mission lohnend sind und dass sie ein begründetes Interesse daran haben – einen Karriereschub vielleicht –, sie erfüllt zu sehen.

Die Erwartungen Ihrer Vorgesetzten

Sie sind vielleicht für einen Führungsposten ausgewählt und dann einem Team oder einer Gruppe vorgesetzt worden mit dem Auftrag, diese auf ein Ziel zuzuführen. Dieses Ziel können Sie manchmal selber bestimmen, aber in einer hoch strukturierten vielschichtigen Organisation ist das Beste, auf das Sie hoffen können, dass man Ihnen ein vernünftiges Maß an Freiheit bei der Auswahl Ihrer Mission lässt.

Die Leute, die Sie zum Führen bestimmt haben, haben auch Erwartungen, und Sie werden deren Erwartungen gegen Ihre eigenen und die der Gruppe ausbalancieren müssen. Genau wie die Gruppe Ihnen und Ihrer Fähigkeit zu führen anfangs skeptisch gegenüberstehen mag, so wird auch das enthusiastischste und ermutigendste Führungsteam Sie erst mal »auf Probe« einstellen, bis Sie sich bewährt haben. Sie müssen also die Erwartungen des oberen Managements kennen, wenn Sie ihnen entsprechen wollen.

Ziele und Missionen schnell festlegen

Die meisten Leute, die jemanden auf eine Führungsposition setzen, sei es als Abteilungsleiter einer Firma oder als Mannschaftstrainer, erwarten, dass man das tut, wofür man eingestellt wurde, und zwar so schnell wie möglich. Vereinsvorstände wollen meistens nichts von Fünf-Jahres-Erneuerungsplänen hören. Selbst wenn sie wissen, dass es volle fünf Jahre dauern wird, um Meisterschaftsniveau zu erreichen, erwarten sie Jahr für Jahr kontinuierliche Verbesserungen. Wenn Sie an die Spitze einer Abteilung gesetzt wurden und Ihnen ein Drei-Jahres-Rahmen zur Verbesserung der Gewinne gesetzt wurde, werden Ihre Vorgesetzten dennoch erwarten, dass Sie ein Viertel oder ein halbes Jahr nach Ihrer Ankunft bereits gewisse Auswirkungen auf die Gewinne erzielt haben werden. Wenn es nicht wenigstens so aussieht, als ob Sie irgendwas bewirken, werden Sie sehr schnell vorgeladen und aufgefordert werden, Rechenschaft darüber abzulegen, was Sie mit Ihrer Zeit angefangen haben.

Ressourcen effektiv einteilen

Wenn Sie schnell in die Gänge kommen wollen, müssen Sie sehr schnell lernen, welche Mittel zur Verfügung stehen und wie man dann an die benötigten Mittel herankommt. Wenn Sie Cheftrainer sind, heißt das, eine schnelle, aber detaillierte Einschätzung Ihres bestehenden Teams vorzunehmen, die Stärken und Schwächen der Spieler zu bestimmen, herauszufinden, welche Spieler gekauft werden können und welche sich zur Ruhe setzen werden, und dann hinauszugehen und neue Spieler einzukaufen und zu trainieren, die in ein sinnvolles offensives oder defensives Schema hineinpassen.

Mit Ressourcen sinnvoll umgehen heißt nicht einfach, dass Sie das Problem mit Geld oder Leuten zuschütten, sondern Leute so zu unterrichten, dass sie tun, was Sie von ihnen verlangen, und dabei mit den Mitteln auskommen, die Sie zur Verfügung haben. Wenn Sie ein eben ernannter Abteilungsmanager sind, bedeutet die Einteilung der Ressourcen vielleicht, sich den Betrieb, die Ausrüstung, das Personal, die aktuellen Artikel und die Forschungs- und Entwicklungsleistungen anzusehen und dann jedes dieser Dinge innerhalb des vorgegebenen Budgets zu verändern, um die Kombination zu finden, die die besten Wachstumsaussichten verspricht.

Dem leitenden Management Überraschungen ersparen

Noch mehr als von schnellen Resultaten sind leitende Manager davon angetan, nicht über negative Ergebnisse hinweggetäuscht zu werden. Wenn Sie feststellen, dass die Abteilung, zu deren Leiter Sie just ernannt wurden, in weit ernsthafteren Schwierigkeiten steckt, als Sie zu glauben verführt waren, obwohl Sie eine detaillierte Voruntersuchung der Situation vorgenommen haben, zögern Sie nicht, dies dem leitenden Management zu berichten, zusammen mit einigen Empfehlungen, wie das Problem bewältigt werden könnte. Seien Sie darauf vorbereitet, Ihre Einschätzung zu verteidigen. Schließlich wollen Sie dem Management verklickern, dass Ihr Vorgänger es hinters Licht geführt hat. Stellen Sie daher sicher, dass Sie Ihre Probleme auf jeder Ebene verstehen.

Genauso, wenn Sie ein neuer Cheftrainer sind und man Ihnen fünf Jahre gegeben hat, um die Mannschaft zur Meisterschaft zu führen, und Sie feststellen müssen, dass Ihr Team sogar noch schlechter spielt, als Ihre bestehenden Protokolle vermuten lassen, ist es besser, Ihre Pläne zu überdenken und nach einem Weg zu suchen, mehr aus den Leuten, die Sie haben, herauszuholen. Diese Strategie kann bedeuten, dass Sie mehr Hilfstrainer anheuern müssen, aber auch, dass Sie eine total neue Spielweise ersinnen müssen, die wenig damit zu tun hat, wie Sie vorher trainiert haben. Was es auch ist, eine Ihrer wichtigsten Aufgaben im Hinblick darauf, das Management auf dem Laufenden zu halten, ist, seinen Erwartungen zu entsprechen. Ein bisschen Aufrichtigkeit gleich zu Beginn des Spiels zahlt sich über weite Strecken aus, indem sie Ihnen den Raum lässt, effektive Änderungen vorzunehmen.

Ein effektives Team aufbauen, das mit Ihnen arbeiten kann

Führung ist immer vorübergehend, und das trifft nirgends mehr zu als in Situationen, in denen Sie von außerhalb der Gruppe zum Leiter ernannt worden sind. Sie wissen, dass Sie – ob Erfolg oder Misserfolg – an irgendeinem Punkt ersetzt werden, sei es, weil Sie mit zusätzlicher Verantwortung und größerer Autorität belohnt werden oder weil Sie nichts bewirkt haben und sich anderswo nach einer neuen Karriere umsehen müssen. Unter diesen Umständen erwartet das leitende Management von Ihnen nicht nur, dass Sie Ihre Mission und Ihre Ziele erfüllen, sondern auch, dass Sie dabei ein effektives und zusammenhaltendes Team aufbauen, um Ihrem Nachfolger den Job etwas zu erleichtern.

Ein zusammenhaltendes Team aufzubauen bedeutet nicht, einen Personenkult zu schaffen, der Ihr Team in unendlicher Trauer zurücklässt, wenn Sie scheiden. Es bedeutet, schon früh in Ihrer Dienstzeit als Teamleiter Autorität und Verantwortung zu delegieren und Ihrem Team beizubringen, wie es seine Ziele erreicht, egal, wer es anführt. Es bedeutet außerdem, die Rolle Ihrer Gruppe der größeren Organisation gegenüber zu verdeutlichen, so dass diese den Wert Ihres Jobs schätzen lernt (was Ihnen wiederum ein wenig Jobsicherheit für die Zukunft verschafft).

Die Axiome der Führung

In diesem Kapitel

▶ Sie erfahren was Führungspersonen tun

▶ Und wie Sie es tun

Die Genialität einer guten Führungsperson ist es, eine Situation zurückzulassen, mit der gesunder Menschenverstand, ohne die Spur der Genialität, erfolgreich umgehen kann.

Walter Lippmann

Die deutsche Bezeichnung für Management ist *Führungskunst*, was natürlich überhaupt nicht Management bedeutet, sondern eben die »Kunst der Führung«. In den meisten Ländern sind allerdings Management und Führung zwei völlig verschiedene Dinge. Die meisten europäischen und asiatischen Firmen haben aktive Direktionsausschüsse, die für die praktische Entscheidungsfindung und Führung zuständig sind. Die Manager dagegen führen einfach die Missionen aus, die ihnen von den Ausschüssen angegeben wurden.

In den USA ist Führung demokratischer, und Führung und Management sind eher integriert. Die meisten Firmenausschüsse sind beratender Natur und liefern keine Richtung. Die Hauptfunktion der Ausschüsse ist es, einen Geschäftsführer einzustellen und diesen periodisch auf Erfolg oder Misserfolg zu überprüfen. Der Geschäftsführer, der wichtigste geschäftsführende Leiter überhaupt, stellt dann seinen eigenen Kader von Führungsmitgliedern und Managern ein, ohne den Rat und die Zustimmung des Ausschusses. Ziele und Visionen werden vom Ausschuss gebilligt werden, wie auch die Entscheidungen zur Bewilligung weiterer Ressourcen. Aber im Großen und Ganzen haben die amerikanischen Geschäftsführer freie Hand beim Führen und Managen.

Die amerikanische Struktur verwischt die Linie zwischen Führung und Management. (Und die Verwirrung, die aus den Grauzonen dazwischen resultiert, bereitet den amerikanischen Managern oft Schwierigkeiten.) Dennoch, um keinen Fehler zu begehen, Führung und Management sind zwei verschiedene Dinge:

✔ Führung legt einen Stil und eine Tonart für das Erreichen einer Vision fest und motiviert Leute, für das Erreichen der Vision Opfer zu bringen.

✔ Management ist der *taktische Prozess* der Ausführung und Erfüllung der Mission: Das Anliegen des Managements liegt in den Details und dem täglichen Kleinkram, ohne den eine Vision nicht Realität werden kann.

Führung hat mit Vision zu tun und Management mit der Ausführung. Dieses Kapitel zeigt Ihnen die Unterschiede zwischen Führungspersonen und Managern und was diese für Sie bedeuten können.

Was Führungskräfte tun

Führung und Management überlappen sich dahingehend, dass beide von Ihnen verlangen, Verantwortung zu ergreifen, um erfolgreich zu sein. Eine Führungskraft ist für ihre Anhänger verantwortlich, der Manager muss bereitwillig die Verantwortung für die Einzelheiten der Mission übernehmen. Weil Missionen häufig hochgradig detailorientiert sind, ist es nicht schwer, von den täglichen Aspekten einer Mission besessen zu werden und dabei das Ziel oder die Vision aus den Augen zu verlieren. Es gibt einen Song, der stellt die Frage, »Wohin sind sie gegangen, ohne jemals den Weg zu kennen?« Manager gehen nach vorne, ohne den Weg zu kennen, während Führungspersonen den Weg, der vor ihnen liegt, auskundschaften sollen. Die folgenden Abschnitte konzentrieren sich auf die Unterschiede zwischen Führungspersonen und Managern.

Führungspersonen liefern Managern Kontrolle und Gleichgewicht

Eine der wichtigsten Aufgaben der Führung ist es, das Management daran zu hindern, ein Unternehmen in die Länge zu ziehen, und die Verantwortungen des Managements nach der Vision der Führung auszurichten. Sich selbst überlassen, neigen Manager dazu, bis in den Mikrokosmos hinein zu managen, sich über kleinste Details den Kopf zu zerbrechen und das große Ganze zu vergessen. Weil Management zum größten Teil auf Regeln basiert, werden allein gelassene Manager ein Unternehmen unter endlosem Bürokratismus und einem Haufen von Regeln begraben. Als Führungsperson müssen Sie sich ständig fragen, wie die Systeme und Strukturen, die Ihr Unternehmen ausmachen, dem Unternehmen dabei helfen, seine Vision zu erfüllen, und welche Dinge für den reibungslosen Einsatz Ihrer Gruppe unnötig sind. Diese Systeme und Strukturen können die Finanzen, das Personal, Forschung und Entwicklung, Marketing, Transaktionen, Herstellung und Verteilung einschließen. Als Nächstes stellen Sie den Managern der betreffenden Abteilungen dieselben Fragen. Sie werden vielleicht Unterschiede zwischen Ihren Erwartungen und deren Antworten feststellen. In diesem Fall fordert Ihre Führungsrolle Sie dazu auf, alles Notwendige zu tun, um die Systeme wieder ins richtige Gleis zurückzuführen.

Benutzen Sie Ihren gesunden Menschenverstand

Sie wären überrascht, wie einfach einige Leute die ihnen übertragenen Aufgaben komplizieren. Diese Leute übernehmen simple Verantwortungen, die kristallklar sind, und produzieren dann nur noch trübes Wasser. Verschiedene Faktoren können Ihren gesunden Menschenverstand beeinträchtigen:

- ✔ Mangelnde Kenntnisse, die nur durch die Erfahrung des Tuns erworben werden können
- ✔ Der Wunsch, jemanden damit zu beeindrucken, wie schlau Sie sind
- ✔ Von einer Aufgabe überwältigt zu werden

Wenn Sie führen wollen, fangen Sie mit normalen, vernünftigen Dingen an, Dinge, die offensichtlich in Beziehung zu einem angestrebten Ziel stehen.

Was sind vernünftige Dinge? Nehmen Sie die Geschichte einer Papierproduktefirma, die sich in den frühen Siebzigerjahren entschloss, ein superstarkes, supersaugfähiges Papierhandtuch zu produzieren. Die Abteilungsspitze übergab die Mission an sein R&D-Team, die ein Handtuch hervorbrachte, das aus Papier über einem Netz aus Nylonfasern bestand. Das Produkt war im Test der Traum eines jeden Marketingmitarbeiters und die Firma gab Millionen für seine Einführung aus. Das Problem war nur, dass es hauptsächlich in den Vorstädten verkauft wurde, wo viele Haushalte Waschbecken-Abfallbeseitigungssysteme hatten. Die Nylonfasern ließen sich nicht zerfetzen, verstopften stattdessen die Beseitigungssysteme und ruinierten deren Motoren. Nachdem die Firma bereits im ersten Monat mehrere hundert Beschwerden erhalten hatte, stoppte sie das Produkt – und die Karriere des Abteilungsleiters.

Wenn Sie der Meinung sind, dass die Abteilung ein vernünftiges Produkt hergestellt hätte, aber die Kunden ihren gesunden Menschenverstand nicht gebraucht hätten, denken Sie noch mal darüber nach! Wenn ein Produkt die Leute in den Wahnsinn treibt, werden sie es nicht kaufen. Alles andere ist egal.

Hängen Sie Ihre Ziele an die Wand

In beinahe jedem Unternehmen entwickeln die Führungskräfte Pläne, präsentieren sie dem leitenden Management und gehen dann im Fall von Zustimmung zur Ausführung über. Aber wie erinnern Sie sich daran, was das Ziel ist? Nehmen Sie die Seite, die das Ziel erklärt, aus Ihrer Präsentation heraus und lassen Sie sie auf Posterformat vergrößern. Machen Sie genügend Kopien für sich selbst und alle Teammitglieder und hängen Sie das Poster dann an die Wand, so dass Sie es jeden Tag vor Augen haben. Wenn Sie das Ziel sehen und Ihre Leute das Ziel sehen, kann später kaum einer sagen, »Oh je, das habe ich vergessen«.

Schließen Sie einen Vertrag mit Ihrem Team

Sich allein das Poster mit Ihrem Ziel anzusehen, liefert noch nicht genug Antrieb. Jeder muss sich dazu verpflichten, das Ziel zu implementieren und es nicht aus den Augen zu verlieren, während er die Aufgaben der Mission angeht. Nachdem sich alle auf ein Ziel geeinigt haben, setzen Sie sich nieder und schreiben eine Vereinbarung zwischen Ihnen und allen Mitgliedern Ihres Teams auf. Erklären Sie genau, was das Ziel ist, und definieren Sie locker die Mission. Geben Sie jedem eine Kopie davon und fordern Sie die Leute auf, diese zu unterschreiben und Ihnen zurückzugeben. Machen Sie Kopien davon, unterschreiben Sie sie alle und geben Sie die Kopien mit den beiden Unterschriften an Ihre Leute zurück. Bei Besprechungen verweisen Sie auf diesen Vertrag, wann immer Probleme auftauchen. Der Vertrag hält die Leute auf das Ziel konzentriert.

Halten Sie die Aufgabe einfach und offensichtlich

Gute Ingenieure leben nach der so genannten KISS-Regel, was bedeutet »Keep it simple, stupid (etwa: Halte es einfach, Depp)«. Alles, was Sie als Führungsperson tun, sollte darauf ausgerichtet sein, einfachere, klarere und direktere Wege zu finden, wie Dinge getan werden – und nicht nur für Sie klarer, sondern für jeden, der an der Ausführung des Plans beteiligt sein wird. Wenn Sie ein Handbuch schreiben oder eine Reihe von Anweisungen, sollte auch eine Person mit wenig oder ohne Ausbildung und ohne Erfahrung mit Ihrem Produkt verstehen können, was zu tun ist.

Ändern Sie Ihre Kriterien für die Auswahl von Managern

Wenn Sie bessere Manager haben wollen, suchen Sie nach Leuten, die in der Lage sind, Führungspersonen zu werden. Meistens suchen die Firmen Manager auf der Grundlage ihres professionellen Know-hows aus. Wenn sie ein Forschungslaboratorium haben, stellen sie jemanden mit einem Doktortitel ein, um es zu leiten. Wenn sie eine Marketingfirma besitzen, befördern sie die Top-Verkaufs- oder -Marketingleute in diesen Job.

Der Manager mag ja vielleicht wirklich die kompetenteste Person sein, was Joberfahrung betrifft, aber jemand, der für eine Managementstelle am geeignetsten ist, hat andere Qualitäten:

- ✓ **Eine Fähigkeit, die Gruppe vorwärts zu bringen.** Der Manager, den Sie brauchen, hat genug Kreativität, um eine eigene Vision hervorzubringen. Er hat die Verpflichtung dem Ziel gegenüber, die ihn bereits in frühen Stadien der Problementwicklung zu Ihnen kommen lässt. Sie wollen niemanden, der einfach blind nach vorne stolpert und seine Mission so ernst nimmt, dass er tatsächlich mit Ihnen zu streiten anfängt, wenn offensichtliche Änderungen erforderlich sind.

- ✓ **Das Talent, sich auf die anliegenden Aufgaben zu konzentrieren.** Ein effektiver Manager erinnert seine Leute daran, dass ihre Zukunft von ihrer Fähigkeit abhängt, das vereinbarte Ziel zu erreichen, und dass Büropolitik Zeitverschwendung ist. In vielen Firmen und in vielen anderen Situationen, wo keine deutliche Führung vorhanden ist, werden die Leute nach Verbündeten außerhalb ihres Teams suchen oder versuchen, einen Manager über die Leute über ihm zu beeinflussen. Als Führungspersönlichkeit hält ein guter Manager die Leute über ihm genauestens informiert über das, was in seinem Team vor sich geht. Er lässt sich nicht hinters Licht führen.

- ✓ **Mut und gute, stabile Nerven.** Sie wollen, dass Ihre Manager frühzeitig zu Ihnen kommen, wenn die Mission vom Kurs abzukommen droht, und Sie wollen, dass sie ohne Angst zu Ihnen kommen. Wenn Sie ihnen zugehört und Vertrauen aufgebaut haben, wird Ihr Team Mut entwickeln, selbst angesichts von Missgeschicken.

Konzentrieren Sie sich auf Leute, nicht auf Systeme

Um die Tatsache, dass Organisationen, hm, ja, eben Organisation brauchen, um ordentlich zu laufen, kommt man einfach nicht herum. Organisation bedeutet, Systeme zu erzeugen und Strukturen und Vorschriften aufzuerlegen, die die Beziehungen zwischen verschiedenen Teilen einer Organisation regeln. Mit dem Wachsen der Organisation werden die Vorschriften komplizierter und fallbezogener (ein Wort, um auszudrücken, dass in einer großen Organisation das, was Sie in Zukunft tun dürfen, davon abhängt, was in der Vergangenheit getan worden ist).

Leute in großen Organisationen neigen daher dazu, ein Level der Bequemlichkeit und Zustimmung zu erreichen, einfach, indem sie die Regeln befolgen. »Go along to get along« ist ein oft gehörter Satz in vielen von Vorschriften gesteuerten Organisationen. Doch dieser Satz sollte noch nicht einmal für den rangniedrigsten Mitarbeiter gelten. Ihr Ziel als Führungsmitglied sollte es sein, unnötige Vorschriften auszuschalten. Stellen Sie alles in Frage, und tun Sie das mit den Bedürfnissen Ihrer Gruppe im Hinterkopf.

Zu wenige Regeln aufzustellen ist genauso leicht, wie zu viele Vorschriften zu machen. Machen Sie nie, nie, niemals eine Regel rückgängig, wenn dies irgendeinem Teamkollegen oder Arbeiter schaden könnte, selbst wenn die Regel trivial erscheint und sich auf einen Fall bezieht, der fast nie vorkommt. Schlimme Dinge könnten sich ereignen, und Sie wollen doch sicher nicht Gegenstand einer Untersuchung sein, die der Frage nachgeht: »Wer in Gottes Namen war der Hirni, der diese Vorschrift abgeschafft hat?«

Auf dem niedrigsten Managementlevel sind meistens die Leute zu finden, die direkt mit Ihren Kunden oder den Kunden Ihrer Kunden zu tun haben. Machen Sie sich die Mühe, diesen Managern dieselbe Flexibilität im Erlassen von Vorschriften beizubringen, mit der Betonung darauf, das Vertrauen Ihrer Kunden zu gewinnen.

Sehen Sie's auf die lange Sicht

Niemand, nicht einmal ein Retter, kann eine Organisation über Nacht verbessern. Wenn Sie eine extrem charismatische und effektive Führungspersönlichkeit sind, kann Ihre Anwesenheit die Moral schnell heben und vorher mutlosen Managern und rangniederen Führungskräften erlauben, Probleme anzugehen, die sie früher vermieden haben. Doch solche Verbesserungen sind kurzfristige Erfolge, genauso, wie die Anfangsdosis einer Medizin einen Kurzzeiteffekt auf einen kranken Patienten hat. Ihr Arzt verordnet Ihnen nicht umsonst, dass Sie das Antibiotikum eine ganze Woche oder länger einnehmen müssen, um gesund zu werden.

Dasselbe gilt für jede Organisation. Wenn eine Organisation schnell auf Ihre Führung anspricht, können Sie sich leicht einreden, das Richtige getan zu haben. Denken Sie daran, dass diese Empfänglichkeit der Leute, wenn sie auch Ihrem Ego schmeichelt, nur ein winziger Schritt in Richtung der Ziele der Organisation ist. Verlieren Sie nicht das große Ganze aus dem Blick.

> **Die Vorschriften sollen der Organisation dienen, nicht umgekehrt**
>
> Während der Großen Depression gründete ein Sägewerksbesitzer die Webster Bank, eine Bankgruppe in Connecticut. Er hatte sich überlegt, dass die Leute, wenn sie von den konventionellen Banken keine Kredite erhielten, auch keine Häuser bauen und daher auch sein Holz nicht kaufen würden. Daher legte Webster Smith, nach dem die Bank benannt wurde, Wert darauf, die Vorschriften der Bank über die Bewilligung von Krediten auf ein Minimum zu reduzieren. Unter dem gegenwärtigen CEO der Bank, James Smith, führt die Bank diese Politik fort und wird seit langem als führend bei den Kundenbeziehungen angesehen. Allen Managern steht es frei, die Vorschriften der Bank zu verbiegen, und dieses Gutdünken dehnt sich bis zum Kassierer aus. Weil die Bank aktiv daran arbeitet, Vertrauen zu ihren Kunden aufzubauen, reagieren die Kunden mit weit weniger Darlehensvergehen als normal.

Was bei der Webster Bank funktioniert, sollte auch in jeder anderen Organisation funktionieren. Als Führungsmitglied sollten Sie Ihre Manager auffordern, regelmäßig alle Grundsätze und Regeln zu überprüfen, für die sie verantwortlich sind. Sagen Sie ihnen als Regel, sie sollten eine Vorschrift pro Monat eliminieren. Sie sollen die Regel erklären, warum sie besteht und warum sie nicht länger notwendig ist. Diese Übung wird sie mental darauf einstimmen, sich auf die Menschen zu konzentrieren.

Doch die bürokratische Mentalität ist nur schwer totzukriegen, so dass Sie und auch Ihre Manager mehr tun müssen. Halten Sie sich an einen Grundsatz: Keine neue Vorschrift darf ohne Überprüfung durch die verantwortliche Führungskraft erlassen werden und alle Regeln werden zeitlich begrenzt. So genannte »Sunset«-Gesetze haben bei der Rationalisierung der Regierungspolitik gut funktioniert. Sunset-Gesetze begrenzen die Zeitdauer für die Gültigkeit einer Regel, bevor sie hervorgeholt und erneut überprüft werden muss. Ihre Organisation sollte herausfinden, ob sich so etwas nicht auch bei Ihnen verwirklichen lässt.

Machen Sie aus einem großen viele kleine Ziele

Der einfachste Weg, Ihr Team bei Laune zu halten, ist, Ihr langfristiges Ziel zu nehmen und es in eine Reihe kleinerer leichter zu bewältigende Ziele aufzuteilen, von denen ein jedes auf logische Weise zum nächsten führt.

Große Ziele in kleinere aufzuteilen

- ✔ gibt Ihnen die Zeit, Ihre Situation einzuschätzen und Ihre Mission zu korrigieren
- ✔ ermöglicht Ihnen, die Fähigkeiten Ihres Teams zu bewerten
- ✔ liefert Ihnen die Zeit, der Gruppe in jedem Stadium neue Lerninhalte nahe zu bringen, so dass sie nicht zu viel neues Wissen auf einmal in sich aufnehmen muss

✔ gibt Ihnen Zeit, Vertrauen zwischen sich und dem Team aufzubauen
✔ ermutigt Ihr Team durch eine Reihe kleinerer, die Moral stärkende Erfolge anstelle eines einzelnen Auf-Biegen-und-Brechen-Ereignisses

Verpassen Sie nie eine Gelegenheit zum Überdenken

Führungspersonen planen und arbeiten auf die Ziele von heute hin, aber damit ist ihr Job noch nicht getan. Sie müssen auch an die zukünftigen Bedürfnisse Ihres Unternehmens denken und daran, was der nächste Morgen wohl an Gefahren und Gelegenheiten bringen mag. Jede Gelegenheit, die Sie dazu zwingt, über ein aktuelles Ziel oder eine Mission nachzudenken, sollte Sie auch dazu veranlassen, über die Zukunft nachzudenken – die Ihres Unternehmens und Ihre eigene.

Überdenken erfordert, dass Sie die Wurzel des Übels erkennen und beseitigen. Sagen wir mal, Sie sind ein Abteilungsleiter und versuchen gerade, ein paar Prozente von Ihren allgemeinen, den Verkaufs- und Verwaltungsausgaben einzusparen – die laufenden Kosten, die den Profit verschlingen. Sie überprüfen Ihre Kosten und stellen fest, dass die Personalkosten einen großen Teil Ihrer Ausgaben ausmachen. Wenn dies auf Sie zutrifft, so wahrscheinlich auf alle anderen Abteilungsleiter auch. Ihr erster Schritt sollte daher sein, diese anderen Abteilungsleiter zu interviewen. Erzählen Sie ihnen, dass Ihre Personalkosten hoch sind, und fragen Sie sie nach ihren Kosten. Sollten Sie einen Manager finden, dessen Kosten um mehr als 10 % niedriger sind als die Ihren, finden Sie heraus, warum das so ist. Versuchen Sie, es genauso zu machen wie er, vielleicht können Sie dann schon bald eine Einsparung erzielen.

Wenn aber alle außergewöhnlich hohe Kosten haben, laden Sie die anderen Abteilungsleiter zu einer Besprechung ein, die Sie leiten sollten, um das Problem zu diskutieren. Laden Sie auch den Personalchef zu Ihrem Meeting ein und schlagen Sie vor, eine Spezialeinheit zur Untersuchung des Problems einzusetzen. Sagen Sie nichts davon, dass Sie Ihre Kosten senken wollen, weil sich das für den Personalchef anhört wie »das Budget beschneiden« oder »die Personalabteilung schrumpfen«. Stattdessen sollte Ihr Ziel sein, das Personal zu befähigen, zu Ihren Gunsten produktiver zu sein und mehr zu tun – das wird zu denselben Einsparungen führen wie die Beschneidung des Budgets.

Diese Übung wird Sie zu ganz neuen Erfahrungen führen und kann Ihrer Karriere vielleicht eine ganz neue Richtung geben.

Robert Walker war einige Jahre lang Informationschef bei Hewlett-Packard gewesen, als er die gesamte Haltung der Firma gegenüber dem Informationsmanagement zu überdenken begann. »Wir fragten uns«, sagt Walker, »wie propagieren wir Wissen?« Um die Antwort auf diese Frage zu finden, stellte er eine Gruppe von Experten aus allen Teilen der Firma zusammen. Diese fanden in der Diskussion schnell heraus, dass alle Abteilungen einige Probleme gemeinsam hatten, und rechneten sich aus, dass, wenn sie diese Leute dazu kriegen könnten, auf eine Lösung zu kommen, diese Lösung die große Mehrheit der Verbraucher zufrieden stellen würde. Sie folgerten außerdem als Gruppe, dass die Ideen, da sie aus der Abteilungsebene kamen, auf weniger Widerstand stoßen würden, als wenn sie von einer Informationssystemabteilung der Firma auferlegt worden wären.

Eine der ersten Ideen, mit denen die Gruppe ankam, war die, dass die Informations- und Kommunikationsstandards den Service verbessern sollten.»Einer der größten Fehler, den die Leute begehen, ist, einen Standard als abgeschlossen in sich anstatt als ein Mittel zu betrachten, den Service zu verbessern oder die Kosten zu senken«, sagt Walker.»Wir entschlossen uns, dass alles, was wir tun würden, zu einer messbaren Verbesserung des Service für alle Verbraucher führen sollte.« Walker kichert über seine eigene Aussage.»Hewlett-Packard, daran müssen Sie denken, ist eine Vermessungsfirma, wenn wir also von *messbarer Service-Verbesserung* reden, meinen wir das wirklich. Wir sehen uns solche Punkte an wie etwa, wie viele Leute am Help Desk angerufen haben, wie lange es dauerte, eine Lösung zu finden, und wie lange, neue Hard- und Software zu installieren. Um es beim Namen zu nennen, wir haben es von der Perspektive des Service aus gemessen.«

Der erste Teil des Problems war 1989 gelöst, als die gesamte Firma entschied, ein globales Netzwerk auf Internet-Grundlage aufzubauen, wobei die Standard-Kommunikationsprotokolle des Internets benutzt wurden, um Informationen unter den HP-Angestellten auszutauschen. Rückblickend war HPs Entscheidung, dies zu tun, von großer Bedeutung, weil sie das Ausrollen des World Wide Web vordatierte. Wäre das Web mit einem anderen Kommunikationsstandard für die Öffentlichkeit zugänglich gemacht worden, hätte es HP Millionen gekostet, sein Netzwerk zu ändern, weil seine Angestellten wohl in der Lage gewesen wären, per Computer untereinander zu kommunizieren, aber nicht mit der Außenwelt. Mit Hilfe der eingerichteten Netzwerkprotokolle begannen die örtlichen Manager ein Jahr später, 1990, Informationen über das Netzwerk auszutauschen.

Die interne Kommunikation von HP aufs Internet zu legen, löste für über zwei Jahre viele Probleme, aber das Ziel, besseren Service anzubieten, ließ die Gruppe weiter nach Lösungen suchen, und worauf sie schließlich stießen, war etwas, das sie *allgemeine Arbeitsumgebung* nannten.

Obwohl der Prozess, eine einheitliche Arbeitsumgebung zu schaffen, beachtlich war, sagt Walker, dass die Firma kein IT-Budget habe.»Wenn Sie ein Budget haben, ist das Erste, was jeder Manager versucht, die Kosten niedrig zu halten. Das verschiebt sofort das Problem, denn eigentlich sollte es heißen 'Wie ziehen Sie den maximalen Nutzen aus Ihrer Informationsinfrastruktur?' Wenn Sie sich auf Geld und Kostensenkungen konzentrieren, wird das immer auf Kosten des Service gehen, und das können Sie leicht tun, weil Sie oft den Gewinnzuwachs, den Sie durch besseren Service erreichen, nicht messen können. Aber er ist da, und er summiert sich auf.«

Trainieren Sie Ihr Team zum Sieg

Um etwas von der Mentalität einer gewissen Weitsicht zu verspüren, ziehen Sie Ihren Trainerhut an. Nehmen Sie Ihr angestrebtes Ziel und stellen Sie es sich als etwas mit dem Gewinn der Fußballweltmeisterschaft Vergleichbares vor. Nennen Sie den vorgegebenen Zeitraum für das Erreichen dieses Ziels Ihre »Saison«. Teilen Sie Ihr langfristiges Ziel in mehrere kurzfristige Ziele auf und nennen Sie jedes kurzfristige Ziel ein »Spiel«. Wenn Sie das erste Spiel gewinnen, machen Sie sich ans nächste. Wenn Sie es verlieren, machen Sie es den Trainern nach. Schauen Sie sich die Videoaufnahmen des Spiels an und passen Sie Ihre Strategie an, was bedeutet, überprüfen Sie Ihre Mission und ändern Sie diese oder die Teammitglieder, die Art der Ressourcen oder was immer Sie sonst brauchen, um das nächste Spiel zu gewinnen. Befolgen Sie diese Formel, bis Sie anfangen zu gewinnen – also jedes der kurzfristigen Ziele zu erreichen oder gar zu übertreffen –, wiederholen Sie das Ganze dann für Ihre gesamte »Saison«, und Sie werden Ihr langfristiges Ziel erreichen.

Jedes Unternehmen steht für sich allein

Als Führungsperson ziehen Sie Ihre Leute zur Verantwortung, und Verantwortlichkeit bedeutet manchmal, dass Sie sich ein Scheitern genauso wie den Erfolg eingestehen müssen. Wenn eine Gruppe, die Sie führen oder für die Sie verantwortlich sind, ständig an ihren Zielen scheitert, sollten Sie die Führung nüchtern beurteilen – Ihre eigene und die der Leute, die Ihnen Bericht erstatten – und die der Gruppe zugebilligten Ressourcen. In Firmen ist das eines der schwierigsten Dinge überhaupt, weil viele Unternehmenseinheiten lang begründete, tief verwurzelte Interessen haben.

Wenn Sie eine Entscheidung fällen, die die Zukunft der Gruppe betrifft, sollten Sie den höheren Nutzen im Auge behalten, indem Sie sich Folgendes fragen:

- ✔ Wird die Stilllegung der Einheit der Gesamtleistung schaden?
- ✔ Kann die Arbeit mit einem Minimum an Unterbrechung ausgelagert werden?
- ✔ Wurde dem Team wirklich eine faire Chance zugestanden, Verbesserungen vorzunehmen?

All diese Fragen sind notwendig, aber Sie sollten sich auch fragen, was Sie noch hätten tun können, um die Krise abzuwenden.

Renovieren Sie, bevor Sie erneuern

Eine alte Yankee-Maxime lautet: »Kaufe es neu. Nutze es ab. Begnüge Dich damit oder mach' es ohne.« Jedes Unternehmen könnte davon profitieren, mehr auf diese Maxime zu achten. Die konventionelle Managementtheorie unterscheidet sich von der alten Weisheit und besteht drauf, das Alte zugunsten des Neuen rauszuschmeißen. Diese Theorie, die als *S-Kurve des Investment* bekannt ist, versucht, das Gesetz des abnehmenden Ertrags auf Forschung und Entwicklung anzuwenden. Sie ist eine der schlechtesten Ideen, die im Management während den Sechziger- und Siebzigerjahren aufgekommen sind.

Weil die amerikanische Unternehmenswelt der S-Kurven-Theorie anhing, anstatt an wichtigen Patenten und Umarbeitungstechnologien festzuhalten, versäumte sie es im gesamten Bereich der Verbraucherelektronik und in der Autoindustrie, Innovationen vorzunehmen. Daher machten, während das Transistorradio, Fernsehen, Videorekorder und eine Menge anderer technischer Spielereien in den USA entwickelt wurden, die wirklich großen Gewinne mit diesen Geräten die Japaner, die die Lizenzen auf die Originalpatente erwarben – billig verkauft von Amerikanern, die nicht glaubten, dass da noch irgendein Innovationspotenzial übrig sei. Die Japaner fuhren fort, indem sie den Geräten neue Eigenschaften hinzufügten und sie besser und weniger teuer machten. Erst in den späten Achtzigern, als die amerikanische Industrie die S-Kurve zugunsten der japanischen Idee der kontinuierlichen Verbesserung abschaffte, wurde sie plötzlich wieder konkurrenzfähig.

Ständige Verbesserung ist nicht nur was für Produkte

Ständige Verbesserung ist eine gute Idee für Führungskräfte in allen Bereichen, nicht nur im Technologie- und Produktbereich. Alle Führungskräfte sollten die Idee der kontinuierlichen Verbesserung in ihr Gehirn eingebrannt haben; sie sollte das Ziel einer jeden Führungsperson sein. Alles, was Sie tun können, können Sie noch besser machen. Wenn Ihr Ziel Qualität ist, dann sollten Sie so lange daran arbeiten, bis Fehler so selten sind, dass sie als Kuriosum gelten. Wenn Kundenservice Ihr Ziel ist, dann ist es nicht genug, wenn keine Beschwerden mehr kommen. Ihr Ziel sollte das universelle Kundenlob sein. Wenn Sie ein Kinderfußballtrainer oder ein Lehrer sind, dann sollten Sie sich an Glenn Holland ausrichten, der Figur, die Richard Dreyfuss in dem Kinofilm *Mr. Holland's Opus* spielt. Der Film handelt von einem Musiklehrer, der so engagiert und so gut ist, dass, als er sich zur Ruhe setzt, praktisch jeder Schüler aus seiner über 30-jährigen Karriere zurück an die Schule kommt, um ihm alles Gute zu wünschen.

Wie es Führungspersonen machen

Von allen Attributen der Führung ist das, was Führungskräfte öfter als alles andere machen, Entscheidungen zu treffen. Harry Trumans Motto, »Den schwarzen Peter bitte hier abgeben«, gilt letztendlich für jede Führungsperson. Deswegen haben Sie den Marschallstab. Sie haben die Verantwortung, und nachdem alles gesagt und getan ist, wird man Sie bewerten, befördern oder feuern, je nachdem, was bei Ihren Entscheidungen herausgekommen ist.

Timing ist alles

Wenn Sie Ihrem Team zugehört haben, seiner Kooperation sicher sind und sein Vertrauen besitzen, was müssen Sie noch tun? Vor allem müssen Sie entschlossen sein. Ihre Entscheidungen müssen überzeugend und schnell getroffen werden, nachdem Sie alle benötigten Informationen beisammen haben. Eines Ihrer vorrangigen Axiome als Führungsmitglied sollte sein »Ergreife den Moment«. Zeit, die Sie mit Zögern verbringen, wenn Sie längst in der Lage wären, eine Entscheidung zu fällen, ist verlorene Zeit. Sich zu viel Zeit zu nehmen ist ein Faktor, der das Vertrauen Ihrer Anhänger untergraben wird, und es ist Zeit, die der Konkurrenz ermöglicht, einen Vorsprung zu gewinnen.

Konzentration auf Vision und Ziele

Der beste Weg, Ihre Geschwindigkeit beim Entscheidungsprozess zu erhöhen, ist es, auf die Vision und die Ziele konzentriert zu bleiben. Wenn Sie Ihre Gruppe gut führen, wird sie Ihnen dabei helfen, eine Mission und einen Plan, um anzufangen, zu ersinnen, aber denken Sie daran: Missionen und Pläne ändern sich, sobald sie mit neuen Informationen und veränderten Realitäten konfrontiert werden. Zerbrechen Sie sich also nicht zu sehr den Kopf darüber, ob Ihre Entscheidungen über Pläne und Missionen perfekt genug sind. Wenn Sie eine mittlere Führungskraft sind, informieren Sie Ihre Untergebenen, dass Ihre Mission und Ihr Plan eventuellen Anpassungen unterworfen werden müssen, aber dass Sie den Zielen verpflichtet bleiben, auf die man sich geeinigt hatte. Richten Sie immer ein Auge auf Ihren Plan, so dass Sie sich nicht zu weit verpflichten.

Wenn Piloten über den Ozean fliegen, kommen sie irgendwann an den so genannten »Punkt ohne Wiederkehr«. Das ist die Stelle im Ozean, wo die Kombination aus dem an Bord befindlichen Treibstoff, den Wetterbedingungen, dem Zustand des Flugzeugs und anderer Faktoren so ist, dass es einfacher ist, weiter auf den Bestimmungsort zuzufliegen, als zurückzukehren.

Dasselbe Prinzip gilt auch für Organisationen und Unternehmen. Ihr angestrebtes Ziel ist z.B. vielleicht, eine Verlustabteilung in eine mit 15 % Wachstum im Jahr umzukrempeln. Nach der Bewilligung der Ressourcen ist klar, dass Sie nur 5 % schaffen werden. Hören Sie jetzt auf, planen neu und formen die Mission um, um die 15 % zu erreichen? Wenn Sie im Prozess der Missionsdurchführung noch früh sind, könnten Sie es vielleicht tun, aber wenn Sie den Punkt ohne Wiederkehr bereits überschritten haben – d.h. substanzielle Ressourcen an Zeit, Geld und Leuten eingesetzt haben –, sind Sie besser beraten, wenn Sie den Leuten dabei helfen, ihre Erwartungen etwas einzuschränken. Ein Zuwachs von 5 % ist wie ein Flugversuch von New York nach Paris, bei dem Ihnen über Irland das Benzin ausgeht. Sie sind nicht abgestürzt und können nach einem kurzen Zwischenstop wieder auftanken und sich dann entscheiden, weiter nach Paris zu fliegen oder die Richtung zu ändern und nach Moskau zu reisen.

Wie verbessern Sie Ihr Timing? Behalten Sie drei Sätze im Gedächtnis:

✔ **Erkennen Sie früh, was notwendig ist.** Es gibt keine Situation, die nicht schon einmal vorgekommen wäre. Selbst neu gegründete Organisationen haben die Geschichten der Leute im Team und einen schon länger existierenden Konkurrenzmarkt, an die sie sich halten können. Sie mögen eine neue Technologie haben, die Sie als revolutionär betrachten, aber in Wirklichkeit gibt es so etwas wie eine neue Technologie ohne frühere Kunst nicht. In den meisten Fällen werden Sie eine Gruppe mit einer langen Geschichte übernehmen, eine mit einer Ereignislaufbahn, die Sie jetzt ändern sollen. Sie können die beste zurzeit existierende Spendenorganisation übernehmen, aber von Ihnen als neuem Leiter wird erwartet, dass Sie zu neuen Höhenflügen starten. Sie können ein Restaurant eröffnen, aber ohne Zweifel werden andere Restaurants in der Nähe sein. Sie wissen, dass in diesen Restaurants ein reger Publikumsverkehr herrscht, so dass Sie glauben, die Gegend könne noch ein weiteres Restaurant vertragen – Ihres.

Ziehen Sie einen Nutzen aus der Geschichte. Benutzen Sie die Geschichte, um Ihre Zielsetzung und Planungsprozesse abzukürzen und möglichst schnell zu Ihrer Mission zu kommen. Das Erste, was Sie als neuer Leiter einer Gruppe tun sollten, ist, die Person mit der längsten Geschichte aufzufordern, die Gruppe – und Sie – auf Trab zu bringen. Benutzen Sie dieses Meeting, um Fragen zu stellen und Ihren Informationsspeicher aufzufüllen und als Hilfe, ein Ziel zu umreißen. Indem Sie früh erkennen, welche Probleme vorliegen, erhalten Sie einen signifikanten Vorsprung bei der Bestimmung, welches Ihre Ziele sein sollten.

✔ **Beschleunigen Sie den Entscheidungsprozess.** Legen Sie einen Ablieferungstermin für Informationen fest. Der erste Test dafür, ob Ihre Gruppe in der Lage ist, an einem Strang zu ziehen, ist ihre Fähigkeit, eine Situationsanalyse ihrer Probleme vorzunehmen. In vielen Organisationen überlässt jede Abteilung solche Analysen einer Person. Das ist *falsch*. Situationsanalyse ist Aufgabe der Gruppe. Wenn die Gruppe nicht vollständig daran teilnimmt, findet kein Lernprozess statt. Ihr Team wird eine Analyse, an der es nicht beteiligt ist, entweder passiv akzeptieren oder ablehnen, und es wird die Tatsache übel nehmen, dass ihm eine Chance verweigert wurde, sich einzubringen.

Wenn alle für das Zusammentragen von Informationen verantwortlich sind, verkürzt das den Planungsprozess und die Entfernung, die Sie zurücklegen müssen, bevor Sie sich für ein Ziel entscheiden können.

✔ **Setzen Sie Entscheidungen schnell um.** Nachdem Sie alle Informationen gesammelt haben, die Sie für Ihre Entscheidung brauchen, entscheiden Sie sich schnell. Quälen Sie sich und die Leute um Sie herum nicht mit Unentschlossenheit. Es demoralisiert Ihr Team, wenn es herumsitzt, während Sie langsam und schwerfällig über die Zukunft nachdenken.

Als Führungskraft zurechtkommen

In diesem Kapitel

- Sie lernen zu wissen, was Sie delegieren sollen
- Sie lernen zu delegieren
- Sie setzen Ziele und messen Sie Ihren Fortschritt
- Sie schlichten Streit unter Ihren Teammitgliedern
- Sie helfen Ihrem Team, seinen eigenen Weg zu finden

Unser Leben vergeudet sich in Details ... vereinfachen, vereinfachen.

Henry David Thoreau

*F*ührung hat mit Entscheidungsfindung zu tun, und eine der wichtigsten Entscheidungen, die Sie treffen können, ist die, Ihr Team die Entscheidungen treffen zu lassen.

Setzen Sie vernünftige Ziele – vergessen Sie den unmöglichen Traum

Die vorrangige Verantwortung einer Führungsperson ist es, Ziele zu setzen. Die erste Regel dabei ist, »Lernen Sie, realistisch gegenüber den Zielen zu sein, die Sie festlegen.« Als Peter Derow in den frühen Siebzigerjahren Präsident der *Newsweek* war, war einer der Ratschläge, die er gerne gab: »Seien Sie vorsichtig, wie Sie Ihre Ziele setzen. Wenn Sie sie zu hoch ansetzen und sie nicht erreichen, werden Sie als Versager angesehen. Wenn Sie sie aber niedriger ansetzen und sie dann übertreffen, stehen Sie als Held da.« Derow hätte auch noch hinzufügen können: »Setzen Sie sie aber nicht zu niedrig an, sonst werden Sie vom Management für ängstlich gehalten.«

Ziele an die Fähigkeiten Ihrer Gruppe anzupassen, erfordert Planung und Weitblick sowie eine kritische und ehrliche Bewertung Ihres Teams, der Ihnen bewilligten Mittel und Ihrer aktuellen Stellung in der Meute der Mitkonkurrenten. Wenn Ihr Kinderfußballteam im letzten Sommer auf dem letzten Platz gelandet ist, so ist es höchstwahrscheinlich unvernünftig, den Kleinen zu erzählen, dass sie dieses Jahr die Meisterschaft gewinnen können, denn es würde sie einem zu hohen Druck aussetzen. Auf der anderen Seite, wenn Ihr Team sich auf dem letzten Platz befand und die Mehrheit der Spiele knapp aufgrund von Torwartfehlern verloren hat, könnte ein verstärktes Training des Torwarts zusammen mit der Reife, der Erfahrung und der besseren Koordination, die mit zunehmendem Alter kommen, Ihre Mannschaft doch noch auf einen der oberen Ränge befördern. Aber das sollte

Ihre geheime Hoffnung bleiben und nicht als ein Ziel an die Mannschaft verkauft werden. Realistisch ist, dass Sie mit einigen Verbesserungen die Hälfte der Spiele gewinnen können, die Sie vorher verloren haben.

Wie verkaufen Sie vernünftige Ziele? Behalten Sie die Maxime »Die Dinge brauchen Zeit« im Kopf. Rom wurde nicht an einem Tag erbaut und selbst die charismatischste Führungspersönlichkeit kann eine ungünstige Situation nicht über Nacht ändern. Sie sollten es wollen und Sie sollten den Antrieb und das Engagement mitbringen, die zeigen, dass Sie jede Gelegenheit ergreifen werden, um Ihr ultimatives Ziel zu erreichen; aber Sie sollten Ihr Team nicht durch falsche Hoffnungen und verschwendete Mühen ausbrennen, bevor es dieses Ziel erreicht hat. Stattdessen sollten Sie Ihrem Team mitteilen, wie dieses ultimative Ziel aussieht, und dann eine Reihe von Meilensteinen setzen, die Sie als »Miniziele« ansehen können.

Wie Sie Ihre Ziele setzen, ist genauso wichtig wie die Ziele selbst. Wenn Sie die falschen Ziele herauspicken oder andere die Ziele für Sie aussuchen lassen, stehen Ihre Chancen gut, dass Sie nicht damit klarkommen werden. Wenn Sie umgekehrt eine starke Führungsrolle bei der Zielsetzung ausüben, zeigen Sie sich zuallererst verantwortlich für Erfolg oder Misserfolg, aber Sie werden auch eine bessere Vorstellung davon haben, was von Ihnen erwartet wird, weil Sie am Entscheidungsprozess selbst teilgenommen haben.

✔ Als Führungsperson wollen Sie niemals von Leuten auf einer absoluten Grundlage beurteilt werden, sondern auf einer relativen – relativ dazu, was Ihre Konkurrenten machen.

✔ Als Führungsperson wollen Sie in der Lage sein, mehr Leistungsmaßstäbe zu finden als nur einen einzelnen. Ihre Vorgesetzten haben Ihnen vielleicht ein Verkaufsziel gesetzt, das sich als unmöglich zu verwirklichen erweist; dennoch, wenn Sie zeigen können, dass Sie Ihre Verkaufskosten oder die Kosten für die Kundenwerbung gesenkt oder die Kundenloyalität vergrößert haben, wird man Sie einen weiteren Tag kämpfen lassen, weil dies alles Anzeichen für einen Fortschritt sind, sowohl für Ihr Team als auch für Ihre Vorgesetzten.

Die Theorie der Relativität

Wenn die Geschäftsführer Ihrer Firma Ihnen eine Mission Impossible gegeben haben, bringen Sie sie dazu, ihre Erwartungen herunterzuschrauben. Ein Marketingleiter einer Finanzservice-Software-Firma erhielt die Aufgabe, den Firmenumsatz um 30 % pro Jahr zu steigern. Von dieser Zahl hingen sein Bonus und seine Aktienoptionen ab. Als die Aktienpreise im Sommer 1998 purzelten, war es unmöglich für ihn, sein Ziel zu erfüllen. Für 1999 legte der Geschäftsführer das Ziel erneut fest und sagte: »Vergessen Sie 1998. Es war ein schlechtes Jahr; ich zahle Ihnen zwar keinen Bonus, aber ich feuere Sie auch nicht.« Daraufhin sagte der Marketingleiter: »Sie rechnen falsch. Wir haben den Umsatz um 12 % gesteigert, als die Nachfrage für unser Produkt um 20 % gesunken war. Relativ zum Markt haben wir den Umsatz also um 32 % gesteigert.« Sein Boss dachte darüber nach und zahlte ihm schließlich den Bonus.

Delegieren Sie an Ihr Team

Obwohl viele neue Manager Autorität nur widerwillig delegieren, aus Angst, die Kontrolle zu verlieren oder als schwach angesehen zu werden, könnte nichts weiter von der Wahrheit entfernt sein. Autorität zu delegieren ist, wenn man es richtig macht, eines der nützlichsten Werkzeuge, die ein Teamleiter besitzt, um Teamgeist, Motivation und Zusammenhalt zu fördern.

Ein guter Teamleiter verbringt eine Menge Zeit zu Beginn des Planungsprozesses damit, sich zu vergewissern, dass jedes Teammitglied eine delegierte Aufgabe hat. Ihre Aufgabe ist es, die Teammitglieder dazu zu bringen, sich dem gemeinsamen Ziel total verbunden zu fühlen (siehe den Abschnitt »Setzen Sie vernünftige Ziele – vergessen Sie den unmöglichen Traum« weiter oben in diesem Kapitel). Autorität zu delegieren ist eine der besten Möglichkeiten, dies zu tun.

Wissen, wie man delegiert – lassen Sie sich nicht in den Sumpf ziehen

Beim Delegieren hängt sehr viel davon ab, an *wen* Autorität delegiert wird, so dass die erste Regel dabei lautet: Lassen Sie sich nicht von den Leuten in den Sumpf ziehen. Natürlich, Sie führen Menschen, aber als Teamleiter müssen Sie lernen, die unausweichlichen Streitereien, die aus Personalkonflikten, vorgeworfener Vetternwirtschaft, Eifersucht und Unaufrichtigkeit entstehen, zu vermeiden. Wenn wir sagen, »lassen Sie sich nicht von den Leuten in den Sumpf ziehen«, meinen wir damit, »lassen Sie sich nicht von all den belanglosen Aspekten des menschlichen Verhaltens ablenken.«

Wenn Sie eine neue Führungsrolle annehmen, fragen Sie nach einem organisatorischen Diagramm, damit Sie wissen, wie die Kontrollstrukturen sein sollen. Das ist nur der Anfang. Hören Sie sich auch um, um herauszufinden, wer die wirkliche Macht hat, und revidieren Sie Ihr Diagramm dementsprechend, um zu reflektieren, welchen Weg Entscheidungen und Ressourcen in Ihrem Zuständigkeitsbereich nehmen.

SWOTten Sie Ihren Mitarbeiterstab

Ihr erster Schritt nach Annahme einer neuen Führungsrolle ist es, ein SWOT-Diagramm abzuleiten, d.h., die Stärken, Schwächen, Chancen und Gefahren für die wichtigsten Teammitglieder zu identifizieren (mehr über SWOT-Diagramme in Kapitel 6). Wenn Sie die Personalakten überprüfen, vergessen Sie zunächst jegliche Titel. Schauen Sie sich lieber die Stärken und Schwächen an.

✔ **Wie haben Ihre Vorgänger die Teammitglieder beurteilt?** Sehen sie bestimmte Leute als Hindernisse an oder sagen sie, dass man mit dem Team gut arbeiten kann? Identifizieren sie Personen mit wichtigen Kenntnissen oder besonders effektive Leute? Fragen Sie nach diesen Dingen, um einen Eindruck von den Fähigkeiten der Gruppe zu bekommen.

- ✓ **Sehen Sie irgendein erkennbares Muster?** Haben mehrere frühere Teamleiter Ihnen dasselbe über die Gruppe erzählt? Das könnte bedeuten, dass es ein institutionalisiertes Muster im Verhalten gibt. Es könnte die Gruppe effektiver machen und zu größerem Zusammenhalt führen, aber auch ihr Verderben sein.
- ✓ **Fallen irgendwelche eklatanten Schwächen auf?** Erreicht die Gruppe konsequent ihre Ziele oder gibt es ständige Kämpfe? Wenn ja, worauf konzentrieren sich diese Kämpfe? Sind es nur bestimmte Individuen oder ist es eine ganze Abteilung?
- ✓ **Haben die Teammitglieder besondere Stärken?** Fähigkeiten wie eine Begabung zur schriftlichen oder mündlichen Präsentation, analytische Fähigkeiten, Entschlossenheit im Handeln und gutes Urteilsvermögen können auf ein Führungspotenzial hindeuten, ohne Rücksicht auf die funktionelle Spezialisierung.
- ✓ **Gibt es Teammitglieder, die brillant sind, sich aber nicht ins Team einfügen?** Dies könnten Teammitglieder sein, an die Sie ein spezielles Projekt delegieren sollten, um sie zu ermutigen, vitale Mitglieder Ihres Teams zu werden.

Sie sollten auch eine nüchterne Einschätzung Ihrer eigenen Stärken und Schwächen vornehmen und nach Leuten gucken, die für Sie da einspringen können, wo Sie schwach sind. Wenn Sie so weit gekommen sind als Teamleiter, wissen Sie wahrscheinlich, wo Sie Verbesserungen nötig hätten und wo Ihre Fähigkeiten liegen. Sehen Sie sich in Ihrer Gruppe nach Leuten um, die Ihre Stärken ergänzen und Ihnen helfen können, Ihre Schwächen zu überwinden, und übertragen Sie ihnen die Verantwortung für die Dinge, die Sie besonders schlecht können.

Nachdem Sie Ihre SWOT-Analyse vorgenommen haben, führen Sie Ihren Zielsetzungs- und Planungsprozess durch (Kapitel 6 behandelt Zielsetzung und Planung im Detail) und erarbeiten Sie zur gleichen Zeit die SWOT-Analyse Ihrer Konkurrenz. Versuchen Sie, die Analyse im Hinblick auf die Fähigkeiten vorzunehmen, die für das Erreichen des Ziels notwendig sind. Wenn Sie z.B. mit einem hervorragenden Produkt am Markt nur zögerlich ankommen, teilt Ihnen Ihre Analyse mit, dass Sie Ihre Botschaft besser kommunizieren müssen. Haben Sie einen besseren Kommunikator in Ihrem Team? Egal, wie der funktionelle Titel dieser Person lautet, wenn die Marketingabteilung und die Werbeagentur die Strategie planen, werden Sie diese Person dabei haben wollen.

Versuchen Sie, von der nächsthöheren Ebene des Managements herauszubekommen, wer für eine Beförderung vorgemerkt ist. Jede Organisation hat ihre Leute, die, zu Recht oder nicht, geschützt werden und deren Aufstieg vorgezeichnet zu sein scheint. Vergleichen Sie die tatsächliche Leistung dieser Leute mit ihrem Ruf. Wenn beides übereinstimmt, geben Sie ihnen mehr Verantwortung. Wenn ihre Arbeitsleistung unter dem Nennwert liegt, finden Sie etwas für sie, das signifikante zeremonielle Bedeutung hat, aber Ihre Mission oder die Fähigkeit Ihres Teams, seine Ziele zu erreichen, nicht beeinträchtigt. Wenn es eine solche Person in Ihrer Organisation gibt, verwenden Sie sie am besten als Brücke zum höheren Management, um Ihrem Team zu mehr Mitteln zu verhelfen.

Wählen Sie die Seiten

Ein Teamleiter bekommt dann Probleme, wenn Leute, die gerne eine bestimmte Aufgabe übernehmen wollen, ihn bedrängen. Erinnern Sie sich, als Sie ein Kind waren und bei einem Spiel die Seiten gewählt wurden? Die zwei Personen, die die Auswahl trafen, normalerweise die beiden besten Sportler, die als Mannschaftskapitäne fungierten, mussten schnell entscheiden, wen sie in ihrer Mannschaft haben wollten. Sie suchten nicht nur im Hinblick auf die sportlichen Fähigkeiten aus, in absteigender Reihenfolge (die besten Spieler zuerst, die schlechtesten zuletzt), sondern bezogen auch Faktoren wie Vertrauen (ob sie mit einer Person früher schon zusammen gespielt hatten) und solche komplizierten Dinge wie, dass sie, um Spieler A (der großartig war) zu bekommen, auch Spieler B (eine grauenhafte Niete), den besten Freund von A, in Kauf nehmen mussten. Am Schluss, als die Mannschaften aufgestellt waren, musste der Kapitän für jeden Spieler die passende Aufgabe finden. Beim Softball bedeutet das, dass sich die guten Schläger an der Spitze und die schlechten am Ende der Aufstellung befanden. Und die Leute mit guten Händen spielten im Mittelfeld, während die schwerfälligsten Spieler nach außen gesteckt wurden, wo sie den geringsten Schaden anrichten und ihre Zeit mit Beten verbringen konnten, dass sich nur ja kein Ball in ihre Richtung verirren würde.

Die Seiten wählen und Positionen im Spiel zuweisen ist eine einfache Führungserfahrung, vergleichbar mit dem Delegieren von Autorität in einer großen Organisation. Oft werden Sie sich vielleicht nach den Erwartungen der anderen richten; deswegen scheinen die Rollen und Aufgaben, die Sie zuweisen und delegieren, oft weniger wahrscheinlich unter Ihrer Kontrolle zu sein. Autorität zu delegieren ist so ähnlich, wie die Mannschaften mit jemandem an der Seite zu wählen, der sowohl Vetorecht als auch Hartnäckigkeit besitzt. »Du kannst Spieler A haben, aber unter keinen Umständen Spieler B, selbst wenn er in dein Team will und perfekt hineinpasst.«

Zudem haben viele der Leute, mit denen Sie zu tun haben mögen, bereits wohl definierte Aufgaben. Wenn Sie damit beauftragt wurden, eine Abteilung zu leiten, wollen die Verkaufsleute nicht plötzlich mit den Finanzen und die Finanzleute nichts mit der Produktion zu tun haben, selbst dann nicht, wenn es tatsächlich der ganzen Firma helfen würde.

Stellen Sie Stars ein, wenn Sie können, und wenn nicht, bilden Sie Ihre Angestellten aus

Sie werden unvermeidbar Lücken in Ihrem Team finden. Wie der Fußballtrainer, der einen zusätzlichen Stürmer benötigt, werden auch Sie vielleicht feststellen, dass Sie spezielle »Rollenspieler« brauchen, um Ihr Ziel zu erfüllen.

Und wo finden Sie diese? Möglicherweise existieren sie in einer anderen Abteilung Ihrer Firma, aber noch wahrscheinlicher ist, dass sie für die Konkurrenz arbeiten oder Leute in untergeordneten Positionen sind, die aufsteigen wollen und die Herausforderung neuer Verantwortung begrüßen. Um solche Leute dazu zu überreden, für Sie zu arbeiten, müssen Sie ihnen demonstrieren, dass Ihr Team und Ihr Arbeitsplatz ihnen gewisse Vorteile bieten können. Diese sind z.B.:

- ✔ **Sie bieten ein Gefühl der Beteiligung.** Die Talente und das Wissen der Leute, die Sie einstellen, aufgrund von starrer Aufgabengestaltung oder einer festen hierarchischen Struktur zu ignorieren, ist eine Verschwendung einer bedeutenden Ressource. Die besten Firmen finden aktiv heraus, was ihre Mitarbeiter wissen, um Kosten zu senken, die Gestaltung ihrer Produkte zu verbessern und sie wettbewerbsfähiger zu machen und bei der Entscheidungsfindung zu helfen.

  Jede Firma kann mehr aus ihren Angestellten herausholen, indem sie Prozesse entwirft, die die Aufmerksamkeit des Spitzenmanagements auf die Kenntnisse der Mitarbeiter lenkt, und zwar ohne die Filterung, die oft durch das mittlere Management erfolgt. Der beste Weg, dies zu erreichen, ist, diejenigen Manager zu belohnen, die das Management auf die Vorschläge und Ideen ihrer Mitarbeiter aufmerksam machen, und es zu einer Grundlage zu machen, nach der ihre Leistung beurteilt wird.

- ✔ **Sie bieten Gelegenheit zur Weiterentwicklung.** Unter den richtigen Umständen kann sich jeder verbessern. Gute Teamleiter schaffen für alle Teammitglieder die Mechanismen, durch die sie sich nicht nur übertreffen, sondern auch das Level finden, auf dem sie ihr Bestes geben können. Außerdem geben gute Teamleiter ihren Teammitgliedern mehr Verantwortung, wenn sie dazu bereit sind, um sie eingebunden und engagiert zu halten.

- ✔ **Sie kommen den Bedürfnissen Ihrer Angestellten entgegen.** Es ist noch gar nicht so lange her, da war der Arbeitsplatz in fast jeder Beziehung homogen. Nicht nur, dass alle Angestellten weiß und männlich waren, nein, sie lebten auch in ähnlichen Umgebungen und hatten Kernfamilien mit Eltern, die für sich selbst sorgen konnten, und Kindern, denen ein gewisses Maß an Unabhängigkeit gewährt werden konnte, da die Straßen sicher und ruhig waren. Die Welt hat sich geändert und es ist unwahrscheinlich, dass sie jemals wieder so homogen wird. Zudem wird der Bedarf an Hochschulabsolventen weiterhin die Versorgung für den Rest dieses Jahrzehnts übersteigen. Der Bedarf an geschickten Mitarbeitern ist unersättlich und praktisch jedes Unternehmen stellt ein, so dass es leicht verständlich ist, warum der Arbeitsplatz zunehmend abwechslungsreicher wird. Mit dieser Vielfalt geht ein große Bandbreite von Arbeitsgewohnheiten und Bedürfnissen außerhalb der Arbeit einher.

  Eine Firma, die von ihren Mitarbeitern das größtmögliche Engagement will, muss darauf vorbereitet sein, diesen Bedürfnissen entgegenzukommen und die unvermeidlichen Ablenkungen zu minimieren, die das Leben heutzutage mit an den Arbeitsplatz bringt, indem sie Kinderbetreuung, eine Reihe von Optionen zur Gesundheitsvorsorge, Gleitzeit und Job-Sharing anbieten. Wenn Sie die Verantwortung für ein Team übernehmen, übernehmen Sie die Verantwortung für Menschenleben. Sie haben das Recht, Disziplin und Konzentration auf den Job zu verlangen, aber Sie müssen auch für alles Notwendige sorgen, um das erwartete Verhalten zu ermutigen.

✔ **Sie ermutigen kulturelle Vielfalt.** Kulturelle Vielfalt ist nicht länger nur ein Thema aufgeklärter Sozialpolitik. Sie ist eine Notwendigkeit. Für kein Unternehmen sind so viele talentierte Leute verfügbar, dass es sich von irgendeinem potenziellen Pool von Bewerbern abschneiden könnte. Ein Arbeitgeber der Chancengleichheit zu werden ist ein Mechanismus, durch den ein Unternehmen sich selbst die beste Chance gibt, konkurrenzfähig zu bleiben. In der Praxis ist diese Vielfalt schwieriger zu erreichen, als die meisten Leute glauben, weil Manager dazu neigen, Leute einzustellen, mit denen sie gut auskommen. Vielfalt erfordert Ihr persönliches Engagement und das Engagement eines jeden Teamleiters in Ihrer Firma.

Damit kulturelle Vielfalt zum Erfolg wird, müssen Sie sich auch dazu verpflichten,

- Training und Entwicklung anzubieten, sobald neue Angestellte Ihre Firma betreten
- Modelle angemessenen Verhaltens innerhalb der Firma zu schaffen
- Leute auf Gelegenheiten stupsen, die sie sich im Moment vielleicht noch nicht zutrauen
- fortlaufendes Training und dauerhafte Unterstützung anbieten

✔ **Sie statten ihren Arbeitsplatz ordentlich aus.** Im Zeitalter der raffiniertesten Maschinen, der Computer und der Kommunikationsnetzwerke kann eine Firma, die ihre Mitarbeiter nicht mit den richtigen Werkzeugen ausstattet, nicht konkurrenzfähig bleiben. Die richtigen Werkzeuge schließen die richtige Ausbildung mit ein. Die Angestellten sollten so ausgebildet werden, dass sie in ihren Jobs nicht nur gerade so kompetent sind, sondern sich selbst übertreffen. Der Konkurrenzdruck ist zu unnachgiebig, um Zeit für eine dürftige Ausbildung zu verschwenden.

✔ **Sie machen ihren Arbeitsplatz sicher.** Arbeitsplatzsicherheit sollte niemals erst zum Schluss bedacht werden. Sicherheit muss in die Werkzeuge, den Inhalt und die Struktur eines jeden Jobs mit eingeplant werden. Ob es nun die Maschinerie ist, die keine Gefahr für das Leben der Angestellten darstellen darf, oder ob es in den Tagesablauf eingebaute Pausen sind, um Übermüdung und Stress zu vermeiden, die zu körperlichem Schaden führen können, einen sicheren Arbeitsplatz zu unterhalten hat einen direkten und positiven Einfluss auf den Profit Ihres Unternehmens sowie einen indirekten im Hinblick auf die niedrigeren Versicherungsprämien, die sich auf Ihre laufenden Kosten schlagen. Heute glauben viele Firmen, dass Sicherheit ein Thema ist, das nur die Schwerindustriefirmen oder solche, die mit gefährlichen Materialien umgehen, betrifft. Das ist einfach nicht so. Jeder Arbeitsplatz, an dem die Arbeit aus sich ständig wiederholenden Vorgängen besteht und an dem der Maßstab für die Produktivität der reine Durchsatz ist, ist ein Arbeitsplatz, der nur auf einen Unfall oder einseitige Verschleißerscheinungen wartet.

Wissen, was man delegiert – Versumpfen Sie nicht in den Details

Wenn Sie das *Wer* des Delegierens bewältigt haben und der Meinung sind, dass Ihr Team in einigermaßen guter Form ist, ist es an der Zeit, das *Was* des Delegierens in Angriff zu nehmen. Sie müssen bestimmen, wie Sie Ihren Plan in Ziele und eine Mission zerlegen. (Einige nennen das *Strategie* und *Taktik*, aber Strategie ist nur eine Komponente eines Ziels und schließt nicht die ultimative Bestimmung mit ein.) Delegieren Sie dann alles, was mit der Mission zu tun hat. (Siehe Kapitel 6, wenn Sie mehr über Missionen wissen wollen.) Bilden Sie Ausschüsse, um jeden Aspekt der Mission zu behandeln und lassen Sie sich von den entscheidenden Leute in diesen Ausschüssen regelmäßig alle neuen Informationen berichten.

Geben Sie Ihren Untergebenen die Chance, die Verantwortungen, die Sie ihnen übertragen haben, zu ergreifen. Mit anderen Worten, Sie wollen, dass sie führen. Ihre Rolle während der Entwicklung der Mission besteht in Überwachung, Vermittlung, Beratung und der Kontrolle der Ressourcen. Sie wollen, dass Ihr Team seine Fähigkeit zur Ausführung der Mission demonstriert.

Verfolgen Sie, wie gut Ihr Team die Mission ausführt. Vielleicht müssen Sie eingreifen. Um zu wissen, wann Sie diesen Schritt tun müssen, nehmen Sie an jedem Ausschusstreffen teil, wo es um ein sich plötzlich andeutendes Problem geht: Hören Sie zu, helfen Sie und, wenn nötig, übernehmen Sie vorübergehend die Kontrolle.

Überdenken Sie Ihre Probleme

Sie wollen Ihr Team in der Lage sehen, seine eigenen Probleme zu lösen, wann immer das möglich ist. Was aber tun Sie, wenn jemand zu Ihnen kommt und sagt: »Ich habe alles versucht, aber es funktioniert immer noch nicht«?

Häufig ist ein Problem, das alle matt setzt, ein Problem, das nicht richtig benannt ist. Um den dänischen Mathematiker Piet Hein zu zitieren: »Die Lösung zu einem Problem liegt in seiner Definition.« Hein wurde einmal von einem großen dänischen Warenhaus auf das Problem angesetzt, wie der Publikumsverkehr durch die hervorragende Cafeteria des Warenhauses beschleunigt werden konnte. Das Warenhaus hätte die Qualität der angebotenen Speisen vermindern können, aber das hätte einen negativen Einfluss auf den Umsatz des ganzen Hauses gehabt. Oder sie hätten Platzanweiser anstellen können, um Trödler zu verscheuchen. Stattdessen half Hein einem Möbeldesigner bei der Entwicklung eines Stuhls, dessen Form bequemes Sitzen nur für etwa 20 Minuten ermöglichte. Wenn die Leute länger darauf saßen, fingen sie an, unter qualvollen Schmerzen in ihrem Hinterteil zu leiden. Die Stühle wurden angefertigt, und der Umsatz stieg wie gewünscht.

Sie müssen genauso denken. Wenn Sie ein hartnäckiges Problem haben, gehen Sie zum Anfang zurück und versuchen Sie, die Probleme in Bedingungen umzuformen, die Sie vielleicht lösen können, bevor Sie daran denken, hoch bezahlte Berater hinzuzuziehen. Häufig bedeutet das Überdenken eines Problems, die Verantwortung für eine neue Situation auf sich zu nehmen.

Zum Beispiel haben Autohersteller jahrelang damit gekämpft, bessere Stoßstangen zu entwickeln, um Autos und Insassen bei einem Zusammenstoß mit niedriger Geschwindigkeit besser zu schützen. Erst als die Designer erkannten, dass es wichtiger war, die Insassen zu schützen als das Auto, führte ein Umdenken zu gepolsterten Armaturenbrettern, eingebauten Instrumenten, einer Umgestaltung des Lenkrads, um den Brustkorb zu schützen, und der Neueinführung von Sicherheitsgurten und schließlich Airbags, um Fahrer und Beifahrer zu schützen.

Wie gelangen Sie zum Anfang zurück? Sie können ein hartnäckiges Problem auf mehrere Arten angehen. Zum Beispiel:

- ✔ **Rekonstruieren Sie.** Wenn Sie ein Produkt herstellen, das sich nicht gut verkauft, gehen Sie hinaus und kaufen Sie einige Exemplare desjenigen Produkts der Konkurrenz, das Ihres aussticht. Nehmen Sie es sich vor. Untersuchen Sie nicht nur, warum es besser ist, sondern versuchen Sie auch herauszukriegen, wie es gemacht ist. Fast immer erhalten Sie auf diese Weise den Schlüssel dazu, wie Ihre Konkurrenz das Problem lösen konnte, das Sie nicht lösen konnten.

- ✔ **Verfolgen Sie den Markt zurück.** Vielleicht verkauft sich Ihr Produkt auch deshalb nicht gut, weil es an den falschen Stellen, von den falschen Leuten oder auf die falsche Art verkauft wird. Schauen Sie auch hier wieder auf die Konkurrenz. Hören Sie sich um, wie und wo das Konkurrenzprodukt verkauft wird. Sehen Sie sich die Broschüren und die Werbung Ihrer Konkurrenten an. Sie enthalten Hinweise darauf, wohin der Markt nach Meinung der Konkurrenz steuert.

- ✔ **Veranstalten Sie einen offenen Wettbewerb.** Wenn Ihre eigene Gruppe das Problem nicht lösen kann, lassen Sie andere Leute in Ihrer Firma darauf los. Hängen Sie es am schwarzen Brett der Firma auf und setzen Sie einen Preis für die Lösung aus. Das wird den Leuten ein Anreiz sein, möglichst schnell nach einer Lösung für Ihr Problem zu suchen, und vielleicht fällt Ihnen dabei jemand auf, der ein Mitglied Ihres Teams werden sollte.

- ✔ **Formen Sie das Problem um.** Häufig behindert die Art, wie ein Problem definiert wird, eine Lösung. Wenn Sie z.B. vorhaben, Ihren Gewinn um 10 % pro Jahr zu steigern, suchen Sie zunächst nach Bereichen, wo Sie Kosten einsparen oder den Umsatz vergrößern können. Doch wenn all diese Möglichkeiten ausgereizt sind und kein Tröpfchen Gewinn mehr ausgepresst werden kann, fragen Sie sich vielleicht: »Wo liegen die profitabelsten Verkaufskanäle? Kann ich eine auf diese Kanäle beschränkte Werbung einsetzen, so dass eine kleine zusätzliche Umsatzsteigerung in diesen Kanälen zu einer großen Steigerung von Umsatz und Profit führt?« Dies ist ein Beispiel für die Umformung eines Problems, indem man sich die Quelle des Profits ansieht anstatt den Profit selbst.

Lassen Sie eine Uhr in Ihrem Kopf ablaufen

Als Teamleiter wollen Sie letzten Endes in der Lage sein, alles zu delegieren, was Sie beeinträchtigt, am Führen hindert oder Sie zu einem kritischen Zeitpunkt bei der Entscheidungsfindung stört. Genau wie ein Quarterback eine Art innere Uhr im Kopf hat, die ihm sagt, wie viel Zeit er noch hat, um den Ball loszuwerden, müssen Sie auch als Teamleiter mehrere Uhren in Ihrem Kopf laufen haben, die Sie wissen lassen, wann Sie bei den verschiedenen Komponenten eingreifen müssen, die benötigt werden, damit Ihr Team sein Ziel erreicht.

Diese Uhr können Sie auf verschiedene Arten einbauen. Der offensichtlichste Weg ist, ein Diagramm mit allen Terminen Ihres Projekts an die Wand zu hängen oder sie in Ihren Terminkalender einzutragen. Allerdings haben wir herausgefunden, dass Termine künstlich sind, und effektive Teamleiter verlegen sie gerne ein bisschen vor. Wenn Sie z.B. innerhalb eines Monats einen vollständigen Marketingplan benötigen, geben Sie der zuständigen Person drei Wochen Zeit. Auf diese Weise hat sie, falls Probleme auftauchen, noch eine Woche Zeit zur Überarbeitung, ohne dass andere Teile Ihres Projekts gefährdet werden.

Außerdem sollten Sie lernen, kleinere Überprüfungen anzusetzen, bevor Projekte vollendet werden sollten. Wenn ein Projekt besonders kompliziert ist, sollten Sie ein Schema anfertigen, das alle notwendigen Schritte und die Reihenfolge, in der die Aufgaben erledigt werden sollten, enthält. Wenn Sie das Schema fein genug aufteilen und dann die Vervollständigung jedes Teilstücks überwachen, werden Sie schnell merken, wenn irgendwo Probleme auftauchen.

Dies führt unausweichlich zu der Frage, wann Sie eingreifen. Als Teamleiter wird Ihr Zeitgefühl fast alles mit Ihrem Vertrauen Ihrem Team gegenüber zu tun haben, auf der Grundlage Ihrer gemeinsamen Erfahrungen, und so gut wie nichts mit den eigentlichen Plänen. Sie müssen lernen, ein Gefühl dafür zu entwickeln, wann es Zeit ist einzugreifen, das auf Beobachtung, Gesprächen mit den Teammitgliedern und den Bedürfnissen der Mission basiert. Ein effektiver Teamleiter neigt dazu, früh einzugreifen, aber auch nicht so früh, dass es die Teammitglieder demoralisieren würde. Denken Sie daran: Sie wollen, dass sie ihre Arbeit tun. Sie sind da, um das Team auf den richtigen Weg zu führen und es zu ermutigen, diesem Weg zu folgen.

Schlichten Sie Streit im Team

Als Teamleiter ist eine Ihrer wichtigsten Verantwortungen, für eine friedliche Umgebung zu sorgen. Das bedeutet, aufflammende Streitigkeiten (von denen einige die Mission selbst betreffen, die meisten aber personenbezogen sind) zu bemerken und zu vermitteln und Ihre Teammitglieder zur Zusammenarbeit zu bewegen, wenn sie sich wegen ihrer eigenen Angelegenheiten von der Gruppe abgetrennt fühlen. Außerdem müssen Sie die Teammitglieder dazu bewegen, wie Führungspersonen zu agieren, indem sie die Bedürfnisse der Mission vor ihre eigenen stellen.

Ihre erste Frage, wenn Sie irgendeinen Streit schlichten wollen, sollte immer sein: »Geht es um die Mission oder um Leute?« Viele Streitigkeiten kommen in der Form »Walter gefährdet die Mission, weil er zu viel Zeit für seine Privatangelegenheiten vergeudet, während wir anderen uns hier einen Wolf sitzen, um eine Antwort auf dieses verdammte Problem zu finden.« Bevor Sie sich Walter vorknöpfen, hier erst mal, was zunächst zu tun ist:

1. **Überprüfen Sie die Arbeit der Teammitglieder, um herauszufinden, warum sie Schwierigkeiten haben.**

   Dies mag Ihnen wider jede Intuition erscheinen, ist es in Wirklichkeit aber nicht. Machen Sie Walters Anwesenheit bei dem Teammeeting, das jetzt natürlich ansteht, zur Pflicht, um den Teammitgliedern klarzumachen, dass sie über das Problem nur strukturell reden können – jegliche Personen müssen aus dem Spiel gelassen werden. Wenn trotzdem jemand darauf besteht, dass Walters ständige Abwesenheit das Problem sei, fordern Sie Walter nicht auf, sich zu verteidigen. Fordern Sie stattdessen die betreffende Person auf, ausdrücklich nachzuweisen, dass Walters Fehlen Schuld an einer versäumten Frist oder schlechter Arbeit ist oder in irgendeiner Weise der Mission geschadet hat.

   Die Art von Fragen, deren Antwort Sie interessiert, ist, »Wie genau sieht das Problem aus, das nicht gelöst werden kann?«, »Ist Walters Anwesenheit entscheidend für die Lösung?«, »Betrifft die Angelegenheit das Wohlbefinden des Teams oder die Mission?«. Sie können schnell feststellen, ob es sich um ein »Walter«-Problem handelt – also ob er sich wirklich nicht genügend einbringt – oder um ein schwerwiegenderes Problem.

2. **Finden Sie heraus, ob Sie dem Team mehr Mittel zur Verfügung stellen können.**

   Ihre Rolle als Teamleiter ist es, das Team auf das Ziel gerichtet zu halten, und das erreichen Sie u.a. durch das Bereitstellen von mehr Mitteln oder das Überdenken von Prozessen. Wenn Ressourcen kein Thema sind, arbeiten Sie mit Ihren Teammitgliedern, um ihnen dabei zu helfen, das Problem neu zu überdenken (siehe den Abschnitt »Überdenken Sie Ihre Probleme« weiter oben in diesem Kapitel).

3. **Dann und erst dann reden Sie mit Walter persönlich.**

   Finden Sie heraus, warum er sich übermäßig viel Zeit genommen hat, in der er nicht an dem Problem gearbeitet hat. Wenn er einen legitimen Grund vorweisen kann, können Sie seinen Verantwortungsbereich ändern – weisen Sie ihn einem anderen Team zu oder geben Sie ihm die Zeit, die er für seine Privatangelegenheiten braucht. Wenn seine Gründe nicht gerechtfertigt sind, können Sie immer noch entsprechend handeln, ohne aber der Mission oder den Zielen zu schaden.

Konzentrieren Sie sich auf die Lösung des Problems. Vermeiden Sie Schuldzuweisungen.

Ihre nächste Frage sollte lauten: »Ist dies ein essenzielles Problem?« Oft werden Probleme der Führung allein deswegen vorgetragen, weil die Teammitglieder sicher sein wollen, dass ihre Probleme – und sie selber – die Aufmerksamkeit des Teamleiters besitzen. Das Problem ist nicht wirklich bedeutend genug, um das Eingreifen der Führung zu rechtfertigen, aber wenn sich ein Teammitglied oder die ganze Gruppe vernachlässigt fühlt, wird es künstlich aufgebauscht. Das ist ein Beispiel, wo sich die »Führung durch Herumspazieren« als praktisch erweist. Wenn Sie Wert darauf legen, regelmäßig jede Gruppe zu besuchen und sich nach ihren

Fortschritten und Problemen zu erkundigen, anstatt zu warten, dass der Ärger zu Ihnen kommt, versichern Sie den Leuten, dass sie und ihr Wohl Ihnen am Herzen liegen.

Ihre letzte Frage sollte sein: »Was ist erforderlich, um dieses Problem zu lösen?« Sie sollten diese Frage an die Gruppe weiterreichen und die Teammitglieder ermutigen, eine Lösung zu finden, und dann mit ihnen zusammen daran arbeiten, diese Lösung in die Realität umzusetzen. Häufig werden Gruppen den einfachen Weg wählen und antworten, »Gib uns mehr Mittel.« Ihre erste Reaktion sollte dann sein, »Wie habt Ihr die zur Verfügung stehenden Mitteln eingesetzt, um das Problem zu lösen?« und »Gibt es irgendeine Garantie, dass das Problem sich durch mehr Mittel lösen lässt?«. Lassen Sie die Teammitglieder ihren Fall beweisen, und wenn sie es nicht können, setzen Sie sich mit ihnen zusammen und denken noch einmal über alles nach.

Lassen Sie Ihr Team seinen eigenen Weg finden

Einer der befriedigendsten Aspekte Ihres Daseins als Teamleiter ist es, wenn Sie Ihrem Team die notwendige Zuversicht einflößen können, dass es seine eigenen Probleme lösen kann. Wenn das der Fall ist, haben Sie erreicht, was jeder Teamleiter sich wünscht – eine Gruppe selbstmotivierter Leute zu führen, die in der Lage sind, ihre eigenen Ziele zu bestimmen und in die Wege zu leiten. Die Gruppe verlässt sich auf den Teamleiter, was die Vision und zeitweilige Beratung angeht, aber sie ist in der Lage, selbst voran zu kommen. Damit eine Gruppe an diesen Punkt kommt, muss ein Teamleiter dem Team beständig die folgenden Fragen stellen:

- ✔ Wohin wollt Ihr?
- ✔ Welche legitimen Ziele stellt Ihr Euch vor?
- ✔ Wie bewertet Ihr Eure eigenen Stärken und Schwächen?

Nachdem Sie diese Fragen über Ihr Team beantwortet haben, erlauben Sie ihm zunehmende Bewegungsfreiheit bei der Festlegung seiner Ziele und der Definition seiner Mission. Ein Teamleiter mit einem Team ähnelt in vieler Hinsicht Eltern mit Teenagern. Sie wissen, dass Sie nicht immer da sein werden, um sich um ihr Leben zu kümmern, und daher sind Sie dafür verantwortlich, sie so gut wie möglich mit Ihren Wertvorstellungen auszustatten, sie zu testen, indem Sie ihnen Verantwortung überlassen und ihnen zu erlauben, sich selber zu testen, indem sie diese annehmen.

Führen ohne Führungsposition

In diesem Kapitel

▶ Finden Sie einen Weg, zu führen, wenn Sie offiziell gar keine Führungsrolle innehaben

▶ Benutzen Sie Ihren Ehrentitel, um positive Veränderungen zu verfügen

▶ Führen Sie, wenn die Sache zum Scheitern verurteilt ist

Weil man es nicht wagt, der Welt voraus zu sein, wird man zum Anführer der Welt.

Der Weg des Lao-Tse

Lech Walesa – einer der Gründer und langjähriger Anführer der polnischen Solidaritätsbewegung – sagte einmal, dass Sie »frei werden, indem Sie frei handeln«. Dasselbe gilt fürs Führen. Sie werden eine Führungsperson, indem Sie wie eine handeln. Sie benötigen weder Titel noch Autorität. Das einzige, was Sie brauchen, ist die Bereitschaft, Verantwortung zu ergreifen, und die Fähigkeit, anderen ihre Kooperation zu entlocken, sich ihre Bedürfnisse anzuhören und diese dann über Ihre eigenen zu stellen.

Sich selbst zu einer Führungsperson zu machen, wenn Sie offiziell gar keine sind, bedeutet nicht, herumzulaufen und – wie es General Alexander Haig angeblich nach dem Attentatsversuch auf Präsident Reagan tat – zu schreien »Ich bin verantwortlich, ich bin verantwortlich.« Es bedeutet, auf den Moment zu reagieren und dabei zu helfen, Ihr Team zusammenzuführen.

In Kapitel 1 geht es um situative Führungspersonen, Leute, die in den Führungsstatus aufsteigen, weil Zeit und Umstände passend für sie sind. Das sind Leute, die die Gelegenheit ergreifen, wenn sie sich bietet. Aber jeder Zeitpunkt ist potenziell richtig für eine Führungsübernahme, und jeder Umstand beinhaltet das Potenzial für eine Gelegenheit zur Führung. Sitzen Sie nicht herum und warten darauf, dass jemand Ihr Führungspotenzial entdeckt. Fangen Sie stattdessen an, sich einen Ruf als Führungspersönlichkeit zu machen.

Eine Führungspersönlichkeit werden Sie, indem Sie jede Situation als Führungssituation ansehen. Veränderungen finden statt, weil Leute, die in keinem irgendwie akzeptierten Sinne Führungspersonen sind, die Führungsrolle übernehmen, um andere Gleichgesinnte auf ein ersehntes Ziel hinzuführen. Dieses Kapitel befasst sich mit der Idee, dass Sie auch als Anhänger führen können, dass Sie echte Führung praktizieren können, auch wenn Ihr Titel nur ehrenamtlich ist, und dass Sie auch dann Erfolg haben können, wenn andere von Ihnen erwarten, dass Sie scheitern. In allen drei Fällen können Sie Ihre Führungsqualitäten auf eine Art beweisen, die positive Aufmerksamkeit auf Sie zieht.

Führen als Anhänger

Führen als Anhänger beginnt mit einer simplen Idee: Egal, wie wenig Sie von Ihrer Arbeitsverantwortung unter Ihrer Kontrolle haben, Sie haben immer noch die Kontrolle über Ihre Würde als Individuum. Die meisten Westeuropäer und Amerikaner arbeiten nicht mehr in extrem gefährlichen oder bedrohlichen Arbeitsumgebungen, aber eine ganze Menge Leute arbeiten immer noch in Jobs, wo sie kaum Kontrolle über den Jobinhalt oder ihren Arbeitsplatz haben. Die meisten aktuellen Arbeitsplatzkämpfe haben demzufolge nicht mehr mit dem Recht, sich gewerkschaftlich zu organisieren oder kollektiv zu verhandeln, zu tun – obwohl gewerkschaftliche Organisation wichtig ist, wenn Arbeiter das Gefühl haben, total ohne Mitspracherecht zu sein –, sondern mit dem Recht auf Menschenwürde am Arbeitsplatz.

Wenn Sie die Zeitung lesen oder die Nachrichten gucken, wimmelt es nur so von Berichten über Gerichtsverfahren – wegen sexueller Belästigung und Diskriminierung, einseitiger Verschleißerscheinungen und Arbeitsvorschriften, die es verbieten, persönliche Dinge in Ihrer Arbeitsumgebung aufzustellen. All dies sind Streitfragen, die mit der Menschenwürde zu tun haben. Viele dieser Probleme landen vor Gericht, weil die Firma oder die Organisation die Tatsache nicht erkannt hat, dass sich ihre Arbeitsumgebung geändert hat oder dass es fest verwurzelte Interessen gibt, die diese Änderungen übel nehmen.

Verbessern Sie auch die einfachsten Dinge

Das Einfachste, was Sie oft tun können, um den Arbeitsplatz menschenwürdiger zu machen, ist, ihn gründlich aufzuräumen, zu reinigen und ihn fröhlicher zu gestalten. Viele Leute nehmen die Haltung ein, dass die physischen Bedingungen am Arbeitsplatz allein in der Verantwortung des Managements liegen und dass sie nicht ihr eigenes Geld und ihre eigene Zeit zum Nutzen der Firma opfern sollten. Aber einmal für ein Wochenende ein paar Teammitglieder zusammenzutrommeln und ein bisschen Arbeit zu investieren, um die Wände Ihres Büros in einer freundlicheren Farbe zu streichen, anstatt noch drei Jahre zu warten, bis die Verwaltung es macht, hellt die allgemeine Stimmung auf, sowohl durch das Tun als auch durch das Endergebnis. Auch Ihr Gruppenführer wird beeindruckt sein und sehr viel empfänglicher für Ihren nächsten Vorschlag zur Verbesserung des Arbeitsflusses oder der Steigerung des Gewinns.

Benutzen Sie Informationen, um Teamgeist aufzubauen

Wie wir in diesem Buch durchweg bemerken, ist eine effektive Führungsperson jemand, der Informationen nachjagt, um die bestmöglichen Entscheidungen treffen zu können. Häufig jedoch sind Informationen nicht nur deswegen wertvoll, weil sie Ihnen dienlich sind, sondern auch, weil sie anderen nützen können.

Der Jaycee-Weg des Fragens

Zu lernen, wie man etwas verändert, ist wahrscheinlich die wichtigste Komponente beim Führen ohne Führungsposition. Der beste Weg, ein Gesuch zu stellen, ist, so zu handeln, als wenn Sie als Führungskraft eine Präsentation machten. Und wie machen Sie das? Sehen Sie sich das Modell der Jaycees an.

Die Junior Chamber of Commerce of the United States, die so genannten Jaycees, ermutigen ihre Mitglieder zur freiwilligen Arbeit, aber sie benutzen dieses freiwillige Tun als Grundlage des Führungstrainings. Die Jaycees erwarten von jedem ihrer Mitglieder, ein Projekt zu entwickeln, das sie zugunsten der Gemeinschaft durchführen können. Ihr Modell, wie dies in Angriff genommen wird, ist hervorragend dazu geeignet, das Führen zu lernen, während Sie noch ein Geführter sind.

Das Jaycee-Modell beginnt mit einer Projekterklärung, die das Projekt und den für die Gemeinschaft erwarteten Nutzen definiert. Dies ist äquivalent zur Festlegung einer Vision. »Ich will einen neuen Spielplatz auf dem leeren Grundstück an der Hauptstraße bauen, weil er einen sichereren Ort zum Spielen für die Kinder in den anliegenden Häusern darstellt und die Nachbarschaft zudem von einem mit Unkraut überwucherten und mit leeren Flaschen übersäten leeren Grundstück befreit«, könnte solch eine Erklärung sein. Oder »Ich will eine Gruppe organisieren, die das Büro in ihrer Freizeit umgestaltet, mit dem Ergebnis erhöhter Arbeitsplatzmoral und gesteigerter Produktivität.«

Als Nächstes verlangen die Jaycees einen Handlungsplan von ihren Mitgliedern. Welche Materialien brauchen sie? Wie hoch sind die Kosten? Wer macht die Arbeit? Welche Zustimmungen und Berechtigungen usw. sind notwendig? Wer ist für die Dauer des Projekts verantwortlich für das Projekt? Was sind die langfristigen Nutzen?

Dies sind dieselben Elemente, die auch in einen Geschäftsplan eingehen. Die Jaycees gehen bei der Auswahl aus den vielen Projekten, die sie erhalten, nach Originalität und Einfallsreichtum vor: Wer schafft es, den größtmöglichen Nutzen für die Gemeinschaft mit dem geringsten Aufwand und dem stärksten Engagement des Teams zu erreichen? Die gesamte Jaycee-Erfahrung soll so nahe wie möglich nachempfinden, was Führungspersonen tun, wenn es darum geht, eine andere Gruppe zur Kooperation zu bewegen und die Bedürfnisse der anderen vor sich selbst zu stellen.

Sie müssen sich allerdings nicht den Jaycees anschließen, um effektiv zu sein. Sie müssen nur den Wunsch zu führen verspüren, egal, in welcher Position Sie sich gerade befinden. Sie müssen das Leben der Menschen um sich herum verbessern und den anderen etwas von sich geben wollen.

Zum Beispiel hat jede Person in Ihrem Büro oder Betrieb Geburtstag. Übernehmen Sie die Verantwortung, diese Meilensteine im Leben Ihrer Kollegen mit einer Karte oder einer kurzen Zeremonie zu würdigen. Ein jeder hat wichtige Familienereignisse. Auch diese sollten Sie würdigen. Falls Ihre Firma eine Zeitung besitzt, übernehmen Sie die Verantwortung für Ihre Gruppe, diese mit Informationen zu beliefern. Wenn es keine Zeitung gibt, gründen Sie eine, selbst wenn sie nur aus einem einzelnen fotokopierten Blatt Papier besteht. Sie können zum Zusammenhalt der Gruppe beitragen, indem Sie Ihren Mitarbeitern zeigen, wie viel sie gemeinsam haben, und Sie können außerdem Teamgeist aufbauen.

Fragen Sie immer zugunsten der Gruppe, niemals für sich selbst

Wenn Sie irgendeines der oben erwähnten Dinge tun, so wird das letzten Endes Ihren Einfluss beim Management verbessern, wenn Sie nach einer größeren, bedeutenderen Änderung fragen wollen. Aber wenn Sie das tun, wenn Sie z.B. eine verbesserte Ausbildung fordern, tun Sie es zugunsten der Gruppe und nicht für sich selbst. Wenn Sie Ihr Gesuch im Hinblick auf den Nutzen für die Gruppe stellen, so wird es wahrscheinlich ernster genommen. Um in solchen Situationen Führung zu demonstrieren, muss, zu wem auch immer Sie sprechen, klar sein, dass Sie die Interessen der Gruppe vertreten und nicht allein Ihre eigenen. Gruppenbestrebungen sind schließlich der Grund, warum überhaupt ein Bedarf an Führung besteht.

Ziehen Sie Ihre Gruppe in die Gemeinschaft hinein

Firmen und Organisationen existieren innerhalb ihrer größeren Gemeinschaften, und Sie können es übernehmen, die Verbindung Ihrer Gruppe zu der Gemeinschaft in ihrer Gesamtheit zu stärken. Vielleicht gewährt die Public-Relations-Abteilung oder die Spitze der Firma ja bereits Spenden für wohltätige Zwecke, aber das soll Sie nicht daran hindern, eine Gruppe zu organisieren, um in einem anderen Bereich, wo es nötig ist, etwas Gutes zu tun. Vielleicht benötigt ein Spielplatz in Ihrer Nähe eine gründliche Säuberung oder Verbesserungen. Das können Sie organisieren. Wenn es einen Unfall oder eine lokale Katastrophe gibt, können Sie helfen, indem Sie eine Spendensammlung organisieren. Gibt es ein Beratungs- oder ein Literaturprogramm, zu dem Sie etwas beisteuern können? All dies sind Gelegenheiten, um Führung und Engagement zu demonstrieren.

Die meisten Firmen und Organisationen versuchen, sich zumindest äußerlich als wohltätig darzustellen. Nutzen Sie diese Tatsache aus, um die Zeit für freiwillige Aktivitäten und Zugriff auf Firmenmittel zu erhalten. Es könnte dazu führen, dass die höheren Ebenen des Managements auf Sie aufmerksam werden.

Erfinden Sie ein Logo

Wenn Sie wirklich ein Team sind, kreieren Sie sich ein Team-Logo. Bei der NASA hat jede Weltraummission ihr eigenes Logo, und die Missionsmitglieder tragen stolz ihre Logo-Abzeichen, um andere Leute wissen zu lassen, an welchen Projekten sie beteiligt sind.

Als einer der Autoren (Steve) gerade mal Rechercheur bei der *Newsweek International* war, ließ er zwölf Dutzend T-Shirts mit dem Newsweek-Logo und den Worten »The International Newsmagazine« auf der Vorderseite herstellen. Er verschickte sie an Reporter und Korrespondenten auf der ganzen Welt sowie an ausgewählte Freunde, inklusive eines Fotografen, der am Ende ein hoch werbewirksames Foto schoss, auf dem T-Shirt und Magazin zusammen abgebildet waren. Die Shirts verhalfen der *Newsweek International* zu einer eigenen Identität und machten aus der stiefmütterlich behandelten Publikation einen Leistungsträger aus eigener Kraft. Die Idee verschaffte Steve die Aufmerksamkeit des Managements, so dass sie später, als er eine neue Publikation vorschlug, auf seine Ideen hörten.

Suchen Sie keinen Streit mit Ihren Vorgesetzten

Die Wahrung der Würde am Arbeitsplatz bietet den Gelegenheiten zur Führungsübernahme fruchtbaren Boden. Das bedeutet *nicht*, dass Sie aktiv nach Konfrontationen mit dem Management suchen sollen, sondern stattdessen lieber nach Wegen, um den Wert Ihrer Mitarbeiter am Arbeitsplatz zu erhöhen.

Führen, wenn Ihre Position ehrenamtlich ist

Es gibt eine Menge Umstände, in denen Sie zwar Führungskraft genannt werden, aber keine wirkliche Autorität haben. Die wahrscheinlich üblichste Form der ehrenamtlichen Führung ist, als Geschworener eingesetzt zu werden. Dies ist eine furchtbare Verantwortung, weil Sie gefordert sind, über das Schicksal eines anderen Menschen zu entscheiden, jemand, der angeklagt ist, irgendein Verbrechen begangen zu haben. Die meisten Leute versuchen, es zu vermeiden, als Geschworener zu dienen – es nimmt zu viel Zeit ihres Privatlebens in Anspruch, die Fälle sind oft mysteriös und kompliziert und die meisten Juroren bringen den Situationen, die sie auf die Geschworenenbank bringen, wenig Sympathie entgegen. Aber eine Führungsperson ergreift die Verantwortung, und Führung im Geschworenenraum ist entscheidend, wenn die Justiz weiterkommen soll.

Denken Sie an die grundlegenden Führungsqualitäten, die wir in Teil I vorgestellt haben, und Sie werden erkennen, wie entscheidend sie für einen Geschworenen sind. Gut zuzuhören bedeutet, dass Sie das Verfahren aufmerksam verfolgen müssen. Sie dürfen nicht einnicken und Sie müssen versuchen, Ihre persönlichen Gefühle unter Kontrolle zu halten, weil sie dem, was Sie hören und sehen, eine andere Färbung verleihen könnten. Anderen ihre Kooperation zu entlocken ist deswegen wichtig, weil Sie, wenn Sie sich im Geschworenenraum befinden, eine Übereinstimmung bezüglich Verurteilung oder Freispruch in einem Kriminalverfahren erzielen müssen oder sich zugunsten des Klägers oder des Angeklagten in einem Zivilprozess entscheiden müssen. Die Bedürfnisse anderer vor Ihre eigenen zu stellen bedeutet hier, dass Sie das ganze Beweismaterial sorgfältig betrachten müssen, da die Zukunft eines Menschen auf dem Spiel steht.

Ein anderes Beispiel ist das Sammeln von Spenden für die örtliche freiwillige Feuerwehr. Hier waren Sie so erfolgreich, dass man Sie zum »Spendenboss« ernannte. (In Kapitel 14 erfahren Sie mehr über das Führen als Ehrenamtlicher.) Was bedeutet das, abgesehen von der Ehre? Wenn Ihnen die Feuerwehr wirklich am Herzen liegt, so bedeutet es, dass Sie nun die Gelegenheit haben, an ihrer Führung teilzuhaben. Der echte Chef ist dafür verantwortlich, die Abteilung auf alltäglicher Grundlage zu führen, sicherzustellen, dass die Feuerwehrleute ihre Ausrüstung ordentlich warten und dass die Abteilung bereit ist, ihren Verantwortungen zu entsprechen. Aber jeder Chef hat eine Wunschliste – bestimmte Dinge, die er gerne tun würde, wenn er nur genug Zeit, Geld oder beides hätte. Sie können z.B. dem Chef helfen, Prioritäten in dieser Liste zu setzen und dann den ranghöchsten Wunsch zum Hauptthema Ihrer nächsten Spendenaktion zu machen. Oder Sie können, wenn das Geld da ist, aber die Zeit fehlt, die Verantwortung für ein Projekt übernehmen, wie z.B. die Organisation von Ausbildungsseminaren.

Ein Ehrentitel bedeutet, dass Ihnen eine Chance gewährt wird. Stellen Sie sich die Gewährung einer Chance wie ein Geldgeschenk vor. Was werden Sie mit Ihrer neuen Position anfangen? Werden Sie es einfach genießen, bis es vorbei ist, oder werden Sie versuchen, etwas daraus zu machen und Ihr Leben und das Leben der Leute um Sie herum zu verbessern?

Um zu würdigen, was die Gewährung einer Chance bedeutet, denken Sie an Prinz Charles und Prinzessin Diana. Sehen Sie einmal von ihrer stürmischen Beziehung und dem tragischen Tod Prinzessin Dianas ab und schauen Sie nur auf ihre Rollen als ehrenamtliche Führungspersönlichkeiten.

Während Prinz Charles darauf wartet, den britischen Thron zu übernehmen, ist er durch das britische Recht stark eingeschränkt bezüglich der Positionen, die er einnehmen darf; dennoch hat er es geschafft, in den späten Neunzigerjahren einen zunehmend bedeutenden Einfluss in England zu nehmen. Charles ist ein leidenschaftlicher Befürworter der Künste und der guten Architektur geworden und unterstützt alle Arten von karitativen Organisationen durch seine Schirmherrschaft. Er ist ein Beweis dafür, dass Sie auch ohne Titel gut führen können.

Prinzessin Diana erwies sich als sogar noch geeignetere Führungspersönlichkeit, um andere zu inspirieren, obwohl noch weiter von einem Titel entfernt. Nach ihrer bitteren Scheidung von Charles war sie im Wesentlichen abgeschnitten von den Möglichkeiten, die man als Royal in England hat. So widmete sie sich der Sache der internationalen Ausrottung von Landminen und half dabei, die öffentliche Meinung für ein vertragsmäßiges Verbot solcher Vernichtungswaffen zu mobilisieren. Ihr Tod spielte eine große Rolle für die Anerkennung der Arbeit der Internationalen Landminenkampagne und beschleunigte wahrscheinlich die Vergabe des Nobelpreises an die Gruppe und Jody Williams.

Vielleicht denken Sie, dass es leicht ist zu führen, wenn Sie Imageberater und die ganzen Mechanismen der Medien zu Ihrer Verfügung haben. Aber Prinzessin Diana hätte auch einen mehr kommerziellen Weg einschlagen können, wie ihre Schwägerin Sarah Ferguson. Sie tat es nicht und Sie müssen keine Prinzessin im Rampenlicht sein, um Gutes zu tun, wenn sich die Gelegenheit dazu bietet.

Wenn Ihnen ein Ehrentitel verliehen wird, sehen Sie ihn als Chance an, noch etwas mehr zu tun, als nur freudestrahlend auf dem Podium zu stehen. Vielleicht wählen Sie etwas, das niemand von Ihnen erwartet hat, und tun mehr als irgendjemand zuvor. Dadurch kann auch das gute Gefühl verstärkt werden, das die Gruppe dazu brachte, Sie zu ihrem Leiter ehrenhalber zu machen.

Denken Sie jedoch immer daran, dass Sie keine wirkliche Führungsposition haben und Ihre Aufgabe daher Beraten und Anbieten und nicht Planen und Befehlen heißt. Sie müssen darauf vorbereitet sein, dass der echte Leiter Nein sagt, und Sie müssen ihm zusichern, dass Sie auf keinen Fall seine Führung der Gruppe bedrohen werden.

Führen, wenn Sie von vornherein zum Scheitern verurteilt sind

Willkommen in der Abteilung der verlorenen Fälle. Aufgrund der Natur von Organisationen braucht auch das Scheitern und Eingehen von Organisationen Führung, damit sie nicht einfach ihre Möbel verkaufen, die Büros schließen und ihre Angestellten gehen lassen. Eine Organisation, die im Sterben liegt, ist ein trauriger Anblick, vor allem, wenn sie eine lange und stolze Geschichte hinter sich hat.

Wenn es passieren sollte, dass Sie damit betraut werden, solch eine Organisation oder Gruppe zu führen, was machen Sie dann? Sie könnten ablehnen und die Gruppe ohne Sie scheitern lassen oder Sie können annehmen, auch wenn Sie wissen, dass Ihre Chancen, die Gruppe wiederzubeleben, gering bis null sind. Wenn Sie sich entschließen anzunehmen, müssen Sie sicherstellen, dass man nicht Ihnen die Schuld für das Scheitern der Gruppe in die Schuhe schieben wird, wenn Ihre Bemühungen, das Blatt zum Guten zu wenden, keinen Erfolg haben.

Sammeln Sie Ihr Team

Es ist wichtig für Sie, sich mit Ihrer Gruppe zu treffen, sobald Sie die Führungsrolle angenommen haben. Lassen Sie die Gruppenmitglieder wissen, dass Ihnen bewusst ist, wie düster die Lage aussieht, dass Sie aber, wenn sie Ihnen zumindest vorübergehend ihre Unterstützung gewähren, wenigstens versuchen können, einen durchführbaren Aktionskurs zu finden, der vielleicht auch eine geordnete Schließung ermöglichen wird. Leute, die in einer Firma arbeiten, erstarren häufig angesichts der Aussicht, ihre Arbeit zu verlieren, und daher ist es Ihre Aufgabe, ihnen zu versichern, dass Sie alles nur Mögliche für sie tun werden, wenn dies wirklich passieren sollte.

In dieser Beziehung ähneln Sie stark einem Arzt, der einen sterbenden Patienten betreut. Auf der einen Seite wollen Sie alles nur Menschenmögliche versuchen, um den Patienten zu retten; auf der anderen Seite müssen Sie wissen, wann es an der Zeit ist, Ihr heroisches Eingreifen einzustellen, um dem Patienten seine letzten Stunden so angenehm wie möglich zu machen.

Verfolgen Sie das Geld

Jede Organisation hängt vom Fluss des Kapitals ab, und daher ist das Erste, was Sie tun sollten, eine Überprüfung der Bücher vornehmen zu lassen. Auf diese Weise wissen Sie, wie viel Geld wirklich in der Kasse ist und wie viel ausgegeben wurde. Geben Sie Ihre Ergebnisse der gesamten Belegschaft bekannt. Wenn Sie keine Fehler finden konnten, spornt Ihre Veröffentlichung der Ergebnisse vielleicht einige Mitarbeiter an, ihren Beitrag zur Rettung der Organisation zu vergrößern. Wenn die Verwaltung jedoch dürftig war, haben Sie sich und den anderen wertvolle Informationen darüber geliefert, warum die Dinge so schlecht stehen, und können beginnen, sie zu korrigieren.

Suchen Sie ein kurzfristiges Ziel aus

Nachdem Sie die Leute und die finanzielle Situation kennen, entwickeln Sie ein kurzfristiges Ziel. Dieses Ziel wird beinahe unausweichlich die Finanzen der Organisation betreffen. Wenn es Probleme gibt, die sich durch das Ausgeben von Geld lösen lassen, geben Sie es aus. Wenn es Probleme gibt, die Sie durch Nicht-Ausgeben beheben können, stoppen Sie die Ausgaben.

Das zweite kurzfristige Ziel ist der Wiederaufbau von Vertrauen. Wenn Sie ein schlecht gehendes Geschäft haben, müssen Sie das Vertrauen Ihrer Kunden wiedergewinnen. Wenn Sie eine Kirchengemeinde mit schwindenden Mitgliederzahlen haben, müssen Sie das Vertrauen der Gemeinde wiederaufbauen. Wenn Sie eine Mannschaft haben, deren Mitglieder alle abspringen, müssen Sie das Vertrauen der bleibenden Mitglieder stärken. Sie sind Ihre wichtigsten Verbündeten, wenn Sie neues Wachstum erreichen wollen.

Erkennen Sie, wenn sich die Ereignisse Ihrer Kontrolle entziehen

Angenommen, Ihre Kirche bleibt aufgrund einer demografischen Verschiebung in Ihrer Gegend leer. Sie ist katholisch und plötzlich zieht ein ganzer Schwall türkischer Einwanderer in Ihre Gegend, alle Moslems. Sie wollen natürlich nicht in Ihrer Kirche beten, aber wenn Sie können, laden Sie sie ein, an den Aktivitäten, die Sie sponsern, teilzunehmen. Wenn Sie eine Gruppe aufbauen, die ihnen hilft, die Gemeinde kennen zu lernen oder Hilfe von den kirchlichen Sozialdiensten in Anspruch zu nehmen, verhelfen Sie Ihrer eigenen Kirche vielleicht zu etwas neuem Leben.

13 ➤ Führen ohne Führungsposition

Was aber, wenn sich die Ereignisse Ihrer Kontrolle entziehen? Die demografischen Verschiebungen und der Wandel im Lebensstil, der so viele Gemeinden verändert, und die »kreative Zerstörung« des Marktes bedeuten fast unvermeidlich, dass keine Gruppe auf ewig besteht. Unter diesen Umständen müssen Sie sich wie der Pilot eines abstürzenden Flugzeuges verhalten. Halten Sie die Tragflächen beim Absturz waagerecht, damit eventuelle Überlebende später aussagen können, dass Sie gewissenhaft und klug gehandelt haben und es keiner hätte besser machen können.

> Misserfolg kann ein Trittstein für Erfolg zu einem späteren Zeitpunkt sein – wenn Sie mit dem Misserfolg vernünftig umgehen und aus Ihren Fehlern lernen.

Teil IV
Führung im täglichen Leben

The 5th Wave — By Rich Tennant

»Das Erste, was du übers Trainieren von Kindern wissen musst, ist, dass man Geduld braucht, Verständnis für ihre begrenzten Fähigkeiten, und dass man ihnen das Gefühl geben muss, dass sie wirklich teilnehmen. Und das sind erst die Eltern ...«

In diesem Teil ...

Führung bedeutet, Verantwortung zu ergreifen, aber nicht nur dann, wenn es Ihnen gerade passt. Einige der härtesten Herausforderungen an Ihre Führungsfähigkeiten befinden sich in Ihrer unmittelbaren Umgebung: in Ihrem Zuhause und in den Institutionen, die Ihr Privatleben beeinflussen, wie etwa Ihre Gemeinde, Ihre Schulen, Vereine, denen Sie oder Ihre Kinder angehören, und Ihre Kirchengemeinde. Dieser Teil zeigt Ihnen, wie Sie in privaten Situationen Führungsbedarf erkennen, und gibt Ihnen die Werkzeuge in die Hand, um »im wirklichen Leben« zu führen.

Bieten Sie Ihre Zeit und Ihre Fähigkeiten an

In diesem Kapitel

▸ Verstehen Sie die verschiedenen Arten freiwilliger Arbeit
▸ Schaffen Sie sich mehr Zeit für freiwillige Arbeit
▸ Finden Sie eine freiwillige Aktivität, die genau zu Ihren Fähigkeiten passt
▸ Beteiligen Sie sich finanziell

*Sie müssen die Wirtschaft ankurbeln. Sie müssen Zuversicht und Glauben haben.
Sie müssen sich selbst aufgeben, bevor Sie bereit sind, zu empfangen.*

»The Balad of Desert Pete«

Ob Sie nun Leiter einer freiwilligen wohltätigen Aktivität sind oder nur Mitglied einer Gruppe, Freiwilligentätigkeit ist immer eine Form der Führung. Sie beginnt mit der Erfordernis, die Bedürfnisse der anderen vor Ihre eigenen zu stellen. Um ein effektiver freiwilliger Helfer zu sein, müssen Sie Ihre Fähigkeit des Zuhörenkönnens entwickeln, um anderen geben zu können, was sie wirklich brauchen, statt dem, was Sie denken, ihnen geben zu können. Und ganz bestimmt müssen Sie in der Lage sein, andere zur Kooperation zu gewinnen, weil freiwillige Tätigkeiten nicht verbindlich sind. Leute, die freiwillig arbeiten, benötigen jede Ermutigung, die Sie ihnen geben können, ob Sie nun der anerkannte Leiter sind oder nicht.

Wenn Sie gebeten werden, Ihre Zeit zu opfern, wird Ihre erste Reaktion vielleicht sein, irgendeine Entschuldigung zu murmeln und zu stammeln, warum Sie im Moment viel zu sehr beschäftigt sind. Doch vielleicht sollten Sie erst einmal innehalten und es sich überlegen. Auch der Trainer und seine beiden Assistenten, die Ihrer Tochter das Fußballspielen beibringen, tun dies ehrenamtlich. Die Leute, die Ihrem Opa im Altersheim jeden Dienstag und Donnerstag die Zeitung vorlesen, sind Freiwillige. Der Pfadfinder, der Konserven für die Lebensmittelkampagne sammelt, tut dies freiwillig. Tatsächlich stützen sich etwa die Hälfte aller Aktivitäten, an denen Sie teilnehmen, ganz oder teilweise auf die Anstrengungen Freiwilliger. Geben Sie also einen tiefen Seufzer von sich und sagen Sie, »Okay, Sie können mit mir rechnen.«

Wo sind Sie da jetzt bloß reingeraten? Wie machen Sie das Beste aus dieser Erfahrung und gibt es Gelegenheiten, bei denen Sie Ihre Führungsqualitäten unter Beweis stellen können?

In den Vereinigten Staaten, wahrscheinlich mehr als in jedem anderen Land, ist Freiwilligenarbeit ein wesentlicher Faktor bei der Pflege der Gemeinschaft. Freiwilligkeit nahm ihren Anfang an der Grenze. Damals mussten die Amerikaner ihre Lasten gemeinsam auf die Schultern nehmen, damit die gesamte Gemeinschaft überleben und florieren konnte. Die Freiwilligenaktivitäten der Kolonialzeit, wie z.B. Scheunen aufbauen, bestehen in einigen Gemeinden (vor allem bei den Amish) bis heute weiter. Diese Aktivitäten existieren immer noch, weil die kleinen Gemeinden erkannt haben, dass die Leistungen eines jeden für die Gruppe als ganze lebenswichtig sind. Belanglose Differenzen sind schnell vergessen, wenn einem Gemeindemitglied die Scheune abbrennt oder von einem Tornado umgerissen wird oder wenn die Gemeinschaft Quilts für den County-Jahrmarkt herstellt, um Geld für eine bessere medizinische Versorgung aufzutreiben.

Aber die Tatsache, dass die Amerikaner es gewohnt sind, sich freiwillig zu engagieren, macht dies noch nicht zu einer ausgeprägt amerikanischen Tradition. Die meisten Stammeskulturen haben eine kooperative Tradition, die durch die sich rasch vollziehende Verstädterung verdrängt wurde, sich aber in solchen Handlungen widerspiegelt, anderen z.B. dabei zu helfen, Unterkunft und Arbeit in einer neuen Stadt zu finden. Diese Aktivität kann durch Gemeindeaktivismus verstärkt werden, wie es in Kapitel 18 beschrieben ist.

Freiwillige kommen in unterschiedlichen Formen daher

Sie können sich für buchstäblich Millionen von Aktivitäten freiwillig melden, so dass die Entscheidung, was Sie für die Gemeinschaft tun wollen, ganz schön schwierig sein kann. Im Wesentlichen können alle freiwilligen Aktivitäten in drei Kategorien aufgeteilt werden

- ✔ **Freiwillige Kopf-Aktivitäten.** Kopf-Aktivitäten sind solche, die den Geist beschäftigen. Das Engagement für eine politische Kampagne, für eine Umweltangelegenheit oder beinahe jede soziale Streitfrage, die sich abstrakt diskutieren lässt, ist Kopf-Aktivität. Hier ist der höhere Zweck distanziert und etwas entfernt, und zwischen dem, was Sie tun, und dem, was letztendlich passieren wird, klafft eine ziemliche Lücke. Wenn Sie problemlos mit dem Fehlen von greifbaren Belohnungen zurechtkommen und wenn Sie sich leidenschaftlich für Big-Picture-Events begeistern können, werden Sie wahrscheinlich am besten als freiwilliger Kopfarbeiter aufgehoben sein.

- ✔ **Freiwillige Herz-Aktivitäten.** Herz-Aktivitäten sind solche, die die Emotionen beschäftigen, z.B. an einer Kampagne gegen Analphabetentum teilnehmen oder Senioren und Kindern vorlesen, ehrenamtlicher Helfer beim Roten Kreuz werden, Obdachlose mit Nahrung versorgen und beinahe alles, was der Gemeinde unmittelbar nützt. Herzarbeiter wollen ein gutes Gefühl haben hinsichtlich der Beiträge, die sie für die Allgemeinheit leisten, und sie versuchen, das Niveau an Höflichkeit und Kooperation innerhalb einer Gemeinschaft zu heben. Wenn Sie die Belohnung brauchen, Ihre Arbeit Früchte tragen zu sehen, indem es anderen besser geht, werden Sie wahrscheinlich ein Herzarbeiter werden wollen.

- ✔ **Freiwillige Herd-Aktivitäten.** Herd-Aktivitäten gründen sich auf die Idee, dass die Welt ein wenig besser wird, wenn ein jeder ein bisschen Zeit dahinein investiert, seine unmittelbare Umgebung zu verbessern. Herdarbeiter sind Kindermannschafts- und Fußballtrainer, Leute, die einen Schulbasar organisieren, um Geld für neue Computer für die Schule aufzutreiben, genau wie die Leute, die ihre Wochenenden dafür opfern, um Reparaturen an ihren Kirchen oder Synagogen durchzuführen. Wenn Sie nach Ihren Wertvorstellungen leben und wenn Sie für Ihre Familie ein Vorbild sein wollen, indem Sie etwas von sich selber geben, werden Sie vermutlich ein Herdarbeiter werden.

Trotz Zehntausender von Organisationen, die versuchen, Freiwillige anzuwerben, schaffen es nur wenige, wie Habitat for Humanity (amerikanische Wohltätigkeitsorganisation, die Unterkünfte für Bedürftige baut) tatsächlich, die Phantasie und die Energie einer großen Anzahl von Menschen für sich einzuspannen. Wie macht Habitat for Humanity das? Auf zwei Arten: Zuerst einmal arbeitet die Organisation auf allen drei Ebenen von Kopf, Herz und Herd. Und zweitens hält Habitat es einfach.

Große sozialpolitische Auswirkungen ziehen Kopf-Freiwillige an. Die Idee, dass jedem eine anständige Behausung zustehen sollte, ist ein starker Motivator für lokale Organisatoren und Spendeneintreiber. Solche Ideen motivieren auch die Art von Leuten, die gut darin sind, mit den zuständigen Ausschüssen und Behörden zu verhandeln und auch mit Baufirmen wegen des Materials.

Herz-Freiwillige genießen die Befriedigung, ein Haus Seite an Seite mit denen zu bauen, die es bewohnen werden. Diese Freiwilligen können den handfesten Lohn für ihre Anstrengungen sehen, wenn das Haus wächst und Form annimmt, und sie bekommen die ultimative Belohnung, wenn die Familie, der sie geholfen haben, schließlich einzieht.

Herd-Freiwillige bringen ihre Kinder mit und erledigen all die Hilfsarbeiten für die Arbeitsmannschaften, wie Essen machen und kalte Getränke bereitstellen. Diese Freiwilligen arbeiten oft bei der Gartengestaltung und beim Anstreichen und Dekorieren mit, um das neue Haus in ein Heim zu verwandeln, und heißen auf diese Weise eine weitere Familie in ihrer Gemeinschaft willkommen.

Der zweite Teil der Erfolgsformel von Habitat for Humanity ist, die Dinge einfach zu halten. Die nationale Organisation hat einen sehr kleinen Mitarbeiterstab, dessen Aufgabe es ist, bei der Organisation neuer Zweige in Gemeinden zu helfen, die erschwingliche Häuser für die Armen bauen müssen. Obwohl viele der Zweige von Habitat der Kirche angegliedert sind, ist dies nicht erforderlich. Regierungsbehörden, Schulen und sogar Gefängnisse bilden Habitat-Gruppen. Außerdem ist die Forderung, dass eine Familie, die ein Habitat-Haus bekommt, einen signifikanten Beitrag zu dessen Bau leistet, ein stark bindendes Element. Sie helfen jemand Bestimmtem, nicht irgendeiner abstrakten Sache.

Warum freiwillig arbeiten?

Wenn Sie sich die Frage stellen, »Warum sollte ich freiwillig etwas tun?«, fragen Sie in Wirklichkeit, »Was springt dabei für mich heraus?«. Das ist eine berechtigte Frage, wenn man die Belastungen bedenkt, die das tägliche Leben begleiten. Neben der emotionellen Befriedigung, die Sie erhalten, hilft Ihnen die ehrenamtliche Tätigkeit, neue Kanäle in Ihrem Leben zu öffnen. Die meisten Leute verfallen in eine Routine, die dazu tendiert, sie von der Welt abzuschließen. Das freiwillige Helfen bringt Sie wieder in Kontakt mit der größeren Gemeinschaft der Menschheit.

Die neuen Kanäle, die Sie öffnen, können sich schnell auszahlen, vor allem für Frauen. Nach Super-Personalchef Lester Korn »wird ein großer Teil der amerikanischen Geschäfte auf höherer Ebene außerhalb der Büros durchgeführt, auf Golfplätzen, bei gesellschaftlichen Anlässen und beim Mittag- oder Abendessen. Frauen sind noch kein Teil dieser sozialen Struktur des Firmenlebens – die Country-Clubs, die Golf-Clubs, die gesellschaftlichen Vesammlungen, die privaten Essen.«

Das Heilmittel dafür ist bei vielen großen Firmen freiwillige Arbeit von hohem Profil. Firmen wie General Motors und IBM erwarten, dass die Angestellten und Manager einen Teil ihrer Zeit und Energie für die Gemeinschaft aufwenden. In diesen Firmen ist die Führung, die Sie bei der freiwilligen Arbeit entfalten, genauso ein Beförderungskriterium wie die, die Sie im Job zeigen. Wenn Sie von dem auf dem Golfplatz getroffenen Abkommen ausgeschlossen waren, benutzen Sie Ihre Organisationsfähigkeiten im Freiwilligenkanal, um die Leute, die vielleicht Geschäfte mit Ihnen abschließen würden, später zu treffen. Sie werden Ihre Fähigkeiten bereits ein wenig kennen und Türen werden sich öffnen, so sicher wie Sie beim Golf den großen Putt erzielen.

Eine gute Entsprechung finden

Freiwillige Arbeit zu leisten ist wie jede andere Führungsaktivität auch. Bevor Sie wirklich effektiv sein können, müssen Sie Ihre eigenen Stärken und Schwächen kennen und die Probleme der Gruppe – die durch die freiwillige Tätigkeit entweder gelöst werden können oder nicht.

Bevor Sie über eine freiwillige Tätigkeit nachdenken, setzen Sie sich in ein ruhiges Eckchen und machen Sie eine Bestandsaufnahme Ihrer grundlegenden Fähigkeiten. Was können Sie gut? Welche Dinge tun Sie gerne? Welches sind die Dinge, die Sie schon immer tun wollten, aber nicht konnten, weil Sie nicht die Möglichkeit dazu hatten? Die letzte Frage stellen wir, weil freiwillige Tätigkeit manchmal unkonventionelle Formen annehmen mag. Zum Beispiel besuchen jedes Jahr Tausende von Leuten die Shrine-Clownsschule nur um des Privilegs willen, zu lernen, wie man sich ein Clownsgesicht schminkt, damit sie sich als Clowns verkleiden und als Freiwillige die Patienten in den Shrine-Krankenhäusern unterhalten können. Es ist keine Aktivität von der Stange, aber für die Leute, die sie tun, ist es eine geheime Sehnsucht.

Nachdem Sie Ihre Fähigkeiten erforscht haben, tun Sie dasselbe mit Ihren Führungsqualitäten unter dem Aspekt der beabsichtigten freiwilligen Tätigkeit. Sind Sie gut im Zuhören, aber schlecht im Kooperieren oder umgekehrt? Wie leicht können Sie Ihr Ego den Bedürfnissen eines anderen oder Leuten unterordnen, die anfangs Ihren Bemühungen zu ihren Gunsten gleichgültig, ja, möglicherweise sogar feindlich gegenüberstehen? Wie gut reagieren Sie auf Leute, die anders sind als Sie? Können Sie Ihnen helfen, ohne zu moralisieren, zu predigen oder zu verurteilen? Nur Sie können jede dieser Fragen beantworten, aber nachdem Sie das getan haben, haben Sie wahrscheinlich eine ganz gute Vorstellung davon, für welche Freiwilligentätigkeit Sie am besten geeignet sind.

Nachdem Sie nun eine Vorstellung davon haben, wie Ihre Fähigkeiten mit dem zusammenpassen, was Sie vorhaben, sehen Sie sich die verfügbaren Programme an. Sie haben ein breites Spektrum an Wahlmöglichkeiten, z.b.

- ✔ **Familienbezogene Aktivitäten,** wie etwa Sporttraining oder das Lehren gewisser Fertigkeiten
- ✔ **Gemeinschaftsbezogene Aktivitäten,** die an Ihre Kirche oder Ihren Job gebunden sind, wie z.B. Nachhilfestunden für eine Gruppe benachteiligter Schüler an einer örtlichen Schule oder die Organisation einer Jugendbasketballmannschaft, um die Kinder von der Straße zu holen
- ✔ **Gemeindeweite Programme,** wie etwa Rote-Kreuz-Helfer oder freiwilliger Feuerwehrmann zu werden

Schätzen Sie den Zeitbedarf, die notwendigen Fähigkeiten und die Beziehung zwischen den Erfordernissen der Aktivität und Ihren Führungsqualitäten ein.

Zu guter Letzt entscheiden Sie sich. Ist dies eine Aktivität, an der Sie teilnehmen möchten, oder fühlen Sie sich stark davon angezogen und sehen sie gar als potenzielles Forum für Ihre Führungsqualitäten an? Wenn Letzteres zutrifft, sollten Sie sich darauf vorbereiten, dieser Aktivität das besondere Maß an Zeit und Aufmerksamkeit zu geben, das Führung erfordert.

Finden Sie die Zeit

Das entscheidende Problem mit der freiwilligen Arbeit ist Zeit. Viele Leute pendeln lange Entfernungen zur Arbeit und wieder zurück und haben kaum die nötige Zeit für ihre Familien. Zudem arbeiten in vielen Familien beide Elternteile. Da der familiären Versorgung in so vielen Familien so viel Mühe gewidmet wird, ist freiwillige Arbeit nur für diejenigen möglich, die sich die Zeit dafür leisten können.

Das Problem besteht in der Tatsache, dass Eltern das bisschen Zeit, das sie noch übrig haben, mit ihren Kindern verbringen wollen. Das führt zu dem fast unausweichlichen Schluss: Melden Sie sich freiwillig für Tätigkeiten, die Ihre Kinder miteinbeziehen.

Was, wenn Sie keine Kinder haben, sich aber trotzdem durch Ihre Arbeit und die Pendelei gestresst fühlen? Um so besser, melden Sie sich für eine Aktivität, die entweder nahe an Ihrem Arbeitsplatz oder nahe an Ihrem Zuhause stattfindet. Schließlich ist das Letzte, was Sie wollen, noch mehr Fahrerei auf sich zu nehmen, und in der Hinsicht kann eine freiwillige Aktivität nahe Ihrer Arbeitsstelle wirklich ein wenig Druck von Ihnen nehmen. Wenn Sie die Zeit für Ihre Freiwilligentätigkeit auf die Stunden direkt nach der Arbeit legen, hat sich der Verkehr vielleicht schon ein wenig beruhigt, wenn Sie schließlich heimfahren, und die Mühe des Pendelns wird ein wenig kleiner. Sie können Ihrem Zuhause entgegeneilen, anstatt zu kriechen, und Sie haben vielleicht ein besseres Gefühl dabei, weil Sie sich nicht mehr so sehr auf Ihre Büroangelegenheiten konzentrieren.

Der Clark Kent der Freiwilligkeit

Zeit zu finden ist tatsächlich einer der ersten Tests für Ihre Eignung zur Führungsperson. Eines der Dinge, in denen Führungspersonen gut sind, ist Improvisieren, und trotz eines vollen Terminkalenders Zeit zu finden erfordert oft extreme Kreativität. Paul B. Brown, der sich entschloss, eine Kindermannschaft 50 Meilen von seinem Arbeitsplatz entfernt zu trainieren, berichtet von seinen Erfahrungen in *My Season On The Brink*:

»Was ich mir da ausgesucht hatte, war, an einem Job festzuhalten, der einiges an Fahrerei erfordert und gelegentlich für bizarre Stunden sorgt, und trotzdem zu versuchen, bei zwei Spielen und einer Übung pro Woche den Trainer zu spielen. Wenn Sie diese Route einschlagen, finden Sie sich in einigen interessanten Dilemmas wieder. Zunächst einmal lernen Sie, an welch interessanten Orten man überall seine Kleider wechseln kann. Wenn Sie eine Erwachsenen-League trainieren oder managen, tragen Sie für gewöhnlich eine Uniform – normalerweise mit einem Bierbauch, der über Ihren Gürtel quillt. Und weil wir in der Little League alles nur Mögliche tun, um die großen Jungs nachzuahmen, tragen unsere Manager natürlich auch Uniformen.

Ich lernte also, meine Klamotten im Zug zu wechseln. Ich war so eine Art Clark Kent, aber anstatt in eine Telefonzelle zu springen und in Superschallgeschwindigkeit mein Superman-Cape überzuwerfen, ging ich in die Toilette des 3-Uhr-42-Zugs von Manhattan, ein Raum etwa von der Größe vier mal vier Fuß, und versuchte, meinen Anzug aus und mein Mannschaftsoutfit (T-Shirt, Turnhose, Turnschuhe) anzuziehen, während der Zug auf seinem Weg nach Matawan, der Station, die am nächsten an meinem Zuhause liegt, jede Unebenheit ausnutzte, die es auf der North Jersey Coast Line nur gibt.

Es gab auch noch andere interessante Änderungen in meinem täglichen Leben. Zum einen wurden unverbindliche Besprechungen an den Tagen angesetzt, wo wir kein Spiel und kein Training hatten. Ich fummelte auch an meinem Reiseflugplan herum. Anstatt nach Fluglinien zu gucken, die Vielflieger belohnten, suchte ich jetzt meine Flüge allein danach aus, ob sie mich rechtzeitig zum ersten Pitch zurückbringen konnten.«

Es ist also möglich, Zeit für freiwillige Aktivitäten aufzubringen, aber Sie müssen nach Zeitplan arbeiten und in anderen Bereichen Ihres Lebens rationeller mit Ihrer Zeit umgehen. Das bedeutet, dass Sie nicht zögern dürfen. Wenn Sie in Ihrem arbeitsreichen Leben Raum für freiwillige Aktivitäten schaffen wollen, müssen Sie die Bedeutung des Wortes »jetzt« lernen.

Zusätzliche Zeit in der Mittagspause gewinnen

Woher mehr Zeit nehmen? Wie wäre es mit Butterbroten statt Kantine an den Tagen, wo Sie freiwillig tätig sind? Außer dass es billiger ist, erspart es Ihnen auch noch die Zeit, die Sie in der Schlange vor der Essensausgabe verbringen oder die Sie zum nächsten Restaurant oder zur nächsten Imbissbude laufen müssten. Mit dieser freien Zeit können Sie etwas Nützliches anfangen, wie etwa Überweisungen schreiben oder Behördenkrempel erledigen, Tätigkeiten, die die meisten Leute auf den Abend verlegen. Indem Sie bestimmte Tätigkeiten kombinieren, gewinnen Sie wertvolle Zeit, die Sie nach der Arbeit für Ihre freiwilligen Aktivitäten nutzen können.

Freiwillige Arbeit bei der Arbeit

An Ihrem Arbeitsplatz gibt es eine Menge potenzieller freiwilliger Aktivitäten. Besitzt Ihre Firma einen Kindergarten? Vielleicht steht Ihnen der Sinn nicht gerade danach, Kinder zu betreuen, aber Sie könnten einmal hereinschauen und ihnen eine Geschichte vorlesen. Oder, falls Sie handwerklich begabt sind, übernehmen Sie freiwillige Wartungs- und Reparaturarbeiten im Kindergarten.

Machen Sie es Dick Gregory nach

Wenn Sie Ihr Mittagessen mitbringen können, können Sie auch ganz darauf verzichten. Dick Gregory, der große Sozialaktivist der Sechzigerjahre und heutige Komiker, empfiehlt, jede Woche mindestens dreimal eine Mahlzeit auszulassen. Es bringt die Leute in Form, sagt er, und ermöglicht ihnen, die Zeit, die sie normalerweise für Essen und Trinken aufgewendet hätten, für eine sozial sinnvolle Tätigkeit zu nutzen. Wenn Sie es fertig bringen, einige Mahlzeiten zu überspringen, sollten Sie nicht nur die Zeit ausnutzen, sondern auch das Geld, das Sie dadurch einsparen, für Ihre Aktivität einsetzen.

Helfen führt Ihre Organisation zum Erfolg

Wenn Sie auf dem Kopf- und Herz-Level freiwillig tätig sind, werden Sie oft von einer bereits existierenden Vision von einer besseren Welt gefangen genommen, die Sie so begeistert, dass Sie gerne Ihre Zeit und Energie dafür einsetzen. Auf dem Herd-Level ist die Vision allerdings wahrscheinlich oft Ihre eigene. Wenn Sie Mitglied eines Ausschusses sind, der eine Abiturfeier plant, so wird einer von Ihnen wahrscheinlich das Thema der Fete vorschlagen und die Führung in der Planung übernehmen müssen, für die Lieferung der Speisen und Getränke sorgen und jemanden finden, der das Fest finanziell fördert. Das erfordert Vision. Sie müssen eine Vorstellung davon haben, was für ein Erlebnis Sie für die Kinder daraus machen wollen.

Genauso ist es, wenn Sie trainieren, nicht genug, die Kinder zu unterrichten und sich ansonsten einfach darauf zu konzentrieren, eine gute Zeit zu verbringen. Sie müssen erreichbare Ziele setzen und dann Ihrem Team helfen, diese zu erreichen. Zu diesem Zweck müssen Sie die Teammitglieder inspirieren, darauf zu vertrauen, dass sie Dinge tun können, die sie für unmöglich hielten.

Visionen funktionieren auf dem Herd-Level genau deshalb, weil sie das sind, was hauptsächlich fehlt. Erinnern Sie sich an diesen alten Judy-Garland-Mickey-Rooney-Film über den jungen Andy Hardy? Nichts passiert, bis jemand sagt, »He, lasst uns eine Show aufziehen!« Dann wird plötzlich geplant und gemacht und getan, dass es nur so eine Freude ist, bis Judy die große Schlussnummer singt.

Sie müssen genau dasselbe tun. Setzen Sie einen Haufen von Leuten zusammen in einen Raum und es wird nicht viel passieren, bis jemand die Führung ergreift und sinngemäß etwa sagt, lasst uns eine Show aufziehen. Diese Show kann ein Waffelbacken sein, ein gemeinsames Autowaschen, eine Talentshow, eine Lebensmittelkampagne oder was es sonst noch so gibt. Entscheidend ist, dass der Auslöser für jede Aktivität auf diesem Level Ihr eigener Wunsch ist, etwas zu tun. (Wie Sie in Kapitel 15 sehen werden, ist der Prozess des Tuns manchmal wichtiger als das Ergebnis selbst.)

Warum karitative Organisationen scheitern

Als George Bush sen. Präsident der Vereinigten Staaten war, versuchte er, die Tendenz der Amerikaner zu freiwilligen Aktivitäten für die Heilung gesellschaftlicher Krankheiten einzuspannen. Er scheiterte. Einige Jahre später nahm Präsident Clinton die Dienste von General Colin Powell in Anspruch, um die freiwillige Aktivität zu organisieren. Mit großer Fanfare verkündeten bedeutende Firmen wie Ford, Xerox und IBM, dass sie Millionen von Arbeitsstunden für freiwillige Aktivitäten bereitstellen wollten. Und dann verschwand diese Initiative ganz plötzlich, und man hörte nie wieder etwas davon.

Die traurige Wahrheit ist, dass alle paar Jahre irgendjemand einen Blue-Ribbon-Ausschuss ins Leben ruft, um herauszufinden, wie man die Leute dazu kriegen kann, mehr freiwillig tätig zu sein, und jedes Mal kommen sie zu denselben Schlüssen:

- ✔ Die Leute sind zu beschäftigt.
- ✔ Die meisten Leute sind nicht gut organisiert.
- ✔ Die meisten Organisationen sind nicht gut genug darauf vorbereitet, Freiwillige zu beschäftigen.
- ✔ Die meisten Organisationen sind zu sehr mit internen Dingen beschäftigt, als dass sie ihre Fühler nach außen hin ausstrecken könnten.

Obwohl die ersten beiden Probleme sicherlich abschreckend sind, sind es unserer Meinung nach die organisatorischen Probleme, die entscheidender sind.

14 ➤ Bieten Sie Ihre Zeit und Ihre Fähigkeiten an

Die meisten Leute haben im täglichen Leben schon genug mit Bürokratie zu tun – die Reglementierung durch den Job, die ganzen Behörden, die Krankenkassen usw. Sie müssen sich mit dem abfinden, was sie häufig als willkürliche Autorität und schlechte Führung empfinden, weil sie keine andere Wahl haben. Warum sollten sie also dasselbe auch noch ertragen, wenn sie die Wahl haben? Leider sind die meisten Wohltätigkeitsorganisationen schlecht geführt, geleitet von Individuen, die es wohl gut meinen, die aber zur vorübergehenden oder sogar hierarchischen Führung neigen. Sie sind gute Leute am falschen Platz oder zur falschen Zeit und sie verwechseln oft den Wunsch, Gutes zu tun, mit dem Tun selbst.

Wie erkennen und päppeln Sie eine schlecht geführte Organisation auf? Wenn Sie eine Gruppe finden, deren Sache Sie sich verpflichtet fühlen, beginnen Sie mit einer Überprüfung der Finanzen dieser Gruppe. Falls die Gruppe mehr als 15 % ihres Geldes für die Verwaltung ausgibt, ist sie schlecht geführt. Wenn Sie sich anschließen wollen, fragen Sie den Präsidenten der Gruppe, was er tun will, um diese Kosten zu reduzieren.

Nachdem Sie Mitglied geworden sind, fragen Sie nach einer Beschreibung der Politik und der Ziele der Organisation. Studieren Sie diese sorgfältig. Wahrscheinlich finden Sie heraus, dass die Gruppe entweder zu viele Dinge tut, um möglichst viele Leute anzusprechen – lesen Sie dies als *um möglichst viele Spenden einzusacken –*, oder versucht, etwas zu tun, das ihre Möglichkeiten eigentlich übersteigt. Die bloße Tatsache, dass Sie die Zeit investieren, die Ziele der Gruppe zu studieren und dann überlegte Empfehlungen zu geben, kann dazu führen, dass man auf Sie aufmerksam wird.

Als Nächstes versuchen Sie, den lokalen Zweig Ihrer Organisation zu beeinflussen. Die meisten Organisationen sind in kleinere Einheiten unterteilt, um empfänglicher für lokale Mitgliederbedürfnisse zu sein, aber oft verursacht dies eine exzessive Vervielfältigung der laufenden Kosten. Versuchen Sie, mehrere Zweige zu vereinigen oder zu reorganisieren, so dass Sie sich bestimmte Dinge, wie etwa Schreibwaren, Spendenbriefe oder Adressenlisten, teilen können.

Entwickeln Sie eine Machtgrundlage für Ihren lokalen Zweig. Arbeiten Sie daran, Ihren Zweig effektiver als andere zu machen, indem Sie seinen Brennpunkt schärfen und Ihre Geschichte dann der nächsthöheren Ebene mitteilen, mit der Empfehlung, dass auch die Organisation in ihrer Gesamtheit ausprobieren sollte, was in Ihrem Abschnitt gut funktioniert hat. Wenn es auf der übergeordneten Ebene gut funktioniert, versuchen Sie, es zur Politik für die gesamte Gruppe zu machen.

Aus dem Jiddischen kommt der Ausdruck *Macher*, ein sarkastisches Wort für die Leute, die die Verantwortung haben. Macher befassen sich mehr mit dem Drum und Dran der Führung und dem Titel und der Macht, die damit einhergehen, als mit dem Führen selbst. Sie erhalten diesen spöttischen Namen, weil im Judentum Nächstenliebe und gute Taten anonym sein sollen. Leute, die absichtlich auf ihre guten Taten aufmerksam machen, tun nach der Tradition weniger Gutes als Leute, die sich ohne die Erwartung von Lob oder Anerkennung plagen.

Wenn die Ausstellung eines Schecks die beste Art zu führen ist

Eine seltsame Sache: Obwohl weniger als die Hälfte aller Amerikaner freiwilligen Tätigkeiten nachgehen, geben volle drei Viertel von ihnen regelmäßig karitative Spenden.

Woher kommt das? Natürlich, die Leute finden es einfacher, in ihre Brieftaschen zu greifen, als ihre Zeit zu opfern. Und weil viele Leute glauben, dass ihre Anstrengungen durch das ineffektive Wirtschaften der Wohltätigkeitsorganisationen verloren gehen, ist es oft einfacher, ihr Gewissen durch einen Geldbeitrag als durch den Einsatz von Zeit und Energie zu beruhigen.

Scheckbuchnächstenliebe ist nicht ganz schlecht. Machen Sie den Scheck hoch genug und regelmäßig genug und schon besitzen Sie einen Platz an den Tischen der Mächtigen. Wie viel ist hoch genug? Für viele Organisationen reicht eine regelmäßige Spende von etwa 500 Euro pro Jahr, um zu allen Spendenveranstaltungen eingeladen zu werden, die Sie sich nur wünschen, und bietet Ihnen viele Gelegenheiten, um Beziehungen zu knüpfen. Legen Sie noch einmal 500 drauf und Sie treffen die Elite der Organisation, zu deren Geschäft es gehört, Sie besser kennen zu lernen, weil Sie ja vielleicht ein noch größerer Spender werden könnten.

Eine einfache Regel, um zu entscheiden, ob Sie besser Zeit oder Geld spenden sollten, ist folgende:

- ✔ Arbeiten Sie, um gesehen zu werden
- ✔ Geben Sie, um anerkannt zu werden

Wenn Sie versuchen, Ihre freiwillige Aktivität zu benutzen, um in den Augen der anderen Ihre Eignung als Führungskraft zu begründen, sollte die Auswahl Ihrer Arbeit immer darauf ausgerichtet sein, Ihre Anstrengungen ins beste Licht zu rücken. Das bedeutet nicht, dass Sie versuchen sollten, ein *Macher* zu werden oder sich ins Rampenlicht zu drängen. Es bedeutet, dass die Leute, was immer Sie auch tun, erkennen, dass es Ihre Führungsqualitäten waren, die Ihrem Tun zu einem überwältigenden Erfolg verhalfen.

Führungsübernahme als Freiwilliger

In diesem Kapitel

▶ Sie verstehen, woher die ganzen Freiwilligen kommen
▶ Sie meistern die knifflige Kunst der Wohltätigkeitsdiplomatie
▶ Sie lernen acht Wege zur starken ehrenamtlichen Führung kennen
▶ Sie wissen, wann Sie sich heraushalten, wann Sie aussteigen und wann Sie von vorne anfangen müssen

---

Ich würde anderen helfen, aus einem kameradschaftlichen Gefühl heraus.

Robert Burton

Gibt es einen besseren Weg, Führung zu verfeinern, als anderen zu helfen? Als strebsame Führungskraft können Sie oft aus erster Hand beobachten, wie erstaunlich Menschen sein können – auf vielfältige Weise –, wenn Sie auftauchen, um auszuhelfen.

Wie die meisten lohnenden Aktivitäten hat auch die Wohltätigkeit ihre Stars und ihre Möchtegerns. Betrachten Sie z.B. einen Herrn namens Bernie Wohl, der am 27. November 1998 in der *New York Times* vorgestellt wurde. Jedes Jahr hatte er den Vorsitz bei der Puter-Tranchier-Aktion für das Thanksgiving-Dinner im Goddard-Riverside-Gemeindezentrum in der Columbus Avenue nahe West 88th Street. Goddard Riverside serviert jedes Jahr einem kleinen Teil der New Yorker Obdachlosen über tausend Portionen Puter. Dieses spezielle Thanksgiving war ein besonderes für Mr. Wohl – ganz klar ein Star auf seinem Gebiet –, weil er sich zur Ruhe setzen wollte und weil Scharen von Menschen kamen, um ihm zu helfen. Wie die *Times* berichtete,»Dutzende von Leuten, die gerne helfen wollten, mussten weggeschickt werden.« Das gibt einem ein warmes Gefühl von Menschlichkeit, nicht wahr? Der nächste Satz allerdings vermittelte ein wenig Novemberkälte:»Sicher, einige mögen sie als verwöhnte Yuppies abtun, denen es nur darum geht, sich im Urlaub ein wenig besser zu fühlen … « Was sagt man dazu?

Warum dieser offensichtliche Angriff auf Leute, die die Bedürfnisse der anderen über ihre eigenen stellen wollen, in einer Zeit, wo die Nachfrage nach freiwilligen Helfern steigt? Wenn Sie etwas tiefer in den Archiven der *Times* graben, stellt sich heraus, dass freiwillige Arbeit – besonders Kochen und Servieren in Obdachlosenasylen – zu einer weiteren Möglichkeit für aufstrebende junge Singles geworden ist, um andere ihrer Art in New York zu treffen. Scheinbar zum Bedienen in den Heimen, sind einige in Wirklichkeit nur da, um nach potenziellen Partnern Ausschau zu halten.

Gemischte Motive sind nichts Neues. Schon andere Leute hatten unentschlossene Vorstellungen davon, was die Single-Szene ausmacht – wovon einige Anführer von Codependants-Support-Gruppen in den späten Achtzigern ein Lied singen könnten. Aber die *Times* machte auch noch eine weitere interessante Beobachtung: »Es gab ganz bestimmt keinen Mangel an Helfern zum Kochen und Servieren beim Thanksgiving-Dinner für die Bedürftigen.« Bereitwillige Hände waren da, aus welchen Gründen auch immer, und die Arbeit wurde erledigt.

Aber sind gemischte Motive nur eines dieser »Nur in New York«-Themen? Oder hat jeder sie, zumindest potenziell? Welchen Einfluss haben sie auf die Arbeit? Und wie gehen Sie als Führungsperson damit um?

Wer sind wir und warum sind wir hier?

Lassen wir die esoterischen Fragen einmal beiseite und stellen uns vor, Sie arbeiten ehrenamtlich für Ihre Lieblingssache, aus einem echten Wunsch heraus, der Menschheit etwas Gutes zu tun. Wir Menschen haben eine Menge von Gründen, das zu tun, was wir tun, manchmal sogar ohne zu wissen, welche Gründe das überhaupt sind. Die Leute, mit denen Sie freiwillig zusammenarbeiten, können eine große Bandbreite von Motiven für ihren Einsatz haben. Hier einige Beispiele:

- ✔ Es ist eine Art für die Einsamen, ihre Zeit zu verbringen. (Es gibt weniger nützliche Möglichkeiten – vor der Glotze hängen z.B.)

- ✔ Es ist eine Möglichkeit für Leute mit mangelndem Selbstwertgefühl, sich besser zu fühlen, indem sie sich um andere kümmern, die »noch schlechter dran« sind. (Das ist nur dann ein Problem, wenn sie es schlecht oder herablassend tun. Und jeder, der einmal mit einem Tyrannen kollidiert ist, kann Ihnen bestätigen, dass es schlechtere Wege gibt, um Selbstwertgefühl aufzubauen, als anderen zu helfen.)

- ✔ Es ist eine Möglichkeit, potenzielle Kumpel zu treffen, ohne sich zu verabreden. (Immerhin übertrifft es vielleicht das Zustandekommen von Beziehungen auf der Grundlage von Small-Talk in einer lauten Bar.)

- ✔ Es ist etwas Interessantes, das man in seinem Lebenslauf angeben kann. (Wir können nicht alle Smokejumper oder Sanitäter sein und oft gilt Erfahrung mit ehrenamtlicher Tätigkeit auch als eine Art Ausbildung.)

- ✔ Es ist eine Möglichkeit für neu Zugezogene, ihren Bekanntenkreis zu erweitern. (Kein Problem, wenn sie mehr arbeiten als plaudern.)

Kurz gesagt, mit freiwilliger Aktivität können Sie eine ganze Menge Dinge verbinden, die wenig damit zu tun haben, anderen zu helfen oder zu führen. Aber wo wir gerade dabei sind, denken Sie darüber nach: Nutzen Sie die Gelegenheit auch aus einem zweitrangigen Grund – um Ihre Führungsfähigkeiten zu entwickeln, zu üben und zu beweisen? (Wie könnten Sie etwas erreichen, *ohne* dies zu tun?)

Dies alles sind keine schlechten Gründe für ehrenamtliche Tätigkeiten, aber keiner davon kann effektive Leistungen aus sich selbst heraus aufrechterhalten. Ohne flexible und clevere Führung können die Ziele der Gruppe im Sumpf der komplexen Bedürfnissen der Mitglieder stecken bleiben. Wenn es Ihnen ernst damit ist, helfen zu wollen, und Sie sich mit einer Gruppe einlassen, die mehr zu sozialer Aktivität als zu sozialen Aktionen zu neigen scheint, haben Sie wahrscheinlich ein Problem. Aus diesem Grunde bieten die folgenden Abschnitte dieses Kapitels Tipps und Tricks, um eine große Bandbreite freiwilliger Helfer zu führen – inklusive Stars, Möchtegerns und Mitläufern.

Halten Sie Ihre Helfer durch eine Gruppenmission zusammen

Wie komplex die Organisation und wie wichtig die Arbeit auch ist, ehrenamtliche Arbeit ist nicht wie die Arbeit in einer Firma. Zum einen funktioniert Führung in Unternehmen meistens von oben nach unten – wenn die Vorgesetzten sagen, »Spring«, greift sich ein jeder einen Pogostab oder riskiert, gefeuert zu werden. Natürlich achtet der wirklich gute Unternehmensleiter sorgfältig auf Übereinstimmung innerhalb seines Teams – aber die meisten Freiwilligengruppen laufen *völlig* über Übereinstimmung. Das ist etwas ganz anderes.

Die erste Übereinstimmung, die die meisten Freiwilligen erzielen, ist recht einfach. Sie wollen ein gutes Gefühl haben in Bezug auf das, was sie tun. Es ist nicht Falsches daran, sich gut fühlen zu wollen, aber es kann den Zweck dessen, was die Gruppe zu erreichen versucht, verdunkeln. Wofür existiert die Gruppe? Was ist ihre Vision und was ihre Mission? Das Bedürfnis, sich gut zu fühlen, lässt die Mission häufig für den Gruppenführer verschwommen erscheinen. Wenn Sie hereingestürmt kommen, beladen mit gemeinschaftlichen Lasten – strotzend vor hoch trabenden Zielen, einer Missionserklärung und einem Handlungsplan –, können Sie erwarten, dass die Leute Sie ansehen, als wären Sie verrückt vor lauter Enthusiasmus oder machtbesessen, weil Sie sofort loslegen, ohne nach dem Mannschaftsstand zu fragen.

Bevor Sie die Schaubilder und den Laserzeiger auspacken, müssen Sie erst einmal ein gutes Gefühl für den Einigungsprozess Ihrer Gruppe bekommen. Beginnen Sie mit etwas, worin sie übereinstimmen – sich gut zu fühlen z.B. –, und bitten Sie sie um ein Feedback, damit Sie ihnen helfen können, einige nicht-bedrohliche, einfache Ziele zu formulieren. Ein solches Ziel könnte z.B. der Entwurf einer Missionserklärung sein. Fordern Sie sie sanft (aber bestimmt und mit gutmütigem Humor) auf, ihre Vorstellungskraft zu benutzen und sich eine kurze Erklärung auszudenken, die einen total Außenstehenden auf die Schnelle über Sinn und Zweck der Gruppe informiert. Flechten Sie ihre Ideen zusammen, wobei Sie sie ermutigen, ihr gutes Gefühl daraus zu beziehen, dass sie als Team handeln. Dann legen Sie die Latte nach und nach höher.

Treiben Sie Geld auf und stellen Sie Profis ein

Die meisten gewöhnlichen Leute besitzen nicht dasselbe Niveau an Leidenschaft und Engagement, das professionelle, bezahlte Helfer für eine Aufgabe mitbringen müssen. Wer kann schon (außer die betroffene Familie selbst) wirklich stundenlang am Bett eines sterbenden AIDS-Patienten sitzen oder sich selbst in Gefahr bringen, indem er hungernde Kindern in Afrika oder Hurrikan-Opfer in Mittelamerika mit Lebensmitteln und Medizin versorgt? Wie viele Leute haben wirklich das, was man braucht – inklusive Zeit und Energie –, um hingebungsvoll eine Aufgabe zu verfolgen, bei der sie vielleicht Leib und Leben riskieren, die aber Belohnungen höchstens in psychologischer Sicht verspricht?

Zeit mag Geld *sein* oder auch nicht, aber genau wie Geld ist sie ein unentbehrliches Mittel – und sie konsequent zu sichern, bedeutet häufig, für sie zu zahlen. Aus diesem Grund stellen so viele Wohltätigkeitsgruppen einen bezahlten Mitarbeiterstab für die eigentliche alltägliche Arbeit wie das Füttern der Hungrigen, die Pflege der Kranken und das Einkleiden der Bedürftigen ein. Einige Gruppen scheinen (fast ausschließlich) als Vehikel zum Auftreiben von Geld zu existieren, um die Aktivitäten der bezahlten Mitarbeiter zu bezahlen; der einzige Kontakt zwischen den Helfern und der eigentlichen Aufgabe ist vielleicht ein aufmöbelndes Gespräch mit dem Geschäftsführer, wenn die Kästen niedrig hängen. Das ist nicht alles schlecht, aber beachten Sie, wie es die Definition dessen ändert, was Sie als Führungsperson tun können. Sie müssen von einer Aktivität – Beeinflussung der Politik – zu einer anderen wandern: Geld auftreiben.

Wenn Sie in eine Hilfsrolle verbannt werden, können Sie trotzdem noch führen. Sie können die Initiative ergreifen und sich neue Möglichkeiten der Geldbeschaffung ausdenken, neue Wege, um mehr Leute für Ihre Sache zu interessieren, oder neue Wege, um mehr Leute auf den Bedarf an sozialen oder legislativen Aktionen aufmerksam zu machen – alles, ohne direkt an der Aktivität teilzunehmen, die Sie unterstützen.

Große (maßvolle) Erwartungen

Superhelden sind aus einem Grund fiktional; die meisten Leute tun nicht mehr, als sie können (manche nicht einmal so viel), aber sie können trotzdem einen Beitrag leisten. Die ultimative Lektion für alle Aktivitäten, die von Ihnen verlangen, freiwillige Helfer zu führen, heißt: *Halten Sie Ihre Erwartungen bescheiden.*

- ✔ **Erwarten Sie nicht zu viel von den Leuten, die Sie führen.** Wenn ihr Lebensunterhalt nicht von dem abhängt, was Sie zu erreichen versuchen, müssen sie nichts von dem tun, was Sie sagen. Wenn Ihre Freiwilligen sich leicht ablenken lassen, könnten sie sich von dannen machen – zusammen mit allen Erfolgschancen –, wenn Sie sie mit den Aufgaben überfordern.

- ✔ **Setzen Sie keine unrealistischen Erwartungen in Ihre Ziele.** Die meisten Ziele freiwilliger Helfer hängen von Leuten ab, die begrenzte Ressourcen haben. Ganz unvermeidlich werden die Ziele durch eine bestehende Realität beeinträchtigt: Der Bedarf ist oft größer, als Ressourcen verfügbar sind, um ihn zu erfüllen. Ein Grund ist, dass Leute sich oft nicht in der Lage fühlen, für mehr als eine von mehreren konkurrierenden Sachen zu geben. Sie können z.B. eine Mantelkampagne starten, um den Armen über den Winter zu helfen, nur um festzustellen, dass eine andere Gruppe zur selben Zeit eine Lebensmittelkampagne für die Armen durchführt. Viele von denen, die den Pfadfindern einige Konservendosen spendeten, glauben, dass sie das Recht haben, Ihnen eine Spende mit der Begründung, dass sie ja bereits gegeben hätten, zu verweigern.

✔ **Bleiben Sie flexibel in Ihrer Haltung.** Wenn Sie feststellen, dass Sie Schwierigkeiten haben, Ihr Ziel zu erreichen, nutzen Sie genau den Prozess, der Ihnen im Weg steht, zu Ihrem Vorteil aus. Schmeißen Sie eine Party. Laden Sie einen Haufen Leute dazu ein, sich gut zu fühlen, wobei es als selbstverständlich angesehen wird, dass Spenden an der Tür üblich sind und erwartet werden, und nutzen Sie den Erlös als Beitrag zu Ihrer Sache.

Die Zündkerze setzt die Räder in Bewegung

Eine allgemeine Weisheit rät, eine geschäftige Person zu fragen, wenn etwas erledigt werden muss – aber nicht jede Geschäftigkeit zeugt von wirklicher Tatkraft. Freiwilligengruppen hängen von ihren kompetentesten aktiven Mitgliedern ab – ihren *Zündkerzen* –, wenn etwas getan werden soll, viel mehr als von diesen formalen Führungskräften. Wenn Ihre Kirche oder Synagoge z.B. einen Wohltätigkeitsbasar veranstaltet, ist die Zündkerze (und die wahre Führungsperson) die Frau, die all ihre Freunde zusammentrommelt und sie bittet, ihre Schränke zu durchstöbern, die dann zu jedem Haus fährt und die Sachen persönlich einsammelt und verpackt – so dass die Freunde nicht mehr tun müssen, als den Kram rauszurücken. Wenn Sie einen Plätzchenverkauf haben, ist die Zündkerze (und die wahre Führungsperson) die Person mit dem Super-Plätzchenrezept, die bereit ist, Hunderte und noch mehr Plätzchen zu backen, sie säuberlich in kleine Tüten zu verpacken und an all die Stellen zu fahren, wo sie verkauft werden sollen.

Führung hinter den Kulissen kann auch heißen, zu organisieren und Schecks auszustellen: Die Person, die das Startkapital oder die passenden Geldmittel für eine Spendenaktion zur Verfügung stellt, ist solch eine Führungsperson. Oder denken Sie an denjenigen, der die Telefonstelle organisiert – und dann sicherstellt, dass sie während der Kampagne durchgehend besetzt bleibt, auch wenn das bedeutet, volle fünf Stunden lang eine Telefonposition besetzen zu müssen oder mit dem Auto rundzufahren und die Leute einzusammeln, die sich verpflichtet und es dann vergessen haben.

In vielen Freiwilligengruppen hat Führung nichts damit zu tun, wer Sie sind, sondern damit, was Sie tun – vor allem, wenn Sie es wirklich schaffen. Eine Person, die Verbindung zu einem Gesetzgeber aufnehmen und ihn beschwatzen kann, einen neuen Gesetzentwurf in die Wege zu leiten – oder die richtigen Kontakte zu den Medien knüpfen kann, um den Einfluss der Gruppe zu erweitern –, ist der *De-Facto*-Leiter, egal, wer den Titel hat. Wenn eine Gruppe sich in hartem Konkurrenzkampf mit anderen um die Herzen und die Gesinnung einer begrenzten Anzahl möglicher Mitglieder befindet, achten Sie darauf, wer die Resultate liefert. Das ist derjenige, den Sie fragen sollten – die *effektiv* geschäftige Person.

Oder, noch besser, werden Sie selber eine effektiv geschäftige Person. Und wenn Sie schon eine sind, machen Sie Werbung dafür.

> **Wer die besten Kuchen macht, hat die Führung**
>
> In einer Episode seiner kurzlebigen TV-Show spielt Gregory Hines einen Literaturvertreter, der sich an der Beschaffung von Geld für die Schule seines Sohnes beteiligen soll. Zuerst will er einfach einen Scheck ausschreiben und es dabei bewenden lassen, aber er wird gezwungen, den Ausschuss zu leiten, als er verspricht, einen seiner Kunden, Kareem Abdul Jabbar, für ein karitatives Basketballspiel zu verpflichten. Während er dabei hilft, die ganze Sache zu organisieren, trifft er auf den Widerstand von Eltern, die bei früheren Spendenaktionen geholfen hatten, mit der Begründung, dass er seine »Gebühren nicht bezahlt« hätte. Der größte Widerstand kommt von einer Gruppe von Müttern, die früher eine Menge Geld durch den Verkauf von Gebäck erzielt hatten und die plötzlich bei der Organisation des Basketballspiels keine Rolle mehr hatten. Am Schluss verlassen alle das Komitee, und Hines ist gezwungen, zugunsten einer Mutter mit einem wirklich umwerfenden Kuchenrezept aufzugeben. Drei Dinge lernen wir daraus: Erstens, beim freiwilligen Helfen steht der Prozess gegenüber den Zielen oft im Hintergrund, zweitens, ein wirklich effektiver Prozess berücksichtigt konsistente Ergebnisse, und drittens, derjenige, der den besten Kuchen backt, bestimmt die Regeln.

Diplomatie zahlt sich aus

Eine Wohltätigkeitsorganisation zu leiten hängt in hohem Maße von Konsens ab, der alle drei Führungsqualitäten erfordert (siehe Kapitel 1):

✔ andere zur Kooperation gewinnen

✔ aktiv den Ideen anderer zuhören

✔ die Bedürfnisse der anderen über die eigenen stellen

Doch damit all diese Fähigkeiten zusammenkommen und funktionieren können, brauchen Sie eine vierte Begabung: Diplomatie.

Wir reden hier nicht über die Agentenfilmdiplomatie, die den Feind hinterrücks erdolcht, während sie ihm die Hand schüttelt. Die Diplomatie, die Sie als Führungsperson brauchen, ist die Fähigkeit, den guten Willen und die Energie der Individuen in Ihrer Gruppe einzuspannen, egal, wie fehlgeleitet sie sind, und den Gruppenmitgliedern dabei zu helfen, eine wirkungsvolle (oder zumindest harmlose) Aufgabe auf dem Weg zu ihren Zielen zu finden.

> Stellen Sie sich vor, Sie sind in einer »Rettet die Wale«-Gruppe und eins Ihrer Mitglieder möchte eine Schwadron Rennboote organisieren und sie hinausschicken, um die Ausflugsboote zu stoppen, die der Walwanderung folgen, mit der Begründung, dass diese Boote die Wale stören und ausbeuten. Was machen Sie? Ihre erste Regung wird sein, dem Vorschlag Ihres Mitglieds respektvoll zuzuhören, ihn einzuschätzen und dann geduldig zu erklären, dass der Einsatz von noch

mehr Booten in dieser Gegend zwei Probleme aufwirft: Erstens stört er die Wale noch mehr und zweitens vergrößert er die Gefahr, dass sich ein Walkalb an einem Propeller verletzen könnte. Wenn die Person diese Bedenken zurückweist und auf ihrem Vorschlag besteht, beauftragen Sie sie mit detaillierten Nachforschungen darüber, wie die Gruppe ihren Einsatz von Rennbooten verbessern könnte (insbesondere, wie man Propellerverletzungen vermeiden, vorbeugen und behandeln kann), und fordern Sie sie auf, regelmäßig Bericht zu erstatten. Beschäftigen Sie Ihren neuen Experten in spe immer wieder mit Nachforschungen, Berichterstattung und Workshops über den verantwortlichen Einsatz von Rennbooten, bis die Walwanderung vorbei ist. Was immer Sie tun, machen Sie solche Enthusiasten nicht lächerlich, brüllen Sie sie nicht an und versuchen Sie nicht, sie innerhalb der Gruppe zu Außenseitern abzustempeln.

Effektive Diplomatie bezieht alle mit ein

Das Wesen von Diplomatie ist, eine Gruppe zusammenzuhalten, auch wenn sie auseinander driften will – und das bedeutet, jeden einzubeziehen. Sie hat mit dem Erzielen von Übereinstimmung auf lange Sicht zu tun, anstatt sich rücksichtslos über jeden hinwegzusetzen, um ein bestimmtes kurzfristiges Ergebnis zu erreichen.

Führung kann ein Balanceakt zwischen den strategischen Bedürfnissen und Taktiken Ihrer Gruppe sein, die der Intuition zuwiderlaufen können, aber zur Erledigung der Aufgabe beitragen. Wenn Ihre Gruppe z.B. einmal finanziellen Erfolg mit einer Plätzchenbackaktion hatte, jetzt aber mehr Geld oder eine neue Methode benötigt, finden Sie einen Weg für die Plätzchenbäcker, im Zuge der neuen Sammelaktion Geld aufzutreiben, auch wenn die neue Veranstaltung ein Galadinner ist.

Wenn Sie z.B. einen neuen Aktionskurs für Ihre Geldbeschaffungsmaßnahmen gewählt haben, so deswegen, weil Sie den Erlös, der durch den Kuchenverkauf hereinkam, noch übertreffen wollen. Aber warum auf dieses Einkommen verzichten? Wenn Frau Schmitz' Vanillekipferl wirklich örtliche Berühmtheit erlangt haben, machen Sie sie zum Kernstück des Desserts, oder lassen Sie sie genügend davon herstellen, um sie in Tüten zu verpacken und sie als Dankeschön-Geschenke an all die Leute zu verteilen, die an Ihrem eleganten Abendessen teilgenommen haben. Die Leute werden glücklich sein, umsonst zu bekommen, wofür sie vorher bezahlt haben, und wenn Sie Frau Schmitz in das Geheimnis einweihen (ihre Vanillekipferl locken die Gäste zum Dinner), wird sie stolz sein, einen signifikanten Beitrag zu der neuen Veranstaltung geleistet zu haben.

Diplomatie in der ehrenamtlichen Führung ist eine Kunst. Die Leute sind aus allen möglichen Gründen freiwillig tätig, von denen sich viele kaum direkt auf das Erreichen des Ziels beziehen. Aufgabe der diplomatischen Führungsperson ist es, Ziele und Missionen auf solche Weise zu konstruieren, dass jeder einen anerkannten Beitrag leisten kann.

Jeder hat seine ganz bestimmten Beiträge, die er leistet; eine total objektive Bewertung dieser Gaben ist wahrscheinlich nicht möglich. Wenn Sie ehrenamtlicher Leiter werden, nehmen Sie Ihre eigene Grobeinschätzung eines jeden Mitglieds Ihres »Teams« vor.

Um einen guten Eindruck von den Fähigkeiten, Geschicklichkeitsniveaus, Potenzialen und Interessen Ihrer Gruppenmitglieder zu erhalten, machen Sie sich einige Notizen. Besorgen Sie sich einen Stapel Karteikarten und schreiben Sie über jedes Teammitglied einige Informationen auf. Beginnen Sie mit dem Üblichen: Name, Adresse, Telefonnummer (bzw. Nummern für Tag, Abend, Zuhause, Büro, Handy, Pager und Fax), Orte, wo sie zu erreichen sind, ihre Arbeitgeber, Assistenten (sofern sie welche haben) und wann sie ihre freien Stunden haben. Als Nächstes schätzen Sie ihre Begabungen ein und notieren sich mögliche Einsatzgebiete. Gute Stimme? Vielleicht für einen Radiospot oder eine Telefonaktion zu gebrauchen. Gute Computerkenntnisse? Das könnte sich für die Planung und Repräsentationen oder für Textverarbeitung und Grafik als nützlich erweisen. Nach der Einschätzung der Begabungen betrachten Sie die Persönlichkeiten. Wer redet nur, tut aber nichts? Wer tut zwar viel, hat aber keinen Plan? Wer ist der soziale Schmetterling? Wer baut die Luftschlösser? Zum Schluss schätzen Sie ihre Motive ein, aus denen sie da sind. Sind sie aktivistischer oder sozialer Natur? Will Ihre Gruppe etwas erreichen oder ihre Zeit mit »Planung« verbringen und sich gut dabei fühlen? Oder liegt die Wahrheit irgendwo in der Mitte? Und wenn ja, in welcher Mischung?

Ich habe eine kleine Liste

Nehmen Sie jede der Kategorien – Begabung, Persönlichkeit und Motive – und machen Sie eine eigene Liste für jede dieser Kategorien mit den Daten von Ihren Karteikarten. Diese Listen werden Ihnen erstens verdeutlichen, was Ihre Gruppe kann und was nicht, und zweitens, was Ihre Gruppe wahrscheinlich tun *will*. Die Kenntnis dieser Informationen wird Ihnen (dem furchtlosen Leiter) dabei helfen, einen Aktivitätslevel zu finden, der mit den Bedürfnissen der Gruppenmitglieder vereinbar ist und das Erzielen von Konsens beschleunigen hilft. Die Liste dient auch dazu, die Bereiche hervorzuheben, in denen Ihr diplomatisches Geschick gefragt ist. Weil kein Gruppenprojekt immer die Begabungen eines jeden im gleichen Maße einsetzen kann, werden Sie im Voraus wissen, wo Sie besonders hart arbeiten müssen, um für jeden, der sich durch Ihre neue Aktivität zurückgesetzt fühlen könnte, einen Platz zu finden.

Wenn Sie Ihre Liste aufstellen, beachten Sie einen weiteren lebenswichtigen Faktor, bevor Sie ein neues Projekt für Ihre Gruppe auswählen: Haben Sie die Begabungen der Zündkerzen Ihrer Gruppe identifiziert und notiert? Wenn Sie einen Weg finden können, diese in eine neue Aktivität umzuleiten, wird Ihr Unternehmen ein Erfolg werden.

Acht Wege, um ein großer ehrenamtlicher Leiter zu werden

Wenn Sie wie die meisten der besten Führungskräfte sind, wollen Sie aus Ihrer ehrenamtlichen Tätigkeit zwei Dinge herausholen: die Chance, zu helfen, und die Chance, Ihre Führungsqualitäten zu nutzen. Sie wollen sich weder ärgern noch krank werden über Ihre Tätigkeit und Sie wollen die Befriedigung haben, etwas Wertvolles geleistet zu haben. Ob Sie nun ein ehrenamtlicher Leiter oder ein Gruppenmitglied sind, Sie sollten einige grundlegende Regeln über die Verantwortungen von Führungspersonen und Anhängern beachten – umgesetzt in acht gut lesbare Überschriften (direkt vor Ihren Augen), und hier sind sie!

Seien Sie gut informiert

Wissen ist immer Macht, und das ist nirgends wahrer als in Freiwilligengruppen. Einer, der sich mit den Baubestimmungen auskennt und die richtigen Beziehungen zu den entsprechenden Kommunalpolitikern hat, hat Macht bei Gemeindeaktions-Programmen. Jemand, der weiß, wo ein Ersatzschiedsrichter herzukriegen ist, und die Regeln kennt, hat Macht in einer Fußballliga. Einer, der weiß, wo man das ganze Partyzubehör und einen Lieferanten für Speisen und Getränke findet, hat die Macht, wenn eine Wohltätigkeitsfete geplant wird. Aus diesem Grund sollten Sie die Mühe auf sich nehmen, sich gründlich schlau zu machen über das, woran Ihre Gruppe arbeitet, und es besser zu lernen als irgendjemand sonst.

Seien Sie schlau

Es ist nicht genug, alle Nötige zu wissen. Führungspersonen sind einfallsreich und sie können, wenn es sein muss, improvisieren. Das beste Rolodex nützt Ihnen nichts, wenn Sie nicht wissen, wie man damit umgeht. Wenn jemand die entscheidende Förderung, die Ihre Gruppe braucht, nicht liefern kann, fragen Sie, wer in der Lage ist zu helfen. Viele Leute, besonders, wenn sie Ihrer Sache wohlwollend gegenüberstehen, werden Sie an andere Leute verweisen, wenn sie Ihnen nicht selbst helfen können. Bobby Kotick, der CEO von Activision, hat ein Motto, das jede Führungskraft beachten und sich an die Wand kleben sollte: »Wer nicht fragt, kriegt auch nichts.«

Seien Sie lautstark

Gruppenleiter müssen in der Lage sein, der Gruppe ihre Gedanken vernünftig mitzuteilen, und das ist nicht nur eine Frage des Erwerbs eines Megafons. In Freiwilligengruppen hat Kommunikation auch den Zweck, die Aufmerksamkeit gleichgültiger Nichtmitglieder zu erregen, auch wenn andere Gruppen um Zeit, Geld und andere Mittel konkurrieren. Der beste Weg, dies zu erreichen, ist, lautstark zu sein.

Seien Sie nicht zu schüchtern, die Anliegen Ihrer Gruppe an die Öffentlichkeit zu tragen. Wenn Sie für eine Sache leidenschaftlich kämpfen (z.b. die Rechte der Tiere), sollte Ihnen klar sein, dass, auch wenn andere Leute die Sache nicht mit der gleichen Leidenschaft betrachten, *sie trotzdem potenzielle Anhänger sind*. Ihre Aufgabe ist es, diese Gruppe zu mobilisieren (egal, um welche Sache es sich handelt), die Präsident Nixon einmal »die schweigende Mehrheit« nannte. Eine PETA-Demonstration (People for the Ethical Treatment of Animals) gegen das Tragen von Pelzen mag vielleicht zu dramatisch erscheinen, aber wenn Mitglieder ihre Klamotten in der Öffentlichkeit ausziehen, erregt dies Aufmerksamkeit – und auf jede Person, die lacht, kommt mindestens eine andere, die spendet.

Seien Sie entschlossen

Wohltätige Aktivitäten kommen im Leben der meisten Leute auf den hinteren Plätzen nach Familie und Karriere, und deshalb müssen Sie, damit etwas passiert, lernen, ein Nein nicht als Antwort zu akzeptieren. In der Politik wie auch beim Spendeneintreiben bedeutet das, die Telefone zu besetzen und den Fuhrpark zu organisieren, so dass Sie Ihre Leute dahin schicken können, wo sie gebraucht werden, um dabei zu helfen, dass sich etwas tut. In totalitären Gesellschaften erscheint die Fähigkeit der regierenden Partei, »spontane Demonstrationen« Zehntausender von Menschen zu organisieren, unmöglich, aber genau das ist das Modell der Organisation und Entschlossenheit, dem Sie folgen müssen (ohne die Geheimpolizei, natürlich).

Der Schlüssel, um Ihre Anhänger für einen Einsatz zusammenzutrommeln, ist eine *Telefonkette*. Geben Sie Listen mit den Telefonnummern aller Mitglieder aus und lassen Sie jedes Mitglied drei bestimmte andere anrufen. Stellen Sie sicher, dass jedes Mitglied von mindestens zwei Leuten angerufen wird, damit Ihre Kette nicht so leicht unterbrochen werden kann.

Seien Sie eine treibende Kraft

Wenn Ihre Sache bedeutend ist, bleiben Sie nicht durch mangelnde Aktivität stecken. Freiwillige Tätigkeit muss genauso auf die Einhaltung von Fristen achten wie jedes Geschäftsunternehmen auch. Die Leute neigen dazu, von der Gruppenarbeit abzuschweifen, wenn sie nicht gezwungen sind, feste Zeitpläne und strenge Fristen einzuhalten. Ihre Aufgabe als Leiter ist es, Ihre Gruppe in der Bewegung auf das Ziel hin zu halten – und der Kampf ist halb gewonnen durch das beständige Vermitteln der Notwendigkeit, zu einer bestimmten Zeit an einem bestimmten Ort zu sein. Denken Sie an den Satz »Stellen Sie sich vor, Sie geben eine Party, und niemand kommt.« Das passiert einem Leiter, der die Gruppenziele nicht dringend genug macht. Keiner taucht auf.

Seien Sie weise

Führung erfordert gutes Urteilsvermögen von Ihnen. Genauso erfordert ehrenamtliche Führung, dass Sie Weisheit praktizieren. Ein großer Teil der freiwillig Tätigkeiten hat eine emotionelle Qualität, die es leicht macht, die Grenze zwischen dem Führen einer Gruppe und dem Eingehen persönlicher Beziehungen zu ihren Mitgliedern zu überschreiten. Vielleicht haben Sie sich einer Gruppe angeschlossen, um neue Leute zu treffen, und es sagt ja auch keiner, dass Sie nicht mit Ihren neuen Freunden verkehren sollten. Sobald Sie aber eine Führungsrolle übernehmen, ändern sich Ihre Verantwortungen, und Sie müssen sicherstellen, dass *Ihnen* das klar ist, genau wie den Leuten, die Sie führen. Eine Trennung zwischen Führungspersonen und Anhängern ist lebenswichtig, um den Job durchführen zu können. Manchmal wird diese Trennung persönlich. Wenn Sie von Anfang an eine angemessene emotionale Distanz wahren, wird niemand verletzt.

Seien Sie konsequent und zuverlässig

Wenn Ihre Gruppe einen regelmäßigen Treffpunkt hat, stellen Sie sicher, dass Sie immer als Erster kommen, um das Licht anzuschalten, und als Letzter gehen, um es wieder auszuknipsen und um abzuschließen. Sorgen Sie dafür, dass die Treffen immer pünktlich beginnen, dass Erfrischungen vorhanden sind und dass das Treffen nicht schwankt, wenn es vertagt werden sollte. Wenn Sie mit Geld umgehen, vergewissern Sie sich, dass Sie die Konten ordentlich führen und darauf vorbereitet sind, jedem, der danach fragt, genaue Rechenschaft ablegen zu können. Verfeinern Sie Ihr diplomatisches Geschick, indem Sie konsequentes Verhalten jedem Gruppenmitglied gegenüber kultivieren; sehen Sie ihre Bedürfnisse als noch wichtiger als die erklärten Ziele der Gruppe an. Denn ohne sie können die Ziele nicht stattfinden.

Seien Sie vertrauenswürdig

Ihre Verantwortung als Führungsperson ist es, das Vertrauen der Leute zu gewinnen, die Sie gewählt haben. Bevorzugen Sie niemanden und lassen Sie sich nicht in die belanglosen Personenkollisionen verwickeln, die Freiwilligengruppen gerne heimsuchen. Halten Sie Ihre Ziele einfach, Ihre Mission direkt und die Arbeit, die Sie tun, für jeden sichtbar. Wie die komplizierteste Zauberei – Prestidigitation (wenn Sie die Hand schneller bewegen, als die Augen ihr folgen können) –, so kann auch gute Führung ein Genuss sein: Alles spielt sich im Vordergrund, in nächster Nähe und persönlich ab, aber das Endergebnis lässt die Leute in Oohs und Aahs ausbrechen und sich wundern, wie Sie das geschafft haben.

Wann es Zeit ist zu gehen

Manchmal will Ihre Freiwilligengruppe nicht dahin gehen, wohin Sie sie führen wollen, egal wie gut Ihre Führungsqualitäten sind. Der Zusammenhalt kann zerbrechen; stellen Sie sich z.B. vor, Sie haben aus Versehen eine der Zündkerzen beleidigt, die nicht von dem ablassen will, was sie in der Vergangenheit getan hat, weil »es bis jetzt immer funktioniert hat.« Das kann ein Gefahrensignal sein, oder auch nicht, aber wenn es passiert, haben Sie zwei Möglichkeiten (die in den beiden folgenden Abschnitten beschrieben werden).

Tun Sie, was die Gruppe will

In einer Episode von *Dharma and Greg*, einer ABC-Sitcom, von 1999, will Dharmas Mutter ihren üblichen Gebäckverkauf für eine Umweltsache durchführen. In einer Unterhaltung mit der Schwiegermutter Ihrer Tochter sagt Dharmas Mutter, dass sie erwartet, einige hundert Dollar einzunehmen. Die Schwiegermutter lacht und erwidert, dass eine Galaveranstaltung inklusive der Verleihung einer Auszeichnung an eine berühmte Persönlichkeit Tausende von Dollars einbringen würde. Die Show wird zu einem lustigen Zusammenprall zwischen wohltätigen Hippies und wohlhabenden San Franciscoer Blaublütigen; das resultierende Ereignis ist von den Einnahmen her ein Erfolg, aber eine kulturelle Katastrophe, als Enten in das Zelt einfallen. Die Veranstaltung bringt eine Menge Geld ein, aber ein jeder geht verärgert nach Hause. (Was glauben Sie wohl, was sie im nächsten Jahr unternehmen werden?)

Manchmal wollen die Leute in Ihrer Gruppe das tun, was sie immer getan haben, weil es das ist, womit sie sich wohlfühlen oder was sie glauben, gut zu können. Sie haben wenig zu gewinnen (und viel zu verlieren), wenn Sie versuchen, die Gruppe davon zu überzeugen, eine bedeutende neue Initiative zu akzeptieren. Stellen Sie es sich so ähnlich vor, als wollten Sie die Pfadfinderinnen von ihrer Haupteinnahmequelle des Plätzchenverkaufs abbringen. Dabei mögen viele Mädchen das alte Bild vom Mädchen mit den Plätzchen, um Geld für fortschrittliche Aktivitäten zu sammeln, gar nicht (und viele der erwachsenen Gruppenführerinnen sind auch nicht allzu glücklich damit). Aber die Pfadfinderinnen ohne Plätzchen wären eben nicht die Pfadfinderinnen.

Eine gerissene Gruppenführerin könnte den Verkauf in einen Wettbewerb umwandeln – die Girl Scouts of America verleihen als Anreiz immer Preise an Mädchen und Gruppen, die eine besondere Aufgabe erledigen – und greift in ihre eigene Tasche, um den Anreiz durch CDs, Konzerttickets und andere Dinge, die die Mädchen vielleicht gerne hätten, zu vergrößern.

Treten Sie zurück und bilden Sie eine neue Gruppe

Die drastischere Alternative ist, aufzugeben. Sich von einer Gruppe zurückzuziehen und seine eigene zu gründen, ist eine alte und ehrwürdige amerikanische Tradition. (Sie geht mindestens bis zu Roger Williams zurück, der sich aus der Puritan Colony of Massachusetts zurückzog und Rhode Islands gründete.) Viele moderne karitative Gruppen sind Ableger bereits bestehender Organisationen, wie etwa Greenpeace und Friends of the Earth vom Sierra Club. Akti-

15 ➤ Führungsübernahme als Freiwilliger

vismus verursacht unvermeidlich Unzufriedenheit: Irgendein Teil der Hauptgruppe hat das Gefühl, dass die Gruppe sich zu langsam auf ihre Ziele zubewegt, und wünscht sich direktere Aktion. Weit von dem Glauben entfernt, dass ein Sich-Zurückziehen einen Rückzug darstellt, kann das Aufgeben einer existierenden Gruppe, wenn Sie eine Führungsperson sind, die nach einem Gegenstand sucht, Sie näher an gleichgesinnte Leute heranführen, die Ihnen dabei helfen, Ihre Ziele zu verwirklichen.

Ihre neue Gruppe hat vielleicht sogar in der Zukunft die Gelegenheit, Ihre alte Gruppe als Verbündeter durch gemeinsame Anstrengungen zu unterstützen. Schließlich *ist* Rhode Island ein Mitglied der Vereinigten Staaten geworden – die sich wiederum vom Britischen Königreich »abgesetzt« haben, das sie aber als Alliierte in zwei Weltkriegen unterstützten. Derselbe Prozess in größerem Rahmen.

Falls Sie unzufrieden sind, so hat fast jede Gruppe inzwischen ihre eigene Website, wo Mitglieder Streitfragen diskutieren können. Wenn Sie nämlich nicht glücklich sind, dann können Sie davon ausgehen, dass andere es auch nicht sind. Benutzen Sie die gruppeneigene Website als Forum, um den Grad an Unzufriedenheit zu testen, und benutzen Sie dann die E-Mail-Adressen, die Sie ergattert haben, um die Idee einer neuen Gruppe in Umlauf zu bringen. Sie werden sehr schnell in der Lage sein zu bestimmen, ob Sie mit Ihren Ideen für direktere Aktionen als Außenseiter dastehen oder vielleicht doch die allgemeine Stimmung repräsentieren. Der ganze Prozess kann Ihnen eine klarere Vorstellung davon vermitteln, wann, wie oder *ob* Sie Ihre Gruppe verlassen sollten, um eine neue zu gründen.

Führung im Alltag: Training für das wirkliche Leben

In diesem Kapitel

▶ Sie schätzen Ihre Führungsqualitäten ein
▶ Sie kommen von hier nach da – und setzen persönliche Ziele
▶ Sie haben einen Blitzstart als Führungsperson
▶ Sie bilden Ihr Kind zur Führungspersönlichkeit aus

Die Erfahrung hat gezeigt, dass jeder Mensch der Architekt seiner eigenen Zukunft ist.

Gaius Sallustius Crispus

*E*s ist der Wiederholung wert: Jeder hat ein gewisses Führungspotenzial und Führung kommt im täglichen Leben dauernd vor, auch wenn Sie sie nicht immer erkennen. Wann immer Sie die Initiative ergreifen, irgendetwas in Ihrem Leben zu erledigen, praktizieren Sie Führung auf ihrer grundlegendsten Ebene, selbst wenn Sie nur sich selbst führen.

Falls Ihnen die Idee, sich selber zu führen, töricht vorkommt, bedenken Sie Folgendes: Wie können Sie andere effektiv führen, solange Sie nicht mit Ihrer eigenen Selbstdisziplin und emotionaler Reife auf freundschaftlichem Fuß stehen? Ziele und Visionen für andere Leute zu artikulieren, geht viel reibungsloser, wenn Sie die Fähigkeit, sich um Ihre eigenen Bedürfnisse zu kümmern, gut genug geübt haben.

Selbst die altruistischste Person hat persönliche Wünsche, Bedürfnisse und Ambitionen – einige davon altruistisch, einige einfach menschlich. Zu dem Zeitpunkt, wo Sie die Ihren erkannt und in einem Rahmen organisiert haben, der es Ihnen erlaubt, mehr zu erreichen, sind Sie bereits dabei, das notwendige Geschick und Rüstzeug für eine Führungsrolle zu entwickeln.

Schätzen Sie sich ein - aber fair

Wie Ihnen erfahrene Führungskräfte berichten können, beginnt Führung anderer mit einer persönlichen Bestandsaufnahme Ihrer eigenen Stärken und Schwächen und anschließender Einschätzung der Möglichkeiten und Gefahren, die Ihnen wahrscheinlich begegnen werden, wenn Sie führen. Sich selbst zu führen fängt genauso an; stellen Sie es sich so vor, als hätten Sie einen viel versprechenden Anhänger, der Ihre bestmögliche Führung verdient. Ziehen Sie sich mit einem Blatt Papier zurück und listen Sie alles auf, worin Sie gut sind, einschließlich der Sachen, in denen Sie gerade gut genug sind, um eben so durchzukommen.

Wenn Sie nicht der Meinung sind, auf irgendeinem Gebiet Weltklasse zu sein, fangen Sie mit einer Liste all der Dinge an, die Sie bereits erreicht haben. Seien Sie einfallsreich und geben Sie sich eine realistische Anerkennung, wo es angebracht ist. Niemand muss Weltklasse sein, um echte Fähigkeiten zu besitzen – und wer sagt, dass diese Liste das letzte Wort ist?

Das habe ich getan?

Wenn Sie so wie die meisten Leute sind, hat man Ihnen beigebracht, dass man nicht prahlt, kein Lob annimmt (selbst wenn es verdient ist), sich immer geschickte, kompetente Leute zum Vorbild nimmt und sich fast nie anmaßt, ihnen jemals gleichkommen zu können. Der soziale Vorteil solcher Bescheidenheit ist, dass sie die Menge an Prahlerei reduziert, die man sich sonst anhören müsste. Der persönliche Nachteil ist der, dass Sie vielleicht einige Schwierigkeiten dabei haben, irgendetwas zu finden, das Sie als eigene Leistung ansehen würden. Falls dies der Fall ist, sind Sie nicht alleine – aber Sie müssen dort nicht stehen bleiben.

Es ist einfacher, Fähigkeiten zu erkennen, wenn Sie mit den Grundlagen anfangen. Und damit meinen wir *wirklich* die Grundlagen. Zum Beispiel haben Sie gelernt

- ✔ wie man liest (oder würden Sie sonst dieses Buch lesen?)
- ✔ wie man rechnet (sonst könnten Sie nichts einkaufen)
- ✔ wie man sich ausdrückt (okay, Sie sind nicht so gut wie Shakespeare – aber er ist tot und *niemand sonst* ist wie er)

Egal, wie schwer oder wie leicht es war, diese Dinge zu lernen, es sind alles *informationsverarbeitende und geistige Fähigkeiten*. Schreiben Sie sie auf, zusammen mit einer Note für jede Fähigkeit. Wenn Sie ein guter Schüler waren, geben Sie sich eine bessere Note, sagen wir eine 2+ oder eine 1. Wenn Sie ein weniger guter Schüler waren, aber dennoch durchgekommen sind (oder zumindest etwas daraus gelernt haben), geben Sie sich eine 2. Das können Sie wirklich tun. Denn wenn Sie noch etwas von dem benutzen, was Sie gelernt haben, dann haben Sie das Wesentliche sowieso verstanden.

Wie hart oder sanft Sie mit sich umgehen, ist eine Reflexion dessen, wie zäh und leidenschaftlich Sie in Ihrer Führungsposition wahrscheinlich sein werden; beide Qualitäten können Vertrauen hervorrufen. Stufen Sie sich daher so fair und realistisch wie möglich ein.

Gehen Sie nun einige andere Dinge durch, die Sie gelernt haben. Haben Sie Fahrrad fahren gelernt? Klamotten flicken? Auto fahren? Dieses sind *körperliche Fähigkeiten und Fähigkeiten der Koordination*; auch darin sollten Sie sich benoten.

Haben Sie eine Arbeit, Kreditkarten, ein wenig Geld auf der Bank? Haben Sie Geld mit Rasen mähen verdient oder Spenden aufgetrieben, indem Sie Pfadfinderinnenplätzchen verkauft haben? Waren Sie Kassierer in einem Verein? Haben Sie jemals Geld umgetauscht oder eine Anleihe aufgenommen? Dies sind *finanzielle Fähigkeiten* und sie gehören auch auf Ihre Liste.

Bauen Sie einigermaßen vernünftige Beziehungen auf – und behandeln die Leute auch so (oder besser)? Ob Sie nun hochgradig sozial eingestellt sind, ist nicht so wichtig wie das, was Sie mit Ihren Beziehungen anstellen, nachdem Sie sie eingegangen sind. Diese Handlungen reflektieren Ihre *sozialen Fähigkeiten*. Haben Sie enge Freunde? Geben Sie sich selbst eine Note, die die Tiefe und die Verbindlichkeit Ihrer Beziehungen wiedergibt.

> Eine Note ist die Bewertung einer Fähigkeit, kein Hammer, um Ihnen eins auf die Nase zu geben. Falls Sie sich irgendwo eine 4 gegeben haben, sollten Sie zugeben, dass Sie einen Bereich erkannt haben, der mehr Einsatz erfordert, sich jedoch nicht durchrasseln lassen. Wenn Sie jemals in der Schule durchgefallen sind, schreiben Sie auf, was Sie dieses Erlebnis gelehrt hat – und ob es immer noch ein wunder Punkt ist. Solche Informationen sind mehr wert als jede Benotung – besonders, wenn Sie eine oder zwei realistische Möglichkeiten aufgeschrieben haben, die Sie besser machen können.

Feld(er)arbeit

Nachdem Sie sich Ihr persönliches Zeugnis ausgestellt haben (das Sie endlich einmal nicht von Ihren Eltern unterschreiben lassen müssen), machen Sie Inventur: Wo und wie könnte das Kultivieren Ihrer Führungsqualitäten einen Einfluss auf jeden dieser Aspekte Ihres Lebens haben? Nehmen Sie Ihre Einschätzung hinsichtlich der folgenden Führungsqualitäten vor:

- ✔ **Die Bereitschaft, Verantwortung zu ergreifen:** Können Sie Ihre Verantwortungen identifizieren, auf sich nehmen und guten Willens ausführen?

- ✔ **Die Fähigkeit, andere zur Zusammenarbeit zu gewinnen:** Können Sie andere Leute dazu kriegen, mitzuspielen, gut zu spielen und die Arbeit zu schaffen?

- ✔ **Die Fähigkeit zuzuhören:** Können Sie sich genauso auf die Details wie auf den großen Zusammenhang konzentrieren, wenn Ihnen jemand etwas erzählt?

- ✔ **Die Fähigkeit, die Bedürfnisse der anderen über Ihre eigenen zu stellen:** Können Sie notfalls Hilfe leisten, auch wenn es auf Ihre Kosten geht?

Um eine so klare Vorstellung von Ihren Führungsqualitäten wie möglich zu bekommen, legen Sie sie als Inventurtabelle aus. Gehen Sie zu Ihrer Fähigkeitenliste zurück – geistige, körperliche, finanzielle und soziale Fähigkeiten – und schreiben Sie sie links untereinander auf ein großes Blatt Papier, wobei Sie sich Platz zum Schreiben lassen. Nehmen Sie nun die vier eben aufgelisteten Führungsqualitäten und schreiben Sie sie einzeln als Spaltenüberschriften oben aufs Blatt. Tabelle 16.1 zeigt, wie die resultierende Inventurtabelle aussieht.

	Verantwortung übernehmen	Kooperation entlocken	Zuhören	Bedürfnisse anderer
Geistig	1	2	3	4
Körperlich	5	6	7	8
Finanziell	9	10	11	12
Sozial	13	14	15	16

Tabelle 16.1: Persönliche Inventur-Tabelle

Sie haben jetzt 16 auszufüllende Felder. Nummerieren Sie diese Felder, und zwar 1 bis 4 für geistige, 5 bis 8 für körperliche, 9 bis 12 für finanzielle und 13 bis 16 für soziale Fähigkeiten. Dann (nachdem Sie festgestellt haben, wie gut Sie im Befolgen von Anweisungen sind) füllen Sie die Felder aus. Erinnern Sie sich für jeden Fall an zwei oder drei Begebenheiten aus Ihrem Leben, bewerten Sie jede mit einer Zahl zwischen 1 (ich hab's vermasselt damals) und 5 (ich war *der* Hecht darin), nehmen Sie als grobe, aber gerechte Abschätzung den Mittelwert, setzen Sie diese Zahl in das Feld ein, und gehen Sie zum nächsten über. Wir haben einige Muster für die Fragen, die Sie sich vielleicht stellen können; vielleicht sind Sie überrascht, was Sie alles finden werden.

Schon wieder eine Übung im Sich-selbst-Einschätzen. Es ist keine Wissenschaft, aber es ist eine praktische Fähigkeit, die eine Führungskraft üben sollte. Aufrichtigkeit (ähem) ist eine weitere.

✔ **Feld 1:** Feld 1 beinhaltet die geistigen Fähigkeiten im Hinblick auf die Übernahme persönlicher Verantwortung. Haben Sie jemals Projekte in der Schule übernommen, um zusätzliches Lob einzuheimsen? Haben Sie es jemals auf sich genommen, sich über Studien- und Karrieremöglichkeiten nach der Schule zu informieren? Haben Sie die Bewerbungen geschrieben und rechtzeitig abgeschickt, ohne von Ihren Eltern dazu gedrängt worden zu sein? Wenn ja, geben Sie sich eine 5 für die Bereitschaft, Verantwortung zu ergreifen. Wenn Sie jedoch herausfinden, dass Sie Ihr ganzes Leben lang ein wenig geschubst und gedrängelt werden mussten, ziehen Sie einen Punkt ab. Wenn Sie Ihren Eltern Kopfschmerzen wegen Ihrer Zukunft bereitet haben (ohne eine brauchbare Alternative für sich selbst bereitzuhalten), nehmen Sie zwei Punkte weg. Sollten Sie der ganzen Sache sogar vollkommen lethargisch gegenübergestanden haben, wachen Sie auf und ziehen Sie drei Punkte ab.

✔ **Feld 2:** Feld 2 befasst sich mit den geistigen Fähigkeiten im Hinblick auf das Entlocken von Kooperation. Haben Sie jemals um Hilfe gebeten, ohne dazu angestachelt worden zu sein? Haben Sie jemals mit einem anderen Studenten zusammen eine Hausarbeit gemacht und die Führung im Hinblick darauf übernommen, dass sie rechtzeitig fertig wurde? Sind Sie jemals zu einem anderen gegangen – seien es die Eltern, ein Lehrer oder ein Freund – und haben ihn darum gebeten, Ihnen etwas Neues beizubringen? Gehen Sie manchmal in die Bibliothek, um nach Büchern über Themen zu schauen, die Ihre Neugier erregen, und lassen sich vom Bibliothekar bei der Suche danach helfen? Haben Sie daran gedacht, Ihre Dankbarkeit für das Gelernte auszudrücken (mit einer Karte, einer Gegenleistung oder einem simplen Dankeschön)? Wenn Sie alle diese Fragen mit Ja beantworten können, geben Sie sich eine 5. Wenn nicht, ziehen Sie für jedes Nein einen Punkt ab – und *zwei* Punkte, wenn Sie vergessen haben, Danke zu sagen.

✔ **Feld 3:** Feld 3 hat mit geistigen Fähigkeiten und der Fähigkeit zuzuhören zu tun. Haben Sie regelmäßig die Schule besucht oder öfter als normal geschwänzt? Waren Sie in der Klasse oder auf dem Schulhof aufmerksam oder waren Sie in Gedanken woanders? Haben Sie sich aktiv am Unterricht beteiligt? Haben Sie sich anständig benommen in der Klasse oder kennen Sie jedes Detail des Direktorenzimmers von den häufigen unfreiwilligen Besuchen dort auswendig? Wenn Sie aufmerksam waren, sich gut benahmen und mitarbeiteten, geben Sie sich eine 5. Ziehen Sie einen Punkt ab fürs Schwänzen und zwei Punkte für störendes Verhalten während des Unterrichts. (Tut uns ja Leid, aber dazu gehören auch freche, wenn auch kluge Bemerkungen, das Herumreichen von Zettelchen und fliegende Radiergummis. Wenn Sie mehr als eins davon mehr als einmal getan haben, ziehen Sie sich *drei* Punkte ab.) Falls Sie wieder die Schulbank drücken, was hat sich an Ihren Gewohnheiten seit damals verändert? Wenn Sie sich verbessert haben, haben Sie offensichtlich etwas gelernt auf Ihrem Weg. Dafür gibt es zwei Punkte mehr.

✔ **Feld 4:** Feld 4 befasst sich mit geistigen Fähigkeiten im Zusammenhang mit den Bedürfnissen der anderen. Haben Sie jemals jemanden unterrichtet oder beraten oder einem Freund, der den Unterrichtsstoff nicht verstanden hatte, geholfen? Haben Sie jemals eine Lerngruppe organisiert? Haben Sie jemals eine Datensammlung angelegt, die von mehreren Mitschülern, Familienmitgliedern oder Mitarbeitern benutzt werden konnten? Wenn ja, geben Sie sich eine 5, wenn nein, ziehen Sie einen Punkt ab für jede der oben genannten Aktivitäten, die Sie nicht getan haben. (Falls Ihr Ergebnis niedriger als 3 ist, so sind Ihnen einige großartige Gelegenheiten entgangen.)

✔ **Feld 5:** Feld 5 enthält die körperlichen Fertigkeiten im Hinblick auf die Übernahme von Verantwortung. Sind Sie eine Gymnastikratte? Haben Sie jemals draußen im Regen gestanden und Korbleger geübt, um Ihre Trefferquote zu erhöhen? Haben Sie Stunden damit verbracht, an Ihren Eislauffiguren zu arbeiten, auch wenn Sie niemals erwarten konnten, an einer Meisterschaft teilzunehmen? Haben Sie jemals eine Sportart mit genügend Leidenschaft betrieben, dass Sie alles daran setzten, um besser zu werden? Wenn Sie Mitglied einer Mannschaft waren, haben Sie regelmäßig am Training teilgenommen und Ihr Bestes gegeben, wann immer Sie die Chance dazu hatten? Und wie sieht es heute aus? Wenn Sie ein regelmäßiges Training mitmachen, gehen Sie immer zur festgesetzten Zeit hin, egal, was ist? Wenn ja, geben Sie sich eine 5, wenn nicht, eine niedrigere Punktzahl (*und* legen Sie die Fernbedienung weg).

✔ **Feld 6:** Feld 6 hat mit den körperlichen Fähigkeiten und der Fähigkeit, Kooperation zu entlocken, zu tun. Wenn Sie als Sportler Probleme hatten, fanden Sie jemanden, der Ihnen half, sich zu verbessern? Waren Sie in der Lage, einen Trainer oder einen geschickten Mitspieler zu finden, der bereit war, nach dem regulären Training noch dazubleiben und mit Ihnen eine bestimmte Fähigkeit zu üben? Haben Sie dieser Person, die ihre Zeit für Sie opferte, Ihre Dankbarkeit ausgedrückt? Haben Sie die Sache weiterverfolgt, indem Sie auch für sich alleine übten? Wenn Sie diese (oder ähnliche) Fragen mit Ja beantworten können, geben Sie sich eine 5. Wenn nicht, ziehen Sie für jedes Nein einen Punkt ab.

✔ **Feld 7:** Feld 7 beschäftigt sich mit körperlichen Fähigkeiten und der Fähigkeit zuzuhören. Waren Sie »trainierbar«, also fähig, konstruktive Kritik anzunehmen und dementsprechend zu handeln? Oder waren Sie süchtig danach, auf der Haupttribüne zu stehen, und reagierten allergisch auf gute Ratschläge? (Hinweis: Verbrachten Sie eine Menge Zeit auf der Bank, obwohl Sie sportlich sehr begabt sind?) Waren Sie in der Aktivität gut genug, um mindestens ein Jahr (bzw. zwei Saisons, wenn es sich um Sport handelte) dabei zu bleiben, auch wenn Sie nicht gerade in der ersten Mannschaft spielen konnten? Wenn nicht, fanden Sie eine sportliche Aktivität, die besser zu Ihnen passte, und blieben so lange dabei, bis Sie einigermaßen gut waren? Trainer wissen hart arbeitende Spieler zu würdigen, die gut zuhören können. Wenn dies auf Sie zutrifft, geben Sie sich eine 5. Wenn nicht, ziehen Sie pro Nein einen Punkt ab.

✔ **Feld 8:** Feld 8 hat zu tun mit körperlichen Fähigkeiten und der Fähigkeit, die Bedürfnisse der anderen über die eigenen zu stellen. Haben Sie jemals Ihre Zeit damit verbracht, Kinder zu trainieren, oder einem schwerfälligeren Kind in Ihrer Mannschaft dabei geholfen, mehr Übung zu bekommen? Haben Sie jemals darauf verzichtet, im Rampenlicht zu stehen, um Ihrem Team zum Sieg zu verhelfen? Haben Sie jemals den Ball an einen Teamkameraden abgegeben, anstatt ihn selber zu behalten, obwohl Sie der Geschicktere waren (oder als Musiker einen Rhythmus beibehalten, um einem anderen ein Solo zu ermöglichen)? Falls eines dieser Dinge der Fall ist, geben Sie sich eine 5. Wenn nicht, ziehen Sie von Ihrer Bewertung einige Punkte ab.

✔ **Feld 9:** Feld 9 beinhaltet finanzielle Fähigkeiten im Hinblick auf die Bereitschaft, Verantwortung willkommen zu heißen. Bezahlen Sie Ihre Rechnungen rechtzeitig? Ist Ihr Konto ausgeglichen? Zahlen Sie regelmäßige Beträge auf Ihr Sparbuch ein, gehen Sie sorgsam mit Ihrer Kreditkarte um und geben Sie auf Ihre Ausgaben Acht? Wenn Sie diese Sachen gut machen, geben Sie sich eine 5. Wenn nicht, ziehen Sie einige Punkte ab, und wundern Sie sich nicht länger, warum Ihr Cousin Sie immer beim Monopoly schlägt.

✔ **Feld 10:** Feld 10 befasst sich mit finanziellen Fähigkeiten im Bezug auf die Fähigkeit, andere zur Kooperation zu bewegen. Haben Sie jemals an einer Spendenkampagne teilgenommen oder einen großzügigen Beitrag gegeben, der die Bereitschaft der anderen weckte, ebenfalls zu spenden? Haben Sie es geschafft, eine Bank zu überreden, Ihnen ein Darlehen zu geben (oder ein Geschäft, Ihnen Kredit zu gewähren), obwohl Ihre Kreditwürdigkeit alles andere als perfekt war? Falls Ja, geben Sie sich eine 5. Wenn nicht, lassen Sie einige Punkte weg, aber geben Sie sich nicht weniger als eine 3. Viele junge Leute haben nur eine sehr eingeschränkte Kreditgeschichte und wenig Erfahrung mit karitativen Gelddingen, obwohl sie vielleicht Zeit gespendet haben und mit Geld verantwortlich umgegangen sind. Bemessen Sie Ihre Benotung danach, wie viel Erfahrung Sie bisher auf diesem Gebiet hatten.

✔ **Feld 11:** Feld 11 hat mit finanziellen Fähigkeiten und der Fähigkeit zuzuhören zu tun. Halten Sie sich mit dem Geldausgeben zurück, wenn eine große Ausgabe ansteht, wie etwa der Urlaub oder der Kauf eines neuen Autos? In diesem Bereich bedeutet *Zuhören*, auf Ihre innere Stimme zu reagieren und Ihr eigenes Verhalten dementsprechend zu regulieren. Geben Sie sich die Punkte gemäß Ihrer Fähigkeit, Ihre Ausgaben Ihren Bedürfnissen anzupassen und dabei im Rahmen Ihrer Zahlungsmöglichkeiten zu bleiben. Geben Sie sich eine 5, wenn Sie das gut können. Wenn es weniger gut klappt, ziehen Sie einige Punkte ab und denken Sie darüber nach, vielleicht diese Lotterielose ein wenig einzuschränken.

✔ **Feld 12:** Feld 12 handelt von finanziellen Fähigkeiten und der Fähigkeit, die Bedürfnisse ... Sie wissen schon. Haben Sie einen älteren Elternteil, den Sie unterstützen? Einen Bruder oder eine Schwester, die gelegentlich zusätzliche finanzielle Hilfe benötigen? Eine karitative Organisation, der Sie Zeit, Geld und Ihre Fähigkeiten geben? Wenn Sie viel in der Richtung machen, geben Sie sich eine 5. Wenn es nur ein bisschen ist, eine 4. Falls nichts, geben Sie sich eine 3.

✔ **Feld 13:** Feld 13 beschäftigt sich mit sozialen Fähigkeiten und der Bereitschaft zur Verantwortung. Wenn Sie Single sind, rufen Sie als Erster an, um ein Treffen auszumachen? Haben Sie sich eine Reihe von Unternehmungen überlegt, die Sie anzubieten haben, bevor Sie anrufen? Respektieren Sie am Arbeitsplatz die Zeit der anderen (oder gehören Sie zu denen, die zu Besprechungen immer zu spät und schlecht vorbereitet kommen)? Respektieren Sie im sozialen Leben das Recht der anderen auf Privatsphäre und Würde? Sind Sie bereit, eine Beziehung aufzukündigen, die nicht mehr läuft? Sind Sie derjenige, der in Ihrem Bekanntenkreis die Pläne macht und sich darum kümmert, dass jeder mit einbezogen ist? Geben Sie sich besondere Mühe, um einem Freund zu helfen, einen Job, ein Rendezvous oder einen Babysitter zu kriegen, wenn Sie darum gebeten werden? Wenn Sie diese oder verwandte Fragen mit Ja beantworten können, geben Sie sich eine 5, wenn nicht, geben Sie sich ein paar Punkte weniger. Wenn Ihre Bewertung unter 3 liegt, erwägen Sie eine Gruppentherapie oder das Eremitendasein (he, war nur Spaß!).

✔ **Feld 14:** Feld 14 hat mit sozialen Fähigkeiten und der Fähigkeit, anderen ihre Kooperation zu entlocken, zu tun. Haben Sie jemals für einen anderen eine Party geplant? Ein zwangloses Treffen für zwei schüchterne Personen arrangiert, die sich vielleicht heimlich füreinander interessierten? Jemals bei einem Streit vermittelt, um einen Kompromiss zu erzielen, einen Vertrag geändert oder Gewalt verhindert? Haben Sie als Freiwilliger bei einer Telefonseelsorge gearbeitet? Wenn Ja, geben Sie sich eine 5. Wenn dies alles nicht so regelmäßig zu Ihrem Leben gehört, so lohnt es sich, es zu erforschen – es ist ein besonders wichtiger Bereich von Führung.

✔ **Feld 15:** Feld 15 handelt von sozialen Fähigkeiten und dem Zuhören. Hören Sie Ihren Freunden gut zu? Sind Sie ein verständnisvoller Zuhörer? Rufen Sie regelmäßig Ihre Eltern und Freunde an, damit diese sich nicht fragen müssen, ob Sie vielleicht doch von einem UFO entführt worden sind? Passen Sie in Gruppensituationen gut auf, so dass Sie nicht nachher irgendjemanden bitten müssen, die Instruktionen zu wiederholen, oder fragen, wo der Treffpunkt sein soll? Können Sie anderen an der Stimme und am Tonfall genau anhören, wie sie sich fühlen, und dabei auch noch auf die Worte selbst achten, vor allem dann, wenn beides nicht zusammenpasst? Wenn Sie diese Dinge gut beherrschen, geben Sie sich eine 5. Wenn nicht, ziehen Sie einige Punkte ab, und gehen Sie nirgendwo hin ohne Stadtplan (war schon wieder ein Scherz!).

- ✔ **Feld 16:** Feld 16 hat mit sozialen Fähigkeiten in Bezug auf die Bedürfnisse der anderen zu tun. Haben Sie jemals einem Freund in Not geholfen? Haben Sie jemals eingegriffen, um zu verhindern, dass ein Freund oder ein Familienmitglied in ernsthafte Schwierigkeiten gerät? Haben Sie sich um eine chronisch oder vorübergehend kranke Person gekümmert, ohne dass Kummer und Frustration Sie aufgeben ließen? Wenn ja, geben Sie sich eine 5. Wenn Sie nichts dergleichen getan haben, sehen Sie dieses Gebiet als bedeutende Gelegenheit an, zu wachsen – und wenn Sie jemals für einen Fremden die Meile extra gelaufen sind, geben Sie sich einen Bonus von zwanzig Punkten.

Und jetzt zählen Sie die Punkte aus allen Feldern zusammen.

- ✔ Eine Gesamtsumme von 80 bis 100 Punkten ist bereits ein recht gutes Anzeichen für starke persönliche Führungsqualitäten. Wenn Ihre Punktzahl so hoch ist, sind Sie wahrscheinlich der »Kapitän Ihrer Seele«. Werfen Sie einen Blick in den Spiegel, erweisen Sie sich einen zackigen Salut und dann gehen Sie hinaus und führen Sie *irgendetwas*.

- ✔ Wenn Ihre Gesamtpunktzahl zwischen 60 und 80 liegt, haben Sie eine sehr gute Chance, eine Führungspersönlichkeit zu werden. Sie haben eine recht gute Kontrolle über Ihr Privatleben und es ist wahrscheinlich an der Zeit, Ihre Fähigkeiten auf die große weite Welt auszudehnen.

- ✔ Wenn Ihre Punktzahl zwischen 40 und 60 liegt, haben Sie immer noch ein gutes Führungspotenzial, vorausgesetzt, Sie arbeiten hart an den Gebieten, wo Ihre Punktzahl nicht so berauschend ist. Wenn Sie unter 40 Punkten liegen, keine Sorge – wie wir bereits erwähnt haben, ist diese Übung eine Einschätzung, keine Anklage. Sie sind noch nicht aus dem Spiel, aber Sie haben in Ihrem eigenen Leben noch einige Arbeit vor sich, bevor Ihre Führungsqualitäten so weit sind, dass Sie sie auf ein größeres Aktionsfeld ausdehnen können. Vielleicht haben Sie nur auf die richtige Person gewartet, die Sie zur Führung führt; und vielleicht sind Sie selbst diese Person.

Selbstverständlich können einige Leute, die deutlich unter 40 Punkten liegen, trotzdem als starke *situative* Führungspersonen angesehen werden. Dyamisch, charismatisch – und oft selbstbezogen – schreiten sie in besonderen Notfällen ein, um die Führung zu übernehmen. Oft befinden sie sich einfach gerade in der richtigen Position, um die Sache zum Guten wenden zu können, wenn sie auf der Kippe steht, aber Führung ist nicht ihre Stärke, und wenn die Krise vorbei ist, sind sie froh, den Fahrersitz wieder freigeben zu können. Eine charismatische situative Führungsperson zu werden ist wie ein Lottogewinn. Es kann passieren, aber Sie können Ihr Leben nicht alleine an dieser Möglichkeit festmachen, und es ist vielleicht auch nicht alles, worauf Sie gehofft haben, wenn es passiert. Führungsqualitäten auf lange Sicht zu entwickeln und zu pflegen ist dagegen eine *Wahl*.

Aber was wollen Sie wirklich?

Jetzt, wo Sie den ganzen Stress mit der Einschätzung Ihrer persönlichen Führungsqualitäten mitgemacht haben, ist es an der Zeit zu fragen: *Was will ich erreichen?* Schnappen Sie sich also ein weiteres Blatt Papier und schreiben Sie ganz oben drei Überschriften nebeneinander:

- ✔ Wo ich jetzt bin
- ✔ Wie man dorthin kommt
- ✔ Wo ich hin will

Füllen Sie in jede Spalte Ihre Bewertungen und Träume ein, und zwar folgendermaßen:

1. **Fangen Sie mit der letzten Spalte, »Wo ich hin will«, an.**

   Sie dürfen Ihre ganze Phantasie spielen lassen, also setzen Sie Ihre Ziele ruhig hoch an, und machen Sie sich nichts draus, wenn sie töricht oder kindisch wirken; sie werden sich zusammen mit Ihnen entwickeln. Wenn Sie gerne eine Million, ein Schloss in Schottland, einen dunkelroten Lamborghini und ein Privat-Space-Shuttle besitzen wollen, schreiben Sie alles auf Ihren Wunschzettel. Wenn Sie eine Seuche ausrotten, sich an die Vereinten Nationen wenden oder mit dem Dalai Lama studieren wollen, schreiben Sie es auf. Stellen Sie sich Ihre Träume als Visionen vor, die Sie anstreben können.

2. **Gehen Sie nun zur ersten Spalte, »Wo ich jetzt bin«.**

   Wenn Ihre Vision in einer Million Euro besteht, schreiben Sie Ihr aktuelles Vermögen und Ihre gegenwärtige Arbeitsstelle auf. Wenn es eine Reise ist, listen Sie die letzten drei Orte auf, die Sie besucht haben, und schreiben Sie dazu, wie Sie sich bei jedem Trip gefühlt haben. Wenn es Bildung und Aufklärung ist, notieren Sie sich, was Sie lernen wollen.

   Wenn Sie die Liste auf der linken mit der auf der rechten Seite vergleichen, fühlen Sie sich vielleicht entmutigt. Aber lassen Sie den Kopf nicht hängen. Jedes Ziel und jeder Wunsch hat einen Weg, der zu seiner Erfüllung führt, vorausgesetzt, Sie sind bereit, ihn zu finden, die harte Arbeit auf sich zu nehmen, um dorthin zu kommen, und all das zu lernen, was dieser Weg Sie lehren will.

3. **Beginnen Sie in der Spalte »Wie man dorthin kommt« mit der Formulierung einer Mission mit einem Satz kurzfristiger Ziele.**

   Zum Beispiel könnten Sie aufschreiben: *Finanzielle Unabhängigkeit erreichen, indem ich all meine Kredite und Schulden abbezahle.* Derselbe Prozess funktioniert auch für alle anderen Visionen auf Ihrer Liste. Ersinnen Sie eine Strategie, die Ihre Chancen verbessert, zu erreichen, was Sie erreichen wollen. Wenn Sie z.B. einen größeren Plattenvertrag landen oder am Broadway ein Stück produzieren wollen, werden Sie wohl oder übel nach Los Angeles, New York oder sonstwohin ziehen, wo sich die Leute versammeln, die Sie zu diesem Zweck kennen müssen. Wenn es das ist, was Sie wirklich wollen, müssen Sie zuerst herausfinden, was Sie tun müssen, um in irgendeiner dieser Städte zu wohnen, und dann von da aus fortfahren. (He, wir haben nicht behauptet, dass es einfach sei!)

Ist Ihre Vision Reisen, Abenteuer, Aufklärung oder Dienst an der Menschheit? Vielleicht wollen Sie eine Zeit lang bei den Friedenstruppen dienen oder bei einer der Hilfsorganisationen mitmachen, die Menschen in Not in anderen Ländern helfen – Rotes Kreuz, Caritas oder Welthungerhilfe –, oder (wenn es Ihr Ziel ist, sich eine bestimmte Art von Vaterlandsehre zu verdienen) sich einem Zweig des Militärs anschließen. Wir wollen hier keine Karriereberatung anbieten, sondern darauf hinweisen, dass zu fast jedem Traum oder jeder Vision ein legitimer Weg führt. Wenn Ihre erste Regung ist, dass Sie »unrealistisch« sind, beachten Sie: »Realistisch« ist relativ. Sie haben ein Recht, *herauszufinden*, was *für Sie* realistisch ist.

Scott Fitzgerald soll einmal gesagt haben, »Es gibt keinen zweiten Akt im amerikanischen Leben.« Vielleicht hatte er nur vergessen, nach der Pause wieder zurückzukommen. Menschen verändern sich ständig zum Besseren. Sie wechseln ihre Berufe, bilden sich am Abend und am Wochenende weiter, ziehen um, ändern die Art, wie sie leben (und mit wem). Wenn Sie diese Änderungen mit Methode vornehmen, stehen die Chancen gut, dass Sie jedes Mal, wenn Sie etwa ändern, Ihr Leben ein bisschen verbessern.

Der Millionär und die Batterie

In Amerika, einer der reichsten Nationen der Welt, sind die Leute geradezu besessen davon, so viel Geld zu verdienen, dass sie sich ein angenehmes Leben finanzieren können. Die beiden Professoren Thomas J. Stanley und William D. Danko, die das brillante Buch namens *The Millionaire Next Door* schrieben, betonen:»Viele Leute, die in teuren Häusern wohnen und Luxuswagen fahren, sind eigentlich gar nicht so wohlhabend. Und viele Leute, die ein sehr großes Vermögen haben, leben noch nicht einmal in den noblen Wohngegenden.«

Nach über 20 Jahren Forschung haben die beiden Professoren entdeckt, dass sieben Faktoren die reichen Leute von denen mit lediglich hohem Einkommen, aber ohne sonstiges Vermögen, trennen. Betrachten Sie diese sieben Faktoren als Bereiche, die es zu untersuchen gilt, wenn Sie dieses Ziel anstreben:

- ✔ Reiche Leute leben ein gutes Stück unterhalb ihrer Möglichkeiten.

- ✔ Reiche Leute teilen ihre Zeit, Energie und ihr Geld effektiv ein, auf eine Weise, die der Vermögensbildung förderlich ist.

- ✔ Reiche Leute glauben, dass finanzielle Unabhängigkeit wichtiger ist, als einen hohen sozialen Status hervorzukehren.

- ✔ Die Eltern reicher Leute haben ihnen nicht beim Erwerb ihres Vermögens geholfen.

- ✔ Die Kinder reicher Leute sind ökonomisch autark.

- ✔ Reiche Leute sind tüchtig darin, Marktchancen auszunutzen.
- ✔ Reiche Leute sind geschickt darin, den richtigen Beruf zu wählen.

Wenn Sie sich all diese Faktoren anschauen, so lassen sie sich zu einigen einfachen Punkten zusammenfassen. Wenn Sie reich sein wollen, müssen Sie Ihr Geld mit Disziplin anhäufen – mit weniger auskommen, als Sie könnten – und alle Möglichkeiten ausnutzen, Ihr Geld zu vermehren. Jeder, der die sieben Prinzipien kennt und dessen Wunsch tief ist, kann es schaffen.

Wenn Sie sich die sieben Faktoren zum Anhäufen von Reichtum anschauen, können Sie allerdings sehen, dass viele von ihnen dieselben Fähigkeiten erfordern wie gute Führung, nur ein wenig anders orchestriert. Unterhalb Ihrer Möglichkeiten zu leben und Ihre Zeit einzuteilen, um effektiv ein Vermögen aufzubauen, z.B. reflektieren beide *eine Bereitschaft, Verantwortung zu ergreifen*. Ihre Kinder ökonomisch unabhängig zu machen ist eine Art, *die Bedürfnisse der anderen über Ihre eigenen zu stellen*. Tüchtig im Erkennen von Marktchancen zu werden erfordert *die Fähigkeit zuzuhören*, genau wie die Wahl des richtigen Berufs. Im Endeffekt können Sie Geld einfach als eine weitere Form von Energie ansehen, nicht anders als Elektrizität. Führung hat damit zu tun, wie Sie Ihre eigene Energie einsetzen, um die Energie anderer Leute zu verwalten. Eine große Batterie besitzt eine Menge elektrischer Energie. Der Unterschied liegt aber darin, wie Sie sie benutzen.

Trainieren Sie Ihre Kinder und sich selbst für das wirkliche Leben

Eine der interessantesten Fragen über Führung ist, »Wann fange ich damit an, und wie?« Die Antwort lautet: Wenn Sie alt genug sind, um die Worte in diesem Buch zu verstehen, sind Sie auch alt genug, seine Lektionen anzuwenden, um eine Führungspersönlichkeit zu werden! Um sich vorzubereiten, müssen Sie drei Dinge tun:

- ✔ Lernen Sie, nach Erklärungen zu fragen und sie sich anzuhören.
- ✔ Streichen Sie das Wort *morgen* aus der Liste der Wörter, die in Zukunft bei Ihnen zusammen mit dem Wort *tun* verwendet werden dürfen.
- ✔ Sagen Sie niemals »Ich kann nicht.« Sagen Sie, »Ich werde es versuchen und sehen, was ich dabei lernen kann.«

Für Eltern: Unterrichten Sie Ihre Kinder gut

Wie Sie vielleicht wissen, können Führungsqualitäten sich erstaunlich lange halten, wenn sie von klein auf kultiviert und über längere Zeit geübt wurden (durch häufigen Einsatz). Glücklich das Kind, das diese Fähigkeiten früh genug lernte, um mit ihnen bereits vertraut zu sein, wenn es erwachsen ist. Was können Sie Ihrem Kind über Führung beibringen, selbst wenn Sie sich nicht als Führungstyp betrachten? Als Vater oder Mutter sind Sie eine Führungsperson. Mit der Tatsache, dass Sie ein Kind haben, haben Sie die Verantwortung für einen anderen Menschen übernommen. Um Ihren Kindern beizubringen, wie man führt, zeigen Sie ihnen, wie man verantwortlich ist, mit anderen zusammenarbeitet, zuhört und seine eigenen Bedürfnisse zugunsten der anderen zurückstellt. Dieser Abschnitt zeigt Ihnen, wie.

- ✔ **Helfen Sie Ihrem Kind, Verantwortung zu ergreifen.** Wenn Sie selbst Ihre elterliche Verantwortung gerne auf sich nehmen, fangen Sie damit an, Ihren Kindern beizubringen, die Verantwortung für ihr eigenes Leben zu übernehmen. Helfen Sie ihnen, schon früh selbstständig zu werden. Bringen Sie ihnen bei, sich zu entscheiden und dann mit diesen Entscheidungen zu leben. Wenn Sie glauben, dass ihre Entscheidungen gefährlich sind oder langfristig negative Auswirkungen haben werden, die Sie voraussehen können, aber Ihre Kinder noch nicht, liegt es in Ihrer Verantwortung, ihnen diese Entscheidungen abzunehmen.

  Zu viele Leute nutzen die Idee, ihre Kinder selbstständig zu machen, als Entschuldigung dafür, ihre Verantwortung auf die Kinder abzuschieben. Es ist oft nur ein feiner Übergang dazwischen, Ihre Kinder machen zu lassen, was sie wollen, oder die Situation zu sehr zu kontrollieren, und Sie sollten sich daher die folgenden Fragen stellen:

  - Ist das Verhalten Ihrer Kinder für andere störend oder gefährlich? Wenn ja, müssen Sie einschreiten.
  - Ist das Verhalten der Kinder für sie selbst gefährlich? Wenn ja, müssen Sie eingreifen.
  - Setzt das Verhalten Ihrer Kinder ihre Zukunft aufs Spiel? Wenn ja, müssen Sie eingreifen.
  - Können Sie sich die Fehler Ihrer Kinder leisten? Wenn nicht, schreiten Sie frühzeitig ein, um sie rechtzeitig verhindern zu können.

  In allen anderen Fällen sollte Ihre Antwort auf die Frage Ihrer Kinder, ob sie irgendetwas tun dürfen, lauten:»Wenn es weder dir noch sonst jemandem schadet und es nicht erheblich zu Aufruhr oder gestörter Harmonie in diesem Hause beiträgt, dann in Gottes Namen ja.«

- ✔ **Zeigen Sie Ihrem Kind, wie man anderen ihre Kooperation entlockt.** Sie müssen Ihrem Kind beibringen, mit anderen zusammenzuarbeiten und andere zur Zusammenarbeit zu bewegen. Der einfachste Weg dazu ist, Ihre Kinder nach einer vernünftigen Erklärung zu fragen, jedes Mal, wenn sie etwas tun wollen, was sie noch nie vorher getan haben. Wenn Ihr Kind die Straße überqueren will, lassen Sie es Ihnen erklären, warum es das tun will, wie es das tun wird und wohin es gehen will, und lassen Sie es über die potenziellen Gefahren sprechen, die beim Überqueren der Straße auftreten können. Stellen Sie Ihre Fragen kindgemäß, weil die Kleinen noch nicht in der Lage sind, komplizierte Gedankengänge zu durchschauen.

Wenn Sie von Ihren Kindern verlangen, um Erlaubnis zu fragen und ihre Gewohnheiten zu erklären, werden sie schnell lernen, dass sie auf Ihre Kooperation angewiesen sind, um im Leben weiterzukommen, und sie werden lernen, in ihren Antworten den Zusammenhang herzustellen, mit dem Sie sich wohlfühlen.

✔ **Bringen Sie Ihrem Kind bei, zuzuhören.** Der beste Weg, dies zu erreichen, ist, Ihrem Kind ständig Fragen zu stellen. Gewöhnen Sie es schon in jungen Jahren daran, die Zeitung zu lesen, und fragen Sie es nach dem Inhalt der Artikel, die es gelesen hat. Lassen Sie es Ihren Kindern zur Gewohnheit werden,»Bericht zu erstatten«, wenn etwas schief gelaufen ist, aber ohne sie zu bestrafen, selbst wenn sie die Schuldigen sind. Um den Hausfrieden zu wahren, müssen Sie alle auftauchenden Probleme in Ordnung bringen, anstatt die schuldigen Parteien zu bestrafen. Wenn Ihre Kinder es gewohnt sind, immer wahrheitsgemäß zu berichten, sind sie nicht gezwungen, zu lügen.

Was hat Berichten mit Zuhören zu tun? Ihre Kinder werden lernen müssen, zuerst auf sich selbst zu hören, um Sie mit den Informationen zu versorgen, die Sie benötigen, um eine vernünftige Entscheidung zu treffen, und sie werden daran gewöhnt, Informationen aufzunehmen, um Ihnen einen genauen Bericht zu liefern. Wenn Ihr Kind z.B. zum Spielen zu einem Freund gehen will, müssen Sie wissen, ob dort auch ein Elternteil im Haus ist. Sie müssen Ihr Kind oft genug danach fragen, damit es Ihnen, wenn es dorthin gehen will, automatisch mitteilt, ob Eltern da sind oder nicht, auch, wenn das bedeuten könnte, dass es auf das Spielen verzichten muss.

✔ **Erklären Sie Ihrem Kind die Notwendigkeit, die Bedürfnisse der anderen vor die eigenen zu stellen.** Ein Kind zu sein hat viel mit unmittelbarer Befriedigung zu tun, und es ist oft schwierig für ein Kind, an jemand anderes als an sich selbst zu denken. Fangen Sie damit an, ihnen ein Taschengeld zu geben mit der Einschränkung, dass sie einen Teil des Geldes sparen müssen. Das wird sie zwar nicht ans Sparen, aber an die Idee der aufgeschobenen Befriedigung gewöhnen. Wenn sie ein wenig Geld angespart haben und es für ein Spielzeug ausgeben wollen, machen Sie es zur Regel, dass sie ein Drittel des Geldes für einen guten Zweck spenden müssen. Wenn Ihre Kinder von klein auf wissen, dass sie außer ihren eigenen Bedürfnissen auch noch weitreichende soziale Verpflichtungen haben, werden sie karitative Handlungen als natürliche Komponente ihres Lebens ansehen und ihren Horizont bereits in frühem Alter um die Sache der Menschlichkeit erweitert haben.

Was ist mit Warum?

Lernen, wie man lernt, ist die schwierigste Lektion. Es hat nichts damit zu tun, sich Notizen zu machen und gut organisiert zu sein, obwohl solche Dinge hilfreich sind. Lernen zu lernen fängt an, wenn Sie sich klarmachen, dass die Lektionen des Lebens ständig um Sie herum stattfinden, und dann herauszufinden versuchen, was es Ihnen beibringen will. Wenn Ihr Chef Sie z.B. mit irgendwas beauftragt, lernen Sie, nach einer Erklärung zu fragen, *nachdem* Sie seiner Anordnung nachgekommen sind.

Stellen Sie sich vor, Ihr Chef bittet Sie, einen Marketingplan auszuarbeiten, eine Sache, auf die Sie nicht vorbereitet waren. Sie kämpfen sich hindurch, und nachdem die Aufgabe erledigt ist, können Sie ihn (freundlich und höflich) bitten, Ihnen zu erklären, warum der Marketingplan nicht von jemandem aus der Marketingabteilung aufgestellt werden konnte anstatt von Ihnen, einem Verwaltungsassistenten. Wenn Sie die Sache ohne Widerrede oder Klagen erledigt haben, sollte Ihr Chef bereit sein, Ihnen seine Gründe dafür zu nennen, etwas von Ihnen zu verlangen, das Ihrer Meinung nach nicht zu Ihrem Verantwortungsbereich gehört. Vielleicht wollte er testen, ob Sie es könnten, oder er wollte es einmal aus der Perspektive einer Person, die wahrscheinlich zur Zielgruppe des Produktes gehören wird, gesehen haben. Vielleicht war auch der Leiter der Marketingabteilung zu sehr beschäftigt, und er wollte einschätzen, ob Sie das Potenzial besitzen, sein Assistent werden zu können. Wenn Sie lernen, zu tun, was Ihnen befohlen wird, und *dann* zu fragen, warum, werden Sie schnell wertvolles Wissen darüber anhäufen, was Ihre Vorgesetzten von Ihnen wollen. Und genauso wichtig, Sie werden Vertrauen aufbauen. Alle Privilegien und Verantwortungen, die den Aufstieg in der Hierarchie begleiten, basieren auf Vertrauen.

Auch wenn Sie als Kind nie gelernt haben, Warum-Fragen zu stellen, ist es nie zu spät, damit anzufangen. Natürlich kümmern Sie sich nicht mehr um solche Dinge, warum der Himmel blau ist und warum man Luft nicht sehen kann. Ihre Fragen haben inzwischen eher einen Hang zum Praktischen. Warum muss der Puffer, den Sie am Fließband installieren, aus so vielen Teilen bestehen, obwohl er auch in einem Stück gegossen sein könnte? Warum sind die Hamburger-Brötchen in Paketen zu acht und die Hamburger in Paketen zu sechs Stück verpackt? (Das ist eine Frage, die Sie am besten brieflich Ihrem Brötchen- oder Ihren Hamburger-Lieferanten stellen.) Wenn Sie lernen, Warum-Fragen zu stellen und auf die Antworten zu hören, rüsten Sie sich mit Informationen aus, die Sie in die Lage versetzen, die Verantwortung dafür zu übernehmen, eventuelle Änderungen in Gang zu setzen.

Kein morgen ist wie heute

Das Streichen von »morgen« aus Ihrem Wortschatz hat mit dem Ergreifen von Verantwortung zu tun. Damit in Ihrem Haushalt Harmonie herrscht, müssen Sie lernen, die Dinge dann zu tun, wenn es notwendig ist, oder sogar noch früher. Die grundlegenden Pflichten in Ihrem Leben schnell zu erledigen, besonders wenn Ihre eigenen Kinder oder Haustiere betroffen sind, ohne sich ständig vom Zeitdruck zermürbt zu fühlen oder schlecht gelaunt zu sein, weil Sie schon wieder Mittagessen für Ihre Kinder machen müssen, ist ein Zeichen, dass Sie die Bedürfnisse der anderen – in diesem Fall Ihrer eigenen Familie – über Ihre eigenen unmittelbaren Bedürfnisse stellen können.

Lernen, Dinge zu tun, bevor Sie sie tun müssen, wird Ihnen dabei helfen, Entscheidungen zu treffen und sich Ihre Zeit so einzuteilen, dass Sie nicht gehetzt oder gar unter Ihrer Hausarbeit begraben werden. Sie werden lernen müssen, wie Sie im Falle einer plötzlichen Planungsänderung »die Decks sauber halten«. Wenn Sie mit Ihrem Haushalt gut zurechtkommen, brauchen Sie sich keine Sorgen zu machen, dass man an Ihnen herumnörgelt, wenn Sie einmal weggehen wollen. Wenn Sie mit Ihren Schularbeiten hinterher hinken, lassen Sie »Die Wochenshow« besser sein. Machen Sie dies oft genug und Ihre Noten werden sich verbessern. Bessere Noten sind ein weiteres Zeichen dafür, dass man Ihnen vertrauen kann. Und später, wenn Sie den Dingen immer gerade nur ein bisschen voraus sind, werden Sie immer einen Tag eher als Ihre Konkurrenz Bescheid wissen, eine weitere Qualität, die Leute bei einer Führungsperson suchen.

Versuchen Sie es weiter

Am-Ball-Bleiben ist einer der wünschenswertesten Züge an einer potenziellen Führungskraft. Nur wenige wichtige Fähigkeiten sind leicht zu beherrschen; die meisten erfordern Geduld, Übung und das Lernen aus endlosen Fehlern. Wie der dänische Mathematiker Piet Hein es ausdrückte, Sie müssen bereit sein, sich »zu irren, zu irren und immer wieder zu irren, aber immer weniger, noch weniger und noch ein bisschen weniger.«

Dies gilt sowohl für Eltern als auch für Kinder: Wenn Sie sich daranmachen, sich einen guten Ruf aufzubauen als jemand, der sich von Fehlern nicht matt setzen lässt, bauen Sie *Glaubwürdigkeit* auf; das bedeutet, die Leute können Ihnen glauben und vertrauen. Wenn Sie Ihre Glaubwürdigkeit mit Aufrichtigkeit paaren, können Sie anfangen, sich als Führungspersönlichkeit zu betrachten: als jemand, der mit Verantwortung umgehen kann, vertrauenswürdig ist und zuhören kann. Wenn Sie sich diese Übungen zur Gewohnheit machen, können Sie der starke, entschlossene Charakter werden, der in jedem Alter eine gute Führungspersönlichkeit ausmacht.

Führen als Trainer

In diesem Kapitel

▶ Entdecken Sie vier Gründe, warum Eltern Trainer werden sollten
▶ Verstehen Sie, warum es Sport gibt
▶ Halten Sie sich von anmaßenden Eltern entfernt
▶ Finden Sie einen Weg, um Sport zum Vergnügen zu machen
▶ Lernen Sie zehn Wege kennen, wie Sie ein erfolgreicher Trainer werden

---

In life, as in a football game, the principle to follow is: Hit the line hard.

Theodore Roosevelt

*E*ine der beliebtesten ehrenamtlichen Aktivitäten ist das Trainieren von Kindern in organisierten Sportarten wie Fuß- oder Basketball. Dabei tun sich vor allem die Amerikaner hervor. Während die Kinder in den meisten Teilen der Welt sich mit einem einfachen Fußball und einem Hinterhof oder Spielplatz oder einem verrosteten Reifen und einem lumpigen Basketball zufrieden geben, trainieren die Amerikaner ihre Kinder und schicken sie in Sportkurse, zu Sportcamps und sogar auf Sportschulen, in der Hoffnung, aus den Kindern kleine Superathleten zu machen.

Obwohl viele Eltern bereit sind, ihre Zeit und Energie als Trainer einzusetzen, sind nur wenige Eltern wirklich gut darin. Zu viele Eltern bringen ihren eigenen emotionalen Ballast mit, wenn sie Kinder trainieren. Dieser Ballast macht die Trainer unglücklich und führt dazu, dass sie aufgeben, woraufhin auch die Kinder unglücklich werden und aufgeben oder die Eltern der Kinder ärgerlich oder beleidigt reagieren und ihre Kinder vom organisierten Sport abmelden.

Obwohl die Anzahl der Kinder, die in organisierten Mannschaften spielen, sehr hoch ist, sinkt die Teilnahme dramatisch ab, wenn der wirkliche Wettkampf beginnt. Wir glauben, dass mehr Kinder am organisierten Sport teilnehmen würden, wenn Training und Führung auf den niedrigeren Ebenen – wo die Kinder erst einmal lernen, die notwendigen Fertigkeiten zu beherrschen – besser wären. Dieses Kapitel befasst sich mit den Gründen, warum Trainer an den Kindern versagen, die sie unterrichten sollen, wie elterliche Erwartungen einen Keil zwischen Trainer und ihre Teams treiben und schließlich, was Sie wissen müssen, wenn Sie ein guter Trainer werden wollen, egal auf welcher Ebene.

Warum Eltern Trainer werden

Im Wesentlichen sind es vier Persönlichkeitstypen – davon einige, die emotionalen Ballast mitbringen –, die sich zum Trainieren berufen fühlen. Die folgenden Abschnitte helfen Ihnen zu entscheiden, wozu Sie gehören.

Verblasster Ruhm

Viel zu viele Leute kommen zum Training von Kindern, um sich zurückzuerobern, was sie glauben, einmal gehabt zu haben, als sie jung waren. Eltern, die zum Training kommen, um ihre eigene Jugend wiederaufleben zu lassen, können charismatische Führungspersönlichkeiten sein, aber auch Tyrannen, die ihren Kindern ständig erzählen, »wir haben damals aber härter trainiert.« Wenn Sie den Trainer Ihrer Kinder Derartiges sagen hören, melden Sie Ihr Kind in einer anderen Mannschaft an. Wenn Sie ein Trainer sind, der versucht, die Heldentaten von gestern wieder aufleben zu lassen, sollten Sie Ihre Motivation noch einmal überdenken.

Der lange Marsch

Eine der Herausforderungen des organisierten Sports auf Anfängerniveau ist, dass Eltern, eher als professionelle Trainer, gefordert sind, ihre Begabungen und Energien beizusteuern. Manche Leute sind darin gut, andere nur eben so, und einige sind furchtbar. Wie jede andere Führungstätigkeit auch, ist ein guter Trainer zu werden eine Sache, die Sie steuern können. So wie es nur sehr wenige natürliche Sportbegabungen gibt, gibt es auch nur wenige Naturtalente im Trainieren. Wenn Sie sich die Reihen professioneller Trainer ansehen, werden Sie sehen, dass Trainer wie John Madden und Jimmy Johnson lange, oft schmerzhafte Lehrzeiten auf Junior-High- und Highschool-Level durchstehen mussten, zuerst als Assistenten und dann als Cheftrainer. Dann fingen sie auf College-Niveau als Assistenten wieder von vorne an, um dann, nachdem sie wieder zu den Verantwortungen eines Cheftrainers aufgestiegen waren, den Prozess als Assistenten in den Reihen der Profis zu wiederholen. Wenn man es geschafft hat, Cheftrainer bei den Profis zu werden, hat man bereits einen 20-jährigen »langen Marsch« hinter sich, bei dem ein Misserfolg an irgendeinem Punkt ausreichen kann, um die ganze Karriere zu ruinieren. Die meisten Geschäftsführer arbeiten nicht annähernd so hart wie der Durchschnittstrainer, wenn er ein vergleichbares Level an Verantwortung erreichen will, und sie haben auch nicht so eine kurze Amtszeit, wenn sie in ihrem Job erstmal an die Spitze gekommen sind.

Wenn Sie dies im Sinn behalten, ist es fast töricht anzunehmen, dass es leicht sei, Kinder zu trainieren, nur weil Sie Vater oder Mutter sind. Trainieren ist im Gegenteil harte Arbeit.

Sich revanchieren

Auf jeden Trainer, der seinerzeit ein Star war, kommen ein Dutzend, die als Kind niemals in irgendeiner Sportart gut waren. Das sind die Leute, die als Kinder immer erst zum Schluss in die Mannschaft gewählt wurden oder aber überhaupt nicht. Solche Eltern bringen einen starken Wunsch nach Wiedergutmachung mit zum Training, wenn auch nicht sehr viel Begabung. Sie glauben, sich mit Hilfe der Kinder, die sie trainieren, mit ihrer Vergangenheit versöhnen zu können, indem sie ihnen eine Erfahrung vermitteln, die sie selbst niemals hatten. Es funktioniert selten. Solche Trainer sind mehr davon besessen zu gewinnen, als zu trainieren, und weil ihnen die grundlegende sportliche und trainerische Begabung fehlt, müssen sie sich ständig über Misserfolge ärgern. Wenn Ihr Kind einen solchen Trainer hat, können Sie davon ausgehen, dass es keine besonders gute Zeit hat. Wenn Sie ein Trainer sind, der sich revanchieren will, nehmen Sie einige Unterrichtsstunden, und lernen Sie das Spiel, in dem Sie trainieren wollen, erst einmal richtig kennen.

Spaß haben

Und dann gibt es auch noch die Sorte Eltern, die das Trainieren als Ersatz für sonstige soziale Aktivitäten benutzen. Das sind die Eltern, die wollen, »dass die Kinder einfach eine gute Zeit da draußen verbringen«, und die sich nicht darum sorgen, ob die Mannschaft gewinnt oder verliert. Für die ganz Kleinen wird das oft als eine gute Sache angesehen; aber in Wirklichkeit tun Sie den Kindern keinen Gefallen damit, wenn Sie es versäumen, ihnen in jungen Jahren grundlegende Techniken beizubringen, weil sie dadurch auf die späteren richtigen Wettkämpfe nicht richtig vorbereitet sind. Ihre Kinder sollten Spaß am Spielen haben, weil die Freude am Sport eines der wichtigsten Dinge ist, die sie am Ball bleiben lassen. Aber Spaß haben ist kein Ersatz für Lernen, und Spaß-Trainer sind oft schlechte Lehrer. Solche Trainer sind bei den Kindern oft sehr beliebt, weil alle Eltern kräftig mithelfen, in der Halbzeit Orangensaft und nach dem Spiel Eis bringen. Die Kameradschaft ist groß, auch wenn sie sich normalerweise nicht in Fähigkeiten umsetzen lässt, die auch innerhalb des Spielfelds nützlich sind. Wenn Ihr Trainer ein Spaßheini ist, haben Ihre Kinder wahrscheinlich eine Menge Vergnügen, aber sie werden ihren Sport wahrscheinlich drangeben, sobald sie eine Ebene erreicht haben, wo echte Wettkämpfe ausgetragen werden.

Lehrer sein

Und schließlich gibt es noch einige wenige Trainer – vielleicht einen in jeder Liga –, die echte Lehrer sind. Sie machen bei diesem Sport mit, weil sie einige Begabungen haben, die sie weitergeben möchten. Sie können junge Leute führen, indem sie fair sind und ihr Vertrauen gewinnen, und sie bereiten ihre Teams gut genug vor, dass sie, auch wenn sie nicht immer gewinnen, zumindest wettbewerbsfähig sind. Solche Trainer brauchen die Kinder, die sie trainieren, nicht anzuschreien oder zu tyrannisieren. Sie führen durch ihr Vorbild und haben keine Angst, ins Schwitzen zu kommen, wenn sie ihr Team bei einer Runde ums Spielfeld oder beim Ausdauertraining anführen.

Woran jeder Trainer arbeiten sollte

Wenn Sie sich entschlossen haben, Trainer zu werden, müssen Sie anfangen, alles zu tun, um effektiv zu werden, auch wenn Sie keine guten Lehrfähigkeiten besitzen oder wenn Ihr vorrangiges Anliegen ist, dass die Kinder Spaß haben. Die folgenden Abschnitte stellen vier Fähigkeiten guter Trainer vor, die Sie kennen sollten.

Sport hat mit der Beherrschung von Fähigkeiten zu tun

Ihr Team kann – in welchem Sport auch immer – nicht erfolgreich sein, wenn es die grundlegenden Techniken nicht beherrscht. Egal also, ob Sie nun Ihr Team wettkampffähig machen wollen oder darauf keinen Wert legen, Sie müssen es trotzdem mit den grundlegenden Fähigkeiten und den Regeln des Spiels vertraut machen. Kein Kind ist scharf darauf, in Verlegenheit gebracht zu werden oder sich am nächsten Tag in der Schule anzuhören, wie idiotisch sich seine Mannschaft mal wieder auf dem Spielfeld aufgeführt habe. Aus diesem Grund haben Sie die absolute Verantwortung, vollkommen vertraut mit den Regeln des Spiels und mit den fundamentalen Spielzügen zu werden, die jedes Spiel ausmachen.

Jeder Sport hat seine eigenen besonderen Nuancen, die Sie beherrschen müssen, bevor Sie Ihr Team wirkungsvoll unterrichten können, und Sie sollten daher ernsthaft in Erwägung ziehen, einige Theoriekurse an der Volkshochschule, Uni oder vielleicht bei einem Sportverein zu besuchen, bevor Sie sich entschließen, eine Menge Zeit zu investieren, um Trainer zu werden. Wenn Ihre Liga Regelkurse gibt, besuchen Sie diese gewissenhaft. Je besser Sie die Unterschiede zwischen den Regeln Ihres Sports, wie er auf der Profi-Ebene gespielt wird, und den Regeln für die Junior-Ebene kennen, um so besser können Sie Ihre Spieler vorbereiten.

Das nicht trainierbare Kind

Wie gehen Sie mit Kindern um, die sich nicht trainieren lassen wollen? Befolgen Sie die Regel von Justin Marconi, sagt Paul B. Brown, der Autor von *My Season On The Brink*. Die Regel lautet:»Trainer sollten eher die Schwächen eines Spielers als seine Stärken ausnutzen«. Justin war ein rechtshändiger Schläger in Pauls Little-League-Team, und er setzte immer seinen linken Fuß nach hinten, wenn er zum Schwung ausholte. Anstatt zu versuchen, diesen Fehler zu korrigieren, stellte Paul fest, dass Justin auf diese Weise und indem er sich dabei nach innen neigte, den Ball konsequent ins linke Feld schlagen konnte. »An einem bestimmten Punkt – wenn die Kinder größer werden und die Koordination besser klappt – sind die Trainer in der Lage, solche Schwung-Fehler ganz leicht zu korrigieren. Aber im Moment hilft die Justin-Marconi-Regel meinen Spielern, Selbstvertrauen aufzubauen, und hält sie davon ab, das Handtuch zu werfen.«

Sport hat mit der Beherrschung von Schwächen zu tun

Teams funktionieren am besten, wenn Sie ihnen Disziplin beibringen, aber denken Sie daran: Die Kinder, die Sie unter Ihren Fittichen haben, sind freiwillig hier, und Sie müssen daher versuchen, ihnen ihre Kooperation zu entlocken. Sie müssen Ihnen außerdem beibringen, untereinander zusammenzuarbeiten. Und Sie müssen den Kindern helfen, ihre eigenen Persönlichkeiten zu beherrschen – keine einfache Sache, wenn die Kinder in Ihrem Team aus sehr unterschiedlichen Umfeldern kommen. Sie können viele Kinder haben, die nicht aufmerksam sein können, wenn Sie ihnen die fundamentalsten Dinge beibringen wollen. Es wird immer mindestens ein Kind geben, das herumläuft und im Sandkasten statt in seiner Position spielt, und ein anderes, das ständig auf andere Stimmen als die Ihre zu hören scheint. Wahrscheinlich haben Sie eine ganze Menge Kinder, die nicht mehr so begeistert davon sind, trainiert zu werden, sobald sie zu einer Ebene aufsteigen, wo der Wettkampf beginnt, besonders in Sportarten wie Basketball, wo das Spiel auf dem Schulhof ohne Trainer immer noch die Regel ist. Nehmen wir z.B. an, Sie haben ein Kind, das immer nur Dreierwürfe geübt hat, und Sie wollen, dass es lernt, zum Korb zu ziehen. Nun gut, Sie können es sich vorstellen.

Wo immer es möglich ist, sollten Übungen paarweise durchgeführt werden, und Sie sollten die Paare häufig austauschen, damit jedes Teammitglied die Stärken und Schwächen aller anderen Teamkameraden kennen lernt. Ihre Teammitglieder sollen lernen, die notwendigen Techniken zu beherrschen, aber auch, ihren Teamkameraden zu helfen, ohne ihnen Schimpfwörter an den Kopf zu werfen oder wütend vom Feld zu stapfen. Auf der anderen Seite müssen auch Sie mit Ihren eigenen Frustrationen fertig werden. Wenn Sie ein guter Sportler sind, sollten Sie sich daran erinnern, dass auch Sie einmal damit zu kämpfen hatten, die grundlegenden Techniken zu beherrschen, und dass Sie es nur mit Hilfe der Geduld Ihrer Eltern und Ihres Trainers sowie einer Menge Übung geschafft haben, viel besser zu werden.

Welchen Sport Sie auch immer trainieren, lassen Sie Ihr Team ab und zu auch einmal eine andere Sportart ausüben. Viele Trainer glauben, dass die begrenzte Menge an Zeit, die sie fürs Training zur Verfügung haben, es mit sich bringt, den Kindern eine starre Disziplin auferlegen zu müssen. Oft ist es besser, sie bei einem anderen Spiel (vielleicht Basketball) zu beobachten, um herauszufinden, wie es mit ihrer Koordination und Kooperation wirklich steht. Reißen sie den Ball an sich oder geben sie ihn ab? Haben sie ein gutes Urteilsvermögen oder versuchen sie Würfe, die keine Aussicht auf Erfolg haben? Haben sie Angst zu werfen, wenn sie in der richtigen Position sind, oder ziehen sie zum Korb? Indem Sie Ihr Team bei einem anderen Sport als dem, den es normalerweise ausübt, beobachten, können Sie eine Menge über seine Stärken und Schwächen erfahren und Ihr Training dementsprechend anpassen.

Manchmal zahlt es sich aus, die Kinder einfach über das Spiel *nachdenken* zu lassen. In der Geschichte *The Music Man* sagt Professor Harold Hill, der einer Stadt eine Ladung Musikinstrumente verkauft und dann gedrängt wird, den Kindern beizubringen, wie man diese spielt, zu den Kindern: »Wenn Ihr Mozart denkt, könnt Ihr Mozart spielen.« Visualisierung ist eine Technik, die professionelle Trainer oft anwenden, um ihre Spieler zu fördern, und sie funktioniert auch bei Kindern. Die meisten Kinder üben einen Sport aus, weil sie gesehen haben, wie dieser Sport professionell betrieben wird. Lassen Sie sie ihren Lieblingsprofi visualisieren, und fordern Sie sie auf, zu beschreiben, was dieser Sportler tut. Lassen Sie sie dann versuchen, dasselbe zu tun; häufig verbessert sich ihre Leistung danach deutlich.

Sport hat mit Wettkampf zu tun

Obwohl viele Eltern denken, dass Kinder für Wettkämpfe immer noch Zeit haben, wenn sie erwachsen sind, so sind Kinder doch von Natur aus gerne für Wettstreit zu haben. Wenn eines der Mädchen in Ihrer Fußballmannschaft z.B. das schnellste Kind auf dem Platz ist, werden alle anderen Kinder auf sie zeigen, wenn sie aufs Spielfeld kommt, weil sich das herumspricht. Wenn Ihr Team große Siege über seine Konkurrenten errungen hat, wird Ihren Kindern auf dem Schulhof die Art von Bewunderung zuteil, die normalerweise nur für Profis reserviert ist, zumindest im Schulbus am nächsten Morgen nach dem Spiel. Und wenn Ihr Team knapp verliert, sind sie wahrscheinlich niedergeschmettert, und Sie brauchen ihnen gar nicht erst zu sagen, was sie alles falsch gemacht haben.

Versuchen Sie nicht, die wettkämpferische Natur von Kindern zu entmutigen, weil das nur zu Frustration bei ihnen führt. Finden Sie stattdessen heraus, wie Sie diese Eigenschaft ausnutzen können. Wenn Ihr Team ein Spiel gewonnen hat, machen Sie nicht zu viel Aufhebens darum. Stattdessen fragen Sie Ihr Team, was sie über das nächste Team, dem sie gegenüberstehen werden, wissen und was sie ihrer Meinung nach tun müssen, um richtig vorbereitet zu sein. Wenn sie ein Spiel verlieren, laden Sie sie zu einem Eis ein, und fragen Sie sie, warum sie glauben, verloren zu haben, und was sie wohl beim nächsten Mal besser machen können.

Nutzen Sie ein Spiel, das Ihr Team schwerer als sonst gewinnt, als Übung, um Selbstüberschätzung zu verhindern, und ein Spiel, das knapper als normal verloren wurde, als Übung, um die Moral zu verbessern. Die meisten Kinder werden aus den falschen Gründen gelobt oder bestraft, so dass Sie ihnen einen Gefallen tun, wenn Sie das übliche Muster umdrehen.

Sport hat mit Vorbereitung zu tun

Branch Rickey, einstiger Präsident der Baseball's National League, sagte einmal, Erfolg sei das, was von der Vorbereitung übrig bleibt. Wenn Sie vorhaben, Kinder zu trainieren, schulden Sie ihnen, dass Sie sie auf jedes Spiel vollkommen vorbereiten. Ihr Team sollte wissen, welche Ausrüstung Pflicht ist und auf welchem Feld sie spielen werden. Sie sollten auch wissen, wer ihr Gegner und wie gut ihr Gegner im Moment ist. Außerdem sollten sie wissen, welches die besten Spieler im gegnerischen Team sind und in welchen Positionen sie spielen, welche Änderungen in der Aufstellung Sie vornehmen und welche Spielerauswahl Sie treffen werden, um ihnen die besten Chancen für dieses Spiel zu ermöglichen. Sie sollten Ihren jungen Schützlingen außerdem so viel Selbstvertrauen wie möglich einflößen, was Sie am besten durch eine solide Vorbereitung erreichen.

Vorsicht vor verrückten Eltern

Sie müssen kein Sport treibendes Kind haben, um ein verrücktes Elternteil zu sein. Sie kennen diese Leute: Die allgegenwärtigen Eltern, die ihr Kind zu jedem Spiel zerren, die jeden Unterparagraphen und jede Interpretation der Regeln kennen, die Eltern, die den Trainer bedrängen, Klein-Peter oder Klein-Susi aber nur ja genügend Spielzeit zu gewähren. Dies sind die Eltern, die ihre Kinder von der Seitenlinie anbrüllen und bei jedem Kontakt mit einem anderen Kind aufschreien (»Sie hat ihn gefoult. Hey, Schiedsrichter, sind Sie blind?«).

Paul B. Brown schreibt in *My Season On The Brink*, »Wie ich schnell herausfand, können Eltern brutal sein. Vor allem die Mütter ... Auf viele Arten ist Holmdel ein Rückfall in die *The Donna Red Show*- und *Father Knows Best*-Vorstädte der Fünfziger- und Sechzigerjahre. Ein überraschend hoher Prozentsatz – ich glaube, über die Hälfte – der Mütter sind nicht berufstätig. In dieser Art Umgebung neigen einige Frauen dazu, ihr Leben durch ihre Kinder und ihren Ehemann zu leben und auch ihr Selbstwertgefühl von diesen abzuleiten. Aus diesem Grunde sahen sie jede Beleidigung ihres Kindes, ob echt oder nur eingebildet, als persönliche Kränkung an. Und zu wenig Spielzeit für ihre Söhne oder ein verlorenes Little-League-Spiel des Teams, in dem ihre Söhne mitspielten – ihre Söhne, die ganz klar dazu bestimmt waren, Rhodes-Schüler und Profisportler zu werden –, war eine Beleidigung.«

Das »verrückte Eltern«-Phänomen ist einer der störendsten Faktoren beim Training von Kindern überhaupt. Vor Jahren sagte John Klingl, einer der Gründer der *Gifted Children's Newsletter* und inzwischen erfolgreicher Magazinberater, dass der Erfolg seiner Zeitung vollständig auf deren Namen zurückzuführen sei. »Denn welche Eltern glauben nicht, dass ihr Kind begabt sei?« Paul B. Brown beschreibt es in seiner Geschichte von Steve Moreno folgendermaßen:

> Hier war nun das Kind, vor dem ich mich immer am meisten gefürchtet hatte. Stevie wohnte in einem Haus in der Nachbarschaft, ist ein guter Freund von Peter (meinem Sohn) und das netteste Kind, das Sie sich vorstellen können. Er war ruhig, hatte wundervolle Manieren und kam mit absolut jedem aus.

Wo also lag das Problem? In den folgenden drei Worten: Steve Moreno Senior.

Steve Moreno, ein Handelsvertreter, besaß viel Humor und war in allen Dingen vernünftig, nur nicht, was seinen Sohn betraf. Während jeder andere in Stevie das nette kleine Kind sah, einen durchschnittlichen Spieler, der gerade sieben geworden und eher klein geraten war, sah sein Vater in ihm eine Kombination von Mickey Mantle und Ozzie Smith. Wenn man seinen Vater reden hörte, hatte es niemals einen besseren Sportler gegeben.

Oh Gott!

Es gibt im Wesentlichen zwei Arten, wie Sie mit Eltern umgehen, die ihre eigenen Phantasien über ihre Kinder ausleben. Sie können sie nicht ignorieren, weil das ihre Kränkung noch vergrößert und sie von ihren Kindern direkt auf sie selbst verschiebt. Um belästigende Telefonanrufe mitten in der Nacht zu vermeiden, sind Sie besser beraten, die Tipps in den folgenden beiden Abschnitten zu befolgen.

Geben Sie dem Kind für ein oder zwei Spiele mehr Spielzeit

In jedem Spiel gibt es einen zentralen Moment, wo entweder nichts mehr aufzuholen ist oder aber Ihr Team mit einem großen Vorsprung aufatmen kann. Solche Situationen eignen sich hervorragend, mit neuen Spielern und neuen Spielweisen zu experimentieren. Aber warten Sie nicht zu lange. Wenn es so aussieht, als ob Sie jemandes Liebling in letzter Minute einwechselten, nur um die Bank zu räumen und damit jeder mal dran war, werden Sie die Eltern nur in ihrer Meinung bestärken, dass Sie ihr Kind diskriminieren. Warten Sie auf Situationen, wo der Spielstand immer noch knapp genug ist, dass es so aussieht, als ob das andere Team noch aufholen könnte, obwohl Sie tief in Ihrem Herzen wissen, dass es das nicht kann. Wenn Klein-Peter oder Klein-Susi sich bewähren, umso besser. Vielleicht haben Sie ihr Selbstvertrauen in kritischen Situationen gestärkt und können sie im nächsten Spiel früher einsetzen.

Ändern Sie Ihre Aufstellung

Ob Sie nun Kinder oder Erwachsene trainieren, immer stellt sich die Frage, »Setze ich meine besten Spieler zuerst ein und versuche, früh und hoch in Führung zu gehen, oder spare ich sie für später auf, wenn das gegnerische Team ermüdet?« Die meisten Profitrainer wählen erstere Strategie, die wir am besten mit den Worten charakterisieren, »Es gibt kein morgen.« Entweder schlagen Sie Ihren Konkurrenten früh oder Sie sind aus dem Rennen, nur noch bemüht, den Ausgleich zu erzielen.

Kleine Kinder aber sind anders. Ihre Fähigkeiten sind noch nicht eingeschliffen genug, so dass große Führungen nicht notwendig standhalten. Wenn Sie wollen, dass Ihnen bestimmte Eltern nicht länger in den Rücken fallen, halten Sie Ihre besten Spieler ein paar Spiele lang zurück und lassen Sie die Bank spielen. Auch hier kann es wieder zu Überraschungen kommen und dann können Sie Ihre Gegner tatsächlich fertig machen. Oder sie spielen wie erwartet, soll heißen nicht gerade berauschend, und Sie müssen vielleicht ein wenig härter arbeiten, um einen Sieg zu erringen.

> Wenn Sie die Strategie der Aufstellungsänderung benutzen, wird die Wahl des passenden Gegners entscheidend. Zwingen Sie Kinder niemals, sich zu beweisen, wenn sie gegen ihren härtesten Gegner spielen. Eine Änderung der Aufstellung kann starke Gefühle um Sie herum auslösen, wenn Sie verlieren. Suchen Sie einen Gegner aus, der sich eher auf den hinteren Rängen herumtreibt, irgendwann in der mittleren bis späten Saison, wenn die Spieltendenzen ganz gut bekannt sind. Sie mögen ja wissen, dass wenig auf dem Spiel steht, aber die Eltern werden vielleicht die Geste zu schätzen wissen, die Sie ihnen machen.

Lassen Sie Sport ein Vergnügen bleiben

Egal, auf welchem Level Sie trainieren, versuchen Sie, den Kindern eine Liebe zu ihrem Sport einzuflößen, die länger dauert als eine Saison, und zwar in dem Maße, wie sie auch zu gewinnen versuchen. Zu diesem Zweck müssen Sie herausfinden, wie Sie es zum Vergnügen für sie machen können, zum Training zu kommen und die Zeit zu investieren, ihre Techniken zu verfeinern.

Wie lautet die Frage?

Die meisten Spiele sind in der Wirklichkeit komplizierter, als es am Anfang aussieht, so dass Sie einen Weg finden müssen, die Feinheiten zu beherrschen. Anstatt Ihren Kindern ein dickes Buch über Fußball auszuhändigen oder sie endlosem Drill zu unterwerfen, müssen Sie nach Möglichkeiten suchen, das Wissen aus ihnen herauszuziehen. Eine Taktik ist »Jeopardy!«. Wie die Spielshow desselben Namens beschreiben Sie in dieser Übung Ihrem Team eine Spielsituation und lassen jemanden die passende Frage dazu stellen. Wenn Sie z.B. Fußball trainieren und sagen »Jemand will den Ball ins Tor schießen, aber *er* hält ihn«, so ist die Antwort »Was ist ein Torwart?«. Erfinden Sie einen ganzen Haufen Spielsituationen und spielen Sie vor jeder Übung eine Runde »Jeopardy!« – mit Preisen für die Gewinner. Es nimmt ein wenig zusätzliche Zeit in Anspruch, aber Ihre Kinder werden die Informationen wahrscheinlich schneller und besser aufnehmen.

Ändern Sie die Positionen

Im Geschäftsleben ist einer der besten Wege, einen anderen respektieren zu lernen, für einen oder zwei Tage seinen Job zu übernehmen. Sie sollten einen Teil jeder Übung dazu verwenden, Ihre Kinder – nach dem Rotationsprinzip – die Positionen tauschen zu lassen. Beim Fußball z.B. sollte jeder einmal die Rolle des Torwarts übernehmen. Herauszufinden, dass ein Torwart auch auf die Hilfe der Abwehr angewiesen ist, ist für die Abwehrspieler eine nützliche Lektion.

Praktizieren Sie lustige Drills

Jeder Fußballspieler weiß, dass es wichtig ist, den Ball mit der Seite des Fußes zu treten, aber können Sie das auch, wenn Sie gleichzeitig auf diesem Fuß hüpfen? Denken Sie an sommerliche Kindergeburtstage und das unvermeidliche Sackhüpfen und Eierlaufen und Sie verstehen, worum es bei diesen Aktivitäten geht. Die Leute können sich besser konzentrieren, wenn sie langsamer werden müssen, und wenn Sie eine lustige Art finden, Ihre Teammitglieder zu verlangsamen, schaffen Sie es vielleicht, dass sie sich auf ihre Koordination konzentrieren können. Egal, um welchen Sport es sich handelt, Sie sollten es sich zur Gewohnheit machen, mehr Konzentrationsübungen durchzuführen.

KISS me

Erinnern Sie sich an die KISS-Regel? Keep It Simple, Stupid! Wenn Sie Kinder trainieren, hängt deren Fähigkeit, verschiedene komplizierte Spielzüge zu beherrschen, von ihrem Alter ab. Wenn Sie von einem Kind verlangen, sich an zu viele Spielzüge zu erinnern, artet das Ganze mehr in Arbeit aus als in Spiel, und das hat überhaupt nichts mit Vergnügen zu tun. Außerdem kann es sein, dass Kinder nicht mit den Aufgaben zurechtkommen, die Sie ihnen geben. Wenn Kinder kaum den Ball werfen können, hat es keinen Sinn, sie weite Strecken werfen zu lassen. Richten Sie eine Staffel ein, wenn dadurch auch die Wahrscheinlichkeit wächst, dass irgendein Kind den Ball verfehlt. Vielleicht haben Sie auch nur einen guten Läufer und einen guten Werfer in Ihrem Team. Finden Sie Wege, um herauszufinden, was sie gut können, und lassen Sie sie dann ihr Ding machen.

Nur eine Sache auf einmal

Der frühere amerikanische Präsident Gerald Ford sagte einmal, dass er nicht zur gleichen Zeit spazieren gehen und Kaugummi kauen könne. Das können auch die meisten Kinder nicht. Wenn sie auf einem holprigen Feld laufen, stolpern sie und kommen viel zu oft nicht mehr hoch. Führen Sie also zu Beginn jeder Saison einen Fall-Drill durch, bei dem jeder bewusst läuft und fällt und lernt, wie man sich herumrollt, um schnell wieder aufzustehen. Nachdem sie kapiert haben, wie man schnell wieder aufsteht, versuchen Sie einen anderen absurden Drill, etwa die Kinder absichtlich weit werfen oder schießen zu lassen.

Beim Basketball z.B. ist das Auffangen des zurückprallenden Balls eine entscheidende Technik, aber die meisten Kinder verbringen so viel Zeit damit, zu schauen, ob der Ball in den Korb geht, dass sie es nicht mehr schaffen, zu versuchen, den Ball zu bekommen, wenn er abprallt. Nehmen Sie den Korb von der Tafel ab und werfen Sie einfach den Ball gegen die Tafel, so dass sie nichts anderes zu tun haben, als danach zu springen, wenn er zurückprallt.

Bei den meisten Sportarten ist es besser, eine Technik richtig zu beherrschen, als erfolglos zu versuchen, mehrere Techniken zu lernen. Wenn die Kinder jünger sind, baut es ihr Selbstvertrauen auf, wenn man ihnen hilft, »Rollenspieler« zu werden, und gibt ihnen das gute Gefühl, dass sie wenigstens eine Sache können, und die vielleicht sogar gut.

Setzen Sie Glücksbringer ein

Kinder sind extrem anfällig für Aberglauben, warum sollte man das nicht ausnutzen? Wenn Sie ein Spiel gewinnen, suchen Sie nach einem Talisman, auf den sich alle konzentrieren können. Suchen Sie etwas aus in der Art, dass das Handtuch des Torwarts eine bestimmte Farbe hatte oder dass der Mittelstürmer seine zum Trikot gehörende Hose vergessen hatte und eine gewöhnliche Turnhose trug, und lassen Sie die betreffenden Spieler beim nächsten Spiel dasselbe tun. Wir beide wissen zwar, dass Aberglaube nichts mit dem Ergebnis eines Spiels zu tun hat, aber wenn Sie Kinder trainieren, so hat Glück etwas damit zu tun, wie die Dinge sich am Ende herausstellen, und warum sollten Sie Ihren Teammitglieder nicht das Gefühl erlauben, einen Glücksbringer gehabt zu haben? Es ist natürlich kein Ersatz dafür, die richtigen Techniken zu lernen, aber es lenkt Ihre Kinder von dem Druck ab, gewinnen zu müssen, und – wie es in dem Witz von dem toten Mann und dem Teller Hühnersuppe so schön heißt – es kann nicht schaden.

Zehn Regeln für Ihren Erfolg als Trainer

Gutes Training ist nicht einfach, aber Sie können für die Spieler und deren Eltern einiges tun, das sicherstellt, dass Ihr Trainingsamt Ihnen Spaß macht und Ihre Kinder letztendlich zum Erfolg führt.

Zuerst einmal definieren wir Erfolg nicht als das Aufstellen eines Gewinnrekords. Gewinnen ist nur der ultimative Erfolg, aber der wirkliche Erfolg beim Trainieren zeigt sich in zwei Dingen:

- ✔ **Ihre Kinder bleiben am Ball.** Sie trainieren, um Ihren Kindern bei der Entwicklung von Fähigkeiten zu helfen, die sie ihr ganzes Leben lang brauchen können, nicht nur in dieser Saison. Sie versuchen, den Kindern genug Ehrgeiz einzuflößen, so dass sie gerne hinausgehen, um zehn Stunden lang Körbe zu werfen oder drei Stunden lang einen Fußball durch einen aufgehängten Autoreifen zu schießen. Die innere Ambition, diese Dinge zu tun, rührt nicht von der Möglichkeit her, ein Star zu werden, sondern kommt aus dem Wissen des Kindes, dass es in dem von ihm gewählten Sport eine Zukunft hat. Wenn Ihre Teammitglieder die ganze Zeit auf der Bank verbringen und nichts lernen, welchen Sinn hat es, weiterzumachen? Es gibt viele Wege zu Erfolg und Glück, und die Kinder, die Sie betreuen, könnten einfach einen anderen Weg wählen.

- ✔ **Andere Trainer wollen Ihre Kinder anwerben.** Ob Sie nun gewinnen oder verlieren, Sie möchten, dass die Leute Respekt vor dem haben, was Ihr Team erreicht. Den größten Respekt haben Sie gewonnen, wenn ein Trainer der nächsthöheren Ebene bei Ihnen anfragt, ob Sie sich für ihn einsetzen könnten, damit »Ihr Kind« in sein Team kommt. Gut trainierte Kinder sind wertvolle Ware im Jugendsport. Wenn Sie den Ehrgeiz entwickeln können, eine gute Vorbereitung zu leisten, können Sie sich selbst eine Freude machen und Ihren Kindern einen echten Dienst erweisen.

Dutzende von Faktoren machen ein gutes Training aus; die folgenden Abschnitte stellen zehn davon vor.

Niemals zu viel voraussetzen

Hier eine weitere Lektion aus *My Season On The Brink*:

»Ich fange die Übung immer mit dem Abzählen der Bases an.«

Diese Aussage eines Nachbarn, der zehn Jahre lang trainiert hatte, war mir im Kopf herumgegangen, seit mir telefonisch mitgeteilt worden war, dass ich die Verantwortung für ein Team übernehmen sollte.

»Wovon redest du?« hatte ich ihn gefragt.

»Das ist einfach«, sagte Tom, Vater von drei Kindern, der alles von Fußball bis Leichtathletik trainiert hatte, während seine Kinder aufwuchsen. »Im ersten Jahr, als ich die Little League trainierte, legte ich die Bases aus. Dann ließ ich die Kinder sich aufstellen und sagte, ›Zur Aufwärmung lasst uns alle um die Base Paths herumjoggen.‹ Die ersten vier Kinder liefen auf den dritten zu. Seitdem habe ich die Bases nummeriert und erklärt, dass man sie immer der Reihe nach ablaufen muss. Du würdest dich wundern, wie viele Kinder vom ersten zum dritten rennen und dabei quer über den Pitcher's Mound laufen.«

Die Moral von der Geschichte: Egal, auf welchem Level Sie trainieren, nehmen Sie niemals voreilig an, dass die Kinder irgendetwas wissen, das Ihnen vollkommen klar ist. Sie müssen alles erklären.

Delegieren

Das Trainieren und Managen selbst des kleinsten Teams von Kindern ist eine große Aufgabe, allein deswegen, weil die Kinder so viele Dinge lernen müssen. Aus zwei Gründen ist es hilfreich, wenn Ihnen einige Assistenten zur Seite stehen. Erstens haben Sie dann wenigstens noch einen anderen Erwachsenen, mit dem Sie reden können, wenn Sie anfangen, verrückt zu werden, weil Ihre Bemühungen einfach nicht anschlagen wollen. Zweitens: Die Anzahl macht's. Die Kinder mögen vielleicht Ihren Stil zu trainieren nicht, fühlen sich aber vielleicht zu jemand anders hingezogen, der ihnen eine bestimmte Technik besser beibringen kann. Eine gewisse Anzahl von Hilfstrainern stellt sicher, dass jedes Kind genügend Aufmerksamkeit bekommt und sich niemand ausgeschlossen fühlt.

Alle Eltern einbeziehen

Beim Kindersport ist es üblich, dass die Eltern sich bei bestimmten Aktivitäten abwechseln, sei es zu trainieren, den Schiedsrichter zu spielen oder nach dem Spiel die Getränke zu bringen. Es zahlt sich für Sie aus, vor Beginn der Saison ein wenig Mühe zu investieren, um diese Aktivitäten vorauszuplanen, und dann die Eltern anzurufen, um sie daran zu erinnern, was sie zu tun haben und wann sie es tun müssen. Zum einen beziehen Sie die Eltern durch den Anruf mit ein, und das hält sie Ihnen aus den Füßen. Zum anderen ist der Anruf eine Gelegenheit, auch andere Dinge anzusprechen, etwa, wie das Kind mit der Teamerfahrung zurechtkommt und welche potenziellen Probleme die Eltern vielleicht sehen. Die Eltern mit hineinzuziehen ist eine vorbeugende Maßnahme gegen das »verrückte Eltern«-Syndrom, weil es die Anliegen der Eltern früh und oft anspricht.

Das Positive betonen

Noch mehr weise Worte aus *My Season On The Brink*:

> »Während allgemeine Instruktionen wie ›Hey, Jungs, mehr Einsatz, bitte‹ Zustimmung fanden, wurden andere wie ›Michael, den Körper bitte vor den Ball‹, als ein weiterer Ball an Michael G. vorbei ins linke Feld schwirrte, gar nicht gerne gehört. Nachdem ich von den Goodmans wütende Blicke geerntet hatte, hörte man für den Rest der Saison nur noch Gutes (›Schöner Versuch, Michael, aber beim nächsten Mal solltest Du vielleicht …‹) aus meinem Munde.«

Es tut weder Ihnen noch Ihren Teammitgliedern noch deren Eltern gut, einen Spieler direkt zu kritisieren. Wenn ein Spieler etwas vermasselt hat, nehmen Sie ihn zwischen den Spielen beiseite und reden Sie privat mit ihm, niemals vor dem ganzen Team. Und machen Sie nie, nie, niemals einen einzelnen Spieler zum Sündenbock für das Versagen des Teams. Wenn in Sportarten wie Fußball oder Lacrosse der Torwart eine ganze Menge Tore kassieren muss, denken Sie daran, dass Tore aufgrund des Zusammenbruchs der gesamten Abwehr passieren, was Ihr Fehler ist und nicht nur am schlechten Spiel des Torwarts liegt.

Arbeiten Sie stattdessen daran, Ihre Worte immer ermutigend und positiv zu wählen. Als ihr Leiter versuchen Sie, Ihre Teammitglieder zur Kooperation zu gewinnen und nicht in einen feindlich gesinnten Dampfkochtopf zu verwandeln.

Trainieren, um zu gewinnen

Kein Spiel hängt von irgendeinem anderen ab, egal, was die Mannschaftsstatistiken sagen. Sie sollten daher in jedes Spiel mit dem Wunsch gehen, zu gewinnen, und Sie sollten Ihre Teammitglieder ermutigen, egal, wie schlecht sie in der Vergangenheit gespielt haben. Denken Sie an das Motto der National Football League: »An jedem beliebigen Sonntag kann jedes Team jedes andere schlagen.« Natürlich gibt es Überraschungen und manchmal wird Ihr Team die Sache in den Sand setzen, manchmal aber auch Ihr Gegner.

Aber Sie können nicht gewinnen, wenn Sie nicht auf den Sieg hin trainieren. Wenn Sie auch einige Kompromisse eingehen müssen bezüglich der Spieler, die Sie einsetzen, um alle Eltern bei Laune und Ihre Kinder bei der Stange zu halten, sollten Sie im Allgemeinen Ihre besten Kinder in der stärksten Kombination spielen lassen und weniger starke Kinder als Ersatzspieler verwenden.

Opportunistisch sein

Wenn Sie mit kleinen Kindern arbeiten, können Sie solche Dinge wie ein geordnetes Spiel vergessen, ganz egal, um welche Sportart es sich handelt. Es geht drunter und drüber und Sie sollten Ihren Kleinen von Anfang an beibringen, besondere Situationen auszunutzen. Wenn Sie Basketball trainieren, bringen Sie Ihren Kindern gleich von Anfang an Techniken bei, wie man anderen den Ball abjagt.

Dies sollten Sie aus zwei Gründen tun. Zuerst einmal spielen Ihre Kinder wahrscheinlich besser, wenn sie wissen, dass sie das Tempo und den Ablauf eines Spiels kontrollieren können, indem sie leicht aggressiv spielen. Das Spiel macht dadurch mehr Spaß. Zweitens verursacht ein gutes Spiel Fehler auf Seiten Ihres Gegners und Ihre Kinder stehen wahrscheinlich sehr schnell in dem Ruf, geschickter zu sein, als sie eigentlich sind.

Und schließlich wird auch das Selbstvertrauen der Kinder wachsen, wenn Sie ihnen die Fähigkeiten beibringen, die sie wirklich brauchen.

Das eigene Kind nicht bevorzugen

Die meisten Erwachsenen, die trainieren, tun dies, weil ihr eigenes Kind den betreffenden Sport ausübt. Doch seien Sie vorsichtig. Wenn Sie Ihrem Sohn oder Ihrer Tochter zu viel Spielzeit oder Trainingszeit zugestehen, werden die anderen Eltern anfangen, Sie der Vetternwirtschaft anzuklagen. Wenn Sie Ihr Kind extra trainieren wollen, tun Sie dies in Ihrer Freizeit.

Nicht schummeln

Man neigt ja gerne dazu, egal wie geringfügig es auch erscheinen mag, die Regeln des Spiels ein bisschen verändern zu wollen, wenn man zurückliegt. Bei einigen Sportarten, wo es keine Schiedsrichter gibt und die Trainer selbst pfeifen, gibt es immer einen Trainer, der alle umstrittenen Entscheidungen zugunsten seiner eigenen Spieler fällt. Widerstehen Sie dieser Versuchung – selbst wenn Sie die halbe Zeit Entscheidungen gegen Ihr eigenes Team fällen, so ist das immer noch besser, als in dem Ruf zu stehen, dass Sie pfuschen, um zu gewinnen.

Dasselbe gilt für unnötige Gewalt. In Sportarten wie Fußball, Basketball und Football gibt es immer einen Spieler auf dem Feld, der auffällig schwächer, langsamer und ungeschickter als die anderen Kinder ist. Widerstehen Sie der Versuchung, ihn zu »jagen«, also Ihre gesamten Aktionen darauf abzielen zu lassen, ihn lächerlich zu machen oder vorzuführen. Das Ganze ist am Ende nur peinlich für Sie selber und vielleicht stellt sich nach dem Spiel heraus, dass das Kind einen Vater hat, der größer – und sehr viel streitlustiger – ist als Sie.

Daran denken, dass es nur ein Spiel ist

Und noch mehr weise Worte aus *My Season On The Brink*:

»Ich begann unschuldig genug. Ich musste die Stadt für ein paar Tage verlassen und für die Zeit, während ich weg war, waren wir für ein Spiel eingeplant. Kein Problem. Dafür habe ich schließlich Assistenten. Allerdings ist einer der Gründe, warum Assistenztrainer oft Assistenten sind, der, dass sie nichts mit dem Kummer und Ärger zu tun haben wollen, der mit der Übernahme der Verantwortung einhergeht. Sie wollen sich nicht mit den Eltern abgeben, die ganzen Telefonanrufe erledigen oder mit anderen, vielleicht widerwärtigen Cheftrainern zusammenarbeiten.

Frank Roman, mein erster Assistent, konnte ziemlich aggressiv sein, wenn es um seinen Sohn ging, aber zu jedem anderen hatte er eine andere Einstellung. Er wollte sich keinen Ärger einhandeln, indem er zu irgendjemandem Nein sagte. Frank fragte mich, ob ich die Aufstellung vornehmen könne, bevor ich wegführe. Auf diese Weise konnte er alles auf mich schieben, sollte jemand unzufrieden damit sein.

Kein Problem, sagte ich. Ich mache die Aufstellung, bevor ich fahre. Aber dann wurde ich bei der Arbeit aufgehalten und mein Flug wurde vorverlegt, so dass ich keine Gelegenheit mehr hatte, die Aufstellung zu machen, bevor ich flog.

Womit ich dann Probleme bekam, war die Art, wie ich die Aufstellung vornahm. Ich machte es, wie ich es immer machte – mit Myriaden von Optionen. Schließlich wissen Sie nie, welche Kinder überhaupt auftauchen und wer wo spielen würde. Daher bereitete ich nicht nur eine Aufstellung, sondern sieben vor, und nicht nur eine Abwehrkonfiguration, sondern vier. Ich hatte fast jede Möglichkeit bedacht. Das Ergebnis war ein Fax an Frank, das elf Seiten lang war.«

Sie sollten sich bemühen, das Spiel nicht nur für die Kinder, sondern auch für sich selbst einfach zu halten. Wenn Sie merken, dass Sie zu viel von Ihrer Freizeit opfern, um sich den Kopf über Ihr Team zu zerbrechen, ist es Zeit, eine Pause vom Trainieren zu machen.

Daran denken, dass es nur ein Spiel ist, Teil II

Eine der Freuden eines Trainers ist, dass Sie unterrichten, aber auch dienen müssen. Als Führungsperson wird von Ihnen erwartet, dass Sie sich für andere einsetzen, damit sie auf einem Gebiet besser werden können, wo sie gerne besser werden wollen. Vielleicht haben Sie Glück und haben ein Kind, dass es eines Tages zum Profi bringt und dann eine Dankesrede hält, in der es seinen ganzen Erfolg auf Ihren unermüdlichen Einsatz zurückführt, aber rechnen Sie besser mal nicht damit. Nur ein winziger Bruchteil aller Kinder, die am organisierten Sport teilnehmen, schaffen es bis zum Profisportler; denken Sie daran, wenn Ihnen Eltern auf die Nerven gehen oder Ihre Kinder mutlos werden. Ihre Aufgabe ist es, ihnen beizubringen, das Spiel so zu lieben, wie Sie das tun, oder sie zu lehren, wie man Spaß dabei hat und sie vielleicht, nebenbei, auch noch mit einigen Fähigkeiten auszustatten, so dass sie eine Chance haben zu gewinnen. Aber es ist nur ein Spiel, und was zählt, ist, wie Sie es spielen, nicht, ob Sie gewinnen oder verlieren.

Organisieren Sie Ihre Gemeinde: Lektionen von Saul Alinsky

In diesem Kapitel

▶ Sie erforschen die Gründe, warum Sie Ihre Gemeinde organisieren sollten

▶ Sie lernen, wie man Leute und Ideen mobilisiert

▶ Wir stellen Ihnen vier Beispiele der Gemeindeorganisation vor

---

Gewissen ist der Wächter des einzelnen über die Regeln,
die die Gemeinschaft zu ihrem eigenen Schutz aufgestellt hat.

W. Somerset Maugham

*E*s wird eine Zeit in Ihrem Leben kommen, wo es Sie stören wird, was in Ihrer Gemeinde so vor sich geht. Dabei ist egal, was der Auslöser ist. Es kann der Hund des Nachbarn sein – oder besser gesagt, der Nachbar selber, der seinen Hund ausführt und nachher das Resultat nicht beseitigt –, es können die Kinder sein, die an der Ecke rauchen, die ungepflegten Parks oder die Zunahme der Wandschmierereien an den umliegenden Häusern.

Was alleine zählt, ist, dass Sie verärgert sind, und nachdem Sie mit Ihren Nachbarn geredet haben, merken Sie, dass diese sich ebenfalls ärgern. Sie gehen zum Telefon und rufen die Stadtverwaltung an, und schon geht das ganze bürokratische Gerenne los. Oder auch nicht, weil ein sympathisch klingender Beamter Ihnen bedauernd mitteilt, dass er Ihnen zwar sehr gerne helfen würde, es aber leider kein entsprechendes Gesetz gebe bzw. kein Geld dafür da sei.

Vielleicht haben Sie auch eine Situation, wo es nicht gerade um eine Rechtsangelegenheit geht, sondern eher um soziale Gerechtigkeit. In einem örtlichen Park wurde ein Homosexueller zusammengeschlagen, und obwohl die Polizei Nachforschungen anstellt, wurde auch nach sieben Wochen noch niemand gefasst. Oder jemand überfällt einen Obdachlosen, aber die Gemeinde sieht in Obdachlosen mehr einen Schandfleck als ein Problem, das gelöst werden muss.

Was sollen Sie tun, wenn diejenigen, die eine korrigierende Handlung vornehmen könnten, keinen Finger rühren? Sie nehmen sich Saul Alinskys Spielbuch und mobilisieren Ihre Gemeinde zur Aktion.

Saul Alinsky war für die Gemeindeaktion das, was Henry Ford für die Automobilproduktion war. Alinsky, der 1909 in Chicago geboren wurde, »schrieb das Buch« über die grundlegende Gemeindeaktion. Er war der Auslöser für die Schaffung zahlreicher aktivistischer Bürger- und Gemeindegruppen. Dabei hatte Alinsky nicht vorgehabt, ein Gemeindeorganisator zu werden. Er studierte und arbeitete acht Jahre lang als Kriminalist in Illinois und er gelangte dabei zu der Erkenntnis, dass eine der Hauptursachen für Kriminalität Armut sei. 1938 startete er seine erste Kampagne zur Gemeindeorganisation, das Back of the Yards-Council. Sein Ziel war nichts Geringeres, als die verarmte Gegend rund um die Stapelplätze von Chicago von Verbrechen und städtischer Verwahrlosung zu befreien.

Als Alinsky begann, Erfolg zu haben, fing er an, seinen Schwerpunkt vom Organisieren auf die Ausbildung anderer Leute zu verlegen, um seine Arbeit auch auf andere Gegenden auszudehnen. 1940 gründete er die Industrial Areas Foundation (IAF) zur Ausbildung von Gemeindeorganisatoren. Nach der Gründung der IAF leitete er länger als 30 Jahre eine Art Schule für Leute, die Demokratie auf die städtische Ebene erweitern wollten. Zusätzlich zur IAF gründete er die Community Service Organisation of California, die als Ausbildungsgrundlage für Leute wie Cesar Chavez diente, der die United Farm Workers gründete und verschiedene erfolgreiche nationale Pampelmusen-Boykotts während der Sechziger- und Siebzigerjahre durchführte.

Alinskys Vermächtnis lebt weiter, nicht nur in der IAF und der Community Service Organisation of California, sondern in buchstäblich Tausenden von Gruppen in Gemeinden auf der ganzen Welt.

Warum Gemeindeorganisation?

Die erste Reaktion, wenn Leute etwas von Gemeindeorganisation hören, ist: »Dafür gibt es Politiker.« Doch eines der Dinge, die Alinsky entdeckte, nachdem er mit dem Organisieren angefangen hatte, war, dass die Politiker mit einem Patronage-System arbeiten. Anstatt Dinge zu tun, die dem Wohl der ganzen Gemeinschaft dienen, verbringen sie eine Menge Zeit damit, Geld für die nächsten Wahlen aufzutreiben und ihre Gunst nur denen zu gewähren, die ihnen wahrscheinlich helfen werden, beim nächsten Mal wiedergewählt zu werden. Gelegentlich rieselt vielleicht mal ein wenig Geld für bestimme Projekte auf die Leute einer bestimmten Gegend hernieder, aber wenn diese Gegend nicht genügend politischen Einfluss hat, bleibt sie sich selbst überlassen.

In den Tagen von Alinsky bedeutete das, dass arme Gegenden arm blieben. Heutzutage aber gibt es weniger arme Gegenden und die Ursache für Armut ist wirklich schlechte Erreichbarkeit und die Randlagen der betreffenden Gebiete. Die Regierung neigt immer noch dazu, die meisten ihrer Vergünstigungen an die Leute zu verteilen, die ihre Mittel am wenigsten beanspruchen – die Steuer zahlenden, ruhigen Bürger aus der Mittelschicht, die keine »Anliegen« haben.

Das Problem liegt darin, dass es viele Probleme gibt, für deren Behandlung die konventionellen Regierungsorganisationen niemals geplant waren. Für Teenagerschwangerschaften, Ausländerkonflikte, Analphabetentum, Mangel an Kindergartenplätzen und andere Probleme gibt es keine kapitalkräftigen passenden Institutionen und Lösungen, um damit fertig zu werden. Um Probleme wie diese und viele andere in Angriff zu nehmen, müssen Sie beginnen, die Bürgerschaft neu zu erfinden.

18 ➤ Organisieren Sie Ihre Gemeinde

Aktive Bürgerschaft wird von Leuten entwickelt und praktiziert, die zusammenkommen, um sich für eine Sache zu organisieren. Aktive Bürgerschaft beginnt, wenn Sie entscheiden, dass die Grenze zwischen öffentlichem und Ihrem eigenen Privatleben willkürlich ist und dass keiner etwas tut, wenn Sie es nicht tun. Fernsehen zu gucken und sich über die Ungerechtigkeiten in der Welt zu beklagen ist eine Sache. Etwas ganz anderes ist es, zum Telefon zu greifen und einen Freund anzurufen, um mit ihm über das, was Sie im Fernsehen gehört haben, zu diskutieren, und es ist ein weiterer Schritt nach vorne, wenn Sie erwägen, sich zu organisieren.

Aber Organisation ist notwendig. Wir leben in einer Welt, wo Macht zunehmend von den lokalen Wurzeln entfernt wächst. Trotz des Wachstums einer Dienstleistungsökonomie, die die »Lokales Handeln«-Doktrin predigt, werden Entscheidungen immer weiter weg vom Problem getroffen. Hans Morganthau, ein Professor der Politikwissenschaften am Massachusetts Institute of Technology und vor 50 Jahren eine recht bekannte Persönlichkeit, beschreibt das Problem als ähnlich, wie wenn man Schmerz empfindet. Wenn Sie Ihre Hand ins Feuer halten, so Morganthau, fühlen Sie den Schmerz fast sofort und schreien vor Pein auf. Wenn jemand anderes Ihre Hand ins Feuer hält, braucht diese Person ein wenig länger, um Ihren Schmerz zu registrieren und darauf zu reagieren, indem sie Ihre Hand wegzieht. Wenn jemand von weit entfernt Anweisung erteilt, Ihre Hand ins Feuer zu halten, so wird diese Person Ihre Schmerzensschreie überhaupt nicht hören und hört vielleicht so lange nichts, bis die Schreie von Tausenden an ihr Ohr dringen.

Machen wir einen Sprung nach vorne zu Reverend Al Sharpton, der sich Morganthaus Botschaft zu Herzen genommen hat. Ende Januar 1999 wurde ein afrikanischer Immigrant namens Amidou Diallo in der Bronx von der New-York-City-Polizei erschossen. Sharpton, einer von den New Yorker Stadtanführern, die die Konfrontation nicht scheuen, hatte seit zwei Jahrzehnten erfolglos versucht, New York City zu zwingen, grundlegende Reformen im Umgang mit farbigen Gemeinden durchzuführen.

Die Erschießung Diallos wurde zur staatsbürgerlichen Lektion für die Stadt, als empörte Menschen Tag für Tag vor dem Polizeihauptquartier auftauchten, um zu demonstrieren und verhaftet zu werden und damit die Art von politischem Klima zu erzeugen, die schließlich zu grundlegenden Änderungen führt. Ob Sie nun mit Sharpton übereinstimmen oder nicht, ist unwichtig. Wichtig ist sein Erfolg, andere Leute dazu zu bewegen, zu demonstrieren, dass ihnen der Tod Diallos nahe geht, obwohl sie sich dabei der Gefahr ihrer eigenen Verhaftung aussetzten.

Machen Sie mobil

Staatsbürgerliche Verantwortung beginnt mit einer Reihe von Schritten zur Entscheidungsfindung. Dies sind die grundlegenden Schritte der Gemeindeorganisation im Alinsky-Stil und wenn Sie sie befolgen, werden Sie vielleicht feststellen, dass sie eine bemerkenswerte Ähnlichkeit mit den Aktivitäten einer Führungsperson haben. Die folgenden Schritte basieren locker auf *Coalitions for Building Community Understanding*, herausgegeben von George L. Stevens vom Cooperative Extension Institute of Agriculture and Natural Resources, University of Nebraska-Lincoln.

Drücken Sie Ihre Betroffenheit über das Problem aus

Betroffenheit über ein Problem auszudrücken ist äquivalent dazu, ein Problem zu erkennen und darauf zu reagieren. Häufig handelt es sich um ein Problem, das Sie direkt berührt. Brauchen Sie eine bezahlbare Kinderbetreuung und finden keine? Wie können Sie herausfinden, ob das Problem nur Sie alleine oder die Gemeinschaft angeht? Zuerst können Sie einige Stellen anrufen, etwa Ihre Kirche oder die Gemeindeverwaltung, um zu erfahren, was es so gibt. Sie können mit anderen Eltern reden, weil Sie nicht die erste Mutter oder der erste Vater sind mit diesem Problem, und bestimmt auch nicht der oder die letzte. Hat irgendjemand eine realistische Lösung zu diesem Problem gefunden? Wenn ja, können Sie wahrscheinlich an dieser Stelle Halt machen, weil auch Sie eine Lösung finden werden, wenn Sie nur genug Interesse für Ihr Problem aufbringen, um es genau zu untersuchen. Aber was ist, wenn es in der ganzen Stadt keine Möglichkeiten zur Kinderbetreuung gibt?

In diesem Stadium ist es wichtig, alles zu dokumentieren, was Sie tun. Verlassen Sie sich nicht auf Hörensagen oder Meinungen. Schreiben Sie auf, was die einzelnen Gruppen zu dem Betreuungsproblem sagen, interviewen Sie so viele Eltern mit Kinderbetreuungsproblemen wie möglich und halten Sie ihre Kommentare als dokumentarische Beweismittel fest. Welche Preisspanne betrachten die Leute als noch »bezahlbar«? Was gefällt den Leuten an der existierenden Kinderbetreuung nicht? Wie sieht es mit den Beziehungen zwischen den Anbietern und den Benutzern aus? Je mehr Sie wissen, umso leichter lässt sich das Problem später definieren.

Engagieren Sie sich und finden Sie alle Mitspieler

Beim Herumtelefonieren reden Sie wahrscheinlich mit anderen Leuten über Ihr Problem und erhalten einige Reaktionen der Betroffenheit. Wenn Sie mit ihnen sprechen, fragen Sie die Leute, ob sie vielleicht irgendjemand anderes in der Stadt kennen, der sich mit dem Problem der Kinderbetreuung bereits herumgeschlagen hat. Während Sie dies tun, fangen Sie an, Ihr Denken zu erweitern. Reden Sie mit Leuten, die vielleicht nicht der Meinung sind, dass bezahlbare Kinderbetreuung ein gemeinschaftliches Anliegen ist, und hören Sie ihnen zu, warum sie dieser Meinung sind. In ihren Antworten könnten Sie Ansätze für Argumente finden, die später vielleicht einen Gegner bekehren könnten.

An diesem Punkt sollten Sie anfangen, ein soziales Netz von Leuten aufzubauen, die Ihnen helfen können. Weil es auch andere Probleme gibt, die mit Ihrem vielleicht um Zeit, Energie, freiwilliges Engagement und Geld konkurrieren, müssen Sie versuchen, auch von Leuten Unterstützung zu erhalten, die nicht unbedingt mit dem Kinderbetreuungsproblem konfrontiert sind. Tun Sie daher Folgendes:

1. Suchen Sie nach der Unterstützung anderer Gruppen Ihrer Gemeinde.
2. Erstellen Sie eine Liste von Gruppen oder Einzelpersonen, die vielleicht Interesse haben könnten, mehr über Ihr Problem zu erfahren.
3. Arrangieren Sie eine offene Diskussion zwischen den interessierten Parteien.
4. Veröffentlichen Sie das Problem über Zeitungen, Radio und Fernsehen und durch eine Reihe von weiteren Treffen.

Klären Sie das Problem

Ist das Problem die Kinderbetreuung oder die bezahlbare Kinderbetreuung? Was bedeutet »bezahlbar« und für wen? Ist das Problem mit Fragen der Sozialhilfe vermischt oder gibt es Feindseligkeit gegen Mütter, die arbeiten gehen? Vielleicht stellen Sie, wenn Sie mit vielen verschiedenen Leuten reden, fest, dass das, was Ihnen als einfaches Problem erscheint, sich für andere weit komplizierter darstellt. Sie müssen herausfinden, wie Sie das zentrale Problem – gute Kinderbetreuung, die nicht zu teuer ist – aus dem Morast von Politik, Moral und anderen sozialen Anliegen, die Ihr Problem vernebeln, herausziehen können.

Erwägen Sie alternative Lösungen

Wenn Sie es geschafft haben, genug Leute um sich zu scharen, die sich auf eine akzeptable Definition des Problems einigen konnten, können Sie anfangen, über eine Lösung nachzudenken. Es gibt viele Wege, Probleme zu lösen. Kinderbetreuung erfordert Raum, Betreuer, Spielzeuge, Möbel, Essen und Trinken, aber sie muss auch an einem günstig gelegenen Ort stattfinden, so dass die Eltern ihre Sprösslinge bequem hinbringen und abholen können. Das beste Kinderbetreuungszentrum am falschen Ort ist so schlecht wie überhaupt kein Kinderbetreuungszentrum. Wenn Sie Alternativen in Erwägung ziehen, müssen Sie darauf achten, dass sie für möglichst viele Leute funktionieren. Das kann bedeuten, dass Sie Kompromisse eingehen müssen, um ein anderes Ziel zu erreichen – Teilnahme.

Alternative Pfade einzuschlagen erfordert, dass Sie sehr viel zuhören und sich gewaltig ins Zeug legen müssen, um andere zur Kooperation zu bewegen. Sie werden wahrscheinlich andere Leute dazu überreden müssen, Zeit und Ausrüstung zu spendieren, um die Kosten niedrig zu halten. Sie müssen vielleicht Geld für das Arbeitsbudget auftreiben oder einen Plan für freiwillige Helfer aufstellen, mit dem die Leute zufrieden sind. Das alles erfordert von Ihnen als Organisator, ständig die Bedürfnisse der anderen über Ihre eigenen zu stellen.

In dem Moment, wo Sie entscheiden, dass nun genug geforscht ist und Taten gefordert sind, brauchen Sie eine Menge äußeren Input. Laden Sie Leute aus der Personalabteilung Ihres Bürgermeisters, Politiker, Schulausschussmitglieder und andere einflussreiche Leute zu Ihrem Treffen ein. Präsentieren Sie Ihnen die Offensichtlichkeit Ihres Problems und einige alternative Lösungen. Fordern Sie sie auf, sich zu engagieren und bei der Entwicklung anderer Lösungen zu helfen. Gehen Sie zur nächstgelegenen Universität und fragen Sie, ob es dort irgendwelche Experten für das Kinderbetreuungsproblem gibt, die sich beteiligen möchten. Kurz, lassen Sie nichts unversucht, um Möglichkeiten für eine Lösung des Problems zu finden.

Bedenken Sie für jede Alternative deren Konsequenzen

So wie Sie eine SWOT-Analyse (Strenghtes (Stärken) und Weaknesses (Schwächen), Opportunities (Gelegenheiten) und Threats (Gefahren), siehe Kapitel 12) für einen Job durchführen, müssen Sie es auch tun, wenn Sie Ihre Gemeinde mobilisieren wollen. Für jede vorgeschlagene Alternative sollten Sie sorgfältig überlegen, was schief laufen kann, aber auch, was gut daran ist. Brauchen Sie für einen Standort mehr Genehmigungen als für einen anderen? Wird ein kostengünstigerer Standort in einer Umgebung mit höherer Verbrechensrate zum Ausgleich teurere Sicherheitsmaßnahmen erfordern? Ist ein Standort mit öffentlichen Verkehrsmitteln leichter zu erreichen als andere? Keine Lösung kann perfekt sein, aber wenn Sie jede mögliche Lösung gerecht und fair analysieren – indem Sie versuchen, unbeabsichtigte Konsequenzen Ihrer Entscheidung nach Möglichkeit auszuschalten –, können Sie so viel nicht falsch machen.

Informieren Sie andere über Ihre Wahl

Nachdem Sie eine Lösung gefunden haben, müssen Sie sehen, dass Sie von der Gruppe so viel Unterstützung bekommen wie möglich. Ihre Rolle ist es nun, Ihre Entscheidung allen anderen Eltern und Gemeindegruppen zu erklären, die Sie mit herangezogen hatten, um dieses Projekt in Gang zu setzen. An dieser Stelle können Sie davon ausgehen, dass Ihre Entscheidung irgendjemanden oder sogar einige Leute befremden wird. Wenn Sie die Regeln der Führung auf dieses Projekt angewandt haben, haben Sie vielleicht bereits Koalitionen innerhalb Ihrer Gruppe geschlossen, so dass diese Reibungsfläche minimal ist. Was Sie aber nicht wollen, ist, dass die Leute sich nur noch wundern können über Ihre Entscheidung. Wenn Sie aber jeden auf dem Laufenden gehalten haben, sollten Sie eigentlich kaum Ärger zu erwarten haben.

Aktivieren Sie eine Entscheidung

Nachdem die Entscheidung steht, ist es Zeit zu handeln. Erstellen Sie eine Liste der benötigten Mittel und fragen Sie diejenigen, die sich verpflichtet haben, Ihnen zu helfen, ob sie noch dazu stehen. Erstellen Sie einen detaillierten Plan mit einer Missionserklärung, den Sie von jeder der interessierten Parteien unterschreiben lassen (siehe Kapitel 6 für weitere Informationen über Missionserklärungen). Die Missionserklärung sollte ein Pakt sein, in der Art wie der alte Mayflower-Pakt, bei dem eine Gruppe von Einzelpersonen und Organisationen sich wechselseitig auf einen bestimmten Aktionskurs festlegen. An dieser Stelle sollten Sie die Verantwortlichkeiten aufteilen und mit passenden Aktivitäten wie der Vereinigung der Gruppen, dem Eröffnen von Bankkonten, der Suche nach einem Raum usw. beginnen.

Bewerten Sie Ihre Entscheidung

Bereits sehr früh im Prozess der Umsetzung Ihrer Entscheidung sollten Sie anfangen, diese zu bewerten. Sehen Sie sich die Stärke und Aufrichtigkeit des Engagements der verschiedenen Gruppen und Einzelpersonen an. Überprüfen Sie den aktuellen Stand der Durchführung Ihres Plans und die ganzen Notwendigkeiten, die Sie vielleicht nicht berücksichtigt hatten, egal, wie gut Sie Ihr Vorgehen geplant hatten. Wenn alles gut läuft, können Sie vielleicht anfangen, sich um andere Bedürfnisse der Gemeinde zu kümmern, und den Bewertungsprozess wieder von neuem durchführen.

Denken Sie beim Organisieren Ihrer Gemeinde an die Worte William H. Hasties, des ersten schwarzen Bundesrichters der Vereinigten Staaten, der Demokratie auf folgende Weise beschrieb:»Demokratie ist ein Prozess, kein statischer Zustand. Sie ist im Werden begriffen eher, als zu sein. Sie kann leicht verloren gehen, aber ist niemals endgültig gewonnen.«

Das führt uns zu Alinskys»Eiserner Regel«, die lautet, dass Entscheidungen von Leuten gemacht werden, nicht von Organisatoren. Wenn Sie ein städtischer Organisator sind, liegt es an Ihnen, die Leute, die vielleicht von Ihren Bemühungen betroffen sind, so viele Entscheidungen wie möglich treffen zu lassen. Ihre Aufgabe ist es, sie zu erziehen, ihr Vertrauen und ihre Kooperation zu gewinnen und ihre Energien zu mobilisieren. Sie sollen ihnen nicht sagen, was sie zu tun haben.

Die Dinge ins Rollen bringen

Es gibt die Theorie der Gemeindeaktion und es gibt die Praxis der Organisation der Gemeinde. Die folgenden Abschnitte stellen vier kurze Fallstudien vor, die eine große Bandbreite von Aktivitäten abdecken. Die Prozesse in diesen Beispielen laufen ähnlich ab, wie wir es weiter oben in diesem Kapitel beschrieben haben, und jedes Beispiel ist erfolgreich, indem es dynamische Änderungen bewirkt.

Gemeinden für den öffentlichen Dienst

Der vielleicht wichtigste Einzelerfolg der Organisation im Alinsky-Stil ist die Verwandlung von San Antonio von einer scharf geteilten Gemeinde in ein vorbildliches Modell für Rassen- und Gemeindebeziehungen. Wie in vielen Städten gab es in San Antonio keinen Mangel an Verbesserungsversuchen. Es gab eine wohl etablierte »Good Government League«, eine handelskammerartige Organisation, deren Mitglieder – die besitzenden, wohlhabenden Anglos der Stadt – die städtische Agenda festlegten, ohne die Mehrheit der Mexikaner der Stadt, die kein Wahlrecht besaßen, zu befragen.

Wie Henry Cisneros, der spätere Bürgermeister von San Antonio, 1988 in einem Artikel der *Commonweal* bemerkte, waren die Barrios der Stadt »so arm, dass die Freiwilligen für die Friedenstruppen dort trainiert wurden, um die Bedingungen zu simulieren, die sie in Lateinamerika vorfinden würden. Tausende von Hispanics- und schwarzen Familien lebten in

Colonias, in notdürftig aneinander gereihten Häusern, die um öffentliche sanitäre Einrichtungen und Außentoiletten herumgebaut waren. Die Barrios hatten weder Bürgersteige noch gepflasterte Straßen und auch keine Kanalisation, die die Flut kontrolliert hätte. Jeder Frühling brachte eine Überschwemmung; Familien wurden aus ihren Häusern vertrieben und die Kinder wateten durch den Schlamm zur Schule. Im Schatten der Downtown von San Antonio lauerte ein staatseigenes Dritte-Welt-Land.«

In diesen Sumpf kam Ernesto Cortes, ein Eingeborener von San Antonio, der die Gemeindeorganisation von Alinsky und der IAF gelernt hatte. 1974 gründete Cortes die Communities Organized for Public Service (COPS), eine Dachorganisation für all die kleinen Gruppen in den Barrios von San Antonio. Von Anfang an setzte diese Gruppe es sich zum Ziel, die Verwaltung der Stadt neu zu organisieren, um die Machtverteilung, die bis jetzt einseitig die Anglo-Minderheit begünstigte, zu ändern.

Mit ein wenig Hilfe von der Bundesregierung boxte die COPS ein Referendum durch, das den regierenden Stadtrat durch eine Stadtbezirksvertretung ablöste, eine Maßnahme, die praktisch die Mehrheit der Hispanics garantierte. Die Stadt wählte einen liberalen weiblichen Bürgermeister, danach einen Hispanic (Cisneros), und begann, die städtischen Güter gerecht zu verteilen. Sie pflasterten Straßen, errichteten Feuerwehrhäuser, bauten Abwasserkanäle und Wasserleitungen und verbesserten den Polizeischutz für die gesamte Stadt, nicht nur für das Nordende, wo die Anglos wohnten.

Durch die Anstrengungen der COPS und der Metro Alliance, einer städtischen Gruppe, die am Anglo-Nordende gegründet wurde, hat sich San Antonio radikal verändert. Inzwischen wird es als einer der zivilisiertesten Wohnorte in den USA angesehen und seine Slums sind fast vollkommen verschwunden. Am wichtigsten ist, dass die Organisationsteams von COPS und Metro Alliance beschränkt geblieben sind, mit einem Mitarbeiterstab von nur fünf Personen und einem Budget von etwa 300 000 $ pro Jahr. Wie Cisneros sagt, »Ich kann unmissverständlich sagen, dass die COPS das moralische Niveau und das politische und physische Gesicht von San Antonio fundamental geändert hat.«

Hartford Food System

Das Hartford Food System wurde 1978 gegründet, nachdem eine umfangreiche Studie über den lokalen Hunger und die Armut in der Hauptstadt von Connecticut herausfand, dass die Stadt, obwohl sie reich an Selbsthilfe-Aktivitäten zur Lebensmittelversorgung war, nicht sehr effektiv darin war, die Sachen an den Mann zu bringen. Zuerst versuchte die Organisation, eine Dachorganisation zu gründen, um die Aktivitäten zu koordinieren, aber viele der Gruppen und karitativen Einrichtungen, die den Armen halfen, weigerten sich, ihre Autorität abzugeben und zu kooperieren. Nach drei Jahren Kampf organisierte sich das Hartford Food System neu und fing an, sich darauf zu konzentrieren, Lücken im System aufzuspüren und einige Programme bereitzustellen, um diese Lücken zu füllen.

- ✔ Zu seinen Erfolgen zählt die Holcomb Farm, eine 16-Acre-Einrichtung, die frisches Gemüse für die Armen der Stadt produziert. Die Farm hat 100 Anteile, die an Leute aus der

Mittelschicht für 375 $ pro Anteil verkauft werden. Dies berechtigt die Anteilseigner, jeweils 400 Pfund Lebensmittel aus der 22-wöchigen Wachstumssaison der Farm zu beziehen, und bringt die Betriebskosten der Farm wieder herein. Zehn soziale Dienstleistungsagenturen zahlen der Farm zusätzlich jeweils 850 $ als Gegenleistung für jeweils 4000 Pfund an Lebensmitteln, die sie an ihre Kunden verteilen.

✔ Eine weitere Aktivität des Hartford Food Systems ist der Main Street Market. Er bringt den Bauernmarkt, der zunehmend zum Inventar der besser gestellten städtischen Viertel gehört, in die ärmsten Gegenden von Hartford. Zusätzlich baute der Main Street Market eine Markthalle in Hartfords Downtown auf einem leeren Grundstück. Neben dem Verkauf von Lebensmitteln und den Einnahmen aus der Vermietung von Standplätzen an die örtlichen Farmer besitzt der Markt auch eine Bühne, auf der sich die ortsansässigen Musiker im Frühling und Sommer austoben können. Die Musiker spenden die Einnahmen aus ihren Konzerten für die Unterstützung von Programmen für Kinder und ältere Menschen.

Madison Park Development Corporation

Madison Park war ein heruntergekommener Park im Bostoner Lower-Roxbury-Viertel. Er wurde zum Brennpunkt für den Wiederaufbau dieser Gegend, die in den Sechzigerjahren durch die wohl destruktivste Art der Stadterneuerung überhaupt verwüstet wurde. Diese Erneuerung umfasste den totalen Abriss von Gebäuden und den Bau eines Superhighways mitten durch das ganze Viertel.

In den späten Sechzigerjahren begann die Lower Roxbury Community Corporation, die später nach dem Park in Madison Park Development umbenannt wurde, zurückzufordern, was von der Gegend noch übrig war. Sie fingen 1973 damit an, Wohnungen für ältere Mitbürger zu bauen und danach Sozialwohnungen für die ärmeren Bewohner der Gegend. Der Schlüssel für den Erfolg der Gruppe war ihre Fähigkeit, innerhalb der intensiv politischen Struktur der Stadtverwaltung von Boston Wege zu finden, zu arbeiten und sowohl öffentliche als auch private Geldmittel locker zu machen, um bereits existierende Wohnungen zu renovieren und neue Einheiten zu bauen, wo sie von der Gemeinde gebraucht wurden. Um sicherzustellen, dass der Wohnungsbau nicht zur Lagerhaltung geriet, brachte die Madison Park Development Corporation Jobtraining in die Gegend, ließ die Armen an der Verwaltung ihrer Wohnkomplexe mitwirken und baute eine große Industrieküche neben die Appartements der alten Leute, um das örtliche Essen-auf-Rädern-Programm zu erweitern.

El Centro de la Raza

Seattle in Washington hatte niemals eine besonders große Hispanic-Gemeinde, es war daher einfach, die Bedürfnisse dieser Gemeinschaft zu ignorieren. Das änderte sich nach der Mechanisierung der Farmen von Yakima Valley, als die verdrängten Farmarbeiter nach Seattle und in andere Puget-Sound-Städte abzuwandern begannen.

Roberto Maestas, ein Latino-Gemeindeorganisator, wurde 1972 das Recht verweigert, ein Englisch-als-zweite-Sprache-Programm (ESL) in einer verlassenen Grundschule einzurichten. Daraufhin besetzte er das Schulgebäude und blieb dort vier Monate lang, bis die Stadtverwaltung zustimmte, es ihm für 1 $ pro Jahr zu überlassen. Mit dem Gebäude in seinem Besitz schuf Maestas das El Centro de la Raza, das ein Zufluchtsort für die Latino-Gemeinde werden sollte.

Zwei der El-Centro-Projekte sind:

- ✔ Das Francis Martinez Community Center bietet Arbeitsberatung und -vermittlung an und unterstützt neu angekommene Latinos mit Wohnungen, Lebensmitteln, Kleidung und Transportmöglichkeiten.

- ✔ La Cocina Popular ist eine Suppenküche, die so eingerichtet ist, dass sie wie ein traditionelles mexikanisches Restaurant aussieht. Sie stellt nicht nur Mahlzeiten für die Bedürftigen bereit, sondern verdient auch Geld als Lieferant von Speisen und Getränken.

Alle Projekte von El Centro zielen auf eine reibungslosere Integration der Latinos in die Gemeinde von Seattle ab, während sie ihnen dabei helfen, ihre Kultur in einer für sie fremden und oft ungastlichen Umgebung zu bewahren (denken Sie alleine nur schon an das Wetter in Seattle im Vergleich zu dem in, sagen wir, Mexiko).

Teil V
Führung und Vision

»Ich finde, Dick Foster sollte dieses neue Projekt übernehmen. Er hat die Visionen, er hat die Power, und sagen wir's ganz offen, dieser große weiße Hut schadet auch nicht.«

In diesem Teil ...

Wenn Sie sich Führung als die Spitze eines Pfeils vorstellen, dann ist die Vision die Zielscheibe, die getroffen werden soll. Dieser Teil erklärt, was Vision ist, warum Vision notwendig ist, wie man eine Vision entwickelt und wie Sie Ihre Vision verwirklichen.

Was ist eine Vision?

In diesem Kapitel

▸ Sie entdecken die Notwendigkeit einer Vision
▸ Sie nutzen die Begeisterung Ihrer Gruppe für eine Vision
▸ Sie benutzen eine Vision als Maßstab für Exzellenz
▸ Sie laufen Ihrer Konkurrenz mit Hilfe Ihrer Vision davon
▸ Sie planen für die Zukunft, indem Sie eine Vision aufbauen

Eure alten Männer sollen Träume träumen, eure jungen Männer sollen Visionen sehen.

Joel 2:28

Mit ein wenig Training können die Leute lernen, auf kooperative Weise zu arbeiten, auch ohne dass ihnen eine Führungsperson auferlegt wird. Eine Gruppe kann dazu ausgebildet werden, ihre eigenen Ziele zu setzen, ihre eigene Mission durchzuführen und zur Tat zu schreiten, genauso, als ob sie einen Leiter hätte, nur dass die Verantwortung auf alle Mitglieder der Gruppe aufgeteilt ist. Warum sich also überhaupt mit Führungspersonen herumschlagen? Warum kann man die Leute nicht einfach in ihren Aufgaben ausbilden, diese Aufgaben dann in andere Jobs und Rollen integrieren und eine ganze Gruppe in Bewegung setzen?

Es werden immer Situationen auftauchen, die etwas mehr als Gruppendenken und gemeinsames Handeln erfordern. Zum Beispiel kann ein herausforderndes Problem die Notwendigkeit entstehen lassen, in eine ganz neue Richtung zu denken, oder eine Gruppe hat vielleicht erfolgreich ihre Mission erfüllt, aber jetzt eine Art toten Punkt erreicht. In beiden Fällen braucht die Gruppe etwas, das sie selbst nicht liefern kann: *Vision*.

Woher kommen Visionen?

Erfolgreiche Führungspersonen liefern einer Gruppe eine Vision. Führungspersonen teilen ihren Anhängern den allumfassenden machbaren Traum mit, der sich irgendwie von der gegenwärtigen Realität unterscheidet. Diese Vision ist es, die jeden am Ball hält und die der Prüfstein ist, nach dem die Mission und die Ziele der Gruppe beurteilt werden.

Solange die Umstände für eine Gruppe konstant bleiben, kann eine Gruppe sehr gut ohne Leiter zurechtkommen. Selbst wenn sich die Umstände geringfügig ändern, kann sich die ganze Gruppe an die Änderung anpassen, wenn diese nur allmählich genug vor sich geht. Doch wenn die Leute mit potenziellen radikalen oder dramatischen Änderungen in ihrer Zukunft konfrontiert werden oder wenn sie das Gefühl haben, dass sie eine dramatische Änderung brauchen, benötigen sie die Qualitätsvision, die nur eine starke Führungspersönlichkeit liefern kann. Vision ist das, was eine Zukunft definiert und der Gruppe erlaubt, fortgesetztes Wachstum und Herausforderung zu suchen.

Eine Vision rührt von drei Dingen her:

✔ Erfahrung

✔ Wissen

✔ Phantasie

Alle drei sind miteinander verwandt, und doch ist jedes anders. Die folgenden Abschnitte erklären, wie diese drei Faktoren zusammenwirken, um eine Vision zu erzeugen.

Vision aus der Erfahrung heraus

Wenn Sie am Fließband in einer unbequemen Stellung arbeiten, braucht es keine besondere Ausbildung, um sich auszumalen, dass es die Schmerzen in Ihrem Rücken am Ende jeder Schicht reduzieren würde, wenn Sie die ganze Zeit gerade anstatt gebückt stehen könnten. Genau das ist es, was die Arbeiter bei Volvo vor zwei Jahrzehnten selbst herausgefunden haben, und als sie sich beklagten und die Firma baten, die Ergonomie ihres Jobs zu verbessern, kam die Firma diesem Wunsch nach, indem sie eine neue Fabrik in Uddevala baute. In dieser neuen Fabrik wurden die Autos vom Fließband je nach Bedarf hochgehoben und wieder herabgelassen, so dass sich der Teil, an dem gerade gearbeitet wurde, immer auf mittlerer Armhöhe befand, wodurch die Arbeitsermüdung beseitigt wurde. Als einige Jahre später Frauen an diesem Fließband zu arbeiten begannen, gestaltete die Firma all ihre Fließbandwerkzeuge neu, damit sie in eine Frauenhand passten und die mechanischen Kräfte einer Frau vervielfachten, so dass sie denen eines Mannes gleichkamen.

Vision und Wissen

Wissen ist das, wofür Sie in die Schule gehen. Ein großer Wissensschatz kann nicht durch die Erfahrung alleine gelehrt werden. Manchmal ist der beste Weg, Wissen zu erlangen, in ein Buch zu gucken. Es ist nicht nötig, das Rad neu zu erfinden, wenn Sie den Prozess lernen können, durch den das Rad zuerst erfunden wurde. Nachdem Sie Wissen erworben haben, sehen Sie die Welt in einem anderen Licht.

Als Wilbur und Orville Wright jung waren, ließen sie gerne Drachen steigen und waren fasziniert von dem Flug der Vögel und der Schnelligkeit der Luftströmungen. Aber erst als sie in der Schule Physikunterricht hatten, entdeckten sie Bernoullis Prinzip, das sie lehrte, dass das Differenzial zwischen der Luft, die über eine gebogenen Oberfläche strömt, und der Luft, die unter einer geraden Oberfläche hinweg strömt, einen Auftrieb erzeugt. Es war also Bernoullis Prinzip, und nicht Erfahrung, das ihnen ermöglichte, einen Flügel zu konstruieren, der das Fliegen von Dingen, die schwerer als Luft sind, unterstützen sollte.

Phantasie verwandelt Zufälligkeit in eine Vision

Phantasie entspringt der Zufälligkeit des Lebens, weil sie Wissen und Erfahrung vereint, aber auch mit Wünschen zusammenhängt. Indem Sie Ihre Lebenserfahrung nehmen und alle Möglichkeiten und alle Arten, wie Sie sich und die Welt sehen können, hineinmultiplizieren, erlaubt Ihnen Ihre Phantasie, nach den Möglichkeiten zu greifen, die kurz hinter dem Horizont auf Sie warten. Denken Sie an die Jay und das amerikanische Stück *Only in America*. Sie singen »Only in America can a kid without a cent/Get a break and maybe grow up to be President.«

Glück und Möglichkeiten sind miteinander verflochten, weil eine Änderung Ihres Glücks Ihre Möglichkeiten bestimmen kann. Und Möglichkeit ist der Stoff, aus dem Visionen sind. Denken Sie an die Geschichten von Horatio Alger, die im Amerika der Jahrhundertwende beliebt waren. Der junge Horatio ist ein mutiger Kerl, der alles richtig macht – er verkauft Zeitungen, um seine arme Mutter zu unterstützen, er studiert hart und ist immer auf der Suche nach dem Glück –, aber erst, als er die Tochter eines reichen Mannes rettet, wendet sich sein Schicksal.

Ist Horatio Alger nur der Stoff für einen Mythos? Betrachten Sie David Sarnoff, einen Jungen, der sich aus den Gettos von New York hocharbeitete und der das studierte, was damals die neue Erfindung des Radios war, bevor er einen Job als Radiooperator in der Station oben auf dem New Yorker John-Wannamaker-Warenhaus bekam. 1912, als er gerade auf seinem Posten saß, kam plötzlich das Notsignal der sinkenden Titanic im Morse-Code über seinen Empfänger. Sarnoff blieb über zwei Tage lang wach, koordinierte die Rettungsbemühungen und leitete Nachrichten an die nationalen Zeitungen weiter. Der Chef von General Electric, der sich auf dem Schiff befand und überlebte, teilte Jung-Sarnoff mit, dass GE, wenn er jemals eine Idee für eine Firma haben sollte, diese finanzieren würde. Die Idee kam ein Jahrzehnt später, als die Firmen anfingen, übers Radio zu senden. Sarnoff ging zu GE und gründete mit Hilfe derer finanziellen Mittel die Radio Corporation of America (RCA), den Pionier des US-weiten Radioprogramms und das Microsoft der Roaring Twenties.

Vision sorgt für das menschliche Element

Der Philosoph Pierre Teilhard de Chardin schrieb einmal, dass der größte Antrieb für den Fortschritt der menschlichen Spezies »eine große gemeinsam gehegte Hoffnung« sei. Das ist es, was eine Vision ausmacht. Sie ist das, was die Menschen zur Tat antreibt, und daher das, was es einer Organisation ermöglicht, Fortschritte zu machen.

Die Menschen sind, fast schon von ihrer Bestimmung her, Gläubige. Sie mögen nicht religiös sein – vielleicht sind sie sogar atheistisch –, aber beinahe jeder glaubt an irgendetwas. Ohne einen Glauben fehlt auch der Wille zu leben, und wenn Menschen der Lebenswille fehlt, wenden sie sich oft einer charismatischen Führungspersönlichkeit zu, die ihnen etwas gibt – irgendetwas –, an das sie glauben können. Wenn Menschen sich nur ausreichend hoffnungslos und bedroht fühlen, hängen sie sich an irgendjemanden, der ihnen ein besseres Leben verspricht, selbst wenn dies auf Kosten des Lebens anderer geht. Dies ist zugleich die große Schwäche wie auch die große Stärke von Glauben. Wenn Sie erst einmal glauben, sind Sie bereit, weit zu gehen, um Ihren Glauben zu schützen.

Vision liefert den Leuten etwas, an das sie glauben können. Martin Luther Kings »I have a dream«-Rede nahm in den Köpfen von Millionen von Amerikanern die Form einer Vision von Frieden zwischen den Rassen an und gab den Impuls für die Bürgerrechtsbewegung. King hatte sowohl die Vision als auch den Mut, diese auszudrücken. King zahlte den ultimativen Preis für seine Vision, aber seine Worte und Träume stellen immer noch ein positives Ziel im Hinblick auf die Rassenbeziehungen in den Vereinigten Staaten dar.

Führung konzentriert sich oft auf anscheinend weltliche Aufgaben – den Gewinn zu steigern, Probleme zu lösen, die Mitgliederzahl einer Gruppe zu erhöhen, eine Meisterschaft zu gewinnen. Für all diese Dinge braucht es keinen Glauben. Es sind im Grunde einfach Aufgaben, die mit Hilfe von harter Arbeit und Disziplin gelöst werden können. Und die Leute wissen auch, dass es in ihrem eigenen Interesse ist, harte Arbeit in eine Aufgabe hineinzustecken, auch ohne von einer Führungsperson gedrängt und angespornt zu werden, solange sie einen Sinn darin erkennen können. Aber wenn eine Gruppe wirklich vorwärtskommen will – um ein höheres Ziel zu erreichen –, muss sie sich der Vision ihres Leiters verpflichtet fühlen.

Eine Vision erinnert Sie daran, warum Sie sich einer Gruppe angeschlossen haben

Sie können Ihre Anhänger nicht lange bei der Stange halten ohne eine Vision. Die Dinge werden dann unausweichlich schief laufen.

- ✔ Ein Starspieler wird verletzt, und die Saison scheint für das Team den Bach runterzugehen.
- ✔ Ein Konkurrent kommt mit einem verbesserten Produkt heraus, und Ihr sorgfältig überdachter Umsatzplan geht in Schall und Rauch auf.
- ✔ Ihre Gruppe fällt durch Krankheit und Erschöpfung zurück, und die Dinge, die Sie erreichen wollen, rücken in immer weitere Ferne.

Eine Vision erinnert jeden daran, warum er Mitglied Ihrer Gruppe ist und wofür er kämpft. Eine Vision sagt den Leuten, dass Ihre Anstrengungen, egal was passiert, der Mühe wert sind. Indem er eine Vision anbietet, kann ein Teamleiter eine Gruppe zusammenhalten, auch wenn alles schief läuft. Denn egal, welche Rückschläge die Gruppe einstecken muss, das Objekt der Vision bedeutet für sie, dass sie letzten Endes doch erfolgreich sein kann.

19 ➤ Was ist eine Vision?

Als George Washington den Winter 1777/1778 in Valley Forge, Pennsylvania, verbrachte, litten seine Truppen Hunger und die Desertationsrate war hoch. Der Continental Congress hatte kein Geld bewilligt, um die Armee zu bezahlen, die Versorgung der Armee war schlecht organisiert und die Soldaten konnten hinübersehen zu den Gebieten, die von den Engländern besetzt waren und wo die Leute wohl genährt waren. Eines Tages, kurz vor Weihnachten 1777, teilte Washington seinen Leuten mit, dass jeder für sich selbst entscheiden solle, ob er heimkehren wolle, dass dies aber bedeute, dass der Traum von Freiheit und Unabhängigkeit von England für immer verloren sei. Fast niemand verließ Valley Forge, obwohl ein Bleiben bedeutete, einen der schlimmsten Winter in der Geschichte aushalten und beinahe verhungern zu müssen. Als sie im Juni des folgenden Jahres ihr Lager verließ, hatte der gemeinsame Glaube an die Freiheit, gepaart mit einer verbesserten Ausbildung, Washingtons 11 000-Mann-Armee von einem zerlumpten Haufen Rebellen in eine effizient kämpfende Streitkraft verwandelt. Der Glaube an die Vision Washingtons hatte sie durchhalten lassen.

Ob Ihre Gruppe nun eine nach Unternehmerart geführte Firma ist, eine Helfergruppe, eine Mannschaft oder eine große etablierte Firma, wenn sie keine deutlich artikulierte Vision hat, wird es schwierig sein, den Zusammenhalt der Gruppe auf lange Sicht zu erhalten. Bevor Sie sich einer Gruppe anschließen, versuchen Sie so viel wie möglich über deren Zukunftsvision zu erfahren. Wenn Sie diese Vision nicht billigen können, wird es so gut wie unmöglich werden, als Anhänger oder Mitglied ehrlich zu der Mission der Gruppe zu stehen.

Ob Sie nun Führungsperson oder Anhänger sind, denken Sie daran, möglichst vollständige Kenntnisse über die Vision der Gruppe in Erfahrung zu bringen.

Eine Vision zieht Engagement an und gibt den Leuten Energie

Die Leute brauchen eine signifikante Herausforderung, etwas, für das es sich lohnt, sein Bestes zu geben. Leute dazu zu kriegen, eine emotionale Investition im Hinblick auf die Steigerung des vierteljährlichen Gewinnzuwachses zu machen, ist niemals leicht, aber die Leute sind bereit, sogar eifrig, sich freiwillig und vollständig auf etwas einzulassen, das sie als lohnend ansehen. Jedes Unternehmen wird in seiner Entwicklung und seinem Wachstum mit Hindernissen konfrontiert, aber ohne eine gemeinsame Vision werden die Leute nicht bereitwillig erdulden, was notwendig ist, um eine Idee in ein erfolgreiches Unternehmen zu verwandeln. Eine gemeinsame Vision macht sie eher bereit dazu, Zeit, Anstrengung und Energie zugunsten des Unternehmens zu opfern.

In diesem Zusammenhang ist eine Vision ein Sammlungspunkt für die Leute. Oft zieht eine Vision, die in eine gut verständliche Geschichte eingebaut werden kann, ganz von selber ihre Anhänger an, ganz ohne eine Führungsperson, die aktiv Mitglieder anwerben müsste. Als Charles und Maurice Saachi z.B. in den späten Achtzigern ihre Werbeagentur Saachi&Saachi eröffneten, betrachtete man sie als so weit oben in ihrem Geschäft, dass die Bewerbungen nur so zur Tür hereinquollen. Und nicht nur das, auch Firmen in verwandten Bereichen, wie etwa Marktforschung und Public Relations, bettelten darum, mit den Brüdern zusammenarbeiten zu dürfen, um Teil der Saachi-Vision zu werden, die dabei war, das Gesicht der Werbung in Großbritannien und dann auf der ganzen Welt zu verändern.

Vision etabliert einen Maßstab der Exzellenz

Die meisten Leute wollen als gute Mitarbeiter angesehen werden, das Gefühl haben, dass sie die Ziele der Organisation effektiv voranbringen, und für ihren Beitrag anerkannt werden. Zu diesem Zweck muss ihnen klar sein, welches diese Ziele sind und welche Handlungen ihnen wahrscheinlich förderlich sind. Eine Vision drückt aus, welches die Ziele einer Organisation sind. Sie teilt den Angestellten, Zulieferern, Kunden und Konkurrenten mit, wofür Sie stehen und wohin Sie sich jetzt und in der Zukunft gehen sehen. Eine Vision begründet einen Standard, dem jeder gerecht werden kann, und gibt den Leuten einen Vergleichspunkt, an dem sie ihren eigenen Fortschritt innerhalb eines Unternehmens messen können.

Wenn in Ihrer Firma die Gehälter besprochen werden, schreiben Sie ein Memo, das in etwa den Titel trägt »Was ich kürzlich für euch getan habe«. Betonen Sie in diesem Memo Ihre Leistungen, mit denen Sie der Organisation geholfen haben, ihre aktuellen Ziele zu erreichen. Diese Art Memo wird Ihren Vorgesetzten die Augen darüber öffnen, warum Sie eine Gehaltserhöhung verdient haben. Wenn Sie aber wirklich befördert werden wollen, sollten Sie in Ihr Memo einen Abschnitt einfügen, der sich darauf bezieht, wie Sie der Organisation geholfen haben, ihre Vision sogar noch weiter gehend zu fördern.

Vision lässt Sie ganz vorne mitspielen

Eine gute Führungskraft sieht, während sie die Gegenwart managt, immer nach vorne, um nach möglichen Gefahren, aber auch Gelegenheiten Ausschau zu halten. Vision ist eine Art entferntes Frühwarn-Radarsystem, das sich zwei Schritte in der Zukunft befindet, wie ein Schachspieler seine Reaktionen auf all die möglichen Züge, die der Gegner machen könnte, bereits vorwegnimmt und das Ergebnis des Zuges danach auch schon kennt. Gute Führungskräfte üben sich darin, immer in Richtung Horizont und darüber hinaus zu gucken, während sie aber immer fest mit der Gegenwart und der Wirklichkeit verbunden bleiben.

Wie man ein Visionär wird

Eine Vision erfordert einen Visionär, jemanden, der sehen kann, was sich vielleicht machen lässt, wenn nur ein oder zwei Dinge zusammenkommen. Der Visionär, der für gewöhnlich – aber nicht immer – die führende Person ist, muss sich die existierenden Grundlagen für seine

19 ➤ Was ist eine Vision?

Gruppe ansehen und in der Lage sein zu sagen, »Wir können sehr viel besser und ganz anders sein, wenn X und Y erreicht werden können.«

Sehen wir uns doch einmal zwei Visionäre an:

- ✔ Gordon Moore, Robert Noyce und Andrew Grove hatten die Vision, einen Computer auf einem Chip zu erfinden – den Mikroprozessor. Diese Vision konnten sie aber nur deswegen haben, weil eine ganze Folge von Ereignissen bereits stattgefunden hatten, die sie in der Überzeugung bestärkten, dass ihre Vision machbar sei.

    Zuerst musste der Transistor erfunden werden. Danach kam der integrierte Schaltkreis, der eine Anzahl von Transistoren auf einem einzelnen Stück Silikon vereinte. Dann musste eine Anzahl von integrierten Schaltkreisen, jeder mit seiner eigenen Logik, oder Software, zusammengebaut werden. Während dieser Zeit, von 1948, als der Transistor erfunden wurde, bis 1971, als Intel, die Firma, die sie gründeten, den 4004-Mikroprozessor einführte, mussten Tausende von Ingenieuren in vielen Firmen daran arbeiten, die Größe der Transistoren kontinuierlich zu schrumpfen, so dass immer mehr von ihnen auf immer kleinerem Raum passten. Die Vision der Schaffung eines Mikroprozessors wäre nicht möglich gewesen, wenn nicht die ganzen Schritte vorher durchgeführt worden wären.

    Aber Moore, der Visionär der Gruppe, erkannte, dass es möglich war. Er hatte die Dichte von Transistoren auf Silikonchips eingezeichnet und etwas entwickelt, das heute als »Moores Gesetz« bekannt ist und aussagt, dass sich die Anzahl der Transistoren auf jedem Chip alle 18 Monate verdoppelt. Moore rechnete richtig aus, dass an einem bestimmten Punkt im Verdopplungsprozess die Anzahl der Schaltkreise auf einem Chip ausreichen würden, um die Funktionen eines festverdrahteten Computerspeichers zu vervielfachen. Natürlich hatte er Recht.

- ✔ Mel Farr, ein Running-Back für die Detroit Lions während der Achtzigerjahre, hatte die Vision, ein erfolgreicher schwarzer Geschäftsmann zu werden, wenn er sich vom Football zurückgezogen hätte. Weil die Lions William Clay Ford gehören, einem Nachkommen von Henry Ford und einer der Führungskräfte der Ford Motor Company, und weil Detroit die Motor-Stadt ist, dachte Farr, dass der beste Weg zum Erfolg ein Automobilgeschäft sei. Aber dann fand er heraus, dass es zu der Zeit nur wenige Geschäfte in afro-amerikanischem Besitz gab. Eine Mischung aus fehlendem Kapital und allgemeiner Abneigung, Autos in schwarzen Gegenden zu verkaufen, hatte es für die afro-amerikanischen Unternehmer schwierig gemacht, in den Autoeinzelhandel einzusteigen. Farr untersuchte das Problem und stellte fest, dass die schlechten Krediterfahrungen seiner Kunden, vielleicht mehr als alles andere sonst, sie am meisten vom Kauf eines neuen Autos abschreckten. Er begann daher mit Gebrauchtwagen und ging streng gegen Leute vor, die ihre Raten nicht bezahlten, indem er ihnen die Autos wieder abnahm. Zur gleichen Zeit entwarf er Programme, um seinen Kunden dabei zu helfen, ihr Geld besser einzuteilen, so dass die Wahrscheinlichkeit sank, dass sie ihr Auto nicht bezahlen konnten. Im letzten Jahrzehnt ist Farrs Unternehmen kontinuierlich gewachsen, so dass er jetzt mit neuen Autos handelt und mit 400 Millionen $ Umsatz der größte afro-amerikanische Handelsgruppenbesitzer der ganzen Nation ist.

Farrs Vision war am Anfang nicht einfach, erfolgreich zu werden, sondern ins Automobilgeschäft einzusteigen. Seine Verbindungen und sein Status als Star bei den Detroit Lions sicherten ihm seine Chance, und er machte das Beste aus der Gelegenheit, als er sie hatte.

Wenn Vision scheitert

Ein gutes Beispiel dafür, was passiert, wenn Visionen scheitern, sind die himmelhohen Aktienmarkt-Schätzungen der Internetfirmen. 1989, direkt nachdem die US-Regierung sich entschloss, sein ARPANET-Computer-Kommunikationssystem für den allgemeinen Gebrauch durch die Öffentlichkeit freizugeben, konnten große Firmen nahezu kostenlos das Netz und seine Kommunikationsprotokolle (die das World Wide Web ausmachen) übernehmen. Niemand jedoch wollte auch nur die kleinste notwendige Investition vornehmen, weil die Firmen erkannten, dass das Netz langsam und bruchstückhaft war und dass es immer noch nur einige Millionen Personal Computer in den Privathaushalten gab. Das Argument lautete,»Wie viele Menschen wollen ihr Leben damit verbringen, im Web herumzujagen und nach Informationen zu suchen?«

Aber eine Gruppe von kleinen Neugründungen, hauptsächlich angeführt von America Online, folgerte, dass sie wenig zu verlieren (außer ein bisschen Geld) und viel zu gewinnen hatten, wenn die Nutzung des Web anhielt. Andere kleinere Unternehmen hatten dieselbe Idee, und es dauerte nicht lange, da war das Internet überflutet mit Dienstleistungen, mehrere zehn Millionen von Leuten hatten sich eingehakt, und Firmen begannen, für die innerbetriebliche Kommunikation E-Mail statt Telefon zu benutzen. Die Benutzung des Internets stieg rasant an und Firmen fingen an zu erkennen, dass sie sich, wenn sie in Zukunft überleben wollten, in die knospende Netzökonomie einkaufen mussten. In der Zwischenzeit war der Preis für den Einstieg allerdings drastisch angestiegen. Firmen wie America Online und Amazon.com hatten riesige Kundendatenbanken entwickelt, für die größere, besser etablierte Firmen bereit waren, Milliarden von Dollar zu bezahlen, um Zugriff darauf zu haben. Dieser Zugriffspreis spiegelt sich in den Aktienpreisen der E-Business-Firmen wider. Wenn die etablierten Firmen eine Vision von den Potenzialen des Internets gehabt hätten, hätten sie sich frühzeitig eingekauft, die notwendigen Investitionen durchgeführt und die Gewinne des Wachstums selbst eingestrichen.

Das ist es, wovon Vision handelt. Sie ist die Fähigkeit, etwas zu sehen, was nicht da ist, im Hinblick auf das, was ist. Jede der etablierten Firmen hätte erkennen können, dass das Internet stark wachsen würde, aber weil die Führungsspitzen der großen Firmen das Risiko scheuten, konnten sie nicht weit genug über den Horizont hinaussehen, um zu erkennen, an welchem Punkt sie ihre Investitionen machen sollten, und verpassten daher eine Jahrhundertgelegenheit.

Alles vergleichen

Vor der Konkurrenz zu liegen erfordert auch, mit ihr Schritt zu halten. Haben Sie keine Angst, zuzugeben, dass jemand anderes es besser macht als Sie, sondern machen Sie sich dessen Beispiel zunutze.

Als Führungskraft sind Sie verantwortlich dafür, nicht nur über die Ressourcen Ihrer Gruppe, sondern über alle verfügbaren Ressourcen weit und breit Bescheid zu wissen. Gordon Moors von Intel baute auf der Arbeit von Tausenden anderer Leute auf, und das sollten Sie auch tun. Wenn Sie eine Gemeindegruppe leiten, sollten Sie es Ihre Aufgabe sein lassen, herauszufinden, welche anderen Gruppen – egal wo – ähnliche Programme wie die Ihren durchführen, und Sie sollten sich die besten zum Vorbild nehmen. Wenn z.B. Ihre Kirche am Sonntag leer bleibt und Sie sind der Pfarrer, so nehmen Sie Kontakt mit Ihrer Diözese auf, um herauszufinden, wo die Kirchen voller sind als die Ihre, und dann gehen Sie hin und lernen, was die anders machen als Sie.

Dieser Prozess wird Benchmarking (von engl. benchmark = Vergleichspunkt) genannt, weil er von der Idee abstammt, dass die beste Praxis die Nachahmung von Vergleichspunkten sei. Wenn Sie dies aber tun, beschränken Sie Ihre Phantasie nicht auf den Sonntagsgottesdienst. Denken Sie z.B. an andere Arten von Programmen, wo Anwesenheit lebenswichtig ist und wo die Leute hart gearbeitet haben, um sie zu verbessern. Vielleicht kommen Sie auf so etwas wie eine Computer-Benutzergruppe oder Sie werfen vielleicht sogar einen Blick auf eine Firma, deren Umsätze plötzlich anfingen, sich um einen zweistelligen Prozentsatz zu erhöhen. Was machen die bloß richtig? Können Sie deren Methoden anwenden? Dies sind die Fragen, die Sie sich stellen sollten.

Eine Vision verbindet die Gegenwart mit der Zukunft

Es gibt ein altes Sprichwort: »Die Zukunft ist jetzt«, und wer immer es zuerst aussprach, hatte wahrscheinlich eine Vision im Sinn. Eine Vision ist eine Brücke zwischen der Gegenwart und der Zukunft. Weil Unternehmen zunehmend komplex sind, können Sie leicht das Wesentliche aus dem Blickfeld verlieren, während Sie unter dem Druck stehen, einfach Ihre Arbeit erledigen zu müssen. Eine Vision transportiert eine Organisation und ihre Leute über den Status Quo hinaus und sorgt dafür, dass jeder scharf im Blickfeld behält, warum er das überhaupt tut, was er tut. Die Vision stärkt und erneuert ständig das Engagement der Leute und treibt die Organisation, auf neue Ideen und Dienste konzentriert, der Zukunft entgegen, wobei sie dafür sorgt, dass die Leute nicht nur zum bloßen Betrieb der Organisation beitragen, sondern auch zu ihrem Fortschritt.

Bauen Sie auf die Gegenwart

Da fällt uns ein alter Ratschlag über das richtige Erzählen von Witzen ein: Erzählen Sie nichts, was zu hoch für das Publikums ist. Damit soll ausgedrückt werden, dass die Leute den Bezugsrahmen eines Witzes kennen müssen, bevor sie den Witz lustig finden können. Dasselbe gilt für Visionen. Wenn Sie in der Bekleidungsindustrie sind und Ihre Arbeiter versammeln, um ihnen zu erklären, dass Sie Ihre Firma in einen Internet Service Provider umwandeln wollen, werden diese Sie anschauen, als ob Sie soeben übergeschnappt seien. Niemand im Raum weiß, wie das geschehen soll, und daher bedeutet diese Vision für ein neues Unternehmen wahrscheinlich, dass Ihre gesamte Belegschaft gefeuert werden muss und Sie ein komplett neues Team anheuern müssen.

Weil Visionen machbare Träume sind, müssen Sie in der Lage sein, die Ressourcen, die Sie an der Hand haben, oder jene, die Sie vielleicht bekommen können, auszunutzen. Sie können die beste Idee und einfachen Zugriff auf Unternehmenskapital haben, aber wenn Ihnen die Erfahrung fehlt, wird es schwierig werden, andere dazu zu überreden, Sie tun zu lassen, was Sie denken, tun zu wollen. Der beste Geschäftsplan in der Welt und die fähigsten Leute reichen nicht aus, wenn die Verbindung fehlt zwischen dem, was diese Leute im Moment tun, und dem, was sie in der Zukunft tun wollen.

Steve Kindel (einer der Autoren) bekam dies 1998 selbst zu spüren, als er und sein Geschäftspartner auf die Idee kamen, Supermarkt-Coupons übers Internet zu verbreiten. Sie schrieben eine Visionserklärung, die ihre Ziele sowie den Nutzen für die Kunden klar artikulierte, und ließen ihr einen detaillierten Geschäftsplan folgen. Sie hatten ausführlichen Zugriff auf Unternehmenskapitalquellen, die sich alle einig waren, dass der Plan bestimmt funktionieren würde, und jeder Unternehmenskapitalist, mit dem sie sprachen, war bereit, sich zu verpflichten, Geld hineinzustecken, falls sie eine Gruppe von Führungskräften mit Betriebserfahrung im Markenmanagement, mit Coupons oder dem Verkauf an Supermärkte hatten. Nach Dutzenden von Bewerbungsgesprächen konnten sie kein geeignetes Team zusammenstellen und mussten auf die Gelegenheit verzichten.

Stellen Sie sich die Zukunft vor

Die meisten Leute haben Schwierigkeiten, sich morgen vorzustellen, geschweige denn die nächste Woche oder was in zehn Jahren sein wird. Doch erfolgreiche Führung erfordert von Ihnen, sich die Zukunft vorzustellen und andere davon zu überzeugen, dass Ihr Traum zu verwirklichen und der Mühe wert ist. Dies ist ein Zwei-Schritte-Prozess. Zuerst einmal muss Ihre Vision realistisch und machbar sein. Wir reden hier nicht über Pläne der Sorte »wie werde ich möglichst schnell reich«. Viele Leute haben interessante Visionen, die sofort von ihren

19 ➤ Was ist eine Vision?

Freunden, ihrer Familie oder ihren Mitarbeitern als zu hoch gegriffen, unrealistisch oder jenseits ihrer Möglichkeiten liegend abgetan werden. Hören Sie sich sorgfältig an, was die Leute Ihnen zu sagen haben, und versuchen Sie, die Punkte vor Ihrem geistigen Auge zu verbinden, um die Vision zu erzeugen, die Sie sehen.

Der zweite Teil des Prozesses ist Ihre Fähigkeit, andere davon zu überzeugen, dass Ihre Vision ein erstrebenswertes Ziel ist. Häufig ist eine Person, die eine Vision hat, zum Zeitpunkt ihres Auftauchens keine Führungsperson. Sie muss die Vision artikulieren und dadurch Anhänger anziehen, die stark genug an die Vision glauben, um bei ihrer Verwirklichung zu helfen. Durch das Artikulieren der Vision erweist sich die betreffende Person als Führungsperson. In anderen Fällen hat eine Gruppe ein Ziel, das sie nicht erreichen kann, und braucht jemanden, der ihnen dabei hilft, und so kommt ein Teamleiter an Bord. Dann gehört die Vision nicht dem Teamleiter allein, sondern der Gruppe als ganzer, und Kooperation ist im Allgemeinen leichter zu bekommen.

Eine Vision entwickeln

In diesem Kapitel

▸ bauen Sie Ihre Vision auf einem machbaren Traum auf

▸ Lassen Sie Ihre Vision auf der Wirklichkeit und nicht nur auf einer Idee basieren

▸ Nutzen Sie potenzielle Gelegenheiten mit Hilfe einer Vision aus

▸ Halten Sie Ihre Vision dynamisch

Wo ist die Liebe, Schönheit, Wahrheit, die wir suchen, wenn nicht in unserem Geist?

Percy Bysshe Shelley

Kapitel 19 erklärt die Notwendigkeit einer Vision, die häufig der Traum eines einzelnen Individuums ist, das eine Gelegenheit erkennt, eine Änderung zu bewirken oder den Bedarf für ein Produkt oder eine Dienstleistung, eine Anwendungsmöglichkeit für eine Technologie, eine Gelegenheit, eine effektivere Organisation zu schaffen oder die Möglichkeit, ein Unrecht wiedergutzumachen.

Aber die Umwandlung einer Vision in die Wirklichkeit kann oft ein komplizierter Prozess sein. Viele Visionen, obwohl theoretisch machbar, erfordern eine gewaltige Technologie oder soziale Änderungen, um Realität zu werden. Dieses Kapitel zeigt Ihnen, wie dies geschieht.

Hei-ho, hei-ho!

Betrachten Sie die Vision Walt Disneys für Disneyland. So hat er sie beschrieben: »Die Idee von Disneyland ist einfach. Es wird ein Ort sein, an dem die Leute Glück und Wissen finden. Es wird ein Ort für Eltern und Kinder sein, an dem sie eine schöne Zeit miteinander verbringen; ein Ort für Lehrer und Schüler, um eine andere Art des Verstehens und der Erziehung zu entdecken. Hier kann die ältere Generation die Nostalgie vergangener Tage wiederaufleben lassen und die junge Generation kann die Herausforderungen der Zukunft schmecken. Hier werden die Wunder der Natur und der Menschheit für alle sichtbar und verständlich zu sehen sein.« Das ist eine klar formulierte Vision und sie hat Disneyland und die Walt Disney World über Jahrzehnte getragen.

Eine Vision ist ein machbarer Traum

Von all den Elementen, die eine Führungskraft erfolgreich ausführen muss, ist eine klare Vision vielleicht das wichtigste. Erinnern Sie sich an Don Quichotte und seinen »Unmöglichen Traum«, in dem er versuchte, das nicht wieder gutzumachende Unrecht wieder gutzumachen, den unschlagbaren Feind zu schlagen? Eine Vision ist genau das Gegenteil. Eine Vision ist ein machbarer Traum, der auf den Realitäten der Stärken und Ressourcen einer Gruppe basiert. Weit davon entfernt, naiv und träumerisch zu sein, ist die Vision einer Führungsperson nüchtern und wohl überlegt.

Verstehen, was machbar ist

Was ist machbar? Der Physiker Isidor I. Rabi, der am Manhattan Projekt arbeitete und später einen Nobelpreis gewann, sagte einmal: »Mit genügend Geld können Sie sogar die Naturgesetze aufheben. Vorübergehend!« Was er meinte, war, dass eine Sache, die man sich vorstellen kann, auch getan werden kann. Dazu müssen Sie zunächst herauskriegen, ob der Preis, den Sie für das Ergebnis zahlen, zu hoch ist, und schließlich, ob das Resultat dauerhaft genug ist, um die Anstrengung zu rechtfertigen. Dies ist kurzfristig oft schwer herauszufinden, aber was bestimmte Führungskräfte so bedeutend macht, ist die Fortdauer ihrer Vision.

Zum Beispiel:

✔ Kopierpapier wurde im späten 19. Jahrhundert erfunden, kurz nach der Erfindung der Schreibmaschine. Es war dann etwa 50 Jahre lang im Gebrauch und die allgemein anerkannte Methode zum Duplizieren, als Chester Carlson 1930 beschloss, dass es eine bessere Möglichkeit zur Herstellung von Kopien geben sollte. Carlsons Idee, ein Prozess, den er anfangs Elektrofotografie nannte, entwickelte sich langsam im Zeitraum eines Jahrzehnts zu einer Methode namens Xerografie (griechisch für »trockenes Schreiben«). In den späten Vierzigerjahren, als die Elektrofotografie zur Xerografie wurde, war Carlsons ursprüngliche Arbeit bereits durch die Arbeit Hunderter von Ingenieuren und Wissenschaftlern des Batelle-Memorial-Instituts in Ohio ergänzt worden. Danach kostete es die Haloid Company, die die Methode von Batelle und Carlson kaufte, weitere zwei Jahre, um eine Maschine zu entwickeln, die tatsächlich Kopien herstellen konnte, aber die resultierende Firma, die in Xerox umbenannt wurde, begann mit der Vision von Charles Carlson.

✔ Im Fall der McDonald's-Restaurants gehörte die ursprüngliche Vision vom guten Hamburger-Restaurant Dick und Mac McDonald, den beiden Brüdern, die 1948 den ersten »Golden Arches«-Hamburger-Stand in San Bernardino, Kalifornien eröffneten. Doch es war Ray Kroc, ein Mann, der Gemälzte-Milch-Maschinen verkaufte, der so beeindruckt war von dem ständigen Betrieb rund um den Hamburger-Stand der McDonald-Brüder, dass er immer wieder zurückkam und herauszufinden versuchte, warum er so viel mehr Publikum anzog als die anderen Hamburger-Stände in der Stadt. Schließlich fand er heraus, dass es nicht die Qualität allein, sondern die Beständigkeit war – die Fähigkeit, effizient und Gewinn bringend zu werden, indem man dieselben Dinge immer und immer wieder auf dieselbe Weise tut –, die die McDonalds wohlhabend machte. Mit diesem Gedanken im Hinterkopf ging er 1954 zu den McDonald-Brüdern und überredete sie, ihn Konzessionen verkaufen zu lassen, die ihre Methoden genau duplizieren würden. Ein Jahr später eröffnete Kroc sein erstes McDonald's in Des Plaines, Illinois, und baute das Konzept der Konsistenz in eine Multimilliarden-Dollar-Firma ein. Die McDonald-Brüder taten, was sich ganz natürlich ergab, aber es war Kroc, der die inspirierende Vision hatte, herauszufinden, was an McDonald's, und nicht an irgendeiner anderen Hamburger-Kette, der Nachahmung wert war.

✔ 1905 hatte Sarah Breedlove, eine farbige Wäscherin, eine Idee für ein Produkt, mit dem das krause Haar der Afroamerikaner geglättet werden konnte, und fing an, dieses Produkt lokal in St. Louis, wo sie lebte, zu verkaufen. Es war ein bescheidener Erfolg, bis sie auf die Idee kam, andere Leute einzustellen, die ihre Produkte als Vertreter verkaufen sollten. 1910 hatte sie bereits fast 3.000 Vertreter, die ihren Haarglätter und andere für Afroamerikaner entwickelte Schönheitsprodukte verkauften. Nachdem sie 1906 Charles J. Walker geheiratet hatte, nannte sie ihre Firma die Madame C. J. Walker-Company und verlegte ihr Hauptquartier nach Indianapolis, wo sie Amerikas erste farbige Millionärin wurde.

Was alle diese Visionen gemeinsam haben, ist, dass sie mit Ideen begannen, normalerweise für Produkte. Aber es war nicht die Idee, die Anhänger anzog; es war das *Ergebnis* der Idee. Die Leute wurden nicht von der Art, wie McDonald's Hamburger herstellte und verkaufte, angezogen, sondern von den Hamburgern selber. Sie wurden nicht von einem Verkaufstrick, sondern von der Idee angezogen, dass farbige Frauen mehr Freiheit in der Gestaltung ihrer Frisuren gewinnen konnten.

Die Vision einfach halten

Eine Vision sollte einfach und geradlinig sein. Die Leute, die dabei helfen sollen, die Vision in die Realität umzusetzen, sollten in der Lage sein zu verstehen, was die Vision bedeutet, ohne eine Menge zusätzlicher Informationen, und sollten ganz von selbst das Gefühl haben, dass die Vision machbar ist, noch bevor sie anfangen, nachzuforschen, was dazu überhaupt notwendig ist. In einem gewissen Sinne stellt eine Vision ein interessantes Paradoxon dar: Visionen sind nicht sichtbar, bevor sie artikuliert sind, sonst würden sie bereits existieren. Doch nachdem sie ausgesprochen sind, sollten sie ein »Aha!« oder ein »Aber natürlich!« auslösen bei jedem, der aufgefordert wird, die Vision in die Realität umzusetzen. Ein offensichtliches Kriterium dafür, ob Sie jemanden in Ihr Team aufnehmen und an der Verwirklichung der Vision teilhaben lassen sollten, ist, wie schnell er begreifen kann, wie einmalig und einleuchtend Ihre Vision ist.

Eine Vision ist nicht nur eine Idee

Wenn auch viele Visionen als Idee beginnen, ist eine Vision doch etwas anderes als eine Idee. Ideen sind reichlich vorhanden. Fast jeder hat sie hin und wieder. Eine Idee, die zur Vision wird, beginnt mit dem Wunsch, die Idee zu verwirklichen. Bei vielen Leute gehen die Ideen niemals weiter als bis zum Stadium des »Was wäre, wenn ...« oder »Ach, könnte ich doch ...«, weil sie nicht die Energie, den Willen oder die Fähigkeit haben, ihre Idee vorwärts zu bringen. Eine Vision in die Realität umzusetzen erfordert Führung, die Bereitschaft, die Verantwortung zu ergreifen, diese Aufgabe zu erledigen.

Weit mehr Ideen werden verworfen, wenn die Leute nachforschen und entdecken, dass es bereits eine vernünftige Annäherung an das gibt, was sie tun wollen oder sich wünschen. Aber einige Ideen werden zu vollausgereiften Visionen, wenn es eine Führungskraft, mit ein wenig Hilfe von anderen, schafft, die Idee in die Wirklichkeit zu übersetzen. Eine Vision hängt von der Fähigkeit ab, sich einen Plan auszudenken, der Fähigkeit, ein Team aufzubauen, und der Fähigkeit, diese beiden zusammenzubringen, um am Markt Erfolg zu haben. Mit Markt meinen wir nicht nur die Geschäftswelt, sondern einen Markt der Ideen und einen Markt der sozialen Verantwortung.

Die folgenden Abschnitte untersuchen die Komponenten von Vision.

Eine Vision hängt von Ihrer Fähigkeit ab, ein Team aufzubauen

Die meisten Visionen stammen aus dem Wissen, der Erfahrung oder der Phantasie einer einzelnen Person. Edwin Land von Polaroid, Chester Carlson von Xerox, Fred Smith von FedEx und viele andere sind einzelne Personen, die eine definierende Idee für ein Produkt oder eine Dienstleistung hatten. Doch eine Vision aus einer Idee zu formen ist selten die Leistung eines Einzelnen. Jede Vision einer Einzelperson, die in ein erfolgreiches und dauerhaftes Unternehmen übersetzt wurde, hat dies geschafft, indem sie eine Gruppe zukunftsorientierter, kenntnisreicher Leute versammelte, die die Natur der Idee und ihre Auswirkungen für die Zukunft verstanden sowie das notwendige Wissen, die Mittel und die Führung mitbrachten.

Das vielleicht beste Beispiel für die Art Team, die es braucht, um eine Vision in ein erfolgreiches Unternehmen umzuwandeln, ist die Saga des Apple Computers. Die Idee für einen preiswerten, erschwinglichen Personal »Computer für den Rest von uns« war nicht neu. Firmen wie Altair hatten von beinahe dem Moment an, als der Mikroprozessor 1978 erfunden worden war, bereits Baukasten-Computer verkauft, die allerdings nicht viel konnten und denen die PC-typischen Eigenschaften, wie wir sie kennen, fehlten. Aber Steve Jobs und Steve Wozniak, zwei Baukasten-Computer-Bauer, glaubten, dass sie einen kostengünstigen Computer in Masse produzieren konnten, der mehr konnte. Ihr erster Versuch, der Apple I, war eine handgefertigte Maschine, aber ihr zweites Gerät, der Apple II, vereinigte größere Änderungen in sich, die von einem Besuch im berühmten Palo Alto Research Center

(PARC) der Firma Xerox herstammten. Xerox hatte fast ein Jahrzehnt früher einen fortgeschrittenen Computer namens Star entwickelt, der alle Eigenschaften, die wir von einem Personal Computer erwarten, in sich vereinte – eine grafische Benutzeroberfläche, eine Maus, einen großen Bildschirm, ein WYSIWYG-Textverarbeitungssystem (What You See Is What You Get) und mehr.

Als sie sich nach Geld umsahen, um ihre Vision zu finanzieren, stellten ihre Unternehmenskapitalisten ein Team zusammen und gingen wirklich an die Arbeit. Unter Jobs Oberkommando über die Vision besetzten sie die neue Firma mit Regis McKenna, einem Public-Relation-Spezialisten, der das Firmenlogo entwarf, und Mike Markkula, einem Finanzmann mit Grips, der dafür sorgte, dass die Ausgaben unter Kontrolle blieben. Dank zusätzlicher Teammitglieder, die sich um die Software kümmerten, und Frog Design, die für die Hardware-Design-Integration sorgten, war das erste Produkt, der Apple II, fast von Anfang an ein Hit. Als er herauskam, wurden andere Mitglieder, wie z.B. Jay Chiat, der die innovative Firmenwerbung kreierte, ins Team eingeführt. Ohne die Anstrengungen des gesamten Teams wäre der Personal Computer ein Artefakt in einer Garage geblieben, und Silicon Valley wäre heute nicht die treibende Kraft.

Wenn Sie versuchen, eine Idee in eine Vision zu übersetzen, fangen Sie mit einem leeren Blatt Papier und der Frage an, »Wenn es keine Beschränkungen der Mittel gäbe, wohin könnte ich gehen und was könnte ich tun?« Solche Fragen eliminieren für den Moment all die Argumente potenzieller Gegenstimmen, warum Ihre Idee wahrscheinlich nicht funktionieren wird und warum Ihre Vision aufgegeben oder im Umfang reduziert werden sollte. Indem Sie eine Ohne-Einschränkungen-Frage stellen, stehen Sie der Behauptung Isidor I. Rabis gegenüber, dass es keine Einschränkungen gibt außer den Naturgesetzen, und dass sogar diese für eine Weile außer Kraft gesetzt werden können, wenn Sie das Geld dafür ausgeben wollen.

Nachdem Sie, nach Wochen und Monaten, Ihre Vision zu Papier gebracht haben, kann, wenn Sie Ihre Idee überprüfen, erforschen und so viel wie möglich darüber herausfinden, was erforderlich sein wird, damit sie Früchte trägt, eine Vision entstehen, die die Chance hat, erfolgreich zu werden. Während Sie Ihre Forschungen betreiben, beginnen Sie bereits zu ahnen, welche Art Kenntnisse Ihnen fehlen und was an Wissen und Erfahrungen wesentlich sein wird, um Ihre Vision in die Realität umzusetzen. Als Besitzer der Vision ist es nun Ihre Aufgabe, mit der Bildung eines Teams anzufangen.

Für jede Lücke in Ihrem Wissen müssen Sie einen Namen und die zugehörigen Verantwortungen eintragen. Wenn Sie beabsichtigen, Unterkünfte für die Obdachlosen bereitzustellen, müssen Sie sich z.B. nach jemandem umsehen, der sich mit Genehmigungen für Obdachlosenheime auskennt, außerdem nach einem Architekten, einem Bankier bzw. einer Person, die mit Geld zu tun hat, nach jemandem, der mit Obdachlosen gearbeitet hat und ihre Bedürfnisse kennt, und nach jemandem, der für Ihr Projekt Leuten gegenüber eintritt, die Ihnen helfen können. Jede dieser Personen wird in der Lage sein, Ihnen bei der Verwirklichung Ihrer Vision zu helfen, und jede wird Ihnen helfen, Ihre ursprüngliche Vision umzuformen und ihr die Grenzen und den Umfang zu geben, die das Projekt durchführbar machen.

Weil das Aufbauen einer Vision im Allgemeinen die Leute miteinbezieht, die sie ausführen sollen, hilft die Bildung eines Teams Ihnen, den für die Verwirklichung der Vision notwendigen Konsens und eine allgemeine Verpflichtung in frühen Stadien des Projekts zu erreichen.

Checkliste zur Gründung eines Unternehmens

Vielleicht erfordert Ihre Vision die Gründung einer neuen Firma. Bevor Sie dies tun, überprüfen Sie doppelt und dreifach, dass Sie das Wissen, die Fachkenntnis und die Erfahrung besitzen, um erfolgreich ein neues Unternehmen in die Welt zu setzen.

- ✔ **Kennen Sie Ihren Markt?** Ohne Umsatz läuft nichts. Und Umsatz kommt nur mit einem guten Marketing. Wer werden Ihre Kunden sein? Wo sitzen sie? Wissen Sie, welche Mengen sie kaufen werden? Zu welchen Preisen? Durch welche Kanäle? Denken Sie daran, dass dies für Organisationen, die keinen Profit machen, genauso gilt wie für Produkte und Dienstleistungen, die Gewinne abwerfen sollen.

- ✔ **Haben Sie das wesentliche Fachwissen?** Wenn Sie z.B. ein Restaurant eröffnen, wissen Sie, wie man kocht oder einen Speisesaal führt? Wenn Sie ein High-Tech-Unternehmen gründen, können Sie das technische As sein? Denken Sie daran, »Wenn Wünsche Pferde wären, würden die Bettler reiten.« Es genügt nicht, den Wunsch zu haben, etwas zu tun. Sie müssen schon einige praktische Sachkenntnisse besitzen oder zumindest die Gelegenheit, sich diese anzueignen, bevor Sie die Hoffnung haben können, eine Vision in die Realität umzusetzen.

- ✔ **Wissen Sie, wie man ein Unternehmen leitet?** Wenn Sie noch auf keinem Level eine Führungsperson waren, ist es schwierig, an der Spitze anzufangen. Sie müssen auf irgendeinem Level Erfahrung im Führen und Umsetzen von Visionen erwerben und dann fortfahren, sich Erfahrung anzueignen. Dies ist das, was als das Problem des Maßstabs bekannt ist. Wenn Ihre einzige Erfahrung aus der Führung eines Zehn-Personen-Unternehmens besteht, wird es ziemlich schwer für Sie werden, eine Tausend-Mann-Firma zu leiten. Sie sollten sich entschuldigen und besser erst einmal eine Hundert-Mann-Aufgabe übernehmen.

Wenn Sie eine großartige Idee für ein Unternehmen, aber nicht genügend Fähigkeiten haben, ziehen Sie in Erwägung, einen Partner zu finden, der Ihre Wertvorstellungen und Ihren Enthusiasmus für die Idee teilt und der Sie mit seinen Fähigkeiten und Kenntnissen ergänzt. Viele erfolgreiche Unternehmen, inklusive Apple, Intel, Hewlett-Packard und Microsoft, fingen auf diese Weise an. **Denken Sie daran:** Um eine Vision in die Realität umzusetzen, ist ein Team erforderlich. Nur sehr wenige Leute schaffen es alleine.

Eine Vision hängt von Ihrer Fähigkeit ab, einen Plan aufzustellen

Wenn Sie von einer Idee oder einem Traum zu einer Vision übergehen, werden Sie allmählich mit dem so genannten *Planungsprozess* anfangen. Zweck des Planens ist die Beantwortung der Frage: »Was sollten wir tun, und wie sollten wir es tun?« William Ouchi, ein Berater, der *Theory Z: How American Business Can Meet Japanese Challenge* schrieb, hat beobachtet, dass japanische Firmen 80 % der Zeit, die für die Gründung eines neuen Unternehmens erforderlich ist, mit Planung verbringen und nur 20 % mit der Ausführung, während die meisten amerikanischen Firmen 20 % ihrer Zeit mit Planen und den Rest der Zeit damit verbringen, sich abzustrampeln und zu kämpfen, um mit der Ausführung klarzukommen. Um einer Organisation die bestmöglichen Erfolgschancen zu gewähren, müssen Sie eine Idee entwickeln, und zwar innerhalb des Kenntnis- und Erfahrungsbereichs des Teams und innerhalb des Zusammenhangs seines Marktes – wo er sich jetzt befindet und wo er wahrscheinlich in fünf Jahren zu finden ist. Dieser Plan wird entscheiden, ob Ihre Vision durchführbar ist und ob sie Wirklichkeit werden kann.

Informationen - wir wollen Informationen

Gute Planung beginnt damit, Informationen zu sammeln. Informationen sind weder unausgegoren noch die persönlichen Meinungen von Teammitgliedern. Sie setzen sich zusammen aus dem, was Harold Geneen, der frühere Geschäftsführer von ITT, unerschütterliche Fakten nannte. »Egal, was Sie denken«, sagt Geneen, »versuchen Sie es zu erschüttern, um sicher zu sein.«

Zusätzlich zu den Fakten beruht die Planung auf einem Satz von Annahmen über den Markt, Ihre Ressourcen und Ihr Wissen und Fähigkeiten, auf die man sich geeinigt hat. Wenn Sie in diesen Bereichen keine Einigung erzielen, wird Ihre Planung nie auf einer festen Grundlage stehen, und Sie werden ständig den Schwerpunkt verlagern müssen.

Planung ist für alle da

Planung erfordert die Beteiligung aller Mitglieder Ihres Teams. Wenn die Leute nicht mitmachen, werden Sie nie wissen, ob sie vollständig mit den Annahmen, die Ihrer Vision innewohnen, einverstanden sind oder nicht. Verbringen Sie Zeit mit allen Teammitgliedern, so dass Sie wissen, wie deren Standpunkt in die Schaffung eines Unternehmens eingeht. Wenn Sie eine Vision in ein Geschäft umwandeln, werden Sie wahrscheinlich feststellen, dass Sie auf viele Dinge stoßen, mit denen Sie gar nicht gerechnet haben. Dazu sollte nicht eine plötzliche und späte Opposition von Mitgliedern Ihres eigenen Teams gehören.

Um richtig zu planen, müssen Sie herausfinden, welche Ressourcen Ihnen zur Verfügung stehen, und diese Ressourcen nach Ihrer Vision ausrichten. Richtige Planung ist auch das Gegenteil. Wenn Sie Ihrer Vision anhängen, müssen Sie eine Liste aller Ressourcen machen, die Sie zu deren Verwirklichung brauchen, und diese mit weiteren Listen verbinden, auf denen steht, wo Sie die jeweilige benötigte Ressource finden. Wenn Sie Geld brauchen, müssen Sie eine umfangreiche Liste von Unternehmenskapitalisten und Bankiers erstellen. Wenn Sie Experten brauchen, sollten Sie mit den besten und hellsten in Ihrem Gebiet sprechen und sie nach ihren Empfehlungen fragen.

Eine Vision basiert auf der Realität

Eine Vision zu haben, wenn Sie wenig oder gar keine Hoffnung haben können, sie jemals in die Realität umsetzen zu können, wird Ihnen nicht sehr gut tun. Eine erfolgreiche Vision beginnt mit der nüchternen Einschätzung der Stärken und der Ressourcen einer Gruppe. Diese Stärken sind Leute, Kapital, Standort, intellektueller Besitz, der Wunsch, etwas zu erreichen, Marktanteil und früherer Erfolg, egal, welche Art Unternehmen Sie leiten. (Dies mag auf Ihrer Seite ein wenig analoges Denken erfordern.) Wenn Sie eine Mannschaft trainieren, fragen Sie sich vielleicht, wo hier Ihr Marktanteil zu finden ist. Ihre Gewinnstatistik ist Ihr Marktanteil. Ihr Spielbuch ist Ihr intellektueller Besitz, Ihre Fähigkeit, Mitglieder zu werben, ist Ihr Kapital, und Ihre Spieler sind Ihre Leute. Ihr Wunsch zu gewinnen, ist, wie könnte es anders sein, Ihr Wunsch.

Der Glaube, den Robert Noyce, einer der Gründer von Intel, an seine Fähigkeit hatte, einen Mikroprozessor zu entwickeln, basierte auf der Tatsache, dass er bereits einer der Miterfinder des integrierten Schaltkreises 1958 gewesen war. Er war einer von jenen Tausenden von Ingenieuren, die an dem Problem arbeiteten, möglichst viele Transistoren auf kleinem Raum zusammenzuquetschen. Noyce und seine Partner, Gordon Moore und Andy Grove, hatten alle zusammen für eine andere Halbleiterfirma gearbeitet und nicht nur Erfahrung in der Leitung eines Geschäftsunternehmens, sondern auch ein Verständnis der gegenseitigen Fähigkeiten, Stärken und Schwächen gewonnen, und sie hatten gelernt, sich gegenseitig zu vertrauen. Jeder hatte bestimmte Sachkenntnisse zu dem neuen Unternehmen beizusteuern – Noyce die technischen Fähigkeiten, Moore die Fähigkeit zu langfristiger Planung und Grove das Wissen über die Herstellung. Ohne diese Stärken und Ressourcen hätte die Firma, die sie gründeten, Intel, ihre Vision der Entwicklung eines Mikroprozessors vielleicht nicht verwirklichen können.

Zu der Zeit, als Mel Farr, der frühere Detroit-Lion-Profi-Footballspieler-der-dann-Autohändler-wurde, sein erstes Autogeschäft in einer Gegend mit niedrigem Einkommen eröffnete, hatte er den skeptischen Automobilfirmen bereits bewiesen, dass er in Detroit erfolgreich Gebrauchtwagen verkaufen konnte und dass er Methoden entwickelt hatte, um sicherzustellen, dass seine Kunden die gleiche Kreditwürdigkeit wie in den Vorstadtgegenden hatten. Jeder neue Schritt, den Farr unternimmt, um seine Vision zu erweitern, basiert auf dieser früheren Erfahrung und auf den wachsenden Ressourcen seiner Firma.

20 ➤ Eine Vision entwickeln

Eine Vision ist nichts Kurzfristiges. Eine Vision ist etwas, das Sie über mehrere kurzfristig zu erreichende Ziele zu einer Art dauerhafter Größe oder Auszeichnung führen wird, etwas, wodurch Ihre Gruppe oder Ihr Unternehmen bekannt wird und wofür man sich an Sie erinnern wird. Es kann so einfach sein wie der Wunsch, das beste französische Restaurant der ganzen Gegend zu eröffnen, das Restaurant, von dem jeder reden wird und bei dem die Leute Schlange stehen werden, um einen Platz zu bekommen. Oder es könnte das Ziel sein, eine Arbeitsvermittlungsagentur zu gründen, die großen Firmen wirkungsvoll dabei hilft, knappe Arbeitskräfte einzustellen. Jede Vision ist anders, weil sie auf den Erfahrungen, den Stärken und den Ressourcen der Person basiert, die sie hat. Aber alle Visionen sollten sich dahingehend gleichen, dass sie Herausforderungen sind – Aufrufe zum Handeln – für die Leute, die einen Plan formulieren, um die Vision auszuführen.

Denken Sie über die verfügbaren Ressourcen hinaus

Außer die Möglichkeiten der bereits existierenden Ressourcen zu erkennen, muss eine gute Führungsperson auch noch weiter als bis zu den verfügbaren Ressourcen denken. Wenn Sie z.B. eine Firma leiten, die Zahnpasta herstellt, müssen Sie Ressourcen aus aller Welt in Erwägung ziehen. Sie müssen Ihr intellektuelles Eigentum als Ihre Formel betrachten, aber auch das, was vielleicht anderswo erforscht wird und das Sie womöglich veranlasst zu erwägen, Ihre Formel zu ändern. Die Sache ist die, dass Sie sich nur das anschauen können, was Sie haben, und nicht das, was Sie haben könnten, wenn Sie nur ein bisschen größer oder reicher wären. Eine gute Führungskraft begehrt immer ein wenig von dem, was sich gerade hinter dem Hügel befindet, und will seine Gruppe dorthin führen.

Reagieren Sie auf schwindende Ressourcen

Die beste Vision der Welt, gepaart mit dem hellsten Wissen und der tiefsten Erfahrung, kann Ihnen nicht helfen, wenn Ihre Ressourcen beschnitten oder verringert werden. Was passiert z.B., wenn eine Konkurrenzfirma ankommt und Ihnen Ihre besten Mitarbeiter wegschnappt? Was passiert, wenn Sie eine Fußballiga leiten und eine Gruppe von Eltern eine Konkurrenzliga einrichtet, die besser finanziert ist als die Ihre? Und was passiert, wenn Sie das beste Restaurant in der Stadt besitzen und sich entschließen, eine neue Filiale zu eröffnen, aber die Gemeinde Ihren Bauantrag nicht genehmigt?

Mocha Mike's ist ein Drive-In-Espresso-und-Cappuccino-Laden in Bethlehem Township in Pennsylvania. Als er 1996 eröffnet wurde, stand seine einzelne, winzige Drive-In-Bude auf dem Parkplatz eines italienischen Restaurants an einer mäßig befahrenen Straße. Als sich die Qualität seiner Kaffeegetränke herumsprach, pilgerten die Leute aus einem Umkreis von Meilen für Kaffee, Bagels und Biscotti dorthin. Doch Ende 1998 beschloss der Besitzer des italienischen Restaurants, seinen Parkplatz zu erweitern und ebenfalls Espresso und Cappuccino anzubieten. Er wies Mocha Mike's daher an, das Grundstück zu räumen. Was nun? Mike nahm sich einen Geschäftspartner, der so viel Kapital investierte, dass Mike mehrere neue Stände eröffnen konnte. Jeder davon befindet sich an einem weniger erstrebenswerten Ort als der ursprüngliche, aber mit zusätzlichem Einsatz und ein wenig Mundpropaganda blüht das Geschäft weiter.

Die Lektion von Mocha Mike's ist die, dass jede gute Führungsperson auf schwindende Ressourcen reagieren können muss – oder auf irgendeine andere neue Situation. Führungspersonen müssen einfallsreich sein, d.h. in der Lage sein, neue Wege zu finden, um die Dinge weiter tun zu können, die sie vorher getan haben, oder aber neue Wege, um neue Dinge zu tun, wenn sie eine Vision in die Praxis umsetzen wollen.

Sie sollten sich niemals von dem Wort »Nein« abschrecken lassen, wenn es etwas gibt, das Sie wirklich tun wollen – vorausgesetzt natürlich, dass das, was Sie tun wollen, legal und moralisch und ethisch vertretbar ist (wenn nicht, sollten Sie sich immer von dem Wort »Nein« abschrecken lassen). Es existiert immer eine Möglichkeit, eine Vision in die Realität umzusetzen.

Eine Vision hilft Ihnen, Gelegenheiten zu nutzen

Denken Sie nicht, dass Gelegenheiten rar sind – sie sind und waren zu jeder Zeit reichlich vorhanden. Das Magazin *Business Week* z.B. fing 1929 an, zu Beginn der Großen Depression. Das beträchtliche Versagen so vieler Firmen und Individuen ist nicht ein Mangel an Ideen, sondern dass so wenige Ideen wohl durchdacht und geplant sind. Wir leben in einer Überflussgesellschaft, aber dieser Überfluss ruht immer noch auf einer Produktversagensrate von über 90 %.

Vergessen Sie den Satz »Eine Gelegenheit klopft nur einmal an«. Die Wirklichkeit sieht so aus, dass die Gelegenheit ein stetiger Hammer auf Ihre Fenster und Türen ist, ein beständiger Lärm, den Sie die meiste Zeit auszusperren versuchen, indem Sie sich Watte in die Ohren stopfen. Die Wahrheit ist, dass es Gelegenheiten im Überfluss gibt. Gelegenheiten sind überall, Sie müssen sie nur als das erkennen, was sie sind.

Die meisten Gelegenheiten kommen auf einem der drei in den folgenden Abschnitten beschriebenen Wege daher.

Eine Gelegenheit entdecken

1980 suchte IBM nach einer Möglichkeit, auf die zunehmende Stärke von Apple Computer, Inc. zu reagieren, wollte aber nicht die Mittel investieren, um einen eigenen Personal Computer zu entwickeln. Bill Gates teilte IBM mit, dass er dies in ziemlich kurzer Zeit mit sehr geringem Kostenaufwand tun könne. Gates kaufte daraufhin dem Seattler Programmierer Tim Paterson für 50.000 $ die Rechte am QDOS (kurz für »quick and dirty operating system«) ab, benannte es in Microsoft Disk Operating System (MS-DOS) um und verkaufte die Rechte wieder an IBM. Gates erkannte eine Gelegenheit und schuf ein gigantisches Unternehmen daraus.

Gelegenheiten finden sich ständig draußen in der Welt. Sie müssen nur die Augen offen halten. Deborah Fields spazierte mit ihrem Mann durch ein Einkaufszentrum und verspürte plötzlich das Verlangen nach einem Schokoladenkeks. Im ganzen Einkaufszentrum konnte sie keinen bekommen und so sagte sie sich: »Ich habe diesen Appetit und vielleicht haben andere ihn auch. Und wenn ich sie frisch backen kann, zieht der Duft vielleicht Kunden an.« Aus dieser Idee entstand die Vision von Mrs. Field's Cookies, einem der größten Franchise-Hits der Achtziger. Sie war kein gewaltiger Sprung für die Menschheit, aber sie befriedigte ein echtes Bedürfnis.

Wenn Sie eine Vorstellung davon bekommen wollen, welche Arten von Gelegenheiten existieren, unternehmen Sie einen Ausflug in eine große Stadt und laufen einige Tage lang durch die Straßen. Sehen Sie sich die große Anzahl und die Vielfalt der Geschäfte an, und jedes Mal, wenn Sie einen Laden sehen, wie Sie noch keinen zuvor in Ihrer Heimatstadt oder der näheren Umgebung gesehen haben, gehen Sie hinein und sehen Sie sich die Waren an. Nehmen Sie etwas zum Schreiben mit und machen Sie sich Notizen. Wir garantieren Ihnen, dass Sie mit Hunderten von Ideen nach Hause zurückkommen.

Sich eine Gelegenheit aussuchen

Wenn ein Geschäft einer Firma Geld bringt, so bedeutet das, dass die Marktnachfrage zumindest für eine Firma groß genug ist, dass aber wahrscheinlich auch noch ein unerschlossenes Marktpotenzial für einen Konkurrenten besteht. Lassen Sie sich niemals von dem Erfolg eines anderen abschrecken. Dies sollte Sie eher dazu anspornen, es nachzuahmen und dann zu übertreffen. Einige der erfolgreichsten Geschäfte begannen als Ich-auch-Unternehmen, die bestehende Firmen überholten.

Dasselbe gilt für soziale Organisationen. Nur weil es bereits einen erfolgreichen Wohltätigkeitsverein in der Stadt gibt, heißt das nicht, dass er keine Konkurrenz vertragen könnte. Wenn Sie die Art, wie die Organisation ihre Arbeit erledigt, nicht mögen, treten Sie ihr bei und lernen Sie so viel wie möglich darüber, wie sie funktioniert (oder auch nicht) und wo und wie das Geld ausgegeben wird. So werden Sie die Schwächen der Organisation entdecken und das wird Ihnen dabei helfen, einen Plan für Ihre eigene Wohltätigkeitsorganisation zu entwickeln, mit deren Hilfe Sie denselben Service zu niedrigeren Kosten anbieten werden, um damit letztendlich Sponsoren anzuziehen. Ihre niedrigen Gemeinkosten und Ihre Effektivität werden dabei den Ausschlag geben.

Die Ideen gedeihen lassen

1944 beschloss William McKnight, der Geschäftsführer der Minnesota Mining and Manufacturing Company, dass die Zukunft der Firma nicht mehr alleine von Tesafilm abhängen sollte. Er schuf daher ein Klima, das Innovation ermutigte, und sagte, »Management, das destruktive Kritik übt, wenn Fehler gemacht werden, tötet Initiative und es ist von entscheidender Bedeutung, viele Leute mit Initiative zu haben, wenn wir weiter wachsen wollen.« Heute erwartet 3M von seinen Ingenieuren und Technikern, 15 % ihrer Zeit damit zuzubringen, an neuen Produkten herumzubasteln. Diese Zeit war die Ursache für die Erfindung Tausender erfolgreicher neuer Produkte, wie etwa die Haftnotizzettelchen und reflektierendes, im Dunkeln leuchtendes Klebeband.

In jeder Organisation gibt es Angestellte, die Ideen für neue Produkte oder Dienstleistungen haben – und für mögliche neue Richtungen für das Unternehmen –, aber sie wurden einfach noch nie gefragt. Als Führungskraft ist es Ihre Aufgabe, sie zu fragen. Sie müssen einen Weg finden – oberhalb des typischen Vorschlags- und Kummerkastens –, Ihre Leute dazu zu bringen, mit neuen Ideen aufzuwarten, die die Vision des Unternehmens voranbringen.

Viele Firmen bezahlen ihre Angestellten für die Einsparung von Geld oder Vorschläge, wie mehr Geld zu machen ist. Doch Sie sollten es sich auch zur Gewohnheit machen, Ideenwettbewerbe zu entwickeln. Wenn Führung ihre Vision artikulieren kann – und das sollte sie, wenn es sich um effektive Führung handelt –, dann sollte sie alle paar Jahre einen Wettbewerb ausschreiben, bei dem Angestellte ermutigt werden, aufzuschreiben, wie sie die Vision für den darauf folgenden Zeitraum von fünf oder zehn Jahren erweitern würden. Fragen Sie die Leute, welchen Herausforderungen die Firma ihrer Meinung nach beggnen wird und wie sie mit diesen Herausforderungen umgehen könnte. Sie werden eine Menge Antworten bekommen, die Sie so auch erwartet hätten, aber sicher werden Sie in dem ganzen Haufen auch einige zukünftige Führungskräfte entdecken. Wenn Sie solch einen Visionär finden, übertragen Sie ihm die Verantwortung, einen Plan für seine Vision zu entwickeln.

Während der Siebzigerjahre stellte Corning Class Works Robert Christopher, früher ein Herausgeber bei *Time* und *Newsweek*, tatsächlich als hauseigenen Visionär ein. Christopher verbrachte einige Zeit damit, sich mit dem Glasgeschäft zu beschäftigen, und danach, die politische, ökonomische und soziale Struktur Amerikas zu erforschen. Eine seiner Ideen – die Entwicklung von Solarwärmeaustauschern – wurde von der Firma als gut genug angesehen, um sie in ein Geschäft umzusetzen. Obwohl die Idee sich letzten Endes als nicht durchführbar erwies – zu der Zeit, als der Wärmeaustauscher entwickelt wurde, fiel der Ölpreis, so dass Solarenergie als marktfähiges Produkt keine Chance hatte –, hatte die Firma bewiesen, dass sie neue Visionen erzeugen und verwirklichen konnte.

Von der Idee zum Plan

Gute Planung beginnt mit dem Sammeln von Informationen und dem Überprüfen von Voraussetzungen. Leider scheitern viele Firmen, weil die Führungskräfte in ihrer Begeisterung für die Idee das Planen und Testen vergessen. Um ein Erfolg zu werden, sollte die der Vision zugrunde liegende Idee die folgenden Fragen zufrieden stellend beantworten können:

- ✔ **Warum sollten Kunden Ihr Produkt oder Ihre Dienstleistung kaufen?** Welches ist der entscheidende Unterschied zwischen Ihrem Produkt und dem der Konkurrenz? Warum sollten sie von Ihnen anstatt von jemand anders kaufen? Ein Produkt oder eine Dienstleistung muss nicht auf eine Firma beschränkt sein. Wenn Sie einen neuen Partyservice gründen, haben Sie eine Vision von der Ausführung dieser Dienstleistung. Warum ist Ihrer anders – und besser – als die, die es bereits gibt? Solange Sie diese Frage nicht überzeugend beantworten können, nicht zu Ihrer eigenen, sondern zur Zufriedenheit eines potenziellen Mitglieds Ihrer Kundschaft, haben Sie noch kein Unternehmen.

- ✔ **Ist es von Dauer oder eine Modeerscheinung?** Sie wären überrascht, zu wie vielen Dingen dieser Satz passt: »Es erschien mir damals als eine gute Idee.« Bevor Sie eine Menge Zeit und Mühe investieren, nehmen Sie den Ärger auf sich, zu erforschen, ob sich die Bedingungen in der nahen Zukunft nicht vielleicht so verändern werden, dass Ihr Produkt oder Ihr Service wieder aus der Mode kommt. Denken Sie an all die Leute, die in Solarenergie investiert haben. Sie alle dachten, dass der Ölpreis gar nicht anders könnte, als nach oben zu gehen, und zogen niemals in Erwägung, dass die Amerikaner Wiederaufbereitungstechnologien entwickeln könnten oder einfach weniger fahren oder ihre Thermostate herunterdrehen würden. Ganz bestimmt haben sie niemals daran gedacht, dass die Gier der OPEC-Staaten nach Geld genauso groß sein würde wie die Gier des Westens nach Öl.

- ✔ **Wird die Konkurrenz Sie überleben lassen?** Welche Erfahrungen haben andere in dem von Ihnen gewählten Konkurrenzbereich? Wer sind die großen Spieler? Werden sie Sie ignorieren, versuchen, Ihr Geschäft zu verdrängen oder Ihnen anbieten, Sie aufzukaufen? Diese Fragen lassen sich nicht so einfach beantworten. Viele hervorragende Ideen schaffen es niemals auf den Markt, einfach deswegen, weil ihre Entwickler nicht die Mittel hatten, sie durchzusetzen, und von besser finanzierten Konkurrenten aus dem Feld geschlagen wurden. Wenn Sie darüber nachdenken, ein neues Unternehmen zu gründen – sei es ein Geschäft oder eine karitative Organisation –, müssen Sie sich fragen, wie hoch die Schranke liegt. Wenn sie niedrig genug ist, um Sie eintreten zu lassen, wird sie auch niedrig genug für Ihre Konkurrenten sein? Und wie steht es mit den Ressourcen? Wenn Ihre Hauptressource Menschen sind, ist Ihre Konkurrenz vielleicht einfach in der Lage, mehr zu bezahlen als Sie, und so Ihre besten Leute wegzulocken.

- ✔ **Kann es Gewinn abwerfen?** Gute Unternehmen erfordern gute Gewinne. Wenn Sie mit einem Geschäft anfangen, wird die Gewinnspanne groß genug sein, um Ihnen angesichts aufkommender Konkurrenz die Beibehaltung eines stetiges Wachstumskurses zu erlauben? Wenn Sie eine Organisation leiten, die keinen Gewinn abwirft, können Sie sie effizient genug führen, um Ihr Dienstleistungsniveau erhöhen zu können, ohne Gebühren für die Mitgliedschaft verlangen zu müssen? Können Sie genügend sozialen Gewinn erzielen, um zusätzliche Spenden für Ihre gute Arbeit anzuziehen? Dies sollte Ihr Ziel sein, und wenn Ihr Unternehmen voraussichtlich mit ein paar Groschen operieren muss, sollten Sie die Sache noch einmal überdenken.

Ist es durchführbar? Benutzen Sie die richtige Technologie? Können Sie die richtigen Leute finden? Können Sie wiederholen, was Sie konsequent tun? Kann Ihr Unternehmen angemessen finanziert werden? Die Umwandlung einer Vision in die Wirklichkeit erfordert Ressourcen. Sie sollten in der Lage sein, in Ihre Planung einen großen Spielraum für Irrtümer einzubauen, denn Sie müssen davon ausgehen, dass immer wieder irgendetwas schief gehen kann. Wenn Sie von einer entscheidenden Person abhängig sind, was passiert, wenn diese Person von einem Auto überfahren wird? Können Sie sie schnell ersetzen? Erstellen Sie ein Tiefendiagramm, damit Sie wissen, an wen Sie sich wenden können, falls das Unvorhergesehene eintritt.

Und was ist, wenn Sie mit Feuereifer an einer Technologie arbeiten, und es stellt sich heraus, dass eine neue Technologie besser als die Ihre ist? Können Sie schnell genug schalten oder liegen Sie bereits tot am Boden, bevor Sie überhaupt anfangen konnten? Sie sollten es sich zur Aufgabe machen, nicht von den Ereignissen überrollt zu werden.

✔ **Kann das Unternehmen wachsen?** Die meisten Unternehmen, außer speziellen Einzelhandelsgeschäften und örtlichen Sozialdiensten, scheitern letztendlich, wenn sie es nicht schaffen, weiter zu wachsen. Hat Ihr Unternehmen das Potenzial zu stetigem Wachstum? Wird Ihr Erfolg zu anderen Produkten und zur Führung auf diesem Gebiet führen? Haben Sie einen Plan, um Ihr Unternehmen von der lokalen auf die regionale oder nationale Ebene zu verschieben? Sie sollten bereits an das nächste Stadium denken, selbst wenn Sie noch damit beschäftigt sind, das aktuelle Stadium Ihres Unternehmens zu planen.

Wird die Arbeit in diesem Unternehmen Ihre Bedürfnisse befriedigen? Fangen Sie damit an, indem Sie sich die Frage stellen, »Was würde ich tun, wenn es keinerlei Beschränkungen gäbe?« Dann, wenn Sie den Planungsprozess beendet haben – aber bevor Sie mit der Durchführung Ihrer Vision beginnen –, fragen Sie sich, »Will ich das wirklich tun?«. Die Durchführung einer Vision erfordert Zeit, Energie und Engagement. Vielleicht werden Sie unzählige Stunden von Ihrer Familie und Ihren Freunden getrennt verbringen müssen. Es kann sein, dass Sie sich mit einer Menge eigensinniger, ermüdender Leute abgeben müssen. Wenn Sie nicht darauf vorbereitet sind, »die Vision zu leben«, sollten Sie ernsthaft darüber nachdenken, ob Sie selbst die Führung übernehmen oder jemand anderes finden sollten, der dies tut, während Sie die Rolle des Beraters hinter den Kulissen spielen.

Fragen Sie sich auch, ob Ihre Vision gewordene Idee Sie wirklich dazu inspiriert, Ihr Bestes zu tun. Passt sie zu Ihrem Lebensstil? Wird sie Ihren langfristigen Zielen gerecht werden? Ist es der Mühe wert? Was immer Sie zu unternehmen beschließen, denken Sie daran, dass die Ausführung einer Vision größtmögliches unbeirrbares Engagement erfordert. Andere Leute werden auf Sie zählen und ihre Hoffnungen an Ihre Führung knüpfen. Wenn Sie diese Verantwortung nicht freudig auf sich nehmen können, überdenken Sie Ihre Position.

Eine Vision ist dynamisch

Weil Führungskräfte wissen, dass ihre Amtszeit begrenzt ist, gibt es in vielen Organisationen die Tendenz, nicht zu weit in die Zukunft vorauszuplanen. »Schließlich werde ich nicht mehr hier sein, um zu sehen, wie mein Plan ausgeführt wird«, argumentiert die Führungsperson, »und ich will nicht, dass meine Vision eine Last und eine Zumutung für meinen Nachfolger wird.« Diese Idee ist von falschen Vorstellungen geleitet. Weil Sie nicht viel über die Qualität der Leute wissen, die nach Ihnen kommen, ist es immer wichtig, Ihrer Gruppe oder Organisation eine sehr starke Vision zu geben, damit sie einen dauerhaften Sinn für die Mission und ein zunehmendes Gefühl für ihre Möglichkeiten bekommt.

Tatsächlich ist es eine der Aufgaben einer guten Führungskraft, einen Sinn für Vision über das ganze Unternehmen zu verbreiten. Es reicht nicht, dass eine Führungsperson die Vision für sich allein hat. Diese Vision muss in alles integriert sein, was jedes Mitglied der Gruppe tut, so dass, wenn neue Herausforderungen und Gelegenheiten auftauchen, irgendjemand – nicht notwendigerweise der momentane Leiter – erkennt, dass es an der Zeit für eine Erweiterung oder Änderung der Vision ist.

Viele Führungskräfte sind reaktiv oder hierarchisch, d.h., dass sie am falschen Platz oder zur falschen Zeit da sind (siehe Kapitel 2 für weitere Informationen über situative, reaktive und hierarchische Führungspersonen). Solchen Führungskräften mangelt es oft an Visionen, aber sie können dennoch effektiv sein – wenn die situative Führungsperson vor ihnen sie mit einer soliden Vision versorgt hat.

Weil Visionen sich ändern, sollten Sie die treibenden Kräfte in Ihrer Gruppe regelmäßig überprüfen. Nehmen wir z.B. an, Sie versuchen, die beste Kindertagesstätte in der Gegend zu eröffnen, und nach einem Berg harter Arbeit haben Sie genau das geschafft. Und was tun Sie jetzt? Verbessern Sie die existierenden Einrichtungen so weit, bis sie »vergoldet« sind – d.h. mit teurem und unnötigem Luxus ausgestattet –, oder versuchen Sie, Ihre Vision der Kindertagesstätte auf andere Standorte auszudehnen, damit andere Eltern dieselben hoch qualitativen Einrichtungen benutzen können?

Teil VI
Teambildung

In diesem Teil ...

Effektive Teams zu bilden ist einer der wichtigsten Aspekte von Führung, denn schließlich ist es Ihr Team, das die Schwerstarbeit leisten wird. In diesem Teil zeigen wir Ihnen, wie Sie Teams aufbauen, die ihre Arbeit schaffen, wie Sie Teamwissen weitergeben und wie Sie Ihr Team unterstützen und ermutigen.

Auf der anderen Seite laufen die Dinge zwischen dem Leiter und seinem Team manchmal schief und daher gibt Ihnen dieser Teil auch Anweisungen, was zu tun ist, wenn die Stimmung am Boden ist.

Zum Schluss geben wir Ihnen einige Hinweise, wie Sie von ethnischen und geschlechtlichen Unterschieden in Ihrer Gruppe profitieren und wie Sie diese schaffen können.

Warum von einem Team abhängig sein?

In diesem Kapitel

▸ Verstehen Sie die Vorteile, die Teamleiter haben
▸ Entdecken Sie, warum Teams gut für ihre Mitglieder sind

Bevor eine Gruppe in die offene Gesellschaft eintreten kann, muss sie erst ihre Reihen schließen.

Charles Vernon Hamilton

Das Konzept der Führung, das von Teamarbeit und Konsensbildung abhängt – also das, wovon dieses Buch handelt –, unterscheidet sich wesentlich vom Konzept der Teamarbeit, das vor einer Generation gelehrt wurde. Um ein Teamleiter zu sein, müssen Sie in der Lage sein, die Leute dahin zu bringen, dass sie das tun *wollen*, was Sie von ihnen verlangen müssen, anstatt ihnen einfach zu befehlen, was sie tun sollen. Sie müssen eher die Bedürfnisse Ihrer Leute als Ihre eigenen berücksichtigen und Ihre Mission (siehe Kapitel 6) muss eher umfassend als einfach zielbezogen sein.

Zugegebenermaßen ist es viel schwieriger, ein Team zu führen, als einfach Anweisungen zu erteilen. Aber ein gut zusammengesetztes und gut geführtes Team kann Großartiges vollbringen. Dieses Kapitel erklärt, warum Teamarbeit wichtig ist und welche Vorteile sie dem Team bringt. In den folgenden Kapiteln in diesem Teil zeigen wir Ihnen, wie Sie Teams bilden und leiten und was Sie tun müssen, damit Ihre Teams sich selbst übertreffen wollen.

Teams haben mehr Hände und mehr Köpfe

Der vorrangige Grund, warum sich Teams lohnen – und einem Befehlssystem, wo der »Befehlshaber« für alles verantwortlich ist, überlegen sind –, ist der, dass viele Hände und Köpfe besser als eine(r) sind. Die meisten Projekte sind ziemlich kompliziert und niemand kann hoffen, alle Details eines einzelnen Unternehmens zu meistern, ganz egal, wie schlau und begabt er ist. Eine Führungsperson mag die letzte Verantwortung für ein Projekt behalten, aber ein Teamleiter weiß, dass es das Beste für jedes Teammitglied ist, die »Führung« über den jeweiligen Teil der Arbeit zu übernehmen, worin er der größte Experte ist. Dieses Teammitglied übernimmt dann die Verantwortung für diesen Teil der Arbeit und die Rolle des Leiters wird es, die Arbeit aller Teammitglieder zu verknüpfen.

Wie das US in die USA kam

Vor gar nicht langer Zeit bedeutete, sich einer Organisation oder einer Firma anzuschließen, ein Rädchen in einem großen Getriebe zu werden. Sie hatten Ihren Schreibtisch oder Ihren Platz am Fließband, Sie lernten, Anweisungen entgegenzunehmen, und Sie stellten keine Fragen.

Lange Zeit hatten amerikanische Organisationen keinen Ansporn, etwas zu ändern, und benutzten dieselbe Art organisatorischer Befehlsstruktur, die sie schon durch den Zweiten Weltkrieg gebracht hatte.

Aber dann tauchte Konkurrenz auf, zuerst aus Japan und dann aus anderen asiatischen Ländern. Die Asiaten begannen die Amerikaner zu überholen, ohne die Befehlsökonomie anzuwenden. Stattdessen verließen sich die Japaner auf *Konsens-Management*, bei dem Mitarbeiter und Manager partnerschaftlich zusammenarbeiten. Die Betonung lag auf Harmonie genauso wie auf Produktivität.

In den späten Siebzigerjahren hatte eine Reihe amerikanischer Organisationen begonnen, sich nach denselben Konzepten von Teamarbeit umzugestalten, die auch die Japaner angetrieben hatten. Nach anfänglichem Stolpern und dürftiger Planung waren die Ergebnisse im Allgemeinen vorteilhaft und Teamarbeit ist in den meisten amerikanischen Organisationen inzwischen eher die Norm als die Ausnahme.

Und so unterscheidet sich Teamarbeit von Arbeit nach Anweisung:

Rollen der Führungsperson	Arbeit nach Anweisung	Teamarbeit
Vision	durch Inspiration	gemeinsam
Planung	vom Chef oder Mitarbeiterstab durchgeführt	vom Team durchgeführt
Definition der Mission	von der Führungskraft definiert	vom Team geschaffen
Verantwortung	gehört der Führungsperson	geteilt unter den Teammitgliedern
Ruhm	gebührt der Führungsperson	gebührt dem ganzen Team

Zwischen der Arbeit auf Anweisung und der Teamarbeit bestehen signifikante Unterschiede. Dazu gehören:

✔ **Vision:** Eine Führungsperson, die befiehlt, steigt, wie es damals schon Moses getan hat, auf einen Berg, kommt zurück mit einer Vision und verkündet diese Vision der Gruppe. Die Gruppe akzeptiert diese entweder, oder der Anführer verstößt die Nichtgläubigen, oder aber die Gruppe vertreibt den Anführer. Bei einem Team stellt der Leiter eine Menge Fragen, sammelt Informationen, hört zahlreichen Leuten zu und fertigt dann eine Vision an, die jeder verstehen kann. Danach versucht er, eine Übereinstimmung in der Gruppe hinsichtlich der Frage zu erzielen, ob sie die Vision akzeptieren und wie sie zu modifizieren und umzuformen ist, um sie so umfassend wie möglich zu machen.

✔ **Planung:** Bei der Arbeit auf Befehl ist die Planung Führungsaufgabe, der Führungsperson und ihren vertrautesten Verbündeten vorbehalten. Planung geschieht oft hinter verschlossenen Türen und wird als fertiges Produkt präsentiert, das ohne Widerspruch akzeptiert werden muss.

Bei der Teamarbeit ist die Planung eine gemeinsame Aufgabe. Jedes Teammitglied ist da, weil es eine bestimmte Begabung hat, und die Fähigkeiten aller Teammitglieder werden gebraucht, um den Plan zustande kommen zu lassen. Die Rolle des Teamleiters ist es, zuerst so viele Informationen und so viel Einblick wie möglich von jedem Teammitglied einzuziehen und dann als Systemintegrator zu fungieren, indem er die verschiedenen Komponenten des Plans zu einem durchführbaren Ganzen zusammenfügt. An dieser Stelle muss der Teamleiter das Team von der Durchführbarkeit des Plans überzeugen, bevor er ihn einer größeren Gruppe vorstellt.

✔ **Definition der Mission:** Die Definition der Mission ist bei der Arbeit auf Befehl die alleinige Sache der Führungsperson. Einer der Gründe, warum die Führungsperson dafür verantwortlich ist, ist die Idee, dass die Leute eine Mission nicht erfüllen werden, wenn ihnen nicht gesagt wird, wann, wo und wie dies zu tun ist. Ein Axiom der Ökonomie trifft auf den Krieg zu. Im Wesentlichen sagt es aus, dass alle Soldaten, wenn sie selbst entscheiden sollen, ob sie kämpfen oder sich aus dem Staub machen wollen, letztere Möglichkeit wählen werden, weil niemand dem nächsten Soldaten vertrauen wird, dass dieser sich zu seinen Gunsten für den Kampf entscheiden wird. Zweck des Befehls ist in diesem Fall, sicherzustellen, dass niemand flieht, indem Deserteure bestraft werden.

Bei der Teamarbeit definieren die Teammitglieder ihre eigene Mission und investieren in sie mit ihrer Bereitschaft, zu ihren Gunsten zu arbeiten. Der Teamleiter arbeitet als eine Art Trainer, indem er Strategien vorschlägt, die dem Team helfen, seine Mission zu formen, und später Taktiken zur Überwindung von Hindernissen bereitstellt. Das Team wirft angesichts von Gefahr nicht das Handtuch, weil alle wissen, dass ihre Zukunft davon abhängt, zusammenzuhalten.

✔ **Verantwortung und Ruhm:** Verantwortung und Ruhm gehören in einer Befehlsstruktur der Führungsperson, und Versagen wird damit bestraft, dass ihr der Todesstoß versetzt wird. Das ist es, was uns die Geschichte immer wieder lehrt. Wir kennen die Anführer in den großen Kämpfen, aber nicht die Namen der Menschen, die ihrem Ruhme geopfert wurden. Bei der Teamarbeit hat jeder am Ruhm teil – oder am Scheitern –, weil alle die Verantwortung teilen.

Teams bringen Vorteile für die Teammitglieder

Teammitglieder gewinnen, indem sie die Verantwortung akzeptieren, die die Zugehörigkeit zu einem Team mit sich bringt, bestimmte Rechte, die in Befehlsstrukturen nicht existieren.

Teammitglieder erwerben das Besitzrecht

Wenn Sie ein Teammitglied sind, erwerben Sie das Besitzrecht an Ihrer Arbeit. Das kann das Besitzrecht im wörtlichen Sinne sein – Sie und Ihr Team sind die alleinigen Nutznießer des Ergebnisses Ihrer Arbeit – oder im übertragenen Sinne, in der Hinsicht, dass Sie am Ende sehr stolz auf Ihre Leistungen sein können, wenn auch Ihre Organisation den Nutzen davonträgt. Das Besitzrecht ist eine andere Art, die Annahme von Verantwortung zu beschreiben, und es wird begleitet von den Vorteilen des Erfolgs, aber auch von den Nachteilen des Scheiterns. Wenn Sie als Teammitglied Ihre Arbeit besitzen, werden Sie, per Definition, zur Führungsperson, auch wenn Ihnen niemand den Marschallstab oder den weißen Hut übergibt.

Um zu sehen, was passiert, wenn ein Team erfolgreich ist, werfen Sie einen Blick auf die folgenden Beispiele:

✔ In einer Fußballmannschaft, die eine Meisterschaft gewinnt, steigt das Gehalt und der Marktwert jedes Spielers.

✔ Ein erfolgreiches Team in der Wall Street wird möglicherweise vollständig von einer anderen Firma angeworben – nicht nur der Manager, sondern das ganze Team.

✔ Die Seele der Unternehmertätigkeit ist Teamarbeit. Leute, die erfolgreich an einem Projekt für eine Firma gearbeitet haben, werden sich viel wahrscheinlicher zusammenschließen und sich kollektiv selbstständig machen, weil sie wissen, dass sie sich gegenseitig vertrauen können und in der Vergangenheit bereits gute Leistungen gezeigt haben.

Teammitglieder gewinnen Verantwortlichkeit

Außer dem Besitzrecht an ihrer Arbeit erwerben Teammitglieder auch noch andere Rechte, die ihnen routinemäßig verweigert zu werden pflegten. Sie gewinnen Verantwortlichkeit. Wenn Teammitglieder dem Teamleiter gegenüber verantwortlich sind, dann wird auch der Teamleiter verantwortlich gegenüber dem Team. Denken Sie an die alten Schwarz-Weiß-Filme, in denen zwei Leute, die aneinander gekettet sind, um ihr Leben rennen. Wenn einer der beiden an der Kette ruckt, taumelt der andere. Auf ähnliche Weise sind ein Teamleiter und sein Team aneinander gekettet. Wenn der Teamleiter an der Kette ruckt, indem er gebieterisch Änderungen am Geschäftsplan vornimmt und die Leute ständig zwingt, ihre Positionen zu verändern, dann wird es schwieriger, die Mission zu erfüllen. Genauso, wenn ein Team beschließt, sich zu revanchieren und das Tempo zu verlangsamen; die Fristen für das Projekt werden nicht eingehalten, und dann sieht der Teamleiter alt aus. Sie sind also tatsächlich füreinander verantwortlich.

Teammitglieder erhalten Genehmigungen

Teammitglieder erhalten auch Genehmigungen. In einer auf der Befehlsstruktur basierenden Organisation werden die Anweisungen von oben nach unten erteilt und von den Leuten wird erwartet, dass sie gehorchen. In einer Organisation mit Teamarbeit fließt ein guter Teil der Entscheidungen von den Teammitgliedern nach oben zum Teamleiter, der die letzte Autorität besitzt. Anstatt einer Anweisung erteilt der Teamleiter also die Genehmigung. Dies ist ein weiteres Beispiel, wo ein Teamleiter gut zuhören können muss, weil die Leute häufig nicht nach einer einfachen Erlaubnis fragen, sondern eher nach Ermutigung. Ein guter Teamleiter sollte in der Lage sein, diesen Unterschied zu verstehen. Wenn Teammitglieder mit einem Vorschlag zum Teamleiter kommen, muss dieser ihnen sorgfältig zuhören und viele Fragen stellen. Diese Vorgehensweise stärkt das Vertrauen der Gruppe in ihr Können und die Auswahl ihrer Aufgaben. Wenn der Teamleiter dann die Erlaubnis erteilt, ermutigt er damit die Teammitglieder, anzufangen und das zu machen, was sie sich zutrauen.

> ### Wer die Führung innehat, ist weniger wichtig, als wer seine Anhänger sind
>
> Wenn Sie vor der Entscheidung stehen, sich mit einer Gruppe einzulassen, fragen Sie nicht danach, wer die Verantwortung hat. Finden Sie stattdessen heraus, wie viel die Mitglieder wirklich über die Ziele der Gruppe wissen. Je offener der Teamleiter und je toleranter er in Bezug auf Meinungsverschiedenheiten während der Planungsphase jeglicher Mission oder jedes Ziels ist, auf das die Gruppe hinarbeitet, desto größer ist die Wahrscheinlichkeit, dass die Leute in der Gruppe bereitwillig an ihrer eigenen Zukunft teilnehmen werden, und desto größer ist die Sicherheit, dass sie sich einer Gruppe anschließen, die nicht durch Unzufriedenheit zerrissen ist.

Teammitglieder gewinnen Akzeptanz

Teammitglieder gewinnen auch Akzeptanz. Ein Mitglied des Teams zu werden bedeutet, Teil eines größeren Ganzen zu werden. Ein voraussichtliches Mitglied des Teams will zu Recht das Gefühl haben, dass es im Team nicht nur aufgrund seiner speziellen Begabungen akzeptiert wird, sondern auch als Individuum, das die Fähigkeiten des Teams auch durch seine persönlichen Merkmale erweitern und stärken wird. Ein Problem in Situationen, wo verschiedene Kulturen aufeinander stoßen, ist die verstärke Notwendigkeit gegenseitiger Akzeptanz (siehe Kapitel 27 zu weiteren Informationen über das Problem, Führung von Leuten zu akzeptieren, die sich kulturell von Ihnen unterscheiden). Aufgabe des Teamleiters ist es, sicherzustellen, dass alle Teammitglieder neue Mitglieder akzeptieren, indem sie jegliche Kluft überbrücken, die sich auftun könnte.

Teammitglieder erreichen Versöhnung

Es gibt nichts Destruktiveres für das Teammanagement als das menschliche Bedürfnis, irgendjemandem die Schuld zuzuschieben, wenn die Dinge schief laufen. In einer Befehlsstruktur kann der Teamleiter die Person feuern, die einen Fehler macht, oder noch schlimmer. In der alten römischen Armee wurde, wenn sich ein Legionär im Kampf als feige erwiesen hatte, jeder zehnte Mann in seiner Einheit getötet als Mahnung für alle anderen. (Von dieser Praxis leitet sich das Wort *Dezimierung* ab.) In modernen Armeen werden die Leute, wenn sie an ihrer Mission scheitern, vors Kriegsgericht gebracht, degradiert oder ins Gefängnis gesteckt.

In den meisten Gruppen ist die Strafe für Versagen, gefeuert oder geächtet zu werden. In einem Team ist das anders. Denken Sie an eine Sportmannschaft, wenn Sie keine eigene Teamerfahrung haben. Bringt der Manager Mark McGwire um, wenn der dreimal ins Aus schlägt? Wurde Sammy Sosa gefeuert, weil er den Chicago Cubs nicht zu einem Wimpel verhelfen konnte? Natürlich nicht. Im Sport ist Gewinnen und Verlieren Mannschaftssache. Ein großer Lacrosse-Trainer sagte einmal, »Verteidigung ist Teamsache. Wenn es jemand bis zum Crease schafft (dem Halbkreis vor dem Tor) und die Möglichkeit hat, ein Tor zu machen, dann aus dem Grund, dass die gesamte Abwehr zusammengebrochen ist, und nicht, weil der Torwart versagt hätte.« Die Idee des kollektiven Versagens zu akzeptieren schließt auch die Notwendigkeit zu vergeben mit ein.

In Arbeitssituationen nehmen die meisten Leute an, dass es ihr eigener Fehler ist, wenn sie etwas falsch machen. Aber Fehler sind eine Gelegenheit für eine schnelle Überprüfung der Situation. Ein Teamleiter, der mit einem Teammitglied konfrontiert wird, das eine Aufgabe verpfuscht hat, sollte sich die folgenden Fragen stellen:

✔ Warum ist dies passiert?

✔ Waren die Anweisungen klar genug?

✔ Hat die Mission Sinn gemacht?

✔ War die betreffende Person mit den angemessenen Werkzeugen und der richtigen Motivation ausgestattet?

✔ Habe ich effektiv geführt?

Wenn der Teamleiter diese Fragen mit Ja beantworten kann, dann, und nur dann sollte er handeln, und seine Handlung sollte eher korrigierend als disziplinarisch sein, besonders dann, wenn ein Fehler erst zum ersten Mal gemacht wurde. Wenn derselbe Fehler sich wiederholt, stimmt mit Sicherheit irgendetwas nicht, und nicht notwendigerweise mit der Person, die den Fehler gemacht hat, sondern vielleicht mit der Art, wie die Aufgabe gestellt war.

Bauen Sie ein Siegerteam auf

In diesem Kapitel
▶ Wählen Sie Ihr Team sorgfältig aus
▶ Geben Sie Ihrem Team Priorität
▶ Lassen Sie Ihre Teammitglieder gegenseitig an ihren Fachkenntnissen teilhaben
▶ Helfen Sie Ihrem Team, neue Führungskräfte hervorzubringen

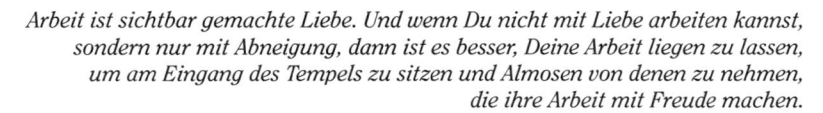

Arbeit ist sichtbar gemachte Liebe. Und wenn Du nicht mit Liebe arbeiten kannst, sondern nur mit Abneigung, dann ist es besser, Deine Arbeit liegen zu lassen, um am Eingang des Tempels zu sitzen und Almosen von denen zu nehmen, die ihre Arbeit mit Freude machen.

Kahlil Gibran

Gewinnen und Erfolg sind wunderbar und sollten für Führungskräfte daher einen natürlichen Anreiz darstellen, die bestmöglichen Teams zusammenzustellen. Doch das ist leichter gesagt als getan. Ein gutes Team aufzubauen erfordert eine Menge an Einsicht in die menschliche Natur und die Fähigkeit, Begabungen und Persönlichkeiten sorgfältig auf eine Linie zu bringen. Der Erfolg eines Teamleiters hängt von der Fähigkeit ab, seinem Team die maximale Leistung abzuringen im Hinblick auf das Erreichen des Ziels. In diesem Kapitel zeigen wir Ihnen, wie Sie Siegerteams zusammenstellen.

Wählen Sie Ihr Team sorgfältig aus

Wie bei Mannschaftsspielen auf dem Schulhof ist es oft der Teamleiter, der die Mannschaft auswählt. Auch wenn ein Teamleiter ein bestehendes Team erbt, hat er das Recht, die Aufgaben neu zu verteilen, um aus den Leuten im Team das Maximum an Leistung herauszuholen.

Wie treffen Sie also Ihre Wahl? Zuerst einmal sprechen Sie mit potenziellen Teammitgliedern. Erzählen Sie ihnen von der Mission und passen Sie auf, wie sie reagieren. Finden sie, dass sich die Mission lohnt? Denken sie, dass sie erfüllt werden kann? Ist ihr Interesse an der Erfüllung der Mission groß genug, dass sie bereit sind, ihre Energie dafür einzusetzen? Das alles sind faire Fragen für einen Teamleiter, der ein Team auswählt.

Als Nächstes nehmen Sie eine vernünftige Einschätzung der Intelligenz Ihrer Teammitglieder vor. Sie müssen keine hoch qualifizierten Leute haben – oft kann eine Ausbildung, die zu spezialisiert ist, das Denken eines potenziellen Teammitglieds verengen –, doch was Sie brauchen, sind Anzeichen für Einfallsreichtum. Fordern Sie potenzielle Teammitglieder auf, ein schwieriges Problem zu beschreiben, das sie einmal lösen mussten, sowie die Lösung, die sie dazu fanden. Sagen Sie ihnen, dass das Beispiel aus allen Facetten ihres Lebens stammen kann, denn oft zeigt sich innovatives Denken gerade bei der Lösung privater Probleme.

Danach wählen Sie nach Begabungen aus. Als Teamleiter sollten Sie eine gute Vorstellung davon haben, welche technischen und persönlichen Begabungen notwendig sind, damit Ihr Team seine Mission vollenden kann. Wählen Sie Leute aus, deren Fähigkeiten möglichst gut zu den Erfordernissen passen, wenn auch Einfallsreichtum, Intelligenz und Erfahrung manchmal einen Mangel an Begabung wettmachen können.

Die Vielfalt macht's

Vielfalt ist eines dieser Worte, die für verschiedene Leute unterschiedliche Bedeutung haben. Wir meinen hier mit Vielfalt die Einbeziehung von Leuten, die sich kulturell von der Norm des heterosexuellen weißen männlichen Angestellten der westlichen Geschäftswelt unterscheiden. Wir behandeln diese Definition von Vielfalt eingehender in Kapitel 27, aber für den Moment würden wir gerne über eine engere Bedeutung des Worts reden. Wenn Sie ein Team zusammenstellen, hätten Sie gerne eine ganze Bandbreite von Standpunkten und Begabungen. Sicher, am liebsten wären Sie natürlich Ottmar Hitzfeld und würden Bayern München trainieren, – na ja, manchmal vielleicht auch lieber nicht – aber normalerweise stellt Ihnen Ihr Arbeitsplatz nicht genügend Ressourcen zur Verfügung, um nur die Besten und Hellsten einstellen zu können.

Wenn Sie auch wahrscheinlich gerne ein Team von erfahrenen Experten leiten würden, können Sie im Allgemeinen mehr aus einem Team herausholen, das gerade erst im Kommen ist. Vielleicht opfern Sie ein wenig an Professionalität mit einer Gruppe von Anfängern, aber dafür gewinnen Sie vielleicht eine frische Perspektive und Einstellung. Ein Teil des Problems mit Elite-Profis ist, dass sie alles schon einmal gesehen haben – oder dies zumindest denken. Ein Spieler, der ein Veteran ist, glaubt wahrscheinlich, dass jedes Spiel nur noch Routine ist, bis der Ball eines Tages einen merkwürdigen Hüpfer macht. Diese Situation ist Teil des Baseballspiels, aber auch Teil des wirklichen Lebens. Sosehr wir auch dagegen anplanen, es passieren immer wieder unerwartete Dinge. Und wenn sie passieren, reagiert ein Veteran vielleicht auf total vorhersagbare Weise, die sehr gut falsch sein kann. Der Vorteil von Vielfalt ist, dass Sie eine größere Palette an Perspektiven erhalten, wenn Sie Ihre Verantwortung als Teamleiter ernst nehmen und in der Lage sind, Ihrem Team Zeit zu widmen.

Achten Sie darauf, Ihr Team nicht zu vielfältig werden zu lassen! Vielfalt kann auch gegen Sie arbeiten. Wenn Sie zu tief in den Talent-Pool langen und mit nichts anderem als Neulingen hervorkommen, gehen Sie das Risiko ein, zu viele Feuer löschen zu müssen. Ihre Rolle besteht nicht darin, ein Drill-Sergeant oder eine Mutterhenne für die Mitglieder Ihres Teams zu werden, und wenn Sie zu viele unerfahrene Leute haben, werden Sie am Ende einen überproportional großen Teil Ihrer Zeit damit verbringen, deren Probleme zu lösen, anstatt auf die Ziele des Teams hinzuarbeiten. Einer Ihrer ersten Akte als Teamleiter sollte eine Einschätzung der Fähigkeiten Ihres Teams sein und dann die Bildung von Partnerschaften innerhalb des Teams, eine Art Kumpel-System, das die erfahreneren mit den weniger erfahrenen Leuten zusammensteckt, auch wenn sich ihre Begabungen nicht ähneln. Zum Beispiel könnten Sie einen älteren Finanzmann mit einem jüngeren Menschen von der Qualitätskontrolle zusammentun, weil der ältere Finanzmensch den jüngeren Qualitätskontrolleur dazu zwingen wird, daran zu denken, dass alles seinen bestimmten Preis hat.

Denken Sie auch daran: Was das eine Team ausrangiert, kann für ein anderes Team Gold wert sein. Jemand, der mit einem Team nicht zurechtkommt, kann in einer anderen Situation perfekt sein, sei es wegen Ihrer Führung oder weil die Mission besser auf seine Talente zugeschnitten ist.

Beschränken Sie die Teamgröße

Im Sport sind die Mannschaftsgrößen durch Listenbeschränkungen festgelegt. In Befehlsmodellen werden die Teamgrößen von der Spitze der Befehlsstruktur bestimmt. Und im wirklichen Leben orientieren Sie sich am Sport, an der Armee oder am Zen.

Das Mindeste

Wenn Sie Ihr Team zusammenstellen, beginnen Sie mit einem leeren Blatt Papier und einem Modell, das Ihnen unbeschränkte Ressourcen zur Verfügung stellt – an Geld, Material und Leuten. Nachdem Sie Ihr Traumteam beisammen haben, fangen Sie damit an, es auszudünnen. Auf wen können Sie verzichten? Wer kann weggelassen werden, ohne die Leistungsfähigkeit Ihres Teams einzuschränken?

Baseballteams haben neun Spieler am Start und Listen, die ungefähr 25 Spieler vorsehen. In der ersten Hälfte des 20. Jahrhunderts zog ein Vier-Mann-Team namens The King and His Court durch das Land und spielte gegen die örtlichen Städtemannschaften. Die Mannschaft bestand aus gerade mal einem Ace Pitcher, einem First Baseman, einem Outfielder und einem Catcher. Die Mitglieder der Mannschaft waren gerissene Schüler des Spiels, die aus der Stellung eines Batters ersehen konnten, wo sie sich aufstellen mussten. Und sie konnten ihre Positionen wechseln – z.B. konnte der Catcher zur ersten Basis rennen, um den Putout eines Balls zu machen, der vom First Baseman geworfen wurde, der wiederum die Shortstop Position besetzt hielt. Meistens gewannen The King and His Court, indem sie mit ihren Fähigkeiten ihr Defizit an Spielern ausglichen.

Als Teamleiter sollten Sie sich bemühen, dasselbe zu tun. Sie sollten immer darauf bedacht sein, Ihr Team von unnötigem Ballast befreit zu halten, wobei Sie natürlich konsequent sein müssen und Ihren Teamkameraden weder Überstunden aufbürden noch sie irgendwie in Gefahr bringen dürfen. Einer der Vorteile eines Teams ist es, dass die Leute gegenseitig voneinander lernen können, so dass das Wissen eines Teammitglieds, wenn es vorübergehend oder auf Dauer ausfällt, für den Rest des Teams nicht verloren geht.

Wer bleibt und wer geht

Bei der Zusammenstellung eines Teams ist der Verlust eines kritischen Teammitglieds das Schlimmste, was Ihnen – außer einem Scheitern an Ihrem Ziel – passieren kann.

Es gibt eine alte Geschichte über eine Computerfirma, die in den Fünfzigerjahren von drei Männern gegründet wurde, die die notwendigen Kenntnisse besaßen und die ganze Technologie in ihren Köpfen hatten. Über einen kurzen Zeitraum von 18 Monaten brach die hoch fliegende Firma auseinander, weil alle drei Partner bei verschiedenen Unfällen starben. Die »drei weisen Männer«, wie sie genannt wurden, hatten es versäumt, ihr Wissen an die anderen weiterzugeben, so dass die Firma unterging.

Wie bringen Sie den potenziellen Verlust eines Teammitglieds in Einklang mit der Notwendigkeit, Ihr Team zu reduzieren? Schätzen Sie genau ein, was Ihre Teammitglieder tun:

- ✔ Kann irgendeine ihrer Aufgaben automatisiert werden?
- ✔ Kann irgendeine ihrer Aufgaben ausgelagert werden, ohne dass die Firma im Hinblick auf Zeit und Geld belastet wird?
- ✔ Erfüllt irgendjemand sein Soll nicht? Und wenn ja, sollte er gehen?
- ✔ Gibt es Funktionen, die mit der Zeit, nach Einführung eines neuen Produkts oder Services, überflüssig werden – wie etwa Public Relations?

Als Teamleiter sollten Sie sich diese Fragen ständig stellen. Manager jonglieren die ganze Zeit mit ihren Mannschaftsaufstellungen, auf der Suche nach der siegreichsten Kombination. Haben Sie keine Angst davor, dasselbe zu tun.

Nehmen Sie sich Zeit für Ihr Team

Ein erfolgreicher Teamleiter weiß, dass er in einer Art Zwischenexistenz lebt – zwischen den Verantwortlichkeiten gegenüber dem Team und den Zielen des Teams und den Ansprüchen der Leute, die in der Entscheidungskette über ihm stehen.

Weil es für Teamleiter normal ist, zwischen den Fronten zu leben, müssen sie lernen, wie sie ihre Zeit einteilen, damit sie dem Team die Richtung geben können, die es braucht, und zur gleichen Zeit auf die Ansprüche ihrer Vorgesetzten reagieren können.

Wie können Sie in beiden Welten gleichzeitig leben? Mit Hilfe von Information, Analyse und Einbeziehung:

Information: Teams operieren auf der Basis von Information. Sie benötigen sie von Ihren Teammitgliedern, diese benötigen sie von Ihnen, und Ihre Vorgesetzten brauchen auch welche. Wenn Sie aufgefordert sind, ein Team zu bilden, verbringen Sie eine Weile mit den Leuten, denen Sie Bericht erstatten, und reden Sie über deren Informationsbedarf. Wollen sie tägliche Berichte? Wöchentliche? In welcher Form wollen sie die Berichte vorliegen haben? Soll es eine Zusammenfassung sein oder eine detaillierte Analyse? Wollen sie die Berichte schriftlich oder persönlich oder beides? Machen Sie es sich zur Aufgabe, herauszufinden, wie und wie oft Ihr Vorgesetzter seine Informationen haben will, und passen Sie danach Ihre Methoden dem Team gegenüber an. Wenn also Ihr Boss jeden Freitag zum Dienstschluss eine geschriebene Zusammenfassung über die Fortschritte des Teams haben will, sollten Sie Ihre Teammitglieder jeden Donnerstag, kurz vor Dienstschluss, eine schriftliche Zusammenfassung abliefern lassen.

Sie werden außerdem mehr Informationen brauchen, als Sie weitergeben. Eine allgemeine Regel ist, dass Sie für jedes Stück Information, das Ihre Vorgesetzten verlangen, zwei Stücke einholen müssen. Wenn Ihr Vorgesetzter z.b. ein Diagramm über die wöchentlichen Budgetausgaben haben will, sollten Sie die für die Finanzen zuständige Person außerdem den 52-Wochen-Durchschnitt der Ausgaben errechnen lassen und eine auf diesem Durchschnitt basierende Projektion der Ausgaben für die folgenden Wochen. Diese detaillierteren Berichte werden Ihnen helfen, Probleme aufzuspüren, bevor sie eintreten, so dass das Verfassen Ihrer Berichte Routine bleiben wird.

✔ **Analyse:** Um sich mehr Zeit für Ihr Team zu schaffen, müssen Sie analytischer in Bezug auf die Mission des Teams vorgehen. Sie müssen nach Hilfsmitteln suchen, die es Ihnen ermöglichen, schneller zu erkennen, ob Ihr Team vom Kurs abzukommen droht. Im Geschäftsleben gibt es immer eine »Schlüsselzahl«, die Ihr Team schaffen muss, um auf Zielkurs zu bleiben. Beim Sport sind das für gewöhnlich ein oder mehrere Schlüsselspiele, und bei der ehrenamtlichen Tätigkeit sind es fast immer die Dienstleistungen einer Schlüsselperson. Sie sollten lernen, Ihre eigene Situation zu analysieren, damit Sie wissen, was Sie brauchen, um auf dem Laufenden zu bleiben, und es sich dann zur Aufgabe machen, dies zu tun.

Bevor Sie eine Analyse durchführen können, müssen Sie einige grundlegende Vergleichsmaßstäbe sammeln. Innerhalb einer Firma ist an die meisten Daten leicht heranzukommen, aber wie etablieren Sie dieselbe Art analytischen Rahmens, wenn Sie ein Team leiten, dessen Ziel es ist, Ihre Kirche voller zu machen? Ihre Annäherung ist dieselbe. Sie besuchen andere Kirchengemeinden Ihres Glaubens und lassen sich die Gemeindegrößen sowie deren Prozentanteil an der gesamten Bevölkerung des betreffenden Gebiets geben. Dann begutachten Sie Ihre eigene örtliche Bevölkerung, bestimmen, wie viele Leute Nicht-Kirchenmitglieder sind, und vergleichen diese Zahl mit dem örtlichen oder regionalen Durchschnitt. Das ist die Grundlage, von der Sie ausgehen. Ihre folgenden Aktionen werden darauf ausgerichtet sein, Ihre Mitgliedsbotschaft effektiv an diese Gruppe zu verkaufen.

Einbeziehung: Ironischerweise ist der beste Weg, einen Vorgesetzten davon abzuhalten, sich in Ihre Teamangelegenheiten einzumischen, ihn aktiv in das Projekt Ihres Teams einzubeziehen. Sie müssen das, was Ihr Team tut, als das Zwingendste verkaufen, das Ihr Vorgesetzter in seiner freien Zeit tun kann, und Sie müssen sich einen Grund ausdenken, warum Sie seine Weisheit und Einsicht in Anspruch nehmen müssen. Die meisten Manager mögen es nicht, wenn Ihnen der Boss über die Schulter guckt, aber Sie sollten lernen, offen zu arbeiten, damit Ihr Vorgesetzter niemals sagen kann, »Aber ich war gar nicht informiert« oder »Aber ich hatte keinerlei Eingaben«. Vielleicht denken Sie, dass es Ihren Fortschritt verzögern wird, wenn Sie den Boss um sich herum haben, aber in Wirklichkeit wird dies Ihre Beziehung zu Ihren Vorgesetzten festigen, wenn alles gut geht. Ihr Boss wird natürlich einen Teil der Ehre einheimsen, aber Sie werden mehr bekommen als Ihren Anteil – und Ihr Boss wird Ihr Team mit zusätzlichen Ressourcen versorgen, wenn es Probleme hat, um sicherzustellen, dass Sie nicht scheitern.

Andererseits müssen Sie auch mit Ihrem Team mehr zu tun haben. Sie müssen die Zeit, die Sie gewonnen haben, indem Sie nicht die ganze Zeit nervös über Ihre Schulter gucken müssen, dazu nutzen, mit jedem Mitglied Ihres Teams auf praktische Art zu arbeiten. Auf diese Weise sind Sie ständig auf dem Laufenden darüber, was jeder tut, und nicht nur dann, wenn der wöchentliche Bericht auf Ihrem Schreibtisch landet.

Eine Agenda aufstellen

Sie sind der Teamleiter, und daher müssen Sie die Agenda festlegen, den schrittweisen Prozess, wie die Arbeit von Ihrer Gruppe durchgeführt wird. Sie müssen entscheiden, was wichtig ist, wo Ressourcen und Leistung verstärkt werden müssen, wo sich Gelegenheiten ergeben, welche sich davon lohnen und welche besser übergangen werden. Ihre Aufgabe ist es, Disziplin in diese vielköpfige Arbeitsgruppe zu bringen, die ein Team nun mal ist.

Was bedeutet das nun?

- ✔ Wenn Sie Trainer einer Sportmannschaft sind, nehmen Sie die Aufstellung vor und entscheiden, wer an den Start geht und wer auf der Bank sitzt, legen die Positionen Ihrer Spieler im Feld fest, rufen die Spiele auf und nehmen Regulierungen vor, je nachdem, ob die Spiele ordentlich oder schlecht durchgeführt wurden. Das ist Agenda-Aufstellung vom Feinsten.

- ✔ Wenn Sie sich auf einer militärischen Mission befinden, ist der Ablauf des Team-Meetings leicht zu verfolgen. Als Kommandant sprechen Sie zuerst, weil Sie wissen, wie Ihre Anweisungen lauten, und Sie können Ihre Truppen darüber unterrichten, wie gut sie darin sind, diese auszuführen. Als Nächstes spricht Ihr Quartiermeister, weil er die Verantwortung für die Ressourcen hat und daher derjenige ist, der Ihnen sagen kann, wie weit Sie mit den Vorräten, die Sie zur Verfügung haben, kommen können. Danach kommt Ihr Nachrichtendienst zu Wort, weil dieser verantwortlich dafür ist, zu wissen, was vor Ihnen liegt. Erst dann sind andere Teammitglieder an der Reihe, ihre Einheit auf den neuesten Stand zu bringen.

- ✔ Wenn Sie ein Teamleiter im Arbeitsleben oder in einer karitativen Organisation sind, ist die Agenda nicht so klar umrissen. Zum einen gibt es hier keinen Standard-Regelsatz. Zum anderen ist Gewinnen und Verlieren nicht so klar definiert, und oft ist die Mission eine, die sich mit den Umständen ändert. Sie müssen daher nach Möglichkeiten schauen, um den Ablauf des Spiels zu steuern, wobei Sie darauf achten müssen, dass jeder informiert bleibt.

Überprüfen Sie Ihre Agenda

Damit Ihrem Team die Agenda ständig im Bewusstsein bleibt, sind regelmäßige Besprechungen zu ihrer Überprüfung angebracht. Ihre Besprechungen sollten sich an einen Standardablauf halten. Sie haben zwei Möglichkeiten, die Besprechung zu leiten. Sie können es auf eher lockere Art leiten, indem jeder, der etwas zu sagen hat, aufsteht und dem Team erzählt, was er im Sinn hat. Oder Sie können das Treffen ein wenig mehr strukturieren, wobei der Teamleiter zuerst redet und einen Überblick gibt, wo das Team im Hinblick auf die Erfüllung seiner Mission steht. Beide Methoden können Sie zum selben Ziel führen, nämlich genügend Informationen zu sammeln, um vernünftig planen zu können, was das Team als Nächstes tun wird.

Überprüfen Sie Ihre Ziele und Ihre Mission

Die Aufstellung der Agenda geht über Kontrollbesprechungen hinaus. Eine Agenda ist auch eine Kombination aus einer Mission und Zielen (siehe Kapitel 6) sowie der alltäglichen Probleme, die Ihre Gruppe bedrängen und die Sie mit Ihrer Gruppe diskutieren müssen, um sie dann in Angriff zu nehmen.

Überprüfen Sie Ihre Vision

Das Aufstellen einer Agenda bedeutet auch, das Verhalten des Teams mit seiner Vision in Einklang zu bringen, wie Sie in Teil V nachlesen können. Weil es der Zweck des Teams ist, nicht einfach nur zu arbeiten, sondern ein höheres Ziel anzustreben, müssen Sie Ihre Besprechungen dazu benutzen, die Fortschritte zu beurteilen und Ihre Teammitglieder anzuspornen, weiterzumachen, wenn sie sich vielleicht damit zufrieden geben wollen, in einem ruhigen, bequemen Zustand zu verharren.

Teamlernen

Genau wie regelmäßige formale Überprüfungen Ihnen dabei helfen, den momentanen Kurs Ihres Teams zu erkennen, können sie auch dazu beitragen, sicherzustellen, dass jeder im Team aus den Erfahrungen der anderen lernt.

Teams sollten Protokolle von allem anfertigen, was sie gelernt haben – und nicht nur von den Erfolgen, sondern auch von den Misserfolgen – und diese Protokolle auf dem neuesten Stand halten, während das Team fortschreitet. Genau wie Führung ist auch Teammitgliedschaft nicht dauerhaft, und Sie werden das Teamwissen an jedes neue Mitglied oder an den neuen Teamleiter weitergeben müssen. Sicher wollen Sie nicht, dass sich die Teammitglieder mit ihrem neuen Teamleiter darüber streiten, dass sie bereits etwas versucht haben und gescheitert sind. Sie wollen in der Lage sein, dieser Person genau zu zeigen, was Sie getan haben und warum es gescheitert ist bzw. ein Erfolg war.

Führen Sie Tagebuch

Ihre Aufgabe als Teamleiter ist es, den besten Weg herauszufinden, um die Erfahrungen des Teams festzuhalten. Lewis und Clark führten ein Tagebuch und viele Forscher führen Notizbücher, wenn sie an einem Problem arbeiten. Ein Notizbuch, das die wöchentlichen Berichte enthält, zusammen mit Ihrer Analyse der Situation und Ihrer eigenen Beobachtung des Teamverhaltens, seiner Disziplinprobleme, moralischer Probleme und Ihrer eigenen Reaktionen, ist wahrscheinlich das Minimum an Aufzeichnungen, das Sie besitzen sollten. Sie sollten auch jegliche Memos, interne Korrespondenzen und Kopien von E-Mails behalten, die sich irgendwie auf die Lösung eines auftauchenden Problems beziehen.

Fördern Sie den Ideenaustausch in Ihrem Team

Wenn ein Teammitglied einen Fortschritt in Bezug auf ein Teilproblem erzielt, sollten Sie von der betreffenden Person erwarten, dass sie das Gelernte dem ganzen Team beibringt. Teamfähigkeiten müssen ausgetauscht werden, d.h., dass jemand, der einen neuen Weg findet, ein Problem zu lösen, dieses Wissen mit seinen Teamkollegen teilt. Dabei sollte ein formaler Unterricht stattfinden und nicht nur ein Meeting abgehalten werden, bei dem ein Bericht gegeben wird. Die Person, die den anderen etwas beizubringen hat, sollte ihr Wissen methodisch weitergeben, damit die Teammitglieder schnell lernen können, wie es anzuwenden ist. Wenn Sie z.B. mit einem Spreadsheet-Programm arbeiten und einen neues Makro entwickeln, um die Analyse zu beschleunigen, sollten Sie sich darauf vorbereiten, dieses im Zusammenhang mit der alten Methode zu zeigen und so vorzuführen, was die alte Methode produzierte. Außerdem sollten Sie den Satz von Instruktionen angeben, die die neue Methode produzieren, zusammen mit Beispielen dafür, was die neue Methode produziert.

Verankern Sie Ihre besten Praktiken

Viele Teams funktionieren sozusagen auf einer *ad hoc*-Basis und machen es so, wie es gerade kommt, so dass sie viele Dinge, die sie gut gemacht haben, oft nicht wiederholen können. Eines der schwierigsten Dinge für ein Team ist, sein Verhalten zur Routine zu machen. Ein Team sollte deshalb unter anderem auch darauf hinarbeiten, seine besten Praktiken zu verankern. Sagen wir z.B., Sie leiten eine Qualitätskontrollfirma, und ein Teil der Arbeit Ihres Teams besteht in Telefonumfragen. Sie finden heraus, dass durch Änderung Ihrer Umfragetechnik und der Fragen Ihre Produktivität steigt und Sie der Firma wesentlich verbesserte Berichte zurückliefern können.

An dieser Stelle müssen Sie als Teamleiter diese neuen Praktiken verankern. Sie müssen neue Skripte für alle Leute drucken lassen und sie in den besten Techniken für deren Benutzung ausbilden. Aber vielleicht wollen Sie die Skripte auch in die Software aufnehmen. Bauen Sie die Software so, dass Sie nicht nur die Antwort misst, sondern diese auch mit einer wachsenden Datenbank aus früheren Antworten vergleicht, so dass Sie einen beweglichen Bemessungsindex haben.

Jedes Unternehmen kann die Lernerfolge seiner Teams nehmen und sie zu festverankerten Praktiken machen. Jedes Team sollte ein Handbuch von Prozeduren führen und es regelmäßig aktualisieren, wenn bessere Praktiken die alten ablösen. Ihr Handbuch sollte Ihre analytischen Werkzeuge, Ihre Anforderungen in Bezug auf die Berichterstattung und Ihre Methoden enthalten, mit denen Sie Ihre Fortschritte messen, ebenso wie die Erwartungen des Teams, damit neue Mitglieder – oder eine neue Führungskraft – genau wissen, was sie erwartet.

Schuldzuweisungen beheben das Problem nicht

Wie wir in Kapitel 21 erklären, ist eine der Erwartungen von Teammitgliedschaft Akzeptanz und eine andere Versöhnung. Als Teamleiter sollten Sie immer darauf konzentriert bleiben, sich vorwärts auf Ihr Ziel zuzubewegen und die Ziele und Visionen Ihres Teams zu erreichen. Beschäftigen Sie sich nicht übermäßig damit, einen Schuldigen zu finden, wenn die Dinge schief laufen. Viele Teams arbeiten innerhalb kontinuierlicher Prozesse, erzeugen Sie daher die Überwachungssysteme, die Sie zur stetigen oder zumindest regelmäßigen, fortlaufenden Überwachung brauchen. Wenn Sie das nicht tun und etwas falsch läuft, ist es Ihr Fehler als Teamleiter. Ihre Aufgabe ist es, Wege zu finden, um Probleme vorauszuahnen und zu korrigieren, bevor sie kritisch werden. Wenn Sie sich dabei ertappen müssen, wie Sie die Arbeit unterbrechen und jemanden anschreien, dann haben Sie versagt.

Eine der besten Techniken, Probleme zu lösen, statt Schuld zuzuweisen, ist die *Methode des lockeren Konstruktivismus*. Die Bezeichnung bezieht sich auf die US-Verfassung und sagt aus, dass alles, was nicht ausdrücklich verboten ist, erlaubt ist. In einer Teamsituation besagt der lockere Konstruktivismus, dass die Leute ihre Arbeit so machen können, wie sie wollen, solange kein etwas tun, was ausdrücklich verboten ist. Wenn Ihr Team z.B. für den Bau von Widgets verantwortlich ist, so gehören zu den verbotenen Dingen z.B. das Einbauen von Teilen, die außerhalb des Toleranzbereichs liegen, oder das Nichtbeachten der Wartungsvorschriften der Maschinerie. Wie das Team das Problem der Einhaltung der Toleranzgrenzen löst, ist sein Problem, und die Lösung könnte vom Einrichten einer Messstation zum Messen eines jeden Teils bis hin zu einem Zusammentreffen mit dem Hersteller des Teils gehen, um einen Weg auszuarbeiten, wie es mit größerer Konsistenz hergestellt werden könnte. Indem Sie Ihrem Team die Hände nicht binden, ermutigen Sie es, die beste Lösung zu Problemen zu finden, die es als kritisch ansieht.

Das Gegenteil des lockeren Konstruktivismus ist der *strenge Konstruktivismus*, und manchmal ist eine Prise davon notwendig, um ein Team dazu zu bringen, gut zu arbeiten. Strenger Konstruktivismus ist ein weiterer Begriff aus dem US-Verfassungsrecht. Er besagt, dass nur das getan werden darf, was ausdrücklich gestattet ist. Der strenge Konstruktivismus zwingt die Leute dazu, einer Vorgabe starr zu folgen, und wenn das Ziel Ihres Teams eine strenge Beachtung von Toleranzen, Vorschriften und sogar des Erscheinungsbilds erfordert, dann ist dies der Weg, den Sie gehen müssen.

Die meisten Journalisten sind z.B. durch inoffizielle Arbeitsvorschriften gebunden, die regeln, wer für die Mahlzeiten bezahlt und unter welchen Umständen. Die meisten Herausgeber halten diese Regeln locker, weil sie keine aufgeblähten Spesenkonten wollen. Wenn jemand die Regeln verletzt zu haben scheint, muss der Manager entscheiden, inwieweit eine Regelverletzung tatsächlich stattgefunden hat und wie damit umgegangen werden soll. Diese Methode ist die des lockeren Konstruktivismus. Wenn Zeitungen und Magazine einfach darauf bestünden, dass Journalisten alle Mahlzeiten selber bezahlten und niemals irgendeine Art Vergünstigung erhielten, wäre dies eine Methode des strengen Konstruktivismus. Mit strengem Konstruktivismus müssten Sie sich gar nicht erst fragen, ob eine Story vielleicht durch eine Mahlzeit oder einen sonstigen Gefallen beeinflusst wurde, aber die Zeitung müsste bereit sein, die Kosten dafür zu bezahlen, ihren Reportern eine weiße Weste zu erhalten.

Lassen Sie Ihr Team seinen eigenen Weg finden

Einer der am meisten befriedigenden Aspekte des Daseins als Teamleiter ist es, neue Führungskräfte heranzuziehen. Dies erreichen Sie am besten, indem Sie Ihrem Team dazu verhelfen, seinen eigenen Weg zu finden. Wohin wollen sie gehen? Was stellen sie sich als legitimes Ziel vor? Wie schätzen sie ihre eigenen Stärken und Schwächen ein? Nachdem Sie einiges über Ihr Team in Erfahrung gebracht haben, sollten Sie ihm wachsende Bewegungsfreiheit beim Setzen seiner Ziele und bei der Definition seiner Mission zugestehen. Ein Teamleiter mit einem Team ähnelt in vieler Hinsicht einem Elternteil mit Teenagern. Sie wissen, dass Sie nicht immer da sein werden, um ihr Leben zu lenken, und daher sind Sie dafür verantwortlich, sie so weit wie möglich mit Ihren Werten auszurüsten, sie zu prüfen, indem Sie ihnen Verantwortung übertragen, und sie sich selber prüfen zu lassen, indem sie diese Verantwortung annehmen.

Arbeiten mit anderen Teams

Ihr Team steht nicht alleine da. Beim Sport spielen die Mannschaften in einer Liga, was bedeutet, dass jede Mannschaft schon allein im Hinblick auf ihre reine Existenz von jeder anderen Mannschaft abhängt. Tatsächlich ist jede Mannschaft sogar von der Konkurrenzfähigkeit jeder anderen Mannschaft im Hinblick auf ihre Vitalität abhängig. Wenn ein Team ständig gewinnt, haben seine Fans keinen Anlass mehr, es anzufeuern, die Besucherzahlen sinken, und die Manager fangen an, all die teuren Stars zu verkaufen, wodurch die Leistungsfähigkeit des Teams ganz schnell herabgesetzt wird.

Dasselbe gilt im Geschäftsleben und für Ehrenämter. Ihr Team ist eines von vielen, konkurriert um Ressourcen, aber arbeitet auch mit anderen Teams zusammen, um seine Arbeit zu schaffen. In großen Firmen arbeiten oft mehrere Teams an ähnlichen Aufgaben. Machen Sie es sich zur Gewohnheit, sich mit den anderen Teamleitern zu treffen, um Informationen und Ressourcen auszutauschen. Entwickeln Sie einen effizienten, aber zwanglosen Marktplatz des Wissens, der Ressourcen und der Leute, so dass Sie Ihr Team dauerhaft in eine siegreiche Abteilung verwandeln können.

Selbst wenn Sie im bitteren Wettstreit mit einem anderen Team liegen, versuchen Sie zu kooperieren. Über 20 Jahre lang haben die Zeitungen in den Vereinigten Staaten genau dies getan. Während der Siebzigerjahre, als die Zeitungen schwindende Auflagen zu verzeichnen begannen, starteten die Herausgeber teure Auflagenkriege, um sich das zu krallen, was von der existierenden Leserschaft noch übrig geblieben war. Das Ergebnis war, dass die Zeitungen noch mehr Geld verloren. Die Lösung ihres Problems kam mit den so genannten Joint Operation Agreements, die besagten, dass verschiedene Zeitungen in derselben Stadt sich zur besseren Kostenausnutzung eine gemeinsame Druckerpresse und andere Arbeitsvorrichtungen teilen durften, während sie gleichzeitig versuchten, sich gegenseitig auszustechen, um die Auflagen zu erhöhen. Ein Joint Operation Agreement erkennt, dass manchmal eine bestimmte Wettbewerbsumgebung ein Nullsummenspiel mit fixen Kosten ist und dass alle zugunsten aller anderen konkurrenzfähig und im Spiel bleiben können, indem sie sich diese Kosten teilen.

Im professionellen Football und Baseball geschieht diese Anerkennung gemeinsamer Bedürfnisse durch Wettkampfkomitees und die Praxis, dass die in diesem Jahr schlechteste Mannschaft für das folgende Jahr das Recht auf die besten Talente erhält, damit mit der Zeit die meisten Teams, was die Begabung betrifft, annähernd gleichwertig sind. Beim Football gehen die Teams sogar noch weiter, indem sie Talentsucher-Vereinigungen bilden, die sich Spieler ansehen und ihre Ergebnisse mit allen anderen Mitgliedern der Vereinigung teilen. All diese Situationen sind Konkurrenzsituationen, in denen Teams ihre Abhängigkeit voneinander zum gegenseitigen Nutzen anerkennen.

Teamlernen

In diesem Kapitel

▶ Suchen Sie nach Informationen für das Teamlernen
▶ Verstehen Sie die Rolle der Erfahrung beim Teamlernen

Lebe und lerne. Lebe und lerne. Das ist es, was Grammy Hall immer sagt.

Woody Allens *Annie Hall*

Im vorhergehenden Kapitel haben wir versucht, Ihnen klarzumachen, wie wichtig es für Teams ist, zu lernen und das Erlernte weiterzugeben. In diesem Kapitel befassen wir uns damit, wie Teams lernen und wie sie ihr Wissen weitergeben.

Wenn Sie jemals in ländlichen Gegenden gewohnt haben, wissen Sie, dass Bauern eine Art von Wissen haben, das nichts mit wissenschaftlichen Studien oder Büchern zu tun hat. Ein guter Bauer kann im späten Winter am Geruch der Luft feststellen, wann es Zeit ist zu säen, oder durch einen Blick auf die Spinnennetze erkennen, wann es Zeit zum Bewässern ist. Diese Art von Wissen – diese *Volksweisheit* – ist die Sorte hart erarbeiteten Wissens, die bestimmte Gruppen von einer Generation zur nächsten weitergeben. In diesem Kapitel reden wir über diese Art von Gruppenlernen.

Die moderne Gesellschaft hat gelernt, diese Art von Volksweisheit ernst zu nehmen. Über die Hälfte aller Medikamente haben ihren Ursprung in Volksheilmitteln. Nicht nur die *Ethnobotanik* (das Studium von Pflanzen exotischen Ursprungs) floriert, sondern eine ganze Firma, Shaman Pharmaceuticals, verwettet Aktionärsgelder darauf, dass sie natürliche Heilmittel in wirkungsvolle Heilwerkzeuge verwandeln kann. Shaman hat erkannt, dass Lernen an vielen Orten stattfindet und dass es nicht klug ist, Wissen von der Hand zu weisen, nur weil es aus einer Quelle stammt, die uns nicht vertraut ist.

Informationen sammeln

Wenn sich die Informationen, die Ihr Team für seine Entscheidungsfindung benötigt, alle an einem Ort befänden, in einem hübschen Päckchen verschnürt, wäre das Leben einfach. Leider funktioniert das Leben nicht so. Ihr Team braucht alle möglichen Arten von Informationen, und die befinden sich an allen möglichen Orten. Die folgenden Abschnitte behandeln einige dieser Orte, an denen Sie und Ihr Team die notwendigen Informationen finden können.

Als Teamleiter liegt es in Ihrer Verantwortung, Ihrem Team beim Lernen zu helfen. Während das Team seinen Geschäften nachgeht, Fehler macht, den Kurs korrigiert und seine Ziele verfolgt, hat der Teamleiter nicht nur für Ermutigung und einfallsreiche Hilfe zu sorgen, sondern muss auch einen fortlaufenden Rechenschaftsbericht – geschrieben oder im Geiste – darüber ablegen, was passiert ist. Wenn das Team ein Ziel erreicht, kann der Teamleiter entweder das, was das Team dazugelernt hat, erneut einsetzen, oder weitermachen und einem neuen Team beibringen, wie es ein ähnliches Ziel effektiver erreicht.

Wohin gehen Sie, um Informationen zu sammeln? Das meiste, was Sie brauchen, kommt aus der Erfahrung Ihres Teams, aber eine ganze Menge wartet auch »da draußen« darauf, dass Sie als Teamleiter es zurück zum Team bringen.

Der Marktplatz

Eine Menge der grundlegenden Daten, die Sie benötigen, sind konkurrierend, demografisch oder beides. Ob Sie nun ein neues Unternehmen starten, eine karitative Spendenorganisation gründen, eine Mannschaft trainieren oder eine Firmenabteilung leiten, der größte Teil der Informationen, die als Ausgangspunkt für Ihre Entscheidung dienen, kommt von außerhalb Ihrer Organisation. Sie können diese Informationen aus Regierungsquellen, aus staatlichen und lokalen Quellen oder aus dem Jahrbuch der Vereinten Nationen bekommen, wenn Sie nach internationalen Daten suchen. Das alles steht in den meisten öffentlichen Bibliotheken für Sie bereit. Machen Sie es sich zur Aufgabe, herauszufinden, wer die Daten sammelt, die Sie für Ihr Unternehmen brauchen, und versuchen Sie, so aktuelle Daten wie möglich zu bekommen.

Wenn Ihre Quellen nicht Regierungsquellen sind, sind sie oft privater Natur. Stiftungen, private Informationsvermittlungen wie Nielsen, Handelsgesellschaften und Kreditauskunftsdienste beinhalten Berge von Informationen, die wertvoll sein können, wenn Sie wissen, wonach Sie fragen und wie Sie es analysieren müssen.

Ihr Projekt

Ihr Unternehmen wird seine eigenen Informationen erzeugen, die Sie in einen wettbewerbsfähigen Rahmen platzieren müssen. Sie werden finanzielle Informationen, Leistungsdaten, Herstellungsdaten und andere Informationen erzeugen, die für Ihr Projekt relevant sind. Ihre Aufgabe ist es, zu entscheiden, welche Informationen kritisch sind und in welcher Form sie am nützlichsten sein werden. Zum Beispiel könnten Sie im Fast-Food-Geschäft sein und Informationen über den Umsatz sammeln. Sie müssen nicht nur wissen, woraus das Verkaufsvolumen besteht, sondern auch, welches seine Komponenten sind – wie viele Burger, wie viele Kombimahlzeiten, wie viele Chicken-Sandwiches usw. Sie verkaufen. Außerdem müssen Sie eine Profitabilitätsanalyse vornehmen, die Einzelmahlzeiten mit Kombimahlzeiten vergleicht, und diese dann mit den Marketingkosten vergleichen. Das Ganze müssen Sie dann in einen Vergleichsrahmen anderer Fast-Food-Verkaufsstellen in Ihrer Gegend sowie anderer Verkaufsstellen in Gegenden mit ähnlicher Demografie und ähnlichem Einkommen stellen.

Jedes Projekt, jede Industrie und jedes Unternehmen hat mindestens eine kritische Zahl, an der alle ihren Fortschritt messen. Im Einzelhandel ist dies der Umsatz pro Quadratmeter. Bei Investitionsfonds ist es der Buchwert. Im Versicherungswesen ist es das Prämieneinkommen.

Bei den Flugunternehmen ist es der Auslastungsfaktor. Als Teamleiter müssen Sie wissen, welches Ihre kritische Zahl ist, weil Ihr Team daran gemessen werden wird. Alles, was Sie tun, wird sich letztendlich um diese Zahl drehen, bis die Zeit kommt, wo Sie beweisen können, dass diese Zahl falsch ist und ein anderes Bemessungswerkzeug Ihnen ein genaueres Ergebnis liefern wird.

Ihre Leute

Jedes Mitglied Ihres Teams besitzt nicht nur die Fachkenntnisse für seine Arbeit, sondern auch die Erfahrung aus früheren Aufgabenstellungen. Ob Sie selbst ein Team zusammenstellen oder eins erben, Ihre Teammitglieder besitzen auf jeden Fall einige Erfahrung, und Sie sollten lernen, diese zu nutzen und darauf zu achten, dass jedes Mitglied den anderen beibringt, was es weiß. Wenn einer der Leute in Ihrem Team ein Produktionsexperte ist, lassen Sie ihn die Grundlagen der Produktion an alle weitergeben. Wenn Sie ein Komitee leiten, das die Verantwortung für die Speisenfolge bei einem Gruppendinner innehat, und Sie haben jemanden dabei, der eine Anzahl von absoluten Monsterrezepten besitzt, lassen Sie ihn die ganze Gruppe darin unterrichten, wie man diese Rezepte ausführt. Beim nächsten Dinner werden Sie schneller und produktiver sein. Wenn Sie einen Spieler in Ihrer Mannschaft haben, der weiß, wie man das Doppelspiel macht, lassen Sie ihn mit jedem in der Mannschaft üben, bis alle Spieler es im Schlaf können. Ihre Aufgabe als Teamleiter ist es, die Fähigkeiten und die Erfahrungen Ihrer Teammitglieder zu ermitteln und dann dafür zu sorgen, dass diese Kenntnisse in der ganzen Gruppe verbreitet werden.

Ihre Konkurrenz

Lernen Sie, Ihre Konkurrenz aktiv zu überwachen. Damit meinen wir nicht, dass Sie sie ausspionieren sollten, sondern Sie sollen lernen, wie es Ihr Konkurrent macht, denn schließlich tun Sie beide das Gleiche. Wenn Ihre Konkurrenz es besser macht, finden Sie den Grund heraus. In der Automobilindustrie existiert eine routinemäßige Praxis namens *Reverse Engineering* (Nachbauen), bei der eine Firma die Autos der Konkurrenz kauft und sie Stück für Stück auseinander nimmt. Dabei zählen sie die Schweißnähte und die Anzahl der Teile, die in eine Teilmontage gehen, und untersuchen das Metall, aus dem die Teile bestehen. Weil sie wissen, was die Herstellung ihres eigenen Wagens kostet, können sie sich eine ganz gute Vorstellung davon machen, was es ihren Konkurrenten kostet, *sein* Produkt herzustellen. So können sie herausfinden, wo sie Kosten einsparen können, ohne die Qualität zu beeinträchtigen, oder sie können einen Marktvorteil erringen, wenn sie herausfinden, dass die Konkurrenz Qualität zugunsten des Umsatzes opfert.

Indem Sie Ihre Konkurrenz überwachen, vermeiden Sie auch Überraschungen. Neue Produkte, Prozesse und Dienstleistungen tauchen jeden Tag auf und daher müssen Sie es wissen, wenn Ihre Konkurrenz einen Vorstoß macht. Halten Sie ein Auge auf die Stellenangebote. Stellt die Konkurrenz ein, Sie aber nicht? Das kann auf eine Markterweiterung, eine Produkterweiterung, den Start eines neuen Produkts oder irgendeine sonstige Vorbereitung auf weiteres

Wachstum hindeuten. (Es könnte auch bedeuten, dass eine Menge Leute die Firma verlassen haben, aber wenn dies der Fall ist, werden Sie es bereits an der Anzahl der Bewerbungen, die für Ihr eigenes Team eingegangen sind, bemerkt haben.)

Die große weite Welt

Lernen Sie am Beispiel. Ihr Team ist mit Sicherheit nicht die erste Gruppe, die auf Ihrem Gebiet arbeitet. Selbst wenn Sie zu einer Expedition in die Antarktis aufbrechen, steht Ihnen das Wissen aus Hunderten anderer Expeditionen, die bereits vor Ihnen da waren, zur Verfügung. Dasselbe gilt für eine Besteigung des Mount Everest. Irgendjemand war immer zuerst da, lernen Sie also aus dessen Fehlern und ahmen Sie seinen Erfolg nach.

Die Welt in ihrer Gesamtheit schließt die akademische sowie die Forschergemeinde mit ein. Lernen Sie, auf dem Laufenden darüber zu bleiben, was sich im wissenschaftlichen Leben tut, indem Sie Forschungsjournals lesen und an Konferenzen teilnehmen.

Dasselbe gilt für Ihre Konkurrenz. Machen Sie es sich zur Praxis, regelmäßig Handelsmessen zu besuchen. Nehmen Sie Ihr ganzes Team mit und lassen Sie es Broschüren, Informationsblätter und Druckschriften sammeln, Fragen stellen und so viele Seminare wie möglich besuchen. Kehren Sie jeden Abend in Ihr Hotelzimmer zurück und legen Sie alle Ihr Wissen zusammen. Fordern Sie als Teamleiter die Leute auf, zu berichten, was sie gelernt haben. Was haben sie Interessantes gehört? Was haben sie gesehen? Wen haben sie getroffen? Sind sie jemandem begegnet, der das macht, was Sie auch machen, nur besser? Haben sie einen potenziellen Neuzugang für Ihr Team gefunden? All diese Fragen befassen sich mit der Welt in ihrer Gesamtheit.

Die Welt umfasst aber auch Leute und Einrichtungen, die absolut gar nichts mit Ihrem Projekt zu tun haben. Falls Ihr Team Unterstützung bei den Finanzen braucht, werden Sie sich wahrscheinlich nicht an den Finanzmenschen Ihres Konkurrenten wenden, sondern z.B. an eine Wirtschaftsprüferfirma. Wenn Ihr Team gewisse Produktionsfertigkeiten benötigt, können Sie diese wahrscheinlich in Ihrer Industrie finden, aber vielleicht auch in einer anderen Industrie, die vielleicht ähnliche Dinge macht, so dass Ihr Team von jemandem lernen kann, der niemals ein Konkurrent werden wird. Der Prozess des Benchmarking hat genau damit zu tun, von den Besten zu lernen, egal, aus welcher Branche sie kommen.

Teamlernen kommt aus der Erfahrung

Es gibt Bücherweisheit und Volksweisheit. Viele Leute werden heutzutage an den Universitäten ausgezeichnet in ihren Bereichen ausgebildet und füllen ihren Job dann miserabel aus, weil sie nicht den Funken von Volksweisheit haben.

Volksweisheit setzt sich aus empirischen Beobachtungen zusammen, die Leute über Jahre hinweg gemacht haben. Häufig gehen diese Beobachtungen in prägnante Sprichwörter ein, die schon fast Klischees sind. Da gibt es z.B. eins über Piloten: »Es gibt alte Piloten und es gibt kühne Piloten, aber es gibt keine alten kühnen Piloten.« Was bedeutet das? Es soll heißen, dass ein Pilot, der in jungen Jahren Risiken eingeht, aller Wahrscheinlichkeit nach abgestürzt ist, bevor er alt werden konnte.

Teamlernen folgt oft denselben Richtlinien wie empirische Weisheit. Während Leute ihren Job tun, häufen sie Wissen an, und so viel Sie sie auch auffordern, dieses Wissen zu formalisieren, indem sie es aufschreiben und Handbücher zusammenstellen, irgendetwas fehlt immer. Es ist, wie wenn Sie die Rezepte eines berühmten Küchenchefs ausprobieren. Egal, wie gut Sie sind, Ihre Rezepte werden nie so gut sein wie die des Chefs. Warum? Weil er irgendetwas in der Anleitung ausgelassen hat. Sicherlich nicht absichtlich, aber es ist dennoch etwas, das wesentlichen Einfluss auf den Geschmack des fertigen Gerichts hat.

Häufig weiß der Koch gar nicht, was er weggelassen hat, weil er niemals darüber nachdenkt. Es könnte etwas in der Art sein, wie den Herd vorzuheizen. Er heizt den Herd für jedes Gebäck vor, warum sollte er Ihnen das also für Ihr spezielles Rezept extra dazu sagen? Dasselbe gilt fürs Teamlernen. Die Leute können noch so offen darüber reden, wie die Dinge gemacht werden, und doch wird unvermeidbar irgendetwas fehlen.

Fingerfertigkeit lernen

Die schwierigste Art Magie für einen Zauberer ist die so genannte Prestidigitation. Sie sitzen ganz nahe bei dem Zauberer und seine Hände sind immer direkt vor Ihnen, und doch kann er Karten und Münzen aus der Luft zaubern. So sehr Sie sich auch den Kopf zerbrechen, Sie kriegen nicht heraus, wie er das macht. Die empirische Erfahrung des Teams ähnelt in vieler Hinsicht dieser Fingerfertigkeit. Sie können einer Person beim Lernen zuschauen und doch nicht alles lernen, weil Sie bei der Vor-Vorbereitung der Arbeit nicht dabei waren. Steve Kindel arbeitete einmal sechs Monate mit einem Kerl zusammen, der Schränke herstellte. Er lernte alles, was er konnte, über das Hobeln, Schmirgeln, Verbinden und Lackieren von Holz. Als er sein erstes Stück anfertigte, war es in jeder Hinsicht gelungen bis auf die Lackierung, die fleckig aussah, egal, wie oft er sie abschmirgelte und wie sorgfältig er den Lack auftrug. Er bat den Schreiner, ihn bei der Arbeit zu beobachten, aber dieser bestätigte ihm, dass er alles richtig machte. Was war also falsch? Der Schreiner lächelte. »Ich erwärme meinen Lack leicht«, sagte er verlegen. »Nicht richtig heiß, aber gerade warm genug, dass er besser vom Pinsel herunterfließt.« Als Steve dasselbe ausprobierte, erhielt er wesentlich bessere Ergebnisse.

Als Teamleiter werden Sie mit solchen Problemen zuhauf konfrontiert. Sie können Ihre ganze Zeit damit verbringen, mit jedem Mitglied Ihres Teams dessen Arbeit zu machen und dennoch wird Ihnen immer irgendetwas fehlen, das weitergegeben werden sollte.

Weil die meisten Leute gar nicht wissen, was sie wissen, müssen Sie es ihnen vorsichtig entlocken. Dies können Sie auf verschiedene Arten tun. Die folgenden Abschnitte zeigen Ihnen, wie.

Gründen Sie eine Zeitung

Teamzeitungen und Mitteilungsblätter können außer zum Zusammenhalten des Teams für einen anderen Zweck benutzt werden. Sie können jedes Teammitglied bitten, etwas Nützliches aufzuschreiben, das dem ganzen Team helfen wird, und zwar abwechselnd, so dass niemand die Last als zu schwer empfindet. Nehmen wir z.b. an, Ihr Finanzmensch benutzt ein ziemlich hoch entwickeltes analytisches Werkzeug. Bitten Sie ihn, es zu erklären, und falls eine Anwendung sich auch für andere Zwecke als sinnvoll erweist, machen Sie Kopien für interessierte Teammitglieder. Viele Leute unterhalten z.b. zu Hause ein Büro, wissen aber weder, wie sie dessen Wertminderung herausfinden sollen, falls es ein separater Bau ist, noch, dass sie einen Teil der Wertminderung zurückverlangen können, falls sie ihren Besitz jemals verkaufen. Wenn Ihr Finanzmensch ein Werkzeug benutzt hat, um Ähnliches mit Besitz durchzuführen, der für Ihre Arbeit wichtig ist, kann er es erklären und so modifizieren, dass andere Mitglieder des Teams es benutzen können.

Zeige und erzähle

Machen Sie aus Ihren wöchentlichen Meetings »Zeige und erzähle«-Sitzungen. Bestimmen Sie für jedes Meeting eine Person, die im Detail erklären soll, was sie in ihrem Team macht und welche Erfahrungen sie mit bestimmten Problemen hat. Die meisten Leute haben sich bereits vorher mit ähnlichen Problemen herumgeschlagen, die aber leicht anders waren, aufgrund der Umstände oder der unterschiedlichen Anforderungen, die an das Team gestellt waren. Nutzen Sie die Diskussion als Ausgangspunkt, um herauszufinden, ob es bei der Zusammensetzung des Teams irgendwelche Mängel gibt oder ob Schwachstellen an der Mission existieren.

Meisterklasse

Die meisten Leute sind stolz auf das, was sie tun, und auf ihre Fähigkeit, einen bestimmten Aspekt ihrer Arbeit zu meistern. Als Übung zur Teambildung lassen Sie jedes Teammitglied eine »Meisterklasse« unterrichten, in irgendeiner Methode mit unterschiedlichen Nuancen. Diese Übung zwingt die Person, die den Unterricht durchführt, mehr über das »Wie« ihres Jobs als über das »Was« nachzudenken. Außerdem gibt sie den Leuten die Gelegenheit, alle Arten von Fragen zu stellen, von denen viele vielleicht überflüssig erscheinen mögen, aber dennoch alle nützlich sind. Diese Fragen werden Ihr Expertenteam veranlassen, das, was es tut, in laienhafter Sprache zu erklären, so dass die anderen Mitglieder Ihres Teams von ihrem Wissen profitieren können.

Andere Erfahrungen

Viele Leute haben Erfahrungen von außerhalb, die sich für das Team als nützlich erweisen, besonders für die Teambildung und moralische Zwecke. Diese Erfahrungen fallen in die Kategorie Hobbys, Talente, sportliche Begabungen usw., von denen keine direkt etwas mit den anliegenden Aufgaben zu tun haben muss, von denen aber alle etwas über die Person enthüllen, die sie besitzt, und über deren Potenzial im Bezug auf andere Tätigkeiten. Zum Beispiel ist jemand, der sich mit Modelleisenbahnen oder Schiffsbau beschäftigt, wahrscheinlich unbeschreiblich detailbesessen. Wenn Sie extra Hilfe bei einem Spreadsheet-Projekt oder einer akribischen Überprüfung des Reklamevorabdrucks benötigen, könnte Ihnen diese Person einen zusätzlichen Satz Augen und Hände zur Verfügung stellen. Vielleicht haben Sie auch jemanden in Ihrem Team, der Berge erklimmt und an den Wochenenden ein wenig Wildwasserfahren betreibt. Das ist derjenige, den Sie aufstehen und die Präsentation machen lassen sollten, weil er genügend Selbstvertrauen besitzt, um sich körperlich herauszufordern, aber auch vorsichtig genug ist, um sich vor jedem Abenteuer gut vorzubereiten.

Als Teamleiter ist es Ihr Job, die volle Bandbreite der Fähigkeiten jedes Ihrer Teammitglieder zu entdecken und sie alle zum maximalen Nutzen des Teams einzusetzen. Nehmen Sie es als gegeben hin, dass Ihre Teammitglieder komplizierte menschliche Wesen sind, deren Fähigkeiten und Kenntnisse reich und vielfältig sind, und bestehen Sie fortwährend darauf, dass die Leute in ihrem reichen Erfahrungsschatz graben, um für ihr Team einen größeren Beitrag zu leisten.

Teamwissen verbreiten

In diesem Kapitel
- Lernen Sie, wie Sie Teams nachbilden
- Identifizieren und schaffen Sie neue Teamleiter

Die letzte Probe für eine Führungspersönlichkeit ist es, in anderen Männern die Überzeugung und den Willen zu hinterlassen, weiterzumachen.

Walter Lippmann

Unzweifelhaft wird eines Tages der Punkt kommen, an dem Ihr Team reibungslos funktioniert, Ihr Ziel in Sicht ist und Ihre Mission bald erfüllt sein wird. Vielleicht haben Sie bereits eine andere Aufgabe erhalten und warten nur noch darauf, dass die Dinge zu einem Ende kommen und Sie zu etwas Neuem übergehen können.

Oder vielleicht hat Ihr Team es geschafft, größere Änderungen an der Art des Arbeitsablaufs in Ihrer Organisation zu vollbringen, und Ihr Vorgesetzter hat Sie gebeten, das, was Ihr Team erreicht hat, im ganzen Unternehmen zu verbreiten.

In jedem Fall müssen Sie einige Entscheidungen darüber treffen, wie Sie das mühsam erworbene Wissen Ihres Teams an die Leute weitergeben, die in Zukunft Ihren Platz einnehmen werden. Sie können das Erreichte auf mehrere Arten weitergeben, wobei sichergestellt ist, dass die Kenntnisse des Teams nicht verloren gehen und dass Ihr Wissen sich in der Organisation verbreitet.

Ein Team nachbilden

Vielleicht arbeiten Sie ehrenamtlich für eine Organisation, die in Ihrer Gemeinde Spielplätze anlegt, und diese Organisation hat einen Preis gewonnen. Ihre Organisation bittet Sie, ähnlichen Organisationen in Städten und Dörfern im ganzen Land dabei zu helfen, effektiver beim Bau ihrer eigenen Spielplätze zu werden. Was tun Sie? Sie könnten eine von mehreren Techniken zum Nachbilden von Teams ausprobieren, die alle gleich gut funktionieren.

Each one teach one - jeder unterrichtet jeden

Diese Methode ist die direkteste Methode zur Weitergabe von Teamwissen. Ein altes Sprichwort sagt uns, dass der eine lernen kann, was ein anderer weiß. Wenn Sie wissen, wie man Spielplätze baut, können Sie vielleicht Ihre Organisation ehrenamtliche Helfer aus anderen Städten zu Ihnen schicken lassen, damit sie mit Ihrem Team zusammen arbeiten und dabei all die Dinge, die Ihre Gruppe so gut kann, beobachten und aus erster Hand lernen können. Wenn Sie die Each-one-teach-one-Methode anstreben, werden Sie Ihr Wissen systematisieren müssen – also in eine schriftliche schrittweise Anleitung stecken, die kopiert und verteilt werden kann. Andernfalls bekommen Sie zwar ein Paar zusätzlicher Hände dazu, doch die Person, der diese Hände gehören, wird nicht das Gefühl haben, von dieser Erfahrung viel davongetragen zu haben.

Die folgende Liste umfasst die wichtigsten Punkte, die Sie beachten müssen, wenn Sie die Each-one-teach-one-Methode zur Verbreitung von Teamwissen einsetzen wollen:

✔ Bilden Sie Paare aus jeweils einem Besucher und einem Teammitglied und lassen Sie Ihr Teammitglied seinen Partner unterrichten.

✔ Halten Sie am Ende des Tages Besprechungen ab, bei denen die Besucher Fragen stellen und ihre Gedanken über das Gelernte austauschen können.

✔ Wechseln Sie die Aufgabenstellung täglich ab, damit Ihre Besucher in der verfügbaren Zeit so viel Wissen wie möglich aufnehmen können.

Wie gut sollten Sie organisiert sein, um eine große Anzahl von Leuten für kurze Zeit in Ihrer Gruppe aufnehmen zu können und ihnen die Methoden Ihres Teams beizubringen? Seien Sie am besten hochgradig organisiert. Bringen Sie Ihr eigenes Teamlernen zu Papier und stellen Sie ein Handbuch aus Prozeduren zusammen, dem jeder folgen kann. Dieses Handbuch ist jenes, das Sie in der Vergangenheit benutzt hätten, wenn neue Mitglieder ins Team gekommen wären und ganz schnell hätten angelernt werden müssen. Sie sollten auch eine Anzahl von Übungen zur Teambildung vorbereiten, damit neue Leute sich schnell in Ihr Team integriert fühlen.

Diese Übungen zur Teambildung sind Teil des Geistes und der Doktrin des Teams, die Sie einen potenziellen Leiter eines anderen Teams mit nach Hause nehmen lassen wollen. Sie lehren nicht nur das, was Sie tun und wie Sie es tun, sondern auch, warum es wichtig ist und wie man andere Leute motiviert, dasselbe zu tun. Mit anderen Worten, wenn Sie einen Each-one-teach-one-Kurs durchführen, bilden Sie in Wirklichkeit Teamleiter für andere Gruppen aus. Was sie lernen, werden sie mit zurück zu ihren eigenen Gruppen nehmen und dazu benutzen, ihr eigenes Team auszubilden.

Boot Camps

Ein Boot Camp ist eine Technik zum Unterrichten einer großen Anzahl von Leuten zur gleichen Zeit. Wenn Sie gebeten werden, ein Boot Camp zu leiten, werden Sie gebeten, sehr viele Personen in sehr kurzer Zeit auszubilden. Zu diesem Zweck müssen Sie sogar noch besser organisiert sein, als wenn Sie die Each-one-teach-one-Methode aus dem vorhergehenden Abschnitt anwenden. Ein Boot Camp ist ein hoch strukturiertes Unternehmen, das Sie dazu zwingt, wirklich zu wissen, wovon Sie reden, wenn Sie mit der Ausbildung beginnen.

1. **Stellen Sie ein vollständiges Handbuch der Methoden her.**

   Stellen Sie sich selbst jede nur denkbare Frage darüber, wie man einen Spielplatz baut, denn das ist es, was Sie lehren werden. Ihr Handbuch sollte mit der Vorbereitung des Standorts beginnen. Wie wählen Sie einen geeigneten Ort aus? Wie gehen Sie mit Baubeschränkungen und Genehmigungen um? Gehen Sie weiter zu Baumaterialien und Sicherheitsbedenken usw., bis Sie ein vollständiges Know-how über Spielplätze konstruiert haben.

2. **Legen Sie Ihre Theorie und Doktrin dar.**

   Wenn Ihre Gruppe Spielplätze baut, *warum* baut sie Spielplätze? Was ist die Geschichte der Gruppe und wie hat sie sich zu ihrer momentanen Stärke entwickelt? Was macht Ihre Spielplatzbaugruppe so viel besser als andere lokale Bemühungen? Sie müssen wohl durchdachte Erklärungen zu diesen Fragen parat haben und sie Ihren neuen Mitgliedern kurz und knapp mitteilen können.

3. **Erklären Sie die Vorgehensweise.**

   Sie müssen in einzelnen Schritten erklären, wie der Spielplatz gebaut wird. An dieser Stelle werden die Leute sich durch ihre Handbücher arbeiten und sich Notizen machen. (Machen Sie es sich zur Gewohnheit, in jedem Abschnitt Ihres Methodenhandbuchs eine leere Seite einzufügen, damit die Leute dort ihre persönlichen Bemerkungen eintragen können.) In diesem Lernabschnitt reden Sie vermutlich über Materialien, Arbeit, Kosten und Techniken, um Spenden aufzutreiben und das Bewusstsein der Gemeinde und der Öffentlichkeit zu wecken. Sie werden wahrscheinlich eine Anzahl von Extra-Sitzungen haben, die sich mit Themen beschäftigen wie Baubeschränkungen und Genehmigungen, wie man Firmen dazu bringt, die Ausrüstung zu spenden, wie man einen Spielplatz praktisch ohne Budget baut und anderen Dingen, die Sie als wichtig ansehen.

4. **Gehen Sie Fallstudien durch.**

   Sie müssen Ihre Gruppe Schritt für Schritt durch den Prozess führen. Ermutigen Sie jedes Mitglied Ihres Teams, über die Probleme zu sprechen, die ihm persönlich begegnet sind, sowie über Probleme, die das Team als Ganzes zu überwinden hatte. Sie sollten eine Vielzahl von Beispielen in petto haben, damit Sie vorführen können, wie man Spielplätze zu den unterschiedlichsten Kosten, in variierender Komplexität und in verschiedenen Umgebungen bauen kann.

5. **Bieten Sie wirkliche Erfahrung an.**

   Lassen Sie die Gruppe selbst einen Spielplatz bauen, wobei Ihre Leute als Berater fungieren. Ermutigen Sie diese Gruppe, ein Team zu werden, auch wenn sie nach dem Ende des Boot Camps wieder getrennte Wege gehen werden. Bringen Sie sie dazu, herauszufinden, wie sie eventuell auftauchende Probleme lösen können. Sorgen Sie dafür, dass die Probleme dieselben sind, auf die sie auch treffen werden, wenn sie nach Hause zurückfahren, damit sie genau wissen, was sie erwartet.

Die Assimilationstechnik

Die Assimilationstechnik als Weg, die Kenntnisse Ihres Teams weiterzugeben, erfordert die Aufnahme einiger neuer Mitglieder, denen Sie beibringen, was Sie wissen, um sie dann, nach einer beträchtlichen Zeitspanne, wieder in die weite Welt hinauszuschicken, wo sie ihre eigenen Teams bilden sollen. Praktisch nehmen Sie sie in den Kulturkreis Ihres eigenen Teams auf und machen sie zu Ihren eigenen Leuten – so lange, bis sie alleine zurechtkommen.

Wenn Sie viel Zeit haben, ist diese Technik wahrscheinlich die beste Art, Teamlernen zu vervielfältigen, weil die Person, die von der Gruppe assimiliert wird, ohne bewusste Anstrengung lernt. Ihre Fortschritte können direkter überwacht werden und sie kann zunehmende Verantwortung erhalten, wenn sie sich diese verdient hat. Missionare benutzen diese Techniken schon seit Jahrhunderten, indem sie Menschen in ihre Obhut nehmen, sie ernähren und sie dann wieder zu ihren eigenen Leuten zurückschicken, um die Botschaft zu verbreiten.

Geben Sie es weiter

Ein weiterer Weg, das kollektive Wissen eines Teams weiterzugeben, ist, das Team vorübergehend anwachsen zu lassen und es dann in zwei Teams aufzuteilen. Ernennen Sie einen neuen Teamleiter, der die eine Hälfte der Mitglieder übernimmt und dann sein eigenes Team wieder wachsen lässt und genauso aufspaltet. Ihre Aufgabe als Teamleiter ist es, die richtige Person für die Rolle des neuen Teamleiters herauszupicken. Dazu müssen Sie Ihre Zeit damit verbringen, zu beobachten, wie Ihre Teammitglieder interagieren, auf der Suche nach einer Person, die nicht nur die Verantwortung ergreift und die anderen Führungsattribute besitzt – die Fähigkeit, anderen ihre Kooperation zu entlocken, die Fähigkeit zuzuhören und die Fähigkeit, die Bedürfnisse der anderen vor die eigenen zu stellen –, sondern auch in der Lage sein wird, in naher Zukunft unabhängig von Ihnen zu arbeiten.

Ihre Wahl wird mit an Sicherheit grenzender Wahrscheinlichkeit darauf basieren, welches der Mitglieder Ihres erweiterten Teams die meisten Fähigkeiten meistert. Wenn Sie ein »Ableger-Team« in die Selbstständigkeit entlassen, sollten Sie eine Mischung aus mehr und weniger erfahrenen Leuten wählen, damit das Team die passenden Ressourcen hat, mit denen es seine Probleme lösen kann. Wenn Sie einen neuen Teamleiter wählen, wählen Sie gleichzeitig auch dessen Anhänger, und daher sollten Sie darauf achten, dass die neue Gruppe auf einigermaßen harmonische Art und Weise zusammenarbeitet.

Außenunterricht

Alle Methoden, über die wir bisher gesprochen haben, basierten darauf, dass Leute in Ihre Gruppe kommen, vom Team und seinem Leiter lernen und ihr Wissen dann woanders hin mitnehmen – für gewöhnlich in ein anderes Team. Aber die andere Seite der Medaille ist das Unterrichten, und alle besprochenen Methoden können genauso gut angewandt werden, wenn Sie Leute aus Ihrer Gruppe zu anderen Teams oder Teamleitern schicken, um diesen beizubringen, was Sie gelernt haben. Sie sollten alle, die Sie wegschicken, sorgfältig vorbereiten, denn sie werden zu De-Facto-Leitern neuer Teams werden, zumindest für eine Weile, bis sie die Kenntnisse, die sie lehren sollen, vermittelt haben. Sie sollten daher Selbstvertrauen und Autorität ausstrahlen.

Sie sollten die erste Außenmission am besten selbst durchführen und die Person mitnehmen, die Sie am wahrscheinlichsten als Teamleiter ersetzen kann, falls Sie weitergehen sollten. Diese Person kann beobachten, wie Sie Ihren Unterricht durchführen, und wertvolle Tipps für sich daraus mitnehmen. Auf diese Weise ziehen Sie sich gleichzeitig Ihren Nachfolger für Ihr eigenes Team heran, während Sie ein neues Team ausbilden.

Nachdem Sie mit Ihrem Nachfolger »draußen« waren, erlauben Sie ihm, die folgenden Missionen alleine durchzuführen. Das ist effektives Führungstraining. Lassen Sie sich jedes Mal Bericht erstatten, wenn Ihr Nachfolger von einem Ausbildungstrip zurückkommt, und reden Sie dann mit der betreffenden Gruppe, um genau herauszufinden, wie es lief. Sie brauchen das Feedback der neuen Gruppe, wenn Sie dieser Person schließlich als Ihrem Nachfolger für Ihre eigene Gruppe vertrauen wollen.

Neue Führungskräfte machen

Eines der ersten Dinge, die wir in diesem Buch festgestellt haben, ist, dass Führung immer vorübergehend ist. Sie haben die Führungsrolle für einen bestimmten Zeitraum, aber nicht auf Lebenszeit, es sei denn, Sie sind eine erbliche Führungsperson wie etwa ein König. Und weil dies eher unwahrscheinlich ist, müssen Sie anfangen, darüber nachzudenken, wer Sie irgendwann ersetzen wird, woran Sie die betreffende Person erkennen und wie Sie sie ausbilden werden.

Wenn Sie wie wir glauben, dass Führungspersönlichkeiten gemacht und nicht geboren werden, dann könnte Ihr neuer Teamleiter fast jeder in Ihrer Gruppe sein oder vielleicht jemand von außerhalb der Gruppe. Egal, woher, Ihr neuer Teamleiter wird jemand sein, der die folgenden Fragen beantworten kann:

✔ **Verstehen Sie die Vision des Teams?** Visionen sollen klar, einfach artikuliert und leicht mitzuteilen sein. Widmen Sie in Ihren Gesprächen mit potenziellen Nachfolgern einen großen Teil der Zeit der Vision der Gruppe. Bringen Sie die Leute dazu, Ihnen zu erzählen, wie sie die Vision des Teams erweitern würden und wo ihre Ideen sie hinführen könnten. Fragen Sie sie gründlich nach den Konsequenzen ihrer Ideen aus und fordern Sie sie auf, einen inoffiziellen Plan einzureichen, der eine neue Richtung für das Team aufzeigt. Ein potenzieller Teamleiter bringt Logik und Klarheit in seine Präsentation ein und überträgt eine gewisse Erregung. Wenn Sie auf diese Weise etwas bekommen, das Ihnen interessant erscheint, sollten Sie die betreffende Person vielleicht zu ihrer eigenen Mission aufbrechen lassen, während sie immer noch ein Mitglied des Teams ist. Auf diese Weise wird sie, wenn die Zeit für den Führungswechsel gekommen ist, bereits recht weit im Planungs- und Entwicklungsprozess fortgeschritten sein.

✔ **Verstehen Sie die Mission des Teams?** In der Lage zu sein, eine hoch fliegende Vision zu würdigen, ist eine Sache, aber wie steht Ihr potenzieller Teamleiter zu den alltäglichen Realitäten der Teamleitung? Kann er sich auf die Mission konzentrieren und über den Details brüten? Weiß er, welche Dinge wichtig sind und wie er die Kontrolle über diese Dinge behält, die entscheidend für den Erfolg der Mission sind? Erlauben Sie möglichen Kandidaten, für eine oder zwei Wochen die Führung zu übernehmen, falls sich Ihr Projekt über Monate hinweg zieht, oder für einen längeren Zeitraum, falls Ihr Projekt ein Jahr oder länger dauert. Fungieren Sie als Trainer und erteilen Sie Rat, wo er benötigt wird – natürlich können Sie nicht zulassen, dass Ihre Sache zu weit vom Kurs abkommt oder Ihre eigene Fähigkeit zu führen in Frage gestellt wird.

✔ **Verstehen Sie die Bedürfnisse anderer Mitglieder des Teams?** Wie geht Ihr potenzieller Teamleiter mit anderen Mitgliedern Ihres Teams um? Wird seine Wahl Eifersucht und Verärgerung hervorrufen oder wird sie als kluge Entscheidung Beifall finden? Werden die Leute Ihren vorgeschlagenen Teamleiter bereitwillig akzeptieren oder werden an der Zusammensetzung des Teams Änderungen vorgenommen werden müssen? Es liegt an Ihnen, sensibel genug mit der Persönlichkeitsdynamik Ihres eigenen Teams umzugehen und jedem Mitglied behutsam Ihre Wahl zu erklären, nachdem Sie sie getroffen haben. Wenn Sie einfach einen neuen Teamleiter trainieren, trainieren Sie mehrere, und lassen Sie jeden wissen, dass er eine gleichwertige Chance auf die Übernahme Ihrer Rolle hat. Beinahe jeder liebt die Herausforderung und diejenigen, die nicht gerne führen wollen, werden Ihnen das schnell mitteilen.

Manchmal wollen Leute deswegen nicht die Führungsrolle übernehmen, weil es ihnen an Selbstvertrauen fehlt, nicht aber an den notwendigen Fähigkeiten. Dies gilt besonders für Frauen und Minderheiten, denen im täglichen Leben nicht dieselben Gelegenheiten zur Führung geboten werden wie dem normalen weißen Mann. Wenn Sie eine Person dabei haben, die nicht auf ihr Recht zu führen vertraut, müssen Sie ihr erklären, dass sie bereits Führungsqualitäten demonstriert hat, weil Sie sie sonst nicht für diese Rolle in Betracht gezogen hätten. Wenn Kinder z.B. ein schulisches Problem haben und anfangen, sich selbst für dumm zu halten, sollten Sie sie immer davon abbringen und sie daran erinnern, was sie bereits alles wissen und wie viel sie schon gelernt haben. Genauso ermahnen Sie jemanden, der mit der Führungsrolle noch nicht vertraut ist.

Das Kochbuch des Teamleiters

Einen neuen Teamleiter zu machen ist so ähnlich wie kochen. Sie können etwas auf die Schnelle aus der Tüte zaubern oder Sie können einen Teamleiter von der Pike auf erschaffen. Der Trick liegt darin, zu wissen, wann welche Möglichkeit gewählt werden sollte.

Aus der Tüte

Ein Teamleiter aus der Tüte ist einer, der zu Ihnen mit den passenden Eintrittskarten kommt. Sie werfen einen Blick auf seine Bewerbung, reden einige Minuten mit ihm und erkennen, dass diese Person jahrelang gut ausgebildet wurde und Erfahrung besitzt. Der Tütensuppen-Teamleiter ist gewillt, schnell zu lernen, und wird Ihnen geduldig zur Seite stehen, um Ihren Führungsstil zu absorbieren sowie das Aroma der Gruppe aufzusaugen. Eine solche Person ist normalerweise ein Meister der Gruppendynamik und wird fast sofort damit beginnen, Teamverantwortungen wahrzunehmen, so dass sie in nicht allzu langer Zeit genau das tun wird, was Sie von ihr erwarten, und noch vieles mehr. Solche Leute sind das, was wir geneigt sind, *natürliche Führungspersönlichkeiten* zu nennen, aber das sind sie eigentlich überhaupt nicht. Sie sind nur extrem gut ausgebildet und haben ihre Fähigkeiten im Laufe der Zeit wiederholt demonstriert.

In Notfällen ist es wunderbar, einen von diesen Instant-Teamleitern in Ihrem Team zu haben. Wenn Sie einen Instant-Teamleiter haben, können Sie einen Großteil der täglichen Verwaltungsarbeit an ihn delegieren, während Sie an Ihrer Vision und einer langfristigen Strategie arbeiten. Aber Sie können sich auch darauf verlassen, dass er die Führung übernehmen wird, wenn Sie plötzlich weg müssen oder aufgrund einer Notlage abberufen werden.

Von der Pike auf

Aber, ach, die wenigsten Gruppen haben leider einen Instant-Teamleiter an der Hand. Sie als Teamleiter werden wahrscheinlich eher zu kämpfen haben, um jemanden zu finden, der Ihre Rolle übernimmt, aus einem von mehreren Gründen:

- ✔ **Keiner will außen stehen als starker Teamleiter.** Sie haben ein wirklich harmonisches Team und alle funktionieren auf in etwa demselben Level. Ihre Leute arbeiten wie selbstverständlich zusammen und streben nach Übereinstimmung und keiner bewegt sich zu weit oder zu schnell von der Gruppe weg, um sich nicht von ihr zu distanzieren. In einer solchen Gruppe ist Vorsicht angesagt. Sie haben das, was wir in Kapitel 9 als *Ju-Jutsu-Gruppe* beschrieben haben, eine, die Informationen und Aktionen auf sich zieht, aber eher reaktiv als proaktiv.

- ✔ **Die Leute sind zu beschäftigt mit ihrer eigenen Arbeitslast, um ans Führen überhaupt nur zu denken.** Sie haben eine Gruppe, die von ihren eigenen internen Problemen so eingenommen ist, oder eine, die in einer schwierigen Umgebung arbeitet, so dass sie das Gefühl hat, all ihre Aufmerksamkeit auf ihre täglichen Überlebenskämpfe richten zu müssen statt auf ihre Zukunft. Diese Gruppe will sich nicht mit Visionen beschäftigen und würde sich fürchterlich erschrecken bei der Vorstellung, dass Sie weggehen und einer von ihnen Ihre Rolle übernehmen muss.

- ✔ **Die Aufgabenstellung des Teams ist im Begriff, sich zu ändern.** Diese Situation ist nicht ungewöhnlich. Teams werden schließlich zusammengestellt, um bestimmte Probleme zu lösen, und wenn das Problem gelöst und das neu gewonnene Wissen seinen Platz in der umgebenden Organisation gefunden hat oder weitergegeben wird, ist für das Team der Zeitpunkt für Veränderungen gekommen. Das Team erhält vermutlich eine neue Aufgabe und wird vielleicht sogar zu einer Art »Mission Impossible«-Kommando, das das Vertrauen der Organisation für weitere schwierige Anstrengungen besitzt. Unter diesen Umständen müssen Sie herausfinden, welche Art Leiter Ihr Team für die Zukunft benötigen wird, und daran denken, dass die Qualitäten, die im Moment zum Erfolg führen, vielleicht nicht die sind, die auch in Zukunft gebraucht werden.

Sie werden sich wahrscheinlich noch weitere Szenarien vorstellen können, bei denen Sie nicht einfach zu jemandem hingehen, ihm Ihren Marschallstab in die Hand drücken und sagen können, »Jetzt bist du an der Reihe.« Was tun Sie in solchen Fällen? Sie basteln sich einen Teamleiter von der Pike auf.

Sie schätzen die grundlegenden Führungsqualitäten jedes Teammitglieds auf dieselbe Weise ein, wie Sie die Ihren eingeschätzt haben. Sie messen ihre Fähigkeiten an den vier entscheidenden Eigenschaften – Verantwortung ergreifen, Kooperation entlocken, zuhören und andere vor sich selbst stellen – und Sie erhalten eine Zahl, die die Fähigkeiten jeder Person repräsentiert. Dann analysieren Sie die Probleme, die wahrscheinlich in Zukunft auftreten werden, und versuchen herauszufinden, welche Kombinationen von Stärken diesen zukünftigen Problemen am ehesten gerecht werden. An diesem Punkt sollten Sie zwei oder drei Leute gefunden haben, die ins Konzept passen, auch wenn keiner davon besonders hervorsticht. Dann sollten Sie anfangen, deren Verantwortungsbereich zu vergrößern, indem Sie ihnen neue Aufgaben und die Führung über kleinere Projekte übertragen, bis Sie zuversichtlich sind, dass sie die ganze Gruppe leiten können. Aus dieser kleinen Gruppe potenzieller Teamleiter sollte ein effektiver Noch-Teamleiter in der Lage sein, die richtige Wahl zu treffen.

Die ganze Aktion, dass Sie jede Person auffordern, ihr Verständnis der Vision darzulegen, ihre Sicht der Mission und ihr Gefühl für die Leute, mit denen sie zusammenarbeitet, hat den Sinn, Ihnen eine Gelegenheit zu geben zu erkennen, ob die jeweilige Person einen guten Leiter für Ihr Team abgibt. Hören Sie gut zu, wie die Leute antworten, aber erzählen Sie ihnen nicht, dass Sie sie als Ihren Nachfolger in Erwägung ziehen. Es könnte sein, dass keine der ausgewählten Personen geeignet ist, und in diesem Fall werden Sie wieder von vorne beginnen oder außerhalb des Teams nach einem Nachfolger suchen müssen.

Wenn Sie aber doch einen oder zwei Kandidaten haben, beginnen Sie die Sache voranzutreiben. Geben Sie ihnen zusätzliche Verantwortungen, um ihre Fähigkeiten zu testen. Fragen Sie sie, ob sie bereit sind, sich in größerem Maße für den Erfolg der Gruppe zu engagieren und ihre eigene Zeit und Energie dafür zu opfern. Finden Sie heraus, ob sie zu Hause irgendwelche Probleme haben, die sie daran hindern zu wachsen, und finden Sie dann entweder eine Möglichkeit, ihnen bei der Lösung dieser Probleme zu helfen, oder gehen Sie zum nächsten Kandidaten über.

Wenn Anhänger nicht folgen wollen

In diesem Kapitel

- Finden Sie heraus, was falsch gelaufen ist
- Betrachten Sie sich Ihre Führung
- Überlegen Sie sich, ob Sie aufmerksam genug waren
- Denken Sie über Ihre Aufrichtigkeit nach
- Finden Sie heraus, ob Sie die Konsequenzen hätten voraussehen können

> *Wenn all ihre Rechte nur noch zu einem Haufen Unrecht werden; wenn Menschen mit angehaltenem Atem um die Erlaubnis betteln müssen, in ihrem eigenen Land leben zu dürfen, ihre eigenen Gedanken denken zu dürfen, ihre eigenen Lieder singen zu dürfen, die Früchte ihrer Arbeit ernten zu dürfen ... dann ist es sicherlich mutiger, vernünftiger und ehrlicher, ein tatkräftiger Rebell gegen solche Umstände wie diese zu sein, als sie brav als das natürliche Los der Menschheit zu akzeptieren.*
>
> Sir Roger Casement

In alten Zeiten hatten die Führungspersonen ihre eigene Art, mit aufsässigen Anhängern umzugehen. Dschingis Khan pflegte kleine Hügelchen aus den Köpfen der Krieger zu machen, die seine Autorität in Frage gestellt hatten. Vlad der Pfähler ließ die Leute an Speeren von den Mauern seiner Burg herabhängen. Tamerlan der Große überließ eine ganze Stadt dem Schwert, wenn sie sich weigerte, zu gehorchen. Wann immer es also zwischen Führungspersonen und ihren Anhängern nicht mehr stimmt, gibt es eine Neigung von Seiten der Führenden, zum Schwert zu greifen, selbst wenn es nur ein imaginäres ist.

Der Hang der Führenden, die Dinge zu sehr nach ihrem Kopf haben zu wollen, ist einer der Gründe, warum die Literatur voller Geschichten über Rebellion ist. Von *Die Caine war ihr Schicksal* bis hin zur *Meuterei auf der Bounty* haben Autoren versucht, sich mit den Konsequenzen scheiternder Führung auseinander zu setzen. Vieles, was über dieses Thema geschrieben wurde, handelt leider von Zusammenbrüchen in Befehlsstrukturen. Wir glauben aber, dass außerhalb des Militärs die befehlsorientierte Führungsmethode sowieso im Aussterben begriffen ist. Wir brauchen daher eine neue Betrachtungsweise der Dynamik zwischen Führungspersonen und ihren Anhängern und dessen, was zwischen ihnen schief laufen kann.

Was mach' ich bloß falsch?

Stellen Sie sich die Beziehung zwischen Führungspersonen und ihren Anhängern ähnlich wie die Beziehung zwischen Eltern und Kindern vor. Damit meinen wir nicht, dass Teamleiter an ihren Gruppen väterliche oder mütterliche Interessen haben sollten. Stattdessen glauben wir, dass gute Eltern, ohne viel darüber nachzudenken, erkennen, dass sie dafür verantwortlich sind, ihren Nachwuchs zu pflegen. Wenn sich die Kinder schlecht benehmen, liegt der Fehler bei den Eltern, die es versäumt haben, den Kindern ihre Werte und Erwartungen vernünftig zu vermitteln (abgesehen natürlich von möglichen psychopathischen Krankheiten beim Kind).

Die erste Frage, die sich gute Eltern also stellen, lautet, »Was mache ich falsch? Warum machen meine Kinder nicht das, was ich von ihnen will? Habe ich ihnen richtig erklärt, warum ich will, dass sie dies oder jenes tun? Habe ich ihnen gemischte Botschaften vermittelt, indem ich das eine sagte und etwas anderes tat? Habe ich mich vorbildlich verhalten, so dass die Kinder mein Verhalten nachahmen wollen? Habe ich sie zu weit gehen lassen oder ihnen mehr Freiheiten gelassen, als sie verdient haben? Kurz, war ich zu nachlässig bei der Ermittlung ihrer Fähigkeit, Urteile zu fällen?«

Dies sind auch die Fragen, die sich jeder Teamleiter stellen sollte, wenn etwas danebengeht. Aber noch bevor diese Fragen gestellt werden, sollten Teamleiter sich einen weiteren, noch wichtigeren Satz von Fragen stellen, die unter der Überschrift »Welche Art von Versagen liegt vor?« laufen. Wie Sie sehen werden, kann Versagen aus mehreren verschiedenen Richtungen kommen. Zu wissen, mit welcher Art Versagen Sie es zu tun haben, ist entscheidend, wenn Sie Ihre Gruppe wieder auf den richtigen Weg zurückführen wollen.

Scheitern der Vision

Visionen müssen den Test bestehen, im Rahmen der verfügbaren Ressourcen der Organisation, der motivierenden Fähigkeiten des Teamleiters und der Begabungen, der Fähigkeiten und des Enthusiasmus der Gruppe erfüllbar zu sein. Ein Scheitern der Vision kann durch einen der folgenden Gründe verursacht sein:

- ✔ **Die Vision war zu begrenzt und reichte nicht aus, die Leute zu großen Taten zu motivieren.** Wenn eine Vision zu eng gefasst ist, verlieren Gruppen ihren Enthusiasmus und ihre Motivation und die talentiertesten Leute werden sich abwenden und sich nach etwas Größerem umsehen, in das sie ihre Mühe investieren können.

- ✔ **Die Vision wurde von der größeren Vision eines Konkurrenten übertroffen.** Selbst die beste Vision wird wertlos, wenn ein anderer mit einer besseren Idee ankommt.

- ✔ **Die Vision war zu gewaltig und daher unerreichbar.** Wenn die Vision zu grandios ist, entmutigt sie die Leute und lässt sie glauben, ihre Zeit mit etwas zu verschwenden, was die Indianer »Kathedralen in der Wüste bauen« nennen.

Scheitern der Mission

Ein Scheitern der Mission ist ein Scheitern der Planung. Von einem guten Teamleiter wird erwartet, dass er weiß, wo die Gruppe am Ende ankommen soll und warum. Oft entwickeln Teamleiter einen Sinn für die Mission, der sie blind für andere wichtige Erwägungen macht, so dass sie zwar den versprochenen Hügel erstürmen, aber unter unglaublichen Kosten für die Gruppe, und dann feststellen, dass die Ebbe und Flut der Ereignisse um sie herum das Erstürmen des Hügels sinnlos gemacht hat. Gute Teamleiter müssen wissen, warum sie tun, was sie tun, und wie es sich in den größeren Zusammenhang einfügt, damit sie nicht unbeabsichtigt Ressourcen verschwenden und das Vertrauen und die Zuversicht der Gruppe verlieren. Daher haben Teamleiter eine Verantwortung, gute Kommunikationsverbindungen mit anderen Gruppen und mit dem konkurrierenden Markt in seiner Gesamtheit zu unterhalten, damit sie ihre Mission anpassen können.

Einer der Wege, in Kommunikation mit anderen Gruppen und mit dem Markt zu bleiben, ist das, was Wall-Street-Analytiker Craig Gordon, der Präsident von Off-the-Record Research, *Markt-Checks* nennt. Wenn Sie dem zustimmen, dass Sie, egal, ob Sie nun ein Teamleiter im Geschäftsleben oder in einer Gruppe Ehrenamtlicher sind, in einem Marktwettbewerb stehen, dann sollten Sie in Ihrer Gruppe wenigstens eine Person ständig die Konkurrenz auskundschaften lassen. Was haben Ihre Konkurrenten vor? Welche Änderungen nehmen sie vor? Was haben sie über den Markt herausgefunden, das Sie vielleicht noch nicht bemerkt haben? Wenn Sie sich ständig diese Fragen stellen, laufen Sie weit weniger Gefahr, an Ihrer Mission zu scheitern, und werden mit größerer Wahrscheinlichkeit die Zuversicht Ihrer Gruppe erhalten können.

Scheitern der Ausführung

Manchmal stimmt die Vision und auch die Mission ist perfekt ausführbar, aber die Gruppe baut trotzdem Mist. Sie schicken Ihr Unfall-Team aus und stellen fest, dass überall Fehler in der Ausführung passiert sind. Die Leute haben einfach nicht das getan, was sie sollten. Dann sollten Sie sich die folgenden Fragen stellen:

✔ War die Arbeit vernünftig gestaltet?

✔ Ging die Arbeit über die Fähigkeiten und den Rahmen der verantwortlichen Leute hinaus?

✔ War die Gruppe ordentlich in ihren Aufgaben ausgebildet?

✔ War die Arbeitsumgebung der Gruppe sicher?

✔ Gab es eine Veränderung in der Umgebung, die hätte vorausgesehen werden können?

✔ Hatte Ihre Gruppe die passenden Ressourcen zur Verfügung, um ihren Job zu erledigen?

Wenn Sie nur eine dieser Fragen mit Nein beantworten, wissen Sie, woher die Fehler kommen. Und noch wichtiger, Sie wissen, woher der Widerstand kommt. Niemand macht sich gerne an eine Aufgabe in dem Wissen, dass er scheitern wird. Wer hört schon gerne, »Gut, ich weiß, dass das nicht das ist, was ich Ihnen an Ressourcen, Ausbildung, Zeit und Sicherheit versprochen habe, aber versuchen Sie trotzdem Ihr Bestes. Ach ja, und wenn Sie es vermasseln, ist es Ihr Fehler, nicht unserer!«.

Wenn Sie auf Fehler in der Ausführung treffen, müssen Sie sich lange und streng mit den Gründen auseinander setzen. Wenn Sie für die Vorbereitung Ihrer Gruppe und deren Führung verantwortlich waren, so ist das Scheitern eines Mitglieds der Gruppe fast immer zum Teil Ihr eigenes Versagen.

Scheitern der Führung

Ein Versagen der Führung umfasst die ganzen letzten Abschnitte plus einige zusätzliche Sünden. Als da wäre die Sünde der Begriffsstutzigkeit, die darin besteht, einfach nicht zu erkennen, wann sich die Dinge geändert haben. Führung ist situationsbedingt, und wenn die Situation sich ändert, muss auch der Teamleiter Änderungen vornehmen und diese der Gruppe klarmachen. Wenn ein Teamleiter dies versäumt, führt er nicht länger, ganz egal, welchen Titel er trägt.

Stellen Sie sich die Führung einer Gruppe vor wie ein Fischschwarm im Ozean. Wenn der Leitfisch zickt, zickt der ganze Schwarm. Wenn der Leitfisch zackt, zackt der ganze Schwarm. Manchmal jedoch hört der Leitfisch auf, auf die Umgebung Acht zu geben, und tut nichts von beidem. Und schon schwimmt der Leitfisch genau ins Maul eines größeren Fisches und der restliche Schwarm muss um sein Leben zickzacken und findet schließlich einen neuen Anführer, der weiß, wie man in Sicherheit zickt und zackt. Gute Leiter müssen auf ihre Umgebung aufpassen. Begriffsstutzigkeit bringt die Gruppe in Gefahr und kostet den Teamleiter sein Führungsmandat.

Eine weitere Sünde ist die des Stolzes. Weil Führung mit der Bereitschaft zu tun hat, Verantwortung zu ergreifen, muss ein Leiter dann auch Verantwortung leben. Sie können nicht mit rausgestreckter Brust und im Kopf nichts als sich selbst und Ihre Macht herumlaufen, weil es immer jemanden in Ihrer Nähe gibt, der mehr als bereit ist, Ihre Autorität herauszufordern, oder, schlimmer, zu untergraben. Ein guter Teamleiter legt keinen großen Wert auf den Titel, die Rolle oder das sonstige Drum und Dran der Führungsaufgabe, sondern konzentriert sich lieber auf deren Verantwortungen und darauf, eine gute Beziehung zur Gruppe zu unterhalten.

Habe ich Führung ausgeübt?

Wenn es Rebellion in ihren Reihen gibt, suchen viele Teamleiter den Fehler bei der Gruppe anstatt bei sich selber. Diese Annahme ist der erste Schritt auf den Pfad des Vergessens, denn nach jemandem zu suchen, dem man die Schuld in die Schuhe schieben kann, erzeugt nur noch mehr Feindseligkeit in Ihrer Gruppe.

Führung hat mit der Fähigkeit zuzuhören zu tun, aber Zuhören erfordert, dass Sie in der Lage sind, das Gehörte zu interpretieren. Wenn Ihre Gruppe Ihnen erzählt, dass die Dinge nicht so laufen, wie sie sollen, bittet sie Sie in Wirklichkeit darum, mehr Führung auszuüben. Wenn Ihre Gruppe anfängt, Ihre Autorität in Frage zu stellen, fordert sie Sie in Wirklichkeit auf, die Ihnen übertragenen Verantwortungen anzunehmen, indem Sie beginnen, Ihre Vision, Ziele und Mission zu überdenken. Wenn Ihre Gruppe offen Ihre Autorität herausfordert, will sie, dass Sie Führung ausüben. Die Mitglieder wollen, dass Sie ihnen zuhören und einen besseren Weg finden, ihnen ihre Kooperation zu entlocken.

Sie müssen sich also fragen, »Übe ich Führung aus? Ergreife ich die Verantwortung? Kann ich meine Gruppe zur Zusammenarbeit bewegen oder gebe ich einfach Anweisungen? Höre ich auf ihre Bedürfnisse und stelle ich die richtigen Fragen? Stelle ich die Bedürfnisse der Gruppe vor meine eigenen und mein eigenes Ego?«

Ausübung, wie das Wort schon sagt, erfordert Arbeit und den Einsatz von Energie. So bedeutet die Frage, ob Sie Führung ausüben, unter anderem auch, ob Sie hart genug an Ihren Führungseigenschaften arbeiten. Die Verantwortung zu ergreifen ist eine Sache, aber vielleicht haben Sie eine Art unsichtbarer Schranke in Ihrem Kopf errichtet, die sagt, »Ich gehe bis dahin und nicht weiter. Von da ab soll sich jemand anderes um das Problem kümmern.« Wenn dies so ist, strengen Sie sich nicht genug an in Bezug auf das Ergreifen der Verantwortung, und Ihre Gruppe wird merken, dass Sie Grenzen gesetzt haben.

Habe ich die Verantwortung ergriffen?

Eine rationale Erklärung dafür, dass Sie die Verantwortung nicht vollständig ergreifen, ist die, dass Sie wollen, dass Ihre Gruppe ihre Fähigkeiten weiterentwickelt und ebenfalls lernen soll, Verantwortung zu ergreifen. Und überhaupt, Sie können nicht alles machen. Das hört sich gut an, aber ein wahrhaft guter Teamleiter teilt die Verantwortung mit seiner Gruppe, anstatt sie aufzuspalten. Dabei heißt Verantwortung teilen, dass Ihre Gruppenmitglieder, wenn sie auch die vorrangige Verantwortung für eine Aufgabe haben, in Ihnen Unterstützung finden, indem Sie sie anleiten und ihnen dabei helfen, Probleme abzuwenden. Wenn Ihre Gruppe sich zu sehr alleine gelassen fühlt, ist ihr nächster Gedanke: »Warum solltest du uns erzählen, was wir zu tun haben?«

Habe ich Kooperation entlockt?

Anderen ihre Kooperation zu entlocken erfordert eine gewisse Menge an Arbeit. Gruppenmitglieder zu ignorieren, die weniger enthusiastisch über die neueste Mission oder das neueste Ziel der Gruppe sind, ist in dem ganzen Getümmel viel zu leicht. Untergeordnete Aufgaben an Ihre aufsässigen Anhänger zu verteilen ist einfacher, als mit deren Sorgen und Problemen konfrontiert zu werden. Aber Kooperation entlocken bedeutet die Kooperation aller, und nicht nur den Enthusiasmus eines kleinen Kerns. Je mehr Leuten in Ihrer Gruppe Sie Ihren Standpunkt nahe bringen können, desto größer sind Ihre Erfolgschancen, weil Ihre Teammitglieder sich gegenseitig in ihren Überzeugungen unterstützen.

Eine einzige Person, die unzufrieden ist oder aus dem Geschehen ausgelassen wurde, hat dieselbe Wirkung wie ein Bleianker, der an Ihrem viel versprechenden Unternehmen befestigt wird. Früher oder später wird die betreffende Person versuchen, Sie zu zermürben. Selbst wenn sie keinen Erfolg hat, so wird die Zeit, die Sie dafür aufwenden, den Schaden zu beheben, den sie angerichtet hat, Sie beinahe sicher dazu zwingen, Ihre Ziele oder den Zeitplan für deren Erreichung oder beides zu revidieren. Sie werden nur unter zusätzlichen Opfern für den Rest der Gruppe in der Lage sein, sich durchzusetzen. Daran zu arbeiten, die Kooperation *aller* Gruppenmitglieder zu gewinnen, ist daher als eine Art präventive Maßnahme anzusehen.

Habe ich zugehört und das Gehörte verinnerlicht?

Zu lernen, wie man gut zuhört, ist wahrscheinlich die schwierigste Übung der Führungstätigkeit überhaupt. Führungskräfte haben meistens eine Menge an Informationen in ihren Köpfen, und auch eine Menge Erwartungen. Weil sie einen Plan haben und weil von ihnen erwartet wird, dass sie sich schnell entscheiden, machen sich Führungskräfte oft des so genannten *Musterdenkens* schuldig. Musterdenken, wie der Name schon sagt, sieht die Welt als eine Art Mosaik an. Eines der üblichsten Mosaike ist ein Plan, der aus vielen Teilen besteht und eine ordnungsgemäße Ausführung durch viele verschiedene Leute erfordert. Wenn eine Führungsperson eine neue Information aufnimmt, ist ihre erste Frage, »Wie passt dies zu dem Muster (dem Plan), das (den) ich kenne?« Unter dem Druck der Zeit wird alles, was nicht in das Muster passt, verdrängt oder abgelehnt.

In einer Welt der Konkurrenz kommt das meiste an Innovation – und das meiste an Erfolg – daher, dass Wege gefunden werden, Musterdenker zu besiegen. Zuhören unterscheidet sich, wie wir schon so oft betont haben, vom reinen Hören, weil es Analyse und Interpretation erfordert. Ein guter Teil dieser Analyse besteht darin, herauszufinden, wie und warum die gegebene Information sich von dem erwarteten Muster unterscheidet, und sich dann danach zu richten.

Gruppen mögen keine Führungskräfte, die keine guten Zuhörer sind, aus dem einfachen Grund, dass eine solche Führungskraft sie sehr wahrscheinlich in Gefahr bringen wird. Ob es nun General Custer ist, der seinen Kundschaftern nicht zuhörte, als die ihm den Aufenthaltsort der Sioux verrieten, oder Bill Clinton, der nicht auf Sydney Blumenthal hörte, der ihm erzählte, dass Monica Lewinsky die »Persönlichkeit eines Pirschjägers« habe, die Ergebnisse sind die gleichen. Wenn der Teamleiter nicht auf seine Gruppe hört, wird die Gruppe letzten Endes auch nicht auf ihn hören.

Habe ich die Bedürfnisse der Gruppe über meine eigenen gestellt?

Den Bedürfnissen der anderen den Vorrang zu geben ist eine weitere schwierige Übung. Das Scheitern des Kommunismus war immer weniger ein Scheitern der Ideologie als ein Versagen der Führung. Gleich zu Beginn behauptete Trotzky, dass die Bolschewiken nicht führen könnten, solange sie nicht die bestgenährte, bestgekleidete und bestbewaffnete Gruppe in der Gesellschaft seien. Weil Russland die bolschewikische Autorität nur langsam akzeptierte, erzeugte Trotzkys Dekret sowohl militärischen Widerstand in einer Gesellschaft, deren Ressourcen bereits durch den harten Krieg gegen Deutschland stark dezimiert waren, als auch endlose Konfrontationen zwischen einer zunehmend elitären Kommunistischen Partei und den Leuten, die sie nach dem Krieg vorgab zu führen.

Um 1921, mit dem Ende des Weltkriegs und dem Ende eines bittern Bürgerkriegs, hatte sich die Kommunistische Partei als dauerhafte *Kleptokratie* (Regierung durch Diebstahl) etabliert und nahm den Leuten, die sie angeblich repräsentierte, alles weg, was sie wollte. Weil die Partei sich immer »an die Spitze« stellte – ein beschönigender Ausdruck dafür, dass sie ihre eigenen Bedürfnisse über die der Leute stellte –, genoss sie niemals die Unterstützung des Volkes.

Der Zusammenbruch des Kommunismus ist ein extremes Beispiel dafür, was passiert, wenn Führung ihre eigenen Bedürfnisse über die Bedürfnisse ihres Teams stellt, aber es ist keineswegs das einzige Beispiel. Wahrscheinlich ist die Hälfte aller Streiks und Arbeitsverzögerungen in der Geschichte darauf zurückzuführen, dass das Management sich selber fleißig Bonusse auszahlte und zur gleichen Zeit Arbeiter entließ oder deren Sozialleistungen oder Löhne beschnitt. Mit an Sicherheit grenzender Wahrscheinlichkeit verdankt die Revolution im Führungswesen, die in den letzten 15 Jahren in den USA stattgefunden hat, ihren Erfolg der Tatsache, dass die Manager endlich eingesehen haben, dass es in Wirklichkeit ihre Mitarbeiter sind, die über Sieg oder Niederlage entscheiden.

Herb Kelleher, der extravagante CEO von Southwest Airlines, hat wiederholt betont, dass ihm seine Angestellten wichtiger als seine Kunden sind, weil sich seine Angestellten, wenn sie zufrieden sind, auch besser um die Kunden kümmern. Kelleher war bekannt dafür, freche Briefe an Kunden, die sich beschwert hatten, zu schreiben, in denen er sie aufforderte, sich doch woanders umzusehen, wenn er das Gefühl hatte, dass sie seine Angestellten beleidigt hatten. Das ist es, was wir meinen, wenn wir sagen, dass Sie daran arbeiten sollten, die Bedürfnisse der anderen über Ihre eigenen zu stellen.

War ich aufmerksam genug?

Wie unterscheidet sich Aufmerksamkeit vom Zuhören? Es ist Zuhören mit Eifer, den der Duden als »Promptheit in der Reaktion« definiert. Nichts erschreckt und verärgert eine Gruppe mehr, als wenn man sie im Dunkeln stehen lässt. Was die Pilztheorie des Managements genannt wurde – geben Sie Ihren Leuten viel Dünger und halten Sie sie dann im Dunkeln –, ist ein gemeiner Scherz, wird aber in der Praxis viel zu oft angewandt, bis der Schuss schließlich nach hinten auf den betreffenden Teamleiter selbst losgeht. Teammitglieder haben ein Recht darauf, auf dem Laufenden gehalten zu werden, und dieses Recht beginnt mit der Pünktlichkeit von Reaktionen.

Lassen Sie Ihre Leute niemals fragend zurück. Sie sollten von Anfang an ein Antwortverfahren für die Mitglieder Ihrer Gruppe einführen. Dieses Verfahren sollte eine bestimmte Form annehmen. Richten Sie für Informationen, die Sie weiterleiten wollen, regelmäßige Meeting-Zeiten ein, zu denen Sie dem Rest der Gruppe erzählen können, was immer Sie ihnen mitteilen müssen. Bei Fragen von Seiten der Gruppenmitglieder sollten Sie so vorgehen, dass für die Antwort eine Zeitfrist vereinbart wird, wie etwa »Nicht länger als 48 Stunden«. Wenn Sie in dieser Zeit keine Antwort finden können, teilen Sie der betreffenden Person die Gründe dafür mit und versuchen Sie, zusätzliche Informationen zu erbitten, die Ihnen vielleicht dabei helfen können, die Antwort schneller zu finden. In keinem Fall sollten Sie die betreffende Person aber hängen lassen. Falls das Thema die ganze Gruppe betrifft, kann das Versäumnis, mit Eifer zuzuhören, die Arbeit der ganzen Gruppe verzögern und Ihre Autorität ernsthaft untergraben.

Promptheit in der Reaktion bedeutet auch, schnell zu handeln, wenn Sie die Antwort haben. Es gibt keinen Grund, eine Entscheidung aufzuschieben, wenn Sie die Mittel haben, um sie durchzuführen. Entscheidungen werden, im Gegensatz zu Wein, nicht mit der Zeit besser, aber genau wie Wein werden sie sauer, wenn sie zu lange der Untätigkeit ausgesetzt sind. Andere Dinge werden dazwischenkommen und alles, was Sie erreichen werden, ist, Unwillen in Ihrer Gruppe hervorzurufen, wenn einige Mitglieder erfahren, dass Sie etwas hätten unternehmen können, aber nichts getan haben.

Schließlich bedeutet Promptheit in der Reaktion auch die Vollständigkeit der Antwort. Wenn Sie eine Sache nur halbherzig oder teilweise machen, sind die Ergebnisse oft schlimmer, als wenn Sie gar nichts getan hätten. Wenn Sie Entscheidungen treffen, sollten Sie versuchen, eine Debatte zu vermeiden, um nicht noch Tausende neuer Fragen aufzuwerfen. Wenn Sie sich also entschließen zu handeln, stellen Sie sicher, dass Sie das tun, was Sie auch tun wollen, und dass Sie es zu dem Zweck tun, Ihre Gruppe zurück auf ihren Kurs in Richtung der Erfüllung ihrer Mission zu führen.

War ich offen in Bezug auf das Ergebnis?

Aufmerksam zu sein hat noch eine weitere Bedeutung: Alles, was Sie tun, hat Konsequenzen, wie der Stein, der in den Teich geworfen wird und unendlich viele Wellen erzeugt. Wenn Sie die Wellen nicht wollen, dürfen Sie den Stein nicht werfen.

Teamleiter müssen erkennen, dass Sie dem Dritten Newtonschen Gesetz unterworfen sind, das besagt, dass jede Aktion eine gleich starke, aber entgegengesetzte Gegenreaktion hat. Wenn Sie Ihre Leute schubsen, schubsen sie zurück, und das führt zur Konfrontation. Wenn Sie sich abwenden, werden Ihre Leute sich ebenfalls abwenden, und die Kluft zwischen ihnen wird immer größer. Ein guter Teamleiter erwartet von seinem Team, dass es tut, was es tun soll, ist aber auch darauf vorbereitet zu handeln, wenn das Team etwas Unerwartetes tut.

Dazu gehört Rebellion von Seiten des Teams. Kein Team ist so harmonisch, dass es nicht von Zeit zu Zeit Autorität in Frage stellt, mit Ausnahme von Ameisenkolonien vielleicht. Teamleiter, die erwarten, geliebt und verehrt zu werden, weil sie alles richtig machen, sind oft am meisten überrascht, wenn ihre Führungstauglichkeit angezweifelt wird. Dies ist wahrscheinlich am offenkundigsten bei so genannten charismatischen Führungspersönlichkeiten, die durch die Liebe ihrer Anhänger aufblühen und dann oft zu unglaublicher Grausamkeit greifen, wenn ihnen diese Liebe entzogen wird (denken Sie an Jim Jones und David Koresh). Solche Führungspersonen verschließen sich total der Möglichkeit, dass ihr Urteilsvermögen jemals in Frage gestellt werden könnte, und sie schlagen in ihrer Gruppe mit einer Grimmigkeit um sich, die die Gruppe in panischer Angst fliehen lässt.

Teamleiter müssen für die Möglichkeit offen sein, dass ihr Urteil fehlerhaft ist, und sie müssen bereit sein, ihre Fehler schnell zu korrigieren. Wenn nicht, verlieren sie ihr Führungsmandat und können gestürzt werden, sei es von außerhalb oder von der Gruppe selbst.

Habe ich die Wahrheit gesagt?

Es gibt nur wenige Leute, die glatt lügen, aber die meisten Leute sagen nicht die Wahrheit, die ganze Wahrheit, und nichts als die Wahrheit. Wir leben in einer Gesellschaft, die Wert auf Ausreden und Teilinformationen legt und in der den Leuten ständig Situationen vor Augen geführt werden, in denen eine teilweise Enthüllung der totalen Enthüllung vorgezogen wird. Das Versäumnis, die totale Enthüllung vorzunehmen und mit den Konsequenzen zu leben, ist das, was Menschen und Unternehmen an den Rand des Skandals bringt und kleinere Übertretungen in massive Schwierigkeiten ausarten lässt.

Was hat es also damit auf sich, zu lügen oder die Wahrheit zu sagen? Gibt es so etwas wie Notlügen – Lügen, die erlaubt sind? Die meisten Religionen sagen, dass eine Lüge dann erlaubt ist, wenn es jemandem weh tun würde, ihm die Wahrheit zu sagen, z.B., wenn Sie jemandem, den Sie lieben, sagen müssten, dass er eine unheilbare Krankheit hat und sterben wird. Aber in unserer angstbesetzten Gesellschaft verursacht das, was der eine ertragen kann, dem anderen akute Schmerzen, und oft schonen wir uns selbst mehr als andere, wenn wir ihnen Dinge verschweigen, die sie eigentlich aushalten könnten.

Vor über zehn Jahren begingen einige Manager einer sehr großen Firma tatsächlich Selbstmord, als sie sich mit der Aussicht konfrontiert sahen, eine ganze Menge von Leuten entlassen zu müssen, weil sie so etwas noch nie getan hatten und nicht wussten, wie sie es anstellen sollten. Sie waren nicht darauf vorbereitet, ihren Kollegen am Tisch gegenüber zu sitzen und sie entlassen zu müssen, und daher wollten sie lieber sich selbst als anderen Schmerz zufügen. Die Firma reagierte, indem sie Profis von außerhalb einstellte, die keine emotionale Beziehung zu den Leuten hatten, die sie entlassen mussten, und indem sie den Familien der Angestellten, die sich umgebracht hatten, Entschädigung zahlte.

Die Wahrheit zu sagen erfordert von einem Teamleiter zuerst, ehrlich zu sich selbst zu sein. Welches ist der Punkt, den Sie an den Mann bringen wollen? Wenn Sie lediglich Informationen verbreiten wollen, sollten Sie immer auf Genauigkeit achten, was auch eine Art von Wahrheit ist. Wenn Sie aber versuchen, eine Meinung auszudrücken, müssen Sie daran denken, dass Sie sich im Reich der Subjektivität befinden, und das bedeutet, dass Sie Ihre eigenen Motive in Frage stellen müssen, bevor Sie sprechen.

Zum Beispiel könnten Sie einen Konflikt mit einem Ihrer Teammitglieder haben. Sagen Sie der betreffenden Person geradeheraus, dass sie für Ihr Team untragbar ist? Finden Sie irgendeine Möglichkeit, einen Kompromiss zu schließen? Oder suchen Sie einfach eine andere, weniger erstrebenswerte Aufgabe für die Person, nur weil Sie einer Auseinandersetzung aus dem Weg gehen möchten? Zu diesen Fragen gibt es keine einfache Antwort, und effektive Teamleiter sind das Problem bereits auf alle drei Arten angegangen. Der wichtigste Punkt ist, dass Sie zuerst sich selber mit der Wahrheit konfrontieren, selbst wenn Sie gezwungen sind, mit einem Teammitglied auf weniger direkte Art umzugehen.

Ist die Situation noch zu retten?

In diesem Kapitel

▶ Lernen Sie, nicht in eine Lage zu kommen, in der Sie sich wünschen, noch einmal von vorne anfangen zu können

▶ Lösen Sie Probleme mit Hilfe neuer Informationen

▶ Sie werden wissen, dass Führung vorübergehend ist

Bleiben Sie stark, wenn möglich. In jedem Fall behalten Sie einen kühlen Kopf. Haben Sie unbegrenzte Geduld. Treiben Sie niemals einen Gegner in die Enge und helfen Sie ihm immer, sein Gesicht zu wahren. Ziehen Sie seine Schuhe an – um die Dinge mit seinen Augen zu sehen. Vermeiden Sie Selbstgerechtigkeit wie den Teufel – nichts macht blinder.

Basil Henry Liddell Hart

In Kenny Rogers Stück *The Gambler* heißt der letzte Ratschlag »Das Beste, worauf du hoffen kannst, ist, im Schlaf zu sterben«. Die meisten Führungssituationen sind nicht ganz so dramatisch. Wenn Sie alles so machen wie in diesem Buch beschrieben, werden Sie ein erfolgreicher Teamleiter werden und Ihre Fähigkeiten Ihr Leben lang weiterentwickeln.

Aber das Leben hat so eine Art, einem plötzlich Steine in den Weg zu werfen, und manchmal – sei es durch eigenes Versagen, aus Versehen oder aufgrund der unnachgiebigen Gegnerschaft der anderen – sind Ihre Führungserfahrungen alles andere als das, was Sie sich jemals vorgestellt haben. Wenn das passiert, sollten Sie sich drei Fragen stellen, die das Thema dieses Kapitels sind.

Können wir von vorne anfangen?

Die Frage, ob man in der Lage ist, von vorne anzufangen, ist eine, die wir alle gerne mit Ja beantworten würden. Es sind die Antworten, die mit »Wenn nur ... « beginnen. Wenn ich nur ein wenig anders vorgegangen wäre. Wenn ich nur ein bisschen mehr wüsste. Wenn ich nur mehr Zeit hätte. Die schlichte Tatsache ist, dass Sie als situationsbedingte Führungsperson – und die meisten Führungsrollen sind situationsbedingt – nicht viele zweite Chancen bekommen werden. Sie müssen sich von Anfang an gewaltig anstrengen und jeden Tag als eine Gelegenheit betrachten, das Richtige zu tun.

Wir wollen nicht sagen, dass Sie sich keinerlei Nachlässigkeit erlauben dürfen. Oft haben Sie zu Beginn einer neuen Führungstätigkeit einen beachtlichen Spielraum, um Ihren Weg zu finden: beim Beschreiben und der detaillierten Ausarbeitung Ihrer Vision, bei der Planung und Ausführung Ihrer Mission, sogar bei der Definition Ihrer Ziele. Es liegt an Ihnen, all diese Optionen im Bereich des Vernünftigen zu halten.

Wie machen Sie das? Vier Regeln können Ihnen dabei helfen, zu vermeiden, in eine ausweglose Situation zu geraten. Wenn Sie diese vier Regeln konsequent befolgen, werden Sie sich keine Gedanken darüber machen müssen, ob Sie vielleicht zu weit gegangen sind, weil sich die Dinge niemals so falsch entwickeln sollten, dass sie nicht wieder gut zu machen sind. Die folgenden Abschnitte erklären diese Regeln.

Versprechen Sie nichts, was Sie nicht halten können

Eine der netten Eigenschaften der Führungstätigkeit ist, dass Sie derjenige sind, der den Level der Erwartung festlegt, den andere Leute entwickeln. Egal, wie viel Zutrauen Sie in Ihre Fähigkeiten haben, egal, wie gut Sie die Dinge im Griff zu haben scheinen, ziehen Sie das Unerwartete in Betracht. Denken Sie an Murphys Gesetz, das besagt, dass alles schief gehen wird, was nur schief gehen *kann*. Beachten Sie außerdem, dass nichts idiotensicher ist. Eine Begabung, die Idioten haben, ist die, dass sie immer neue Wege finden, alles zu vermasseln. Und wenn Sie auch hart daran gearbeitet haben, ein erstklassiges Team zusammenzustellen, werden Sie irgendwo draußen einem Deppen begegnen, der sein Bestes geben wird, um Ihnen das Leben zur Hölle zu machen. Wenn Sie diese Möglichkeit nicht berücksichtigen, fordern Sie nur Ärger heraus.

Um sich Ärger vom Hals zu halten, sollten Sie eher weniger versprechen, aber die Möglichkeit in Betracht ziehen, mehr zu halten. Wenn Ihnen z.B. ein Ziel gesetzt wurde, die Endgewinne um 20 % zu steigern, und Sie wissen, dass dieses Ziel unerreichbar ist, gehen Sie zum Management und kämpfen Sie, so hart Sie können, dass die Zahl auf 15 % heruntergesetzt wird. Malen Sie das Szenario für den schlimmstmöglichen Fall aus, damit später, wenn er eintritt, niemand allzu schockiert ist. Wenn Sie dann schließlich mit 20 oder 25 % ankommen, wird ein jeder annehmen, dass Sie und Ihr Team geschuftet haben wie die Berserker, um das bestmögliche Ergebnis zu erzielen.

Genauso sollten Sie niemals Versprechen oder Garantien abgeben. Vielleicht könnte Joe Namath einen Sieg der Jets über die Baltimore Colts bei der Super Bowl II garantieren, aber Sie sind kein ungestümer junger Quarterback, der nichts zu verlieren hat. Sie könnten den Rat beherzigen, den Gregory Peck seinen Mitfliegern in dem Film *Kommandeur* gibt: Stellen Sie sich vor, Sie seien bereits tot, so dass Sie nichts mehr zu verlieren haben. Sie wurden allerdings wahrscheinlich nicht mit einer nihilistischen Gesinnung befördert und daher müssen Sie lernen, bei allem, was Sie tun, ein vernünftiges Maß an Vorsicht walten zu lassen. Schnelle Versprechungen zu machen ist leichtsinnig. Solange Sie sich also nicht absolut sicher sind, dass Sie ein Versprechen halten können, machen Sie es gar nicht erst. Drücken Sie sich stattdessen etwa so aus: »Ich denke, wir können vielleicht in der Lage sein … « oder »Es gibt eine vernünftige Möglichkeit, dies zu schaffen, falls … « und legen Sie dann die Bedingungen dar.

Machen Sie's schriftlich

Hören ist nicht Zuhören, und die Leute hören und erinnern sich selektiv. Lernen Sie also, alles zu dokumentieren. Vielleicht sind Sie der Meinung, dass es Zeitverschwendung ist, alles aufzuschreiben, und dass Sie diese Zeit besser für produktive Arbeit nutzen sollten. Aber wir können Ihnen auf der Grundlage langjähriger Erfahrung versichern, dass das schriftliche Festhalten von Dingen der beste Weg auf Erden ist, um klarzustellen, was Sie wirklich vorhaben.

Die Übung des Schreibens zwingt Sie, sich auf Ihre Gedanken zu konzentrieren. Der Journalismus lehrt, dass Schreiben nur ein mechanischer Prozess ist. Der schwierige Teil ist das Denken. Wenn Sie immer noch über ein Problem nachgrübeln, während Sie schon dasitzen und schreiben, haben Sie es noch nicht ausreichend durchdacht. Legen Sie Ihren Stift weg oder verlassen Sie Ihre Tastatur und überlegen Sie noch einmal genau, was Sie sagen werden und zu wem Sie es sagen werden. Denken Sie über Inhalt und Stil nach. Welche Worte sind offen für Interpretationen? Nehmen Sie sie heraus und machen Sie Ihre Sprache so klar und eindeutig, wie Sie können.

Schreiben Sie in einem strukturierten, konsistenten Stil, so dass, wenn Sie berichten, derselbe Typ Information immer am selben Platz erscheint. Markieren Sie z.B. die wichtigen Punkte (gute Neuigkeiten und schlechte). Diese Methode erschwert es Leuten, die Ihren Bericht lesen, zu behaupten, sie hätten etwas übersehen, das Sie geschrieben haben. Jeder, der sagt, dass er nicht verstanden hat, was Sie zu sagen hatten, versucht einfach, sich aus einer Verpflichtung zu lavieren.

Genauso sollten Sie sich auch alles schriftlich geben lassen. Wann immer Sie eine Anweisung erhalten, stellen Sie sicher, dass Sie sie in klarer Sprache bekommen, ohne irgendeine Zweideutigkeit bezüglich der Termine und Ziele, und hören Sie nicht auf, Memos auszutauschen, bis Sie zufrieden sind. Falls zur Klarstellung strittiger Punkte ein persönliches Treffen mit jemandem erforderlich ist, sollten Sie dieses auf jeden Fall stattfinden lassen und *danach* ein endgültiges Memo zusammenstellen. Diese Methode klingt vielleicht übermäßig legalistisch, aber so ist nun mal die Gesellschaft, in der wir leben. Die Verantwortung ist gestreut und daher ist es eine Ihrer Aufgaben als Teamleiter, sie neu zu konzentrieren.

Treiben Sie niemanden in die Enge

Ihre Fähigkeit zu führen hängt von der Bereitschaft anderer ab, zu folgen oder zumindest mit Ihnen zu kooperieren. Wenn Sie den Leuten Ultimaten stellen, lösen Sie damit nur mögliches Versagen aus und schaden Ihrem Unternehmen zusammen mit ihnen. Lassen Sie sich nicht zu Konfrontationen verleiten, die irgendwann auf Sie zurückfallen.

Wenn Sie ein Mitglied aus Ihrem Team ersetzen müssen, tun Sie dies so schnell und prompt wie möglich. Fangen Sie damit an, sich nach möglichem Ersatz umzusehen, den Sie dann dem Team als zusätzliche Kraft hinzufügen. Nachdem die Extrakraft ins Team integriert ist, führen Sie die notwendigen Aktionen für den Personalaustausch durch. Falls Zeit oder Umstände Ihnen keinen würdevollen

Übergang erlauben, nehmen Sie Ihren Austausch schnell vor und wurschteln Sie sich durch. Sie tun sich selbst und der Person, die Sie entlassen, keinen Gefallen, wenn Sie die Sache hinauszögern. Stellen Sie auch hier wieder sicher, dass Sie Ihre Beschwerden dokumentieren, sowohl für die betreffende Person als auch für Ihre Vorgesetzten und lassen Sie sich von den Leuten aus der Personalabteilung, sofern es eine gibt, bei der Entlassungsprozedur assistieren.

Ihre Verpflichtungen dem Team gegenüber umfassen auch die Aufrechterhaltung der Harmonie in der Gruppe; dies erreichen Sie, indem Sie weder irgendjemanden aus Ihrer Gruppe vom Prozess der Entscheidungsfindung ausschließen noch zu stark einbeziehen, damit sich keiner von den Verantwortungen ohne Autorität überwältigt fühlt. Stellen Sie ein Gleichgewicht zwischen den Bedürfnissen der Gruppe und den Erfordernissen der Mission her; jedoch kann die Mission nicht ordentlich ausgeführt werden ohne das Team und daher sollten Sie zuerst an den Fähigkeiten Ihrer Leute arbeiten.

Suchen Sie immer nach Gelegenheiten, Ja zu sagen

Die Leute brauchen Ermutigung, um ihr Bestes zu geben. Wenn Sie ihnen diese nicht geben können, sollten Sie zumindest vermeiden, sie zu entmutigen. Die alte Regel »Wenn du nichts Nettes zu sagen hast, sag' lieber gar nichts« sollte Ihr Motto sein im Umgang mit Ihrem Team und der Außenwelt.

Wir verlangen nicht von Ihnen, zu heucheln – nett zu Leuten zu sein, die Ihnen das Leben ganz klar zur Hölle machen –, aber Sie sollten wissen, wie man Leute ermutigt, die Dinge richtig zu machen. Wenn jemand etwas falsch macht, zeigen Sie ihm, wie es richtig geht. Wenn jemand nicht die Ergebnisse erzielt, die Sie erwarten, gehen Sie zurück, schauen Sie sich zusammen mit der betreffenden Person den Plan an und fordern Sie sie auf, Ihnen dabei zu helfen, herauszufinden, warum die Sache nicht so lief wie geplant. Wenn Ihre Gruppe von ihrer Mission abkommt, teilen Sie ihr mit, dass Sie ihre Hilfe benötigen, um wieder auf Kurs zu kommen, und hören Sie zu, was sie zu sagen hat. Vielleicht muss die ursprüngliche Mission aktualisiert werden oder Sie haben etwas bei Ihrer Planung vergessen, das nun offensichtlich wird.

Wenn Ihre Teammitglieder Sie um einen Gefallen bitten, wie etwa eine Änderung bei den Arbeitsbedingungen (oder sonst irgendetwas, das die Mission nicht gefährdet), versuchen Sie, Ja zu sagen. Firmen haben Grundsätze, aber versuchen Sie, Ihr Team als eine Gruppe privilegierter Leute zu betrachten. Setzen Sie sich für sie ein, wann immer Sie können, und solange sie nicht Ihren guten Willen missbrauchen, sollten Sie ihnen das Leben so angenehm wie möglich machen. Lassen Sie sich einen Assistenten um das Kinderbetreuungsproblem kümmern, so dass Sie Ihren Teammitgliedern einige Optionen anbieten können. Wenn jemand aufgrund familiärer Schwierigkeiten Zeit für sein Privatleben braucht, sollten Sie herausfinden, wie Sie ihm helfen können. Ihre Teammitglieder werden ihre Dankbarkeit unter Beweis stellen, indem Sie mit Ihnen zusammenarbeiten, um Ihre Mission zu erfüllen.

26 ➤ Ist die Situation noch zu retten?

Für Ryder Systems, Inc., deren gelbe Mietlastwagen in den USA allgegenwärtig sind, war der Hurrikan Andrew eine Gelegenheit, der Gemeinschaft einen großen Dienst zu erweisen. Geschäftsführer M. Anthony Burns verwandelte das Hauptquartier der Firma in ein gigantisches Hilfszentrum für den ganzen Süden Floridas. Er bestand darauf, dass seine Angestellten sich die Zeit nahmen, sich nicht nur um ihre eigenen Bedürfnisse in und um Homestead (die Stadt, die von dem Sturm 1992 verwüstet wurde) zu kümmern, sondern auch, sich zu organisieren und ebenfalls der Gemeinschaft zu helfen. Ryder wurde lange Zeit als eine der besten Firmen in Amerika angesehen, für die man arbeiten kann, und zwar, weil bei ihr die Bedürfnisse der Angestellten an erster Stelle stehen.

Kämpfen Sie um Ihr Leben

Was passiert, wenn Sie klettern müssen, um Ihren Job zu retten? Vielleicht ist ein Projekt total in die Hose gegangen, und dass Ihnen eine zweite Chance gewährt wird, ist keine ausgemachte Sache.

Was Sie unbedingt tun müssen, ist Folgendes:

- ✔ **Nehmen Sie immer die Verantwortung auf sich.** Ihr Team hat es vielleicht vermasselt, aber das Unternehmen trägt Ihren Namen. Was immer schief läuft, es liegt auf Ihren Schultern, und Verantwortung zu ergreifen beginnt damit, zu verstehen, dass in guten wie in schlechten Zeiten der schwarze Peter am Ende bei Ihnen landet. Lernen Sie, nicht nach Entschuldigungen zu suchen, wenn die Dinge schief laufen. Lernen Sie, niemanden zu beschuldigen. Selbst wenn Ihnen jemand aus Ihrem Team schlechte Nachrichten vorenthält, sollten Ihre Berichterstattungssysteme gegenseitig aufeinander verweisen, so dass Sie Fehler auffangen können, bevor sie zu schwerwiegend werden. Wenn das nicht funktioniert und Ihnen eine Sache vor Ihren Augen platzt, so sind es Ihre Prozesse, die versagt haben. Abwehr mag ja wirklich eine Teamaktivität sein, aber wenn Ihre Teamabwehr zusammenbricht, sind Sie derjenige, der im Tor steht und der den Schuss auffangen oder die Schuld auf sich nehmen muss, wenn der Ball ins Netz geht.

- ✔ **Entschuldigen Sie sich niemals.** Wenn Sie die Verantwortung auf sich nehmen, so muss dies ohne Rücksicht auf Verluste geschehen. Wenn jemand unter Ihrer Aufsicht als Teamleiter Mist gebaut hat, müssen Sie bereit sein, die Konsequenzen zu tragen, aber das bedeutet nicht, dass Sie kriechen müssen. Akzeptieren Sie Ihre Strafe, legen Sie Ihr Amt nieder, wenn Sie müssen, und machen Sie weiter. Analysieren Sie, was falsch gelaufen ist, und stellen Sie sicher, dass es nicht noch einmal passieren wird. Zwischen »Ich übernehme die volle Verantwortung für das, was passiert ist« und »Ich entschuldige mich für das, was passiert ist« liegen Welten.

Indem Sie die Verantwortung auf sich nehmen, erkennen Sie an, dass Sie der Leiter sind und dass Sie bereit sind, sich diese Verantwortlichkeit einzugestehen. Sich zu entschuldigen ist eine Art Betteln. Man bittet um Vergebung, ohne die Verantwortung wirklich auf sich zu nehmen. »Es tut mir Leid und es wird nie wieder vorkommen« heißt so viel wie, dass Sie keinen Schimmer haben, warum es überhaupt passiert ist, und zeugt von Ihrer Unfähigkeit als Teamleiter. »Was immer passiert ist, ich bin dafür verantwortlich, und ich werde dafür sorgen, dass es nicht wieder passiert« sagt dagegen aus, dass Sie sich bemühen werden, herauszufinden, was schief gelaufen ist.

Brauchen wir neue Informationen?

Eine Art, eine unangenehme Situation zu retten, ist, anzubieten, zum Ausgangspunkt zurückzugehen und Ihre Vision, Ihre Pläne, Ihre Mission und Ihre Ziele zu revidieren. Das sollten Sie eigentlich sowieso bereits fortwährend getan haben, aber vielleicht haben Sie es nicht geschafft, und nun ist Ihre Gruppe in eine Krise geraten. Können Sie die Welt anhalten, einige Tage aussteigen, und wenn Sie wieder aufspringen, dreht sich die Welt in eine andere Richtung? Manchmal können Sie.

Wenn Sie sich in einer dieser Zwischen-Führungssituationen befinden, die zunehmend normal werden – Sie sind nur teilweise für ein Problem verantwortlich und Sie haben nach oben und den Seiten Berichterstattungspflicht und nach unten Befehlsgewalt –, nutzen Sie diese Tatsache zu Ihrem Vorteil aus. Die Leute, denen Sie Bericht erstatten, sind für das Scheitern Ihres Plans genauso verantwortlich wie Sie – schließlich haben sie ihn gebilligt. Haben Sie keine Angst, über diesen Punkt zu verhandeln, und fordern Sie Ihre Vorgesetzten auf, im Detail zu überprüfen, was aus der Planungsperspektive falsch gelaufen ist. Wenn Sie bereits in einem frühen Stadium das höhere Management mit ins Spiel bringen, teilen Sie sich die Verantwortung. Dieses Vorgehen wird sich nicht nachteilig auf die Bewertung Ihrer Führungseignung auswirken, sondern sicherstellen, dass Ihnen jemand helfen kann, wenn die Dinge nicht nach Plan laufen.

Nachdem Sie die Erlaubnis zur Neuplanung erhalten haben, sollten Sie die folgenden beiden Dinge tun:

Stellen Sie jede Voraussetzung in Frage. Warum hat Ihr Plan nicht funktioniert? Die möglichen Faktoren fallen in drei Gruppen: Marktbetrachtungen, interne Betrachtungen und personelle Betrachtungen. Zeichnen Sie auf Karteikarten alle möglichen Systeme und Prozesse auf, die in Ihre Aufgabenstellung eingehen. Pinnen Sie die Karte an eine große Tafel. Lassen Sie pro Karte eine Person die Voraussetzungen und Abweichungen in jedem System erklären. Schreiben Sie die gesammelten Abweichungen inklusive der Daten auf und hängen Sie diese an eine andere Tafel zusammen mit dem zeitlichen Verlauf. Wenn Sie diese Übung beendet haben, sollten Sie eine recht klare Vorstellung davon haben, wo aus organisatorischer Perspektive die Dinge schief gelaufen sind.

Als Nächstes gehen Sie jeden Punkt durch und versuchen herauszufinden, wie die Situation durch Ihr Eingreifen hätte geändert werden können. Wer hätte was tun sollen und wann? Wer hätte wen benachrichtigen müssen und wann? Sagen Sie Ihrem Team, dass diese Übung nicht der Feststellung des Schuldigen, sondern der Ermittlung des Problems dient. Bleiben Sie Ihrer Verpflichtung treu, Fingerzeigen zu vermeiden, damit Ihr Team frei sprechen kann. Wenn Sie fertig sind, werden Sie genau wissen, was Sie falsch gemacht haben, warum Sie es falsch gemacht haben, und wahrscheinlich auch, wie Sie vorgehen müssen, um den Karren aus dem Dreck zu ziehen.

✔ **Überdenken Sie alles neu.** Zu fragen, was falsch gelaufen ist, ist nicht genug. Wenn Sie in einer Situation sind, in der Sie für Ihr Berufsleben kämpfen, müssen Sie brillant sein, und das bedeutet, dass Sie von Grund auf alles neu überdenken müssen. Sie können die oben beschriebene Übung durchführen und vielleicht auf eine einfache Antwort kommen, die Ihnen möglicherweise ausreicht, um umzugruppieren und fortzuschreiten. Wenn Sie aber die Gelegenheit dazu benutzen, schon die Prämissen in Frage zu stellen, nach denen Sie Ihre Entscheidung getroffen haben – Ihre Vision, Ihre Mission, sogar die Zusammensetzung des Teams –, inspiriert Sie das vielleicht zu einer Idee, die Sie in eine andere und bessere Richtung führt.

Brauchen wir eine neue Führung?

Wenn alle Augen auf Sie gerichtet sind und Sie derjenige sind, der die letzte Verantwortung hat, passiert es schon mal, dass Sie Ihren Hut nehmen müssen. Um einen alten Noel-Coward-Song zu zitieren: »Wenn du das Gefühl hast, dass dein Song falsch orchestriert ist, warum solltest du untätig daneben stehen? Wenn die Liebe aus den Augen deiner Liebsten gewichen ist, dann solltest du gehen.« Das ist eine sehr taktvolle Art, auszudrücken, dass Sie wissen sollten, wann es besser ist, das Handtuch zu werfen und jemand anders die Bühne zu überlassen. Führung ist vorübergehend und Sie müssen lernen zu erkennen, wann Ihre Zeit abgelaufen ist. Schließlich wollen Sie nicht wie Mussolini enden, der vom aufgebrachten Mob an seinen Füßen aufgehängt wurde, oder wie Mark Anton, der sich nach seinem gescheiterten Versuch, Oktavian im Kampf zu besiegen, absichtlich in sein Schwert fallen ließ.

Als Teamleiter sollten Sie immer in der Lage sein, ein Stück weit aus sich herauszutreten, um eine kleine Selbstüberwachung Ihrer Situation vorzunehmen. Dies sollten Sie aus zwei Gründen tun: Zuerst, damit Sie auf dem richtigen Kurs bleiben; und zweitens, um Ihre Rückzugsstrategie zu kontrollieren, wenn es denn sein muss. Und, Sie brauchen eine Rückzugsstrategie. Welche Ziele haben Sie versucht zu erreichen? Ob Sie diese Ziele nun erreichen oder nicht, an irgendeinem Punkt ist jeder zusätzliche Einsatz von Ressourcen – Ihres Teams oder Ihrer eigenen – sowohl dumm als auch ruinös.

Bedenken Sie schon zu Beginn Ihres Planungsprozesses das Ende des Plans. Was passiert, wenn Sie Ihr Ziel wirklich erreichen? Haben Sie etwas anderes, mit dem Sie weitermachen können, oder werden Sie anschließend nur noch herumsitzen und feiern oder in Depressionen verfallen, weil Ihr Kampf vorüber ist? Und wenn Sie an Ihrem Ziel scheitern, haben Sie auch diese Möglichkeit eingeplant? Irgendjemand hat einmal gesagt, dass der Kapitän die Verantwortung hat, als Letzter das sinkende Schiff zu verlassen. Aber Ihre erste Verantwortung ist es, dafür zu sorgen, dass Ihr Schiff mit genügend Rettungsbooten, Lebensmitteln und Wasser ausgerüstet ist, für den Fall, dass Ihre Crew nach einem plötzlichen Untergang dem Ozean ausgesetzt ist.

Die Planung Ihres Abgangs kann auf tausendfache Weise geschehen, aber mit Hilfe einiger Techniken können Sie Ihre Chancen verbessern, gut aus der Sache herauszukommen, falls Sie die Führung abgeben müssen:

- ✔ **Halten Sie Ihre Kommunikationsleitungen zur Außenwelt offen.** Weder Sie noch Ihr Team sollten jemals eine *Bunkermentalität* entwickeln, die deplatzierte Idee, dass das Unheil schon an Ihnen vorüberziehen wird, wenn Sie nur den Kopf gesenkt halten. Das wird es nicht tun, aber diese Denkweise hat zur Folge, dass Sie sich auf sich selbst zurückziehen und nicht in der Lage sein werden, um Hilfe von außen zu bitten.

  Stattdessen sollten Sie und Ihre Leute die Kommunikationsleitungen offen und frisch halten. Das Auskundschaften Ihrer Konkurrenz, um sich Ärger vom Leib zu halten, erfordert sowieso gute Kommunikationsverbindungen, aber gute Kontakte zur Außenwelt erlauben Ihnen außerdem, jemanden da draußen nach einem Rettungsanker zu fragen für den Fall, dass Sie gehen müssen. Wenn Sie gute Arbeit leisten, werden andere Leute davon hören, und Ihr Name wird im Umlauf bleiben.

- ✔ **Befremden Sie nicht diejenigen, die Sie zurücklassen.** Wenn etwas schief geht, neigen die Leute dazu, gegen andere auszutreten. Dieser Versuchung müssen Sie widerstehen. Heutzutage kommen die Leute herum und der Feind von heute wird vielleicht morgen schon zu Ihrem Verbündeten, wenn Sie in freundschaftlicher Gesinnung auseinander gehen. Wenn die Leute das Gefühl haben, dass Sie sich ehrlich bemüht haben und Ihr Scheitern als Teamleiter durch die Umstände bedingt war, können sie vielleicht anderswo eine Tür für Sie öffnen, allerdings nur, wenn Sie sie nicht verteufelt haben.

Führen – quer durch die Kulturen

In diesem Kapitel

▸ Stellen Sie fest, dass da draußen eine ganz neue Welt ist
▸ Fördern Sie interne Kulturvielfalt
▸ Entwickeln Sie internationale, kulturübergreifende Führung
▸ Führen Sie im virtuellen Zeitalter

Wenn wir schon unsere Differenzen nicht beilegen können, können wir die Welt zumindest zu einem sicheren Platz für Vielfalt machen.

John F. Kennedy

Erinnern Sie sich, als Sie ein Kind waren, wie das war, wenn die Parteien für ein Spiel gewählt wurden? Die »Kapitäne« jeder Mannschaft fingen mit den besten Spielern und deren Freunden an. Unvermeidlich blieben am Ende des Wahlvorgangs ein paar Kinder übrig, die keiner so richtig wollte: die übergewichtigen, unsportlichen und unbeliebten Kinder. Nach kurzer Diskussion, um des lieben Friedens willen, erklärte sich einer der Mannschaftsführer grummelnd bereit, sie zu nehmen, und stellte sie irgendwohin ins Feld, wo sie am wenigsten Schaden anrichten konnten, oder es endete damit, dass sie auf der Bank sitzen mussten.

Diese Tage sind Gott sei Dank lange vorbei. Einer der wenigen Vorteile der Verschiebung der sportlichen Aktivitäten vom Spielplatz hin zum organisierten Sport für Kinder ist der, dass die erwachsenen Trainer, die Mannschaftsführer und die Organisationen, die die Mannschaften unterstützen, es sich zur Aufgabe gemacht haben, dass jeder spielt. Ehrenamtlich geführte Organisationen wie die Paralympics haben sich bemüht, Personen mit emotionalen, geistigen und physischen Behinderungen in den Sport und andere Aktivitäten einzubeziehen. Wir können allgemein stolz auf die Leistungen dieser und anderer Gruppen sein, dass sie so viele Leute einbezogen haben.

Einbeziehung ist ein großer Teil dessen, wozu Führung geworden ist und was sie ausmacht. Ein kluger Teamleiter will, genau wie der Mannschaftsführer auf dem Spielplatz, das bestmögliche Team zusammenstellen, nur hat sich die Definition von *bestmöglich* über die Jahre geändert. Das ultimative Ziel ist immer noch der Sieg. Allerdings haben klügere Leute angefangen, sich zu fragen, was die Idee des Gewinnens wirklich bedeutet. In diesem Kapitel untersuchen wir Wege, Leiter einer vielfältigeren, inklusiveren Gruppe von Leuten zu werden.

Führen in einer Welt der Ungleichheit

Nicht von Rechts wegen, sondern aufgrund eines statistischen Ungleichgewichts ist ein Teamleiter immer noch mit überaus hoher Wahrscheinlichkeit weiß und männlich – und in vielen Firmen ein Mann in den mittleren Jahren, der einen Großteil seiner Karriere damit zugebracht hat, andere weiße Männer zu leiten. Wenn Frauen über »Glasdächer« und Minderheiten über unsichtbare Barrieren reden, so meinen sie damit zumindest teilweise die Tatsache, dass der entscheidendste Faktor für die Beförderung auf eine Führungsposition die Zeit ist, die man in einem bestimmten Rang verbracht hat. In den meisten Unternehmen werden die Leute von unten nach oben befördert, und Frauen und Minderheiten sind vielleicht noch nicht stark genug in der Bürobelegschaft vertreten, um als Führungspersonen sichtbar zu werden, obwohl ihre Anzahl mit der Zeit beständig zunimmt.

Die Notwendigkeit für Organisationen und Gruppen, auf einem freien Markt um Ressourcen zu konkurrieren, lässt jeden Teamleiter mit Eifer nach Wegen suchen, wie seine Gruppe an die besten Ressourcen kommen kann. Frauen und Minderheiten sind wichtige Kunden, die wirkliches Geld ausgeben und schnell die Heuchelei einer Führungsgruppe durchschauen, die etwas will und wenig dafür zurückgibt.

Die Macht der Konsumenten – von Gütern, Dienstleitungen und ehrenamtlicher Aktivität – ist wahrscheinlich einer der zwei oder drei Faktoren, die hauptsächlich für die profunde Verschiebung der Art, wie wir Führungspersonen wahrnehmen, und der Forderungen, die wir an sie stellen, verantwortlich sind. Die Macht der Konsumenten gibt Anhängern fast unbeschränkte Verhandlungsmacht, und worum Leute wie Martin Luther King und Jesse Jackson am meisten verhandelt haben, ist ein Platz am Tisch der Mächtigen.

Die Bürger- und Frauenrechtsbewegungen der Sechziger- bis Achtzigerjahre sind dem Kampf gewichen, wirklich einbezogen zu sein. Es ist nicht mehr genug, symbolisch eine Person von einer Minderheitengruppe zu nehmen – so wie der Schulhof-Mannschaftskapitän ein oder zwei unbeliebte Kinder in sein Team aufnahm – und diese an einen Platz zu setzen, wo sie zwar sichtbar ist, aber keinen wirklichen Einfluss hat. Einer der großen Vorteile der Vielfalt, wenn sie wahrhaftig praktiziert wird, ist die Art, wie sie den Kontext, in dem Sie arbeiten, erweitert. Andere Kulturen, andere Standpunkte, andere Arten, die Dinge zu tun, können unermesslich zu den Fähigkeiten des Teams, Probleme zu lösen, und zu seiner Kreativität beitragen.

Für einen typischen weißen männlichen Unternehmensleiter liegt die Kunst darin, sein Können in eine aktive Realität zu übersetzen. Wie gehen Sie mit Leuten um, die anders sind als Sie, ohne herablassend oder gönnerhaft zu erscheinen? Wie kommunizieren Sie mit Leuten, deren Kulturen und Arbeitsgewohnheiten sich möglicherweise substanziell von Ihren eigenen oder davon, was das Team braucht, unterscheiden?

Desgleichen, wenn Sie kein weißer Mann sind – wenn Sie also eine Frau, ein Mitglied einer Minderheitengruppe oder beides sind, können Sie sich nicht erlauben, in denselben traurigen Trott zu verfallen, den Führungspersonen vom alten Schlag bevorzugt gegangen sind. Sie können nicht beschließen, Ihre Gruppe zu begünstigen, nur weil Sie den Leuten helfen wollen, »verlorene Zeit wiedergutzumachen«, oder weil Sie eine bestimmte Vorstellung von Ausgeglichenheit haben. Sie müssen immer noch herausfinden, wie Sie das beste Team aufbauen, und das kann auch bedeuten, dass Sie die erfahrensten weißen Männer einbeziehen.

Beginnen Sie mit den Grundlagen: Führung hat damit zu tun, andere zur Kooperation zu bewegen und auf die Bedürfnisse der anderen zu hören und sie vor Ihre eigenen zu stellen. Um eine vielfältige Organisation zu leiten, müssen Sie die Reihenfolge dieser drei Grundprinzipien umkehren.

Warum die Reihenfolge umkehren? Je homogener und gleichgesinnter eine Gruppe ist, umso leichter ist es, sie zur Kooperation zu bewegen. Je vielfältiger eine Gruppe ist, umso größer ist die Anzahl der Variablen, und daher ist diese Aufgabe die schwierigste und erfordert die meiste Zeit und die größte Anstrengung. Dasselbe gilt fürs Zuhören. Wenn Ihre Gruppe Ihnen sehr ähnlich ist, werden Sie eine sehr gute Vorstellung davon haben, was sie Ihnen erzählen werden, aber wenn es sich um eine gemischte Gruppe handelt, werden Sie lernen müssen, wie man auf verschiedene Stimmen hört, und sie tatsächlich von deren Standpunkt aus hören, nicht nur von Ihrem eigenen. Doch andere vor sich selbst zu stellen, ist die leichteste Übung, wenn eine Gruppe gemischt ist. Die Gruppe zu bevorzugen, ist die direkteste Art für einen Teamleiter, zu zeigen, dass er menschlich und bereit ist, der Gruppe Ermutigung und Verpflichtung auf menschlicher Ebene zu geben.

Befassen Sie sich zuerst mit den verschiedenen Bedürfnissen Ihrer Gruppe

Die erste und einfachste Frage, die Sie sich als Führungsperson in einer Welt der Ungleichheit stellen müssen, ist: »Wenn ich Leute leite, die anders sind als ich, was brauchen sie, um auf dem Niveau arbeiten zu können, das ich verlangen muss?«

Vielleicht müssen Sie andere Werkzeuge zur Verfügung stellen, wie die Leute von Volvo, die, als sie anfingen, Frauen in ihren Betrieben einzustellen, feststellten, dass konventionelle Handwerkzeuge nicht in die Hände einer Frau passten. Oder Sie müssen vielleicht für eine spezielle Ausstattung, Rampen und Transportmittel sorgen, wie es eine Anzahl von Firmen taten, als sie Rollstuhlfahrer in ihren Fabriken arbeiten ließen. Sie müssen vielleicht die medizinische Versorgung erweitern, wenn Sie Arbeiter beschäftigen, die HIV-positiv sind. Die Sache ist die, dass Mitarbeiter mit speziellen Bedürfnissen viel stärker mit diesen Bedürfnissen als mit Ihren oder denen des Teams beschäftigt sind, es sei denn, Sie könnten irgendetwas tun, um ihre Situation zu verbessern.

Gehen Sie also von der Perspektive aus, dass es in Ihrer Verantwortung als Führungsperson liegt, Ihrem Team bei der Lösung seiner Probleme zu helfen. Wenn Sie vorhaben, eine größere Anzahl ausländischer Arbeitskräfte einzustellen, was wissen Sie über deren Bedürfnisse? Brauchen sie eine zweisprachige Ausbildung oder können Ihre Arbeitsanweisungen in ihre Sprache übersetzt werden? Welche sozialen Bedürfnisse haben sie? Brauchen sie Hilfe bei der Wohnungssuche? Die Gruppe kann sich ändern, aber die Realität bleibt gleich: Sie fangen damit an, zu verstehen, was die Gruppe braucht, und erfüllen dann diese Bedürfnisse.

Hören Sie auf Stimmen, die ganz anders als die Ihre klingen

Weil Sie eine Gruppe eingestellt haben, die zur Verschiedenheit neigt, wollen Sie von dieser Verschiedenheit auch profitieren, und das fängt beim Zuhören an. Sie wissen, wie die Dinge zu tun sind. Aber wie lösen verschiedene Mitglieder Ihrer Gruppe ähnliche Probleme? Vielleicht lernen Sie für jede neue Methode, die Sie unterrichten, eine andere Sache hinzu, wenn Sie sich dieser Möglichkeit nicht verschließen. Sie sollten es sich zur Gewohnheit machen, regelmäßig Ihre Geschäftspraktiken zu überprüfen, und dabei ein Auge darauf haben, was Sie dabei von der Gruppe lernen können.

Einige Leute behaupten, dass man mit Verschiedenheit am besten zurechtkommt, indem man eine »neutrale« Geschäftswelt schafft, eine Art künstliches Klima, wo alle, egal mit welchem Hintergrund, einen Satz objektiver Regeln befolgen, solange sie Mitglieder des Teams sind, und am Ende des Tages jeder seinen eigenen Weg geht. Die Logik dieser Sichtweise klingt ansprechend, aber sie bleibt eine Fiktion.

Die Fiktion besagt, dass die Regeln objektiv sind. Aber Regeln sind von Natur aus *subjektiv*, denn sie sind dazu gemacht, um reibungslose Transaktionen zwischen und unter Individuen zu ermöglichen. In einer idealen Welt basieren Regeln auf Konventionen, die sich durch Geben und Nehmen, Gewohnheit und Verhandlung entwickelt haben, und jeder stimmt diesen Regeln zu. Aber eine ideale Welt existiert nicht und hat nie existiert. Wir glauben, dass es so etwas wie eine neutrale Geschäftsgrundlage nicht gibt, sondern nur Regeln, die die eine Gruppe einer anderen aufzwingen kann. Akzeptieren Sie also die Subjektivität von Regeln und Konventionen und modifizieren Sie sie, um sie den Bedürfnissen der Gruppe anzupassen.

Ein gutes Beispiel dafür, wie Subjektivität in der gegenwärtigen Praxis arbeitet, ist der fortwährende Kampf großer, westlich dominierter Organisationen wie der Internationale Währungsfond und die Weltbank, Nationen, die zu ihnen kommen, weil sie Geld brauchen, ökonomische und geschäftliche Leitregeln aufzuerlegen. Regierungen werden dazu gezwungen, eine ausgedehnte Bandbreite von »Reformen« zu akzeptieren, die oftmals nicht mehr bewirken, als extreme ökonomische und kulturelle Verschiebungen über ganze Gesellschaften hinweg zu verursachen, und das alles im Namen des neutralen Geschäfts und der Regeln des Geldverleihs.

Eine bessere Art, mit den Unterschieden umzugehen, findet sich in der Grameen Bank, einer Kleinkredit-Organisation, die vor über zwei Jahrzehnten in Bangladesh gegründet wurde. Die Grameen Bank vergibt winzige Darlehen – normalerweise so um die 100 Euro – an Bengalen, oft Frauen, die ihre eigenen Geschäfte aufmachen wollen. Die Schuldner müssen gewissenhaft in Bezug auf ihre Rückzahlungen sein, und sie sind es auch. Die Darlehensverlustraten für die Bank liegen bei fast null. Die Idee der Grameen Bank wurde erfolgreich in die USA übertragen, wo Nachbarschaftsbanken wie die South Shore Bank in Chicago mit der Abwicklung ihrer eigenen Darlehen für die Gemeinschaft begonnen haben, die die individuellen Bedürfnisse berücksichtigen.

Entlocken Sie einer gemischten Gruppe ihre Kooperation

Haben Sie jemals den Lateinischen Satz *quid pro quo* gehört? Er bedeutet »das eine für das andere« und in einer Welt der Verschiedenheit bekommen Sie Kooperation am besten, wenn Sie in der Lage sind, zu handeln. Weil es so etwas wie eine neutrale Geschäftsgrundlage nicht gibt, müssen Sie bereit sein, Dinge, die für die Fähigkeit des Teams, eine Aufgabe zu erledigen, nicht kritisch sind, gegen die Kooperation eines gemischten Teams und die Beibehaltung von Methoden, die ihm beim Erreichen seines Ziels helfen, einzutauschen.

Handeln ist in einer gemischten Gruppe wichtiger als in einer homogenen, weil unter Leuten, die sich kulturell ähnlich sind, Normen und Verhalten für gewöhnlich als Existenzbedingungen akzeptiert und übereinstimmend angenommen werden. So war z.B. bis in die Sechzigerjahre hinein jedem weißen Mann, der in den USA in ein Büro ging, klar, dass er ein weißes Hemd, einen Anzug und eine Krawatte tragen musste. Aber der Arbeitsplatz wurde vielfältiger, und diejenigen, die neu eingestellt wurden, wussten davon nichts. Ein konventioneller Teamleiter mag auf Anzug und weißem Hemd bestehen für alle Leute, die er einstellt, »weil es hier immer so war«, aber ein besserer, effektiverer Leiter lernt vielleicht, bei seinen kulturell verschiedenen Teammitgliedern die Kleidungsvorschriften z.B. gegen die Bereitschaft einzutauschen, ein zusätzliches Ausbildungsseminar in ihrer Freizeit auf sich zu nehmen.

Als Teamleiter haben Sie das letzte Wort im Hinblick darauf, wie Ihr Team seinen Job erledigt, aber das bedeutet nicht, dass Sie der Gruppe starr Ihre Methoden aufwingen müssen, wenn Sie sie stattdessen überreden können, indem Sie Gefallen gegen Gefallen eintauschen und Ihre Fähigkeiten als Trainer und Berater dazu nutzen, dem Team Ihre Art, die Dinge zu tun, nahe zu bringen.

Benutzen Sie Ihre Führungsposition auf positive Art und Weise. Schließlich haben Sie sie deswegen, weil Sie wissen, was Sie tun, und weil Sie die Vision haben. Fragen Sie die Teammitglieder nach ihrer Meinung, aber überzeugen Sie sie davon, dass Sie ihnen noch eine Menge beibringen müssen und dass sie, wenn sie bereit sind, von Ihnen zu lernen, ihre Ziele mit weit größerer Wahrscheinlichkeit erreichen werden.

Wie man aus einer kulturellen Gruppe als Führungsperson heraussticht

In einem Interview von 1984 sagte die französische feministische Schriftstellerin Simone de Beauvoir: »In dem Moment, wo eine Frau Macht erlangt, verliert sie die Solidarität der anderen Frauen. Sie wird in der Männerwelt gleichziehen wollen und ehrgeizig ihren eigenen Vorteil verfolgen.« In diesem Zitat gibt de Beauvoir perfekt die Probleme der kulturellen Verschiedenheit wieder. Wenn Sie anders sind, müssen Sie dann das, was Sie von den anderen unterscheidet, aufgeben, um in einer Gruppe, die größer als Ihre eigene ist, mitzumachen, und müssen Sie Ihre Andersartigkeit total aufgeben, wenn Sie die Führung über eine solche Gruppe übernehmen wollen?

Diese Fragen sind sehr wichtig und bedeutend, weil Sie den Kern dessen, was wir von Führungspersonen erwarten, treffen. Vertrauen in eine Führungsperson beginnt und endet mit Vertrautheit. »Er ist einer von uns« oder »Sie repräsentiert unsere Werte« sind Ansichten, die Sie oft zu hören kriegen, wenn Sie Leute bei einer offenen Wahl fragen, warum sie jemandem den Vorzug als Führungsperson geben. Solche Gefühle nötigen einen kulturellen Außenseiter, der eine Führungsposition anstrebt, das, was ihn von den anderen unterscheidet, zu minimieren oder komplett auszumerzen, um akzeptiert zu werden und seinen Platz in der allgemeinen Gesellschaft zu finden.

In den USA war die Unterdrückung der Unterschiede für ethnische weiße Männer relativ einfach. Man streiche einige zusätzliche Vokale aus seinem Namen, kleide sich etwas anders, nehme ein wenig Sprachunterricht, um den lästigen Akzent loszuwerden, und besuche die Abendschule, um seine Erziehung aufzupolieren, und schon ist man auf dem sicheren Weg zum Erfolg, wie es die Generation der Nachkriegs-Juden, -Italiener, -Polen und -Griechen vormachte.

Frauen und nicht-weiße Minderheiten können diesem Beispiel allerdings nicht folgen, so sehr sie es auch versuchen würden. Es gibt da, in Ermangelung einer besseren Ausdrucksweise, ein Sichtbarkeitsproblem. Eine Frau in einem Raum voller Männer, selbst wenn sie sich in einer Führungsposition befindet, unterscheidet sich auffallend in der Kleidung, im Erscheinungsbild und in ihrem Verhalten von ihren männlichen Kollegen. Ein dunkelhäutiger Mensch inmitten eines Meers von weißen Gesichtern fällt einfach auf, ganz egal, wie sehr alle davon überzeugt sind, dass es nicht auf die Hautfarbe ankommt. Wenn Sie als nicht-weiße, nicht-männliche Person in einer von Männern dominierten Geschäftswelt zum Leiter einer Organisation aufsteigen, so ist dies oft mit Einsamkeit und der Trennung von der individuellen Herkunftsgruppe verbunden.

Wie geht eine Organisation mit Führungsfragen um, wenn es interne Probleme aufgrund der Ungleichheit der Mitarbeiter gibt? Der vielleicht einfachste Weg, den die oberste Führungsspitze eines Unternehmens gehen kann, ist, jemanden, der sich von allen anderen unterscheidet, an die Spitze zu geleiten. Die Geschäftsführer von Time Warner sowie von American Express haben Farbige in leitende Führungspositionen gebracht, während andere Firmen, wie Mattel und Columbia Pictures, einfach Frauen in Spitzenpositionen befördert und verlangt haben, dass ihre männlichen Kollegen sich anpassen. So wird die Macht der Führungsrolle genutzt, um in einer Organisation Unterschiedlichkeit durchzusetzen.

Ein zweiter, praktischerer Weg ist, Verschiedenheit von Grund auf zu praktizieren. Machen Sie es sich zum Grundsatz, Leute aus vielen verschiedenen Bereichen einzustellen. Viele Firmen stellen immer wieder Leute aus denselben Unis ein, weil sie schon immer ihre Leute von dort her bezogen haben. Bemühen Sie sich, auch für Absolventen anderer Unis offen zu sein, auch wenn das bedeutet, dass Sie auf einen Ausflug zu Ihrer Alma Mater verzichten müssen oder sich in der Firma gegen andere durchsetzen müssen, die lieber wieder jemanden aus vertrautem Milieu einstellen wollen.

Streben Sie danach, mehr zu wollen

Wenn Sie Leute aus einem weiteren Bereich einstellen, so wirft das die Frage der Quoten auf. Sollten Sie eine bestimmte Anzahl von Arbeitsplätzen für Minderheiten reservieren? Sollten Ihre Einstellungspraktiken so aussehen, dass Ihre Belegschaft die Bevölkerung im Ganzen widerspiegelt? Die Antwort auf beide Fragen ist ein ausdrückliches Nein. Stellen Sie ein, wen Sie wollen, aber lernen Sie, mehr zu *wollen*. Lernen Sie, Vielfalt zu *wollen*. Lernen Sie, andere Begabungen zu *wollen*, andere Fähigkeiten und andere Standpunkte. Lernen Sie, die Vorteile davon zu schätzen, Ihre eigene Gruppe mit den Augen anderer zu sehen. Wenn Frauen und Minderheiten für Ihre Organisation oder Ihr Unternehmen arbeiten wollen, weil sie es als Mittel ansehen, ihren eigenen steigenden Erwartungen gerecht zu werden, dann sollten Sie lernen, Ihre eigenen Erwartungen zusammen mit ihren zu steigern.

Toleranz ist ein schmutziges Wort

Eines der größten Hindernisse bei der Schaffung eines vielfältigen Arbeitsplatzes ist *Toleranz*. Die Definition des Wortes lautet »der Akt, etwas zuzulassen, das nicht etabliert oder akzeptiert ist«. Toleranz ist bestenfalls Gönnerhaftigkeit. Sie impliziert, dass Ihre Art, die Dinge zu tun, die bessere ist, dass Sie aber um des lieben Friedens willen noch eine andere Art neben der Ihren existieren lassen. Aber Ihre Botschaft der implizierten Überlegenheit wird immer denjenigen weh tun, die toleriert werden, und die Kooperation schmälern, die sie zu geben bereit wären.

Als Teamleiter sollten Sie stattdessen, wenn Sie wirklich die Vielfalt in Ihrer Organisation fördern wollen, systematisch die Methoden und Prozeduren Ihrer Organisation durchgehen und sie entweder ändern, wenn sie keinen Sinn machen, oder sie andernfalls erklären. Sagen wir z.B., Sie betreiben ein Chemiewerk, und ein Türke mit gewaltigem Schnurrbart und einem Diplom in Verfahrenstechnik bewirbt sich bei Ihnen auf eine Stelle. Wenn Sie ihm erzählen, dass er die Stelle unter der Bedingung bekommt, dass er sich seinen riesigen Schnurrbart abrasiert, ohne ihm zu erklären, dass er keine Gesichtsbehaarung tragen darf, weil sie das Atemschutzgerät, das er tragen muss, behindert, dann erweisen Sie ihm einen schlechten Dienst, den er nicht so schnell vergessen wird. Vielleicht sehen Sie sich sogar einer Anklage und einem Verfahren wegen Diskriminierung gegenüber. Aber Sie müssen auf diese Regel bei jedem bestehen. Keine langen Haare bei weiblichen Angestellten oder sonst jemandem. Jeder muss in der einen oder anderen Form Sicherheitsbekleidung tragen. Das sind Vorschriften, die im Zusammenhang mit der Sicherheit in diesem Beruf Sinn machen.

Wenn aber eine Regel nur aus Gründen der Tradition existiert, oder weil jemand eine übertriebene Vorstellung davon hat, wie ein Arbeitsplatz auszusehen hat, denken Sie ernsthaft darüber nach, diese Regel über Bord zu werfen. Kleidungsvorschriften z.B. sind einer der größten Streitpunkte unter Angestellten aus Minderheiten, genau wie Haarlänge und Frisur. Die Leute müssen einfach nicht alle gleich aussehen, um ihre Arbeit erledigen zu können. Solche Regeln sind ein Überbleibsel der altmodischen Befehlsökonomie, und man sollte sie den Tod sterben lassen, den sie verdienen.

Führen über internationale Trennungen hinweg

Fast alles, was wir über die Leitung einer intern unterschiedlichen Gruppe gesagt haben, ist sogar noch entscheidender, wenn Sie in internationale Situationen verwickelt sind. Zu den gewöhnlichen kulturellen Unterschieden in Ihrer eigenen Gruppe kommen nun noch Unterschiede in der Sprache, den Bräuchen, den Gesetzesstrukturen, Normen und anderen Kuriositäten wie Arbeitsregeln und Urlaubsregelung hinzu. Auf der anderen Seite gibt es einige wirklich einfache Regeln über das kulturübergreifende Arbeiten auf internationaler Ebene. All die Vorurteile, die wir gerne ignorieren oder nicht anerkennen wollen, wenn wir mit unserer Gruppe umgehen, lassen wir gerne zu, wenn wir mit Leuten zu tun haben, die offensichtlich anders sind als wir.

Geben Sie Ihr Bestes

Wenn Sie ein internationales Team zusammenstellen, wollen Sie Ihre schlauesten und flexibelsten Leute zur Seite haben. Sie wollen Leute, die in der Lage sind, zu lernen, worin die Unterschiede bestehen, die Sie von Ihren ausländischen Kollegen trennen, und die sich an diese Unterschiede anpassen können. Die Römer sagten einmal, zivilisiert sei man dann, wenn man bequem in einer fremden Kultur leben könne. Halten Sie also nach zivilisierten Leuten Ausschau, wenn Sie Ihr Team bilden.

Zivilisiert zu sein beginnt mit Höflichkeit, die darin besteht, anderen Beachtung zu schenken. Sie werden aus Erfahrung mit Ihrem Team wissen, wer die Leute sind, die sich ruhig an neue Situationen anpassen können, und wer diejenigen sind, die jammern, sich beschweren, schreien oder mit dem Fuß aufstampfen. Behalten Sie die erstere Gruppe und schicken Sie den Rest nach Hause.

Verkaufen Sie die Teilnahme an einem internationalen Team als Abenteuer. Selbst die zivilisiertesten Leute verpflichten sich nur widerwillig einer Sache, die sie von Heim und Herd weglotst, und daher muss sich eine internationale Teamaufgabe in irgendeiner Hinsicht für sie lohnen. Finden Sie heraus, was jedes Teammitglied braucht, und helfen Sie ihm, es zu erreichen.

Wenden Sie die De-Minimus-Regel bei Ihren Entscheidungen an

Wenn Sie in einem multinationalen oder internationalen Zusammenhang arbeiten, werden Sie sich mit verschiedenen Vorschriften und Regeln auseinander setzen müssen. In Deutschland z.B. muss eine Kochplatte eine bestimmte Dicke haben. In England muss sie ebenfalls eine Mindestdicke haben, aber nicht ganz so dick, wie es die deutsche Norm vorschreibt. Welchen Standard sollten Sie also durchsetzen? Wenn Sie die De-Minimus-Regel anwenden – die kleinste Norm – können sie nichts falsch machen. Ihre deutschen Kollegen werden fortfahren, ihre Kochplatten dicker zu machen, weil sie es eben so machen, aber sie werden Ihre Vereinbarung dadurch nicht verletzen. Die zusätzlichen Kosten lasten allein auf ihren Schultern.

Wenn Sie mit einer internationalen Gruppe zusammensitzen, um eine Mission zu planen, so ist es wichtig, solche Streitpunkte von vornherein zu klären. Die Sprache allein führt schon zu genug Missverständnissen.

Verstehen Sie, dass Kapital allein nicht Recht gibt

Es gibt eine zynische Version der Goldenen Regel, die besagt, »Wer die Musik bezahlt, bestimmt, was sie spielt«. Diese Version hat die internationale Kooperation wahrscheinlich mehr untergraben als alles andere, weil die Leute, die das Kapital haben, glauben, dass sie auch das Recht haben, die Regeln für ein Unternehmen aufzustellen. »Ich steuere das meiste Geld bei, also sollten wir die Dinge auch auf meine Art machen«, ist die Logik.

Doch es gibt auch noch andere Aktivposten als Geld. Märkte sind Gold wert und der Zugang zu Märkten ist mindestens so viel wert wie die erforderlichen Investitionen, um sie zu erschließen. Leute sind Aktivposten, weil sie für Sie eine Gelegenheit darstellen, ihnen ihre Kooperation im Dienste Ihrer Sache zu entlocken. Das Wissen von lokalen Bräuchen ist ein Aktivposten, weil diese Bräuche der Lebensstruktur der Leute innewohnen, die Sie erreichen wollen, und daher ist das Respektieren der lokalen Bräuche und die Unterstützung auf lokaler Ebene unumgänglich für den internationalen Teamerfolg.

Wenn Sie überlegen, wie Ihr Unternehmen auf internationaler Ebene arbeiten könnte, werfen Sie die Idee über Bord, dass nur Geld zählt. Geld ist, wenn auch wichtig, nur ein kleiner Teil in einer großen Gleichung.

Führung im virtuellen Zeitalter

Wir könnten dieses Buch nicht beenden, ohne zu bemerken, dass sich ein profunder Wandel in der Art, wie wir arbeiten, andeutet. Zunehmend kommen die Leute nicht mehr im physischen Sinne zusammen, um als Team zu handeln oder sich als Gruppe kennen zu lernen. Sie arbeiten mit Netzwerken. Sie benutzen das Internet, das Telefon, Fax-Maschinen und Computer, um mit anderen an Projekten zusammenzuarbeiten, die sie gemeinsam bestreiten wollen. Führung im Zeitalter des Internets erfordert gleichzeitig mehr und auch weniger Fähigkeiten, weil bestimmte Dinge, mit denen konventionelle Führungskräfte noch zu kämpfen haben, bereits gegeben sind.

Beginnen wir mit der Notwendigkeit zu kommunizieren. Obwohl wir gesagt haben, dass kluge Führungspersonen häufig und in schriftlicher Form kommunizieren sollten, tun virtuelle Führungskräfte dies gezwungenermaßen, weil ihre Kommunikation sich auf die Tastatur und die Strukturen von Datenbanken und Spreadsheets beschränkt. Was Sie über Ihre Lotus Notes verbreiten, ist für alle Mitglieder Ihres Teams sichtbar, und daher müssen Sie lernen, gut zu schreiben, Ihre Gedanken klar und präzise zu formulieren und interne Termine zu setzen, damit die Leute Ihre E-Mails nicht einfach in ihren Posteingang stecken und dann später löschen. Das Internet besitzt die Vorteile einer formalen logischen Struktur, und virtuelle Teamleiter nutzen diese Struktur aus.

Das Internet begünstigt auch die Planung. Einen Geschäftsplan für ein netzbasiertes Unternehmen zu schreiben ist einfacher als für viele andere Arten von Geschäftsunternehmen, weil es für die Präsentation Software-Beschränkungen gibt. Weit davon entfernt, Ihr eigenes Programm zu schreiben, benutzen Sie ein vorgefertigtes Programm und akzeptieren damit die durch dieses Programm vorgegebenen Konventionen und Beschränkungen.

Rechtzeitigkeit ist auch kein Problem im Netz. Weil virtuelle Organisationen im 24/7-Takt arbeiten – 24 Stunden am Tag, sieben Tage die Woche –, ist es weniger wichtig, wann Sie kommunizieren und verbreiten, als die Tatsache, dass Sie es überhaupt tun. Als virtueller Teamleiter ist Ihre Hauptaufgabe, den Informationsfluss zu verteilen und zu verwalten und dann Gültigkeitsüberprüfungen in die Information, die Sie empfangen, einzubauen, damit Ihr Plan keinen Müll produziert.

Auch die Verschiedenheit ist in einem virtuellen Unternehmen kaum ein Problem. Die Person, die innerhalb der Grenzen eines Unternehmens irgendwie nicht willkommen ist, wird plötzlich voll akzeptiert, wenn sie aus der Entfernung schreibt. Alles, mit dem Sie zu tun haben, ist diese strukturierte geschriebene Mitteilung, und Sie beurteilen sie allein nach Pünktlichkeit und Ergebnissen. Es gibt keine willkürliche Norm mehr, ob jemand nun hinsichtlich der äußeren Erscheinung, der Klasse oder der Erziehung »wie der Boss« ist, sondern die Frage ist nur noch, ob er den Arbeitsnormen gerecht werden kann.

Ein Nachteil ist allerdings, dass es virtuellen Firmen an einer gewissen menschlichen Intimität und Kameradschaft mangelt. Gewiss, die Leute erzählen sich ständig Witzchen übers Internet, und Sie können immer zum Telefonhörer greifen. Aber es ist nicht dasselbe, ob ein Witz zusammen mit einer Routing-Liste mit über hundert Namen erscheint oder ob Ihnen jemand die Hand auf die Schulter legt und Sie näher an sich heranzieht, um die Pointe zu liefern.

Virtuelle Teamleiter haben mit dem Problem zu kämpfen, das Engagement zu erhalten, wenn Mitarbeiter weit entfernt und wahrscheinlich genauso mit ihren eigenen lokalen Problemen wie mit den Herausforderungen der Arbeit beschäftigt sind. Fragen Sie irgendjemanden, der telekommuniziert, und er wird Ihnen bestätigen, wie schwer es ist, bei der Sache zu bleiben.

Virtuelle Teamleiter müssen sich daher noch stärker aufs Zuhören (was in diesem Fall bedeutet, zwischen den Zeilen zu lesen) und aufs Kommunizieren (was bedeutet, zum Telefonhörer zu greifen und mit Leuten zu reden oder in ein Flugzeug zu steigen und sie zu besuchen) konzentrieren, um ein harmonisches Verhältnis zum Team zu bewahren. Auch ist es schwieriger, Leuten, die weit entfernt arbeiten, ihre Kooperation zu entlocken, weil es schwieriger ist, den Einfluss der Anreize einzuschätzen, die Sie ihnen anbieten.

Teil VII

Der Top-Ten-Teil

The 5th Wave   By Rich Tennant

»Erinnerst du dich noch, als Bruce ›die Truppen sammeln‹ wollte und wir alle nur ein E-Mail-Memo erhalten haben?«

In diesem Teil ...

Leser, die mit der ... *für Dummies*-Serie vertraut sind, wissen, dass sie am Ende eines jeden Buches eine Reihe von Top-Ten-Listen zum jeweiligen Thema finden. Ich habe drei gute Top-Ten-Listen für Sie zusammengestellt: eine Liste mit zehn Führungsfehlern, die Sie vermeiden sollten, eine Liste mit zehn Wesensmerkmalen guter Teamleiter und eine Liste mit zehn Aktivitäten, die Sie jetzt ausüben können, um Ihre Führungsqualitäten aufzupolieren.

Zehn Fehler, die jeder Teamleiter macht

28

In diesem Kapitel

- Sie wiederholen dieselben Fehler
- Sie sind nicht flexibel
- Sie versuchen zu sein, was Sie nicht sind
- Sie sind eher ein Kommandeur als ein Leiter
- Sie hören nicht richtig zu
- Sie werden von Ihrem eigenen Ruhm gefangen genommen
- Sie erwarten, dass es ewig dauern wird
- Sie hamstern Fähigkeiten oder Informationen
- Sie nehmen sich selbst zu ernst
- Sie übersehen die Grauzonen

Die perfekte oder ideale Führungskraft gibt es nicht. Wenn es sie gäbe, würden situative Führungspersönlichkeiten dies ihr Leben lang bleiben. Sogar Moses, der als einer der besten Anführer angesehen wird, die jemals gelebt haben, machte in seinem Leben genug Fehler, so dass ihm zum Schluss der Eintritt in seine Heimat verwehrt blieb und er mit dem Ziel seiner langen Reise vor Augen starb. Jeder, der führt, macht Fehler; die Herausforderung liegt darin, zu wissen, welches die beliebtesten sind, damit Sie vor ihnen auf der Hut sein und versuchen können, sie zu vermeiden, bevor sie Ihnen den Garaus machen.

Der Fehler, nicht aus seinen Fehlern zu lernen

Es gibt kein schlimmeres Versagen für eine Führungsperson, als sich zu weigern, einen Fehler einzugestehen. Religiöse Anführer mögen ihre Unfehlbarkeit deklarieren, aber auch das bedeutet nicht, dass sie immer in allem richtig liegen. Diktatoren erschaffen vielleicht einen Personenkult, der von ihrer Perfektion erzählt, aber das macht ihren Sturz um so plötzlicher, wenn er schließlich kommt. Aber Sie müssen weder ein Diktator noch das Oberhaupt einer Kirche sein, um sich des Vergehens schuldig zu machen, aus Ihren Fehlern nichts zu lernen.

Die meisten Führungskräfte sind der Meinung, dass sie deswegen an die Spitze gelangt sind, weil sie schlauer als der Rest sind und öfter Recht haben. Eine weise Führungskraft erkennt, dass sie nicht etwa an die Spitze aufgestiegen ist, sondern eher für die Spitze *überlebt* hat, indem sie Härtefälle, verpasste Gelegenheiten, schlechte menschliche Beziehungen usw. überwunden hat. Aber Führungspersonen, die nicht lernen wollen, haben das Gefühl, dass das alles nicht zählt – schließlich, so ihre Begründung, macht jeder auf dem Weg nach oben Fehler, und die Tatsache, dass sie es bis an die Spitze geschafft haben, bedeutet, dass sie eine Art Führungs-Nirwana erreicht haben, einen perfekten Zustand, der sie unfehlbar macht. Wir haben Führungskräfte gekannt, die sich wie »in einer Blase« fühlten, geschützt vor den Realitäten der Welt durch das ganze Drum und Dran und die Macht, die mit der Führungsposition einhergeht. Aber wissen Sie was? So eine Blase kann platzen.

Dasselbe Problem taucht auf, wenn Leute, die neu im Führungsgeschäft sind, das Gefühl haben, nur einen Schuss zu haben und sich daher keinen Fehler erlauben zu dürfen, um kein schlechtes Licht auf die Leute zu werfen, die sie als Führungskräfte eingesetzt haben. Dieses Ich-kann-die-Leute-die-mir-vertrauen-nicht-enttäuschen-Syndrom setzt Führungskräfte unter einen fast unerträglichen Druck und macht sie blind für die Möglichkeit, dass die Dinge auch dann schief laufen können, wenn sie noch so wachsam sind. Es führt dazu, dass sie den inneren Rückzug antreten, wenn wirklich etwas daneben geht, und sich so von den Leuten, die sie leiten, abschneiden und eine sich selbst erfüllende Prophezeiung schaffen.

Der Fehler, nicht flexibel zu sein

Zusammen mit der Bereitschaft, aus ihren Fehlern zu lernen, muss eine gute Führungskraft auch flexibel sein. Die Situationen ändern sich; die Mitglieder Ihres Teams ändern sich; der Konkurrenzdruck ändert sich; der Markt ändert sich; alles ändert sich. Wenn Sie diese Änderungen und die Tatsache, dass Sie eine Menge an Energie investieren müssen, um Ihrem Team bei der Anpassung an diese Veränderungen zu helfen, nicht akzeptieren können, können Sie nie ein effektiver Teamleiter werden.

In Wirklichkeit basiert schon Ihre Position als Teamleiter auf der Tatsache, dass die Leute, die Sie ausgesucht haben, wissen, dass Veränderungen anstehen und dass sie jemanden brauchen, der sie sicher durch die damit verbundenen Ungewissheiten führt. Eine Vision gewinnt ihre Basis und Autorität daraus, wie genau Sie die Resultate der um Sie herum stattfindenden Veränderungen vorhersehen. Sie könnten z.B. im Einzelhandel arbeiten und einen Plan zur Expansion der Firma ins Elektronikgeschäft ausarbeiten, für dessen Durchführung Ihnen dann die Leitung übertragen wird. Ihre Auswahl als Leiter ist dabei von Ihrer Vision abgeleitet, wie Computer, Telekommunikation und das Internet größere Verschiebungen in der Einzelhandelslandschaft erzeugen werden. Man erwartet von Ihnen, dass Sie Orientierung liefern und das Tempo der Veränderung kontrollieren, damit Ihre Firma, wenn Ihre Vision Wirklichkeit wird, ganz vorne liegt.

Wenn Sie aber verstehen, dass Veränderung ganz normal ist, müssen Sie auch lernen zu verstehen, dass das Tempo der Änderung oft stark variiert. Vielleicht sind Sie fähig, den Ereignisfluss vorauszusagen, aber Ihr Timing kann schlecht sein, unvorhergesehene Ereignisse können das Bild komplizieren oder radikal ändern, ein neues Paradigma kann auftauchen, oder die Leute, mit deren Hilfe Sie fest gerechnet haben, sind vielleicht an andere Stellen gewechselt. Wenn Sie nicht flexibel sind, werden Sie alleine zurückgelassen und können sich nur noch auf allen Vieren bewegen und Nachlaufen spielen. Und da passieren dann die Fehler.

Der Fehler, Ihre Vergangenheit nicht anzuerkennen

Wir haben es bereits gesagt, und wir sagen es noch einmal: So etwas wie eine geborene Führungspersönlichkeit gibt es nicht. Führungskräfte werden gemacht durch Ausbildung, Beratung, Anleitung und Umstände, wobei die besten Kräfte über Jahre hinweg Erfahrungen in vielen Aufgaben und Jobs sammeln. Niemand wacht eines Tages unter einem Kohlblatt auf und erscheint bei Camelot als der »perfekte Knecht«, bereit, Truppen in den Kampf zu führen. Und wenn Leute, anscheinend von nirgendwo, daher kommen, ist ihr Scheitern als Führungspersonen offenbar und spektakulär, wie Jeanne d'Arc, die eine Armee anführte, die Frankreich überschwemmte, um einen jungen Mann auf den Thron zu bringen. Auf der Höhe ihres Erfolgs, scheinbar unbesiegbar, wurde sie gefangen genommen und getötet, und keiner ihrer Anhänger war bereit, zu ihrer Verteidigung einzuschreiten.

Große Führungspersönlichkeiten kehren, genau wie große Rock 'n' Roller, immer wieder zu ihren Wurzeln zurück, um sich zu regenerieren. Sie gehen zu den Leuten zurück, von denen sie gelernt haben, und sie lernen noch etwas dazu. Sie lassen die Tatsache, dass sie nicht alles wissen, und sie bekommen Hilfe von den Leuten, die ihnen bereits in der Vergangenheit geholfen haben. Eitle sowie schlechte Führungspersonen sind der Meinung, es werde als Zeichen von Schwäche gedeutet, wenn es so aussieht, als lehnte man sich an andere an, und daher weigern sie sich, ihre Vergangenheit anzuerkennen, oder vertuschen sie sogar. Wenn Sie auch Ihre Vergangenheit nicht auswendig lernen oder glorifizieren sollten, sollten Sie sie auch nicht ausradieren, denn die Vergangenheit weist den Weg in die Zukunft.

Der Fehler, zu befehlen statt zu führen

Beim Militär und in bestimmten anderen Situationen braucht eine Führungsperson unangezweifelte Autorität und sofortigen Gehorsam. Aber Befehlen ist fast nie ein effektiver Ersatz für Führen, und diktatorisches Verhalten ist nie ein akzeptabler Ersatz dafür, einer Gruppe ihre Kooperation zu entlocken. Die Leute zählen auf Sie nicht nur in Bezug auf Leitung, sondern auch auf Motivation. Sie brauchen einen Grund oder einen Zusammenhang, warum sie die Opfer bringen sollen, die von ihnen verlangt werden, und wollen, dass Sie ihnen diese Gründe darlegen. Wenn Ihre Antwort immer »Weil ich das sage« oder »Weil ich die Verantwortung habe« lautet, dann führen Sie auf falsche Art und Weise und brüten Aufsässigkeit und Verärgerung in Ihren Reihen aus.

Die Vorstellung, dass Befehlen gleich Führen ist, ist eine vorsintflutliche Idee, die nicht in eine demokratische Gesellschaft passt, in der die Regierung die Zustimmung der Regierten braucht. Anstatt sich im Befehlen zu üben, sollten Sie lieber an Ihrer Kooperationsfähigkeit arbeiten, Ihre Fähigkeit perfektionieren, Leute dazu zu bringen, Ja zu dem zu sagen, was Sie von ihnen wollen, und lernen, die Dinge auf eine überzeugende, klare, einfache Weise zu erklären, die den Leuten klarmacht, welche Vorteile ihnen Kooperation bringt.

Der Fehler, nicht zuzuhören

Ein Teamleiter muss auf viele Stimmen hören: die Stimmen der Gruppe, Stimmen von außerhalb, die nach einer Lösung des Problems verlangen, die Stimmen seiner Vorgesetzten in seiner Organisation, die seine Leistung beurteilen, die Stimme des Markts und auf seine eigene innere Stimme, die vielleicht in Panik und Angst schreit. All diese Stimmen wollen nicht nur gehört werden, sondern sie wollen, dass man ihnen *zuhört*. Sie müssen lernen, auf die Stimmen Acht zu geben, die Sie hören, und richtig zu interpretieren, was sie Ihnen sagen wollen.

Zuhören und effektives Interpretieren kann mit Hilfe von Berichterstattungssystemen erreicht werden. Je mehr Informationen Sie zur Bestätigung einholen können, desto zuverlässiger sind wahrscheinlich die Stimmen. Es ist ein Mangel an Wissen, der die Stimmen lautstark nach Aufmerksamkeit verlangen lässt, und daher sollten Sie gut informiert über jeden Aspekt Ihrer Führungsrolle bleiben.

Unterschätzen Sie nicht die Bedeutung der Fähigkeit, Ihren Anhängern gut zuzuhören. Politische Gelehrte machen sich erbarmungslos über Regierungen lustig, die an öffentlichen Meinungsumfragen festhalten, aber da liegen sie falsch. Obwohl Führung Vision liefern soll, sollte sie auch für Komfort und Kontinuität sorgen, und der sicherste Weg, dies zu tun, ist, sich ständig der Stimmen bewusst zu sein, die Ihre Anhänger nachts nicht schlafen lassen. Wenn diese andere Stimmen hören als Sie, müssen Sie es sich zur Aufgabe machen, den Stimmen zuzuhören, die Ihre Anhänger nervös machen. Dies sind die Stimmen, die die größte Herausforderung für Ihre Führungsrolle darstellen. Die häufigste Beschwerde über Führungspersonen aller Art, die keiner mehr will, ist, »Er oder sie hat mir nicht zugehört.«

Der Fehler, zuerst an sich zu denken

Wir sehen die Führungsrolle als einen Satz von Verantwortungen an, aber viele Führungskräfte sehen sie als einen Mantel aus Privilegien – als einen Anspruch auf die Leistungen, die damit verbunden sind, der oberste Boss zu sein. Das Erste, was Sie als neue Führungsperson lernen müssen, ist Bescheidenheit. Wenn man Ihnen ein großes Büro gegeben hat, verwandeln Sie es in einen Empfangsbereich, und benutzen Sie einen anderen Raum als Büro.

Senator Inouye, einer der mächtigsten Männer des US-Senats, baute sich einen großen Klosettraum zum Büro um und überließ das offizielle Büro seiner Wählerschaft als eine Art Museum. Indem er dafür sorgte, dass sich die Wähler aus seiner Heimatstadt wohlfühlten, wenn sie zu Besuch kamen, stellte Inouye sicher, dass sie mit dem Gefühl nach Hause fuhren, dass man sich gut um sie gekümmert hatte. Wenn seine Wähler sein bescheidenes Arbeitsquartier sahen, waren sie davon überzeugt, dass er sein Amt, seine Macht oder ihr Vertrauen nicht missbrauchen würde.

Leider machen Führungskräfte allzu oft einen Fetisch aus den Privilegien, die mit der Macht einhergehen, und sehen sich nach weiteren Rangabzeichen um, die ihre Autorität bekräftigen sollen, von den lächerlichen Uniformen, mit denen Nixon die Wachen des Weißen Hauses ausstatten ließ, bis hin zu den Streifen auf der Robe des Obersten Richters während des Clinton-Prozesses. All diese Abzeichen dienen nur der Show, und alles, was Show erreicht, ist, die Menschen zynisch in Bezug auf ihre Führenden werden zu lassen. Kultivieren Sie Bescheidenheit, wo immer es möglich ist. Das bedeutet nicht, dass Sie wie ein Mönch leben sollen, sondern dass Sie sich nicht in Ihrem Büro in Ihrem Ruhm sonnen sollen und dabei vergessen, wozu Sie eigentlich dort sind.

Eine gute Führungskraft sollte jede Gelegenheit ergreifen, Möglichkeiten zu finden, die Bedürfnisse anderer Leute in den Vordergrund zu rücken. Es ist nicht genug, eine Sache zu fördern; als Führungskraft sollten Sie Wege finden, sich für die Dinge einzusetzen, an die Sie glauben.

Der Fehler, zu denken, Führung sei für immer

Es scheint eine unerschütterliche Tendenz im Menschen zu geben, nicht zu wissen, wann er es gut sein lassen muss. Gute Führungskräfte wissen, dass Zeiten und Umstände sich ändern und dass sie ein begrenztes Fenster an Gelegenheiten haben, in dem sie effektiv sein können. Wenn das Fenster offen ist, müssen sie alles in ihrer Macht Stehende tun, um ihre Visionen zu erfüllen. Aber sobald das Fenster anfängt, sich zu schließen, müssen sie auch wissen, wie sie sich einen würdevollen Abgang verschaffen. Normalerweise ziehen sich Führungskräfte zurück, wenn sie älter werden, so dass ihr Einfluss in gleichem Maße von der Szene verschwindet wie sie selbst. Doch zunehmend steigen die Führungskräfte schneller auf und gehen in jungen Jahren, wenn sie noch eine Menge an Energie und Zeit übrig haben.

Die größte Führungskrise des 21. Jahrhunderts wird nicht ein Mangel an Führungspersönlichkeiten sein, sondern das Problem, wie man diese jungen Führungskräfte wiederverwenden soll, die ihre zugewiesene Aufgabe erfüllt haben, aber noch eine Menge zu bieten haben. Leute wie General Colin Powell, Präsident Bush und ein Haufen Geschäftsführer in den Vierzigern werden effektive Wege finden müssen, um einige Jahrzehnte in Rollen zu verbringen, die über das Bekleiden von Ehrenämtern in bedeutungslosen Komitees hinausgehen.

Der Fehler, nicht unterrichtet zu haben

Genau wie eine Führungsperson ständig lernen, ihre Fähigkeiten verbessern und ihren Wissensstand vergrößern muss, muss sie auch ein beständiger Lehrer sein. Zu viele Führungskräfte nehmen an, dass es eine unüberbrückbare Kluft zwischen ihnen und ihren Anhängern gibt, und daher versäumen sie es, das, was sie gelernt haben, weiterzugeben, und lassen ihre Anhänger im Dunkeln stehen.

In einer demokratischen Gesellschaft mit ihrer konkurrierenden Presse wird es für politische Führungspersönlichkeiten immer schwerer, ihre Anhänger im Dunkeln stehen zu lassen.

Außerhalb der Politik lassen Führungspersonen ihre Anhänger allerdings allzu oft im Stich, bis es schließlich Ärger gibt. Der beste Aktionskurs für einen Teamleiter ist es, jede Anstrengung zu unternehmen, um seine Teammitglieder auf dem Laufenden zu halten, und ihnen, wann immer es möglich ist, neue Fähigkeiten beizubringen, so dass die Gruppe als ganze profitieren kann. Eine guter Teamleiter sollte es sich auch zur Aufgabe machen, jedes Mitglied der Gruppe zum Lehrer zu machen, so dass Können nicht immer nur in eine Richtung fließt. »Each one teach one« sollte Ihr Motto im Hinblick auf das Lernen sein. Ihre Verpflichtung ist es, jemanden zu unterrichten, der wieder jemand anders unterrichten kann, usw.

Gruppen haben dann Erfolg, wenn Ihre Wissens- und Fähigkeitsgrundlage schneller als die konkurrierender Gruppen wächst, und es erscheint daher offensichtlich, dass Lernen und Unterrichten integrale Bestandteile des Erfolgs eines Teamleiters sind. Teamleiter, die glauben, dass Unterrichten unter ihrer Würde ist, sind Teamleiter, die zum Scheitern verurteilt sind.

Der Fehler, keinen Sinn für Humor zu haben

John F. Kennedy war wahrscheinlich die erste moderne Führungspersönlichkeit, jemand, der durch Vorbild anstatt durch Befehlen führte. Was Kennedy auch immer für Fehler gehabt haben mag als Mensch oder auch als Führungsperson, eine Sache, die ihm niemand absprechen kann, war sein bemerkenswerter Sinn für Humor. Kennedys Pressekonferenzen, an denen er aktiv mit dem Pressecorps des Weißen Hauses teilnahm, sind bis zum heutigen Tag unvergessen und haben einen Standard für Führungspersonen gesetzt, der erst mal überboten werden muss.

Reuben Mark, der Geschäftsführer von Colgate, ist eine weitere Führungspersönlichkeit, die einen erfrischenden Sinn für Humor in ihre Position einbringt. Colgates jährliche Meetings ähneln Tent-Revival-Meetings, weil endlose Scharen von kleinen Aktionären auf die Bühne stolzieren, um über ihre Erlebnisse als lebenslängliche Besitzer von Colgate-Aktien zu berichten, wobei sie die ganze Zeit Marks gutmütigen Sticheleien ausgesetzt sind. Herb Kelleher, der South West Airlines leitet, ist ein weiterer CEO, der auf eine gute Dosis Leichtigkeit inmitten der Ernsthaftigkeit des Geschäftslebens setzt.

Leider werden zu viele Führungskräfte in derselben Minute, in der sie den Mantel der Führungsrolle überstreifen, pompös. Die drei Worte, die uns am meisten ärgern, sind »Pfeiler der Gesellschaft«. Die Führungsrolle ähnelt der eines Stewards, was bedeutet, dass Sie einen Satz von Verantwortungen übernehmen, und nicht, dass Sie Ihren Titel in Stein eingemeißelt kriegen. Eine weise Führungsperson versteht, dass es genauso wichtig ist, zur richtigen Zeit am richtigen Ort zu sein, wie alles andere, was sie in den Job einbringt. Wenn Sie nicht über die Ironie Ihrer Position lachen können, und darüber, wie Sie zur Zielscheibe für jeden Spinner werden, der glaubt, Ihren Job besser machen zu können als Sie, dann verdienen Sie es nicht, auf einer Führungsposition zu sitzen.

Der Fehler, alles nur schwarz-weiß zu sehen

Einer der Trugschlüsse, wenn Sie eine Menge Informationen zur Verfügung haben, ist, dass Sie dem Glauben verfallen, dass Entscheidungen entweder ja oder nein lauten, oben oder unten. Sie werden von den Daten und den konkreten Fakten geleitet, anstatt zu erkennen, dass es in jeder Situation Feinheiten gibt, die oft nicht quantifiziert werden können.

Eins der Probleme, die durch das reine Schwarz-Weiß-Sehen verursacht werden, ist, die Dinge in Bezug auf absolute moralische Werte zu sehen. Von Ihrem irrigen Standpunkt aus sind die Dinge entweder richtig oder falsch, gut oder böse. Aber das Leben funktioniert nicht auf diese Weise. Wir haben den Verdacht, dass die Gewalt unter Teenagern an den Schulen unter anderem deswegen so zugenommen hat, weil sie zu oft hören, dass ihr Verhalten als böse und abartig angesehen wird. Wenn sie diese Botschaft ständig hören, kommen sie irgendwann zu dem Schluss, dass sie ohnehin verdammt sind, was macht es dann also noch für einen Unterschied, ob sie leben oder sterben, ob sie töten oder zulassen, getötet zu werden?

Die Welt besteht aus Myriaden von Farben und subtilen Schattierungen, und die Führungsperson, die lernen kann, die Welt in ihrem ganzen farbigen Zauber zu erkennen und die feinen Unterschiede in den Schattierungen vorzunehmen, die erforderlich sind, um Probleme zu lösen, ohne Konfrontationen zu verursachen, ist diejenige, die letzten Endes erfolgreich sein wird.

Zehn Kennzeichen einer wahren Führungspersönlichkeit

In diesem Kapitel

- Es geht um Eifer
- Fröhlichkeit
- Aufrichtigkeit
- Einfallsreichtum
- Überzeugungskunst
- Kooperation
- Altruismus
- Mut
- Hilfsbereitschaft
- Nachdrücklichkeit

Im ganzen Buch reden wir groß und breit über die Merkmale und Verantwortungen von Führung sowie darüber, was Führungspersonen tun und wie sie es tun. Wir finden, es wird Zeit, dies alles einmal zusammenzustellen und ein paar Kennzeichen herauszudestillieren, damit Sie leichter erkennen, ob jemand, der Ihnen begegnet, ein Führungspotenzial hat. Solche Leute wollen Sie gerne kennen lernen und ihnen vielleicht helfen, ihren Weg zu gehen.

Führungspersönlichkeiten sind eifrig

Wir beginnen damit, Ihnen zu erzählen, dass Führungspersönlichkeiten die Verantwortung ergreifen. Das bedeutet, die Verantwortung bereitwillig oder freudig zu übernehmen. Leute mit Führungspotenzial drücken sich nicht vor der Verantwortung. Sie treten vor, um danach zu greifen, selbst wenn es sich um die Verantwortung für eine unangenehme Aufgabe handelt. Die glanzvollen Dinge tut jeder gerne, aber wirkliches Führungspotenzial hat derjenige, der sich freiwillig für Aufgaben meldet, die sonst keiner tun will, und diese dann auf eine Weise erledigt, dass ihm jeder gerne dabei helfen will.

Erinnern Sie sich an die Geschichte von Tom Sawyer, als er den Zaun weiß anstrich? In Wirklichkeit ist dies auch eine Geschichte über eine Führungsperson in der Mache, nicht einfach die eines gerissenen kleinen Jungen, der es geschafft hat, sich vor der Arbeit zu drücken.

Wenn Sie eine Führungsrolle anstreben, lernen Sie, jede Situation als eine Gelegenheit zu betrachten, Ihre Fähigkeiten herauszustellen. Wenn Ihre Gruppe einen neuen Spielplatz baut und niemand die schmutzige Arbeit übernehmen will, das Grundstück von Schutt und Müll zu befreien, so ist das *die* Gelegenheit, denn wenn der Platz nicht gesäubert wird, kann der Spielplatz nicht gebaut werden. Machen Sie aus der Säuberung einen Wettbewerb, wobei Sie Preise für den meisten Müll, das interessanteste Stück Müll und was immer Sie sich sonst noch ausdenken können, aussetzen, und die Arbeit wird viel schneller vorangehen. Zudem zeigen Sie den Leuten, dass Sie eine unangenehme Aufgabe übernehmen und in ein vergnügliches Erlebnis verwandeln können.

Führungspersönlichkeiten sind fröhlich

Sie müssen ja nicht gleich als ständig grinsender Depp herumlaufen, aber ein wenig Fröhlichkeit zum Ausgleich in schwierigen Zeiten hilft allen in Ihrer Umgebung. Es gibt eine Geschichte über Sir Ernest Shackelford, der eine unter schlechtem Stern stehende Expedition zur Antarktis leitete und seine Männer in dem grausamen Winter am Leben erhielt, indem er ihnen Witze und lustige Geschichten erzählte. Seine Männer überlebten, obwohl sie außer Walfett und den ledernen Zugriemen ihrer Hundeschlitten kaum etwas zum Essen hatten.

Ihre Rolle als Führungsperson ist es, die Leute, die Sie führen, zu inspirieren, und das erreichen Sie am besten, indem Sie ihnen dabei helfen, sich der Realität ihrer Situation zu stellen – lügen Sie Ihre Leute niemals an – und diese Situation zu erklären, egal wie bitter sie sein mag. Eine Führungsperson, die im Angesicht von widrigen Umständen freundlich ist, entwaffnet einen Gegner. Warum lächelt diese Person? Was weiß sie, was ich nicht weiß? Diese Rätsel lassen Ihre Feinde fragend zurück, während Sie fröhlich auf die Zukunft blicken können.

Führungspersönlichkeiten sind aufrichtig

Wenn Sie andere Leute leiten wollen, müssen Sie Informationen direkt und aufrichtig vermitteln. Sie dürfen die Wahrheit nicht beschönigen oder verwässern. Sie müssen Ihre Leute – und diejenigen, denen Sie Bericht erstatten – mit der Realität Ihrer Situation konfrontieren. Es ist absolut nichts falsch daran, Ihren Vorgesetzten mitzuteilen, dass Ihre Lage hoffnungslos ist, wenn dies der Fall ist und sich durch Berichte, die Sie eingeholt, und Nachforschungen, die Sie angestellt haben, eindeutig beweisen lässt. Versüßen Sie die Wahrheit auch nicht. Sie müssen nicht schonungslos sein, aber wenn Sie schlechte Nachrichten haben, ist es besser, diese in einem Stück und vollkommen offen abzuliefern, als herumzudrucksen und die Leute auf das unvermeidliche »dicke Ende«, das da kommen muss, warten zu lassen.

Obwohl die meisten Leute sich für ehrlich halten, sind es wenige direkt. Besonders Frauen berücksichtigen den sozialen Wert einer indirekten Annäherung an ein Problem, und das gereicht ihnen in Führungssituationen zum Nachteil. Wenn Sie Schwierigkeiten mit der direkten Methode haben, halten Sie das, was Sie zu sagen haben, schriftlich fest, und strukturieren

Sie es so, dass Sie Ihre Notizen in einem Meeting als Hilfe benutzen können, bis Sie sich sicher genug fühlen, Ihre Berichte rein verbal abzuliefern.

Wenn Sie sich schließlich mit der direkten Art wohl fühlen, praktizieren Sie Ihre Fähigkeiten in Ihrer Gruppe bei Ihren täglichen oder wöchentlichen Berichterstattungssitzungen. Lassen Sie eine Stoppuhr laufen, und sagen Sie Ihren Leuten, dass Sie sie unterbrechen werden, wenn sie länger als, sagen wir, drei Minuten brauchen, um ihren Bericht abzuliefern. Lassen Sie Diskussionen nicht abschweifen und erinnern Sie die Leute daran, dass Ihr Team zu dem Zweck existiert, ein Ziel zu erreichen, nicht aber, um endlos darüber zu diskutieren. Diskussionen sind wichtig, aber Direktheit und Aufrichtigkeit sorgen dafür, dass Ihre Gespräche beim Thema bleiben.

Führungspersönlichkeiten sind einfallsreich

Eine guter Teamleiter macht Gebrauch von den verfügbaren Ressourcen, selbst wenn diese für die Aufgabe unzulänglich sind. Ihre Rolle als Teamleiter ist es, für die Ressourcen zu sorgen, die das Team zur Erreichung seines Ziels benötigt, aber manchmal sind das Geld, die Leute und sonstige, materielle Ressourcen einfach nicht da. Geben Sie auf? Natürlich nicht.

Wenn die Ressourcen nicht ausreichen, sollten Sie als Teamleiter Ihren Plan überarbeiten im Hinblick darauf, was Sie mit dem tun können, was Sie zur Verfügung haben. Vielleicht bedeutet das, dass alle Überstunden machen müssen. Überlassen Sie es der Gruppe. Wenn Sie vorhersehen können, dass sich die Mühe auszahlen könnte, werden die Leute wahrscheinlich einverstanden sein. Vielleicht bedeutet es auch, dass jeder weniger Geld bekommt. Passen Sie die Gehaltsskalen von oben nach unten an. Sie selbst können mit weit weniger auskommen, aber die Gehälter Ihrer am schlechtesten bezahlten Angestellten sollten, wenn möglich, unangetastet bleiben, da sie das Geld dringender brauchen. Vielleicht müssen Sie auch den Standort verlegen, an dem Ihr Unternehmen arbeitet, was Ihren Mitarbeitern die Last der Fahrerei auferlegt. Wenn die Verlegung Ihrem Projekt aber zum Erfolg verhelfen wird und Sie glauben, dass sie sich lohnt, können Sie Ihre Leute vielleicht überreden mitzumachen.

Führungspersönlichkeiten sind überzeugend

Sie werden es nicht schaffen, dass die Leute Ihnen folgen, wenn Sie sie nicht davon überzeugen können, dass es in ihrem eigenen Interesse geschieht. Durch Wort oder Tat müssen Sie die Leute dazu bringen, dahin gehen zu wollen, wo Sie hin wollen und wo Sie glauben, dass sie hingehen sollten. Sie müssen nicht nur eine Vision haben, sondern diese auch auf eine Weise artikulieren können, dass die Leute begeistert »Oh, ja!« schreien, wenn sie es hören.

Wie werden Sie zu einer überzeugenden Figur? Sie fangen mit etwas an, das jeder gut findet, das aber alle für unerreichbar halten. Um die Jahrhundertwende startete John L. Lewis, damals ein junger Mann und Sohn eines Minenvorarbeiters, nach einer Reihen katastrophaler

Mineneinstürze eine Kampagne für Minensicherheit. Die Leute, die in jenen Tagen die organisierte Arbeit leiteten, hatten Angst vor den Minenführern und ihren angeheuerten Schlägern, aber Lewis, der groß war und die Figur eines modernen Football-Linebackers hatte, nutzte seine physische Größe, um die Leute einzuschüchtern, sobald er einen Raum betrat. Wichtiger allerdings war, dass er seine Reden endlos lange einübte, so dass er genau wusste, was er sagen würde, wann immer er bei einer gerichtlichen Anhörung aussagen musste. Außerdem forschte er bei jedem seiner Punkte sorgfältig nach, so dass niemand die Gültigkeit seiner Argumente leugnen konnte. Nachdem er die Gesetzgebung zur Minensicherheit erfolgreich durchgesetzt hatte, erwies sich Lewis als Naturtalent als Anführer der entstehenden United Mine Workers in ihrem Kampf für bessere Arbeitsbedingungen und höhere Löhne.

Sie müssen dem Beispiel John L. Lewis' folgen. Vielleicht sind Sie physisch nicht so imposant, aber Sie müssen sich so benehmen, als ob Sie es wären. Gehen Sie aufrecht und gerade, die Schultern ganz leicht nach vorne gebeugt, so dass es aussieht, als ob Sie sich auf die Leute stützen, mit denen Sie reden. Es gibt eine drei Fuß große »soziale Blase«, die die Amerikaner bei Gesprächen von Angesicht zu Angesicht beobachten. Wenn Sie sich in die Blase hineinlehnen, während Sie Ihren Abstand einhalten, »besitzen« Sie den physischen Raum zwischen sich und Ihrem Gesprächspartner.

Benutzen Sie Schweigen als Waffe. Antworten Sie nicht sofort auf das, was die Leute sagen. Wenn Sie der Meinung sind, dass sie nur Unsinn von sich geben, gehen Sie nicht darauf ein. Heben Sie nur eine Augenbraue an und sagen Sie »Ach, wirklich?« Wenn Sie die Leute dazu bringen, sich selbst verteidigen zu müssen, ohne auf Ihrer eigenen Position zu bestehen, ziehen Sie ihnen den Boden unter den Füßen weg.

Schließlich, wenn Sie Ihre Position vertreten, haben Sie keine Angst vor Phrasen wie »Und jetzt erkläre ich dir, warum du Unrecht hast« oder »Jetzt lass uns die Wahrheit untersuchen«. Wenn Sie Ihre Fakten kennen und schlagende Beweise anbringen können, können Sie das den Leuten ruhig im Voraus sagen. Es macht das, was Sie zu sagen haben, viel wirkungsvoller in der Darstellung und Sie zu einem überzeugenderen Sprecher.

Führungspersönlichkeiten sind kooperativ

Viele Leute glauben, dass eine Führungskraft und ihre Anhänger eine emotionale oder psychologische Distanz trennt oder dass Führungspersonen spezielle Kenntnisse besitzen und bestimmte Bürden tragen müssen, in die ihre Anhänger niemals eingeweiht sein werden. Eine typische Bemerkung, die Politiker gewöhnlichen Leuten gegenüber machen, die ihre Politik kritisieren, ist »Wenn Sie wüssten, was ich weiß ...«, als ob sie dank ihres Amtes spezielle tiefere Einsichten hätten. Dies ist in den meisten Fällen kompletter Unsinn. Eine Führungsperson sollte ein klareres Verständnis der Gesamtsituation haben, aber häufig hat sie in Bezug auf die Details nur recht verschwommene Vorstellungen. Gute Führungskräfte verstehen das und lernen früh, Informationen zu teilen und mit Leuten zusammenzuarbeiten, die vielleicht irgendetwas haben, das sie brauchen.

In alten Zeiten konnte ein König oder eine Königin, wenn er oder sie Informationen brauchte, jemanden mit Hilfe der Folter oder der Androhung der Todesstrafe zum Reden zwingen. Aber Gott sei Dank funktioniert das heute nicht mehr. In einer demokratischen, marktbasierten Gesellschaft geben die Leute freiwillig Informationen, wenn die Anreize stimmen – aber nicht eher. Eine effektive Führungsperson muss daher lernen, zu überreden, statt zu erzwingen, und im Austausch zu kooperieren, anstatt einseitige Transaktionen vorzunehmen.

Gute Führungspersonen wissen, dass Kooperation in Wirklichkeit leichter ist als Zwang. Weil eine Führungsperson immer mehr Karten als irgendjemand sonst in der Hand hat – das ist es schließlich, was Macht ausmacht –, ist es einfach, etwas davon abzugeben. Dieses Etwas ist für den Betreffenden vielleicht trivial, kann aber für jemand anders große Bedeutung haben. Die Kunst liegt darin, zu merken, was Sie den Leuten anzubieten haben, weil diese Dinge Ihre Verhandlungsgrundlage werden. Was Sie anzubieten haben, kann Ihnen, der Gruppe oder sogar irgendjemandem sonst gehören (denken Sie an die Nehmen-wir-die-Reichen-aus-Steuerversprechungen, die populistische Politiker routinemäßig ihren Wählern machen).

Indem Sie die Kooperation statt die Konfrontation suchen, können Sie aus einer *Position* der Stärke heraus operieren, ohne Stärke exerzieren zu müssen. Wenn Sie bereit sind, mit Leuten zu verhandeln und Wege zu finden, um sie mit wenig Aufwand glücklich zu machen, werden die Leute zu dem Schluss kommen, dass Sie ein großzügiger Mensch sind. Weil die meisten Leute glauben, dass Großzügigkeit nur aus Stärke heraus entsteht, werden sie Sie schließlich auch für stark halten.

Führungspersönlichkeiten sind altruistisch

Altruismus ist ein anderer Ausdruck dafür, die Bedürfnisse der anderen über die eigenen zu stellen. Aber Altruismus ist noch mehr: Es ist die Bereitschaft, für einen höheren Zweck Opfer zu bringen und Ihre eigenen Bedürfnisse zugunsten der Bedürfnisse der Gruppe beiseite zu schieben. Altruismus verleiht Vision einen höheren Zweck, so dass Ihre Vision, wenn sie strikt kommerziell ist, noch ein gewisses Extra bekommt, das mit Erfahrung zu tun hat. Als Walt Disney z.B. seine Vision für Disneyland aufschrieb, war eine bedeutende Komponente seiner Vision das emotionale Erlebnis, das er den Leuten, die sein magisches Königreich besuchen sollten, vermitteln wollte – eine Kombination aus wehmütigen nostalgischen Gefühlen für das Amerika von gestern und die Begeisterung über all die Möglichkeiten der Welt von morgen. Den Profit erwähnte Disney gar nicht – er nahm an, dass dieser sich schon von allein einstellen würde, wenn er an das Gute im Menschen appellierte. Und das tat er auch!

Führungskräfte müssen daran denken, dass Altruismus wichtig ist, weil er oft das ist, was die weltliche Ausführung einer Mission auf eine höhere Ebene hebt. Zum Beispiel könnten Sie als Ziel eine 15-prozentige Steigerung der Abteilungsgewinne festsetzen, und jeder nickt. Aber wenn Sie den Leuten erzählen, dass Sie die Zahl auf 17 % erhöhen und die zusätzlichen 2 % dazu benutzen wollen, eine Kindertagesstätte zu gründen oder die Spielplätze um Ihre Firma herum zu erneuern, werden die Leute plötzlich bereit sein, noch viel härter zu arbeiten. Das ist der Grund, warum Altruismus ein so starker Motivator ist – er lässt die Leute die Arbeit, die sie tun sollen, mit einem besseren Gefühl verrichten. Eine gute Führungskraft lernt, in jede Komponente eines Plans altruistische Motive einzubauen.

Führungspersönlichkeiten sind mutig

Als Führungsperson müssen Sie tapfer sein, und das meinen wir hier nicht im Sinne von »dem Tode trotzend«. Als derjenige mit der Vision sind Sie dabei, Ihre Gruppe auf unbekanntes Territorium zu führen, und das ist eine unheimliche Sache. Führungspersonen müssen lernen, ihren Mut zusammenzunehmen, ihren Instinkten zu trauen und voran ins Unbekannte zu schreiten, selbst wenn sie genauso viel Angst haben wie ihre Anhänger.

Führungspersonen überwinden ihre Ängste mit Hilfe von Planung, Erfahrung und Einfallsreichtum, so dass sie die meisten der wahrscheinlichen Gefahren und Hindernisse vorausahnen können. Doch jede Führungsperson weiß auch, dass sie zuweilen, ganz egal, wie gut sie plant, mit einer total unbekannten Situation konfrontiert wird, oder noch schlimmer, mit einer Situation, in der sie sich mit ihren Entscheidungen unbeliebt machen muss. Das ist dann der Punkt, an dem Sie tapfer sein müssen. Sie werden unter Beschuss geraten, aber Sie werden natürlich versichern, dass Sie nicht aus Eigensinn an Ihrem Standpunkt festhalten, sondern aus der Überzeugung heraus – auf der Grundlage der Ihnen zur Verfügung stehenden Informationen –, dass Sie Recht haben. Wenn dies passiert, müssen Sie Ihren Leuten ruhig erklären, warum Sie auf dem eingeschlagenen Pfad bleiben und warum es wichtig ist, dass sie ihr Vertrauen bewahren.

Führungspersonen, die lasch oder unbestimmt sind, veranlassen Ihre Anhänger dazu, ihre Unterstützung zurückzuhalten, und ihr Mangel an Zuversicht kann sich in ausgesprochene Meuterei und Rebellion verwandeln, wenn der Führer nicht stark oder mutig genug ist, zu seiner Entscheidung zu stehen. Wie werden Sie stark? Indem Sie sich in einer Debatte engagieren, wenn es um nichts geht. Nutzen Sie Zeiten, in denen Sie unkritische Entscheidungen besprechen, dazu, Ihre Entschlossenheit gegen die Ihrer Anhänger und Gegner auszuprobieren. Wenn Sie in solchen Situationen bestehen können, stehen die Chancen gut, dass die Leute auch in kritischen Situationen Ihre Entscheidungen nicht so leicht anzweifeln werden.

Führungspersönlichkeiten sind hilfreich

Das Motto jeder guten Führungskraft sollte lauten »He ain't heavy. He's my brother.« (Er ist nicht stark. Er ist mein Bruder.) Als Führungsperson wird von Ihnen erwartet, stark, hilfreich und edel zu sein und Leuten, die schwächer sind als Sie, Unterstützung zu gewähren. Sie können dies auf verschiedene Arten tun. Sie können die Leute buchstäblich tragen, in dem Sinne, dass Sie ihnen erlauben, emotionale, intellektuelle oder physische Unterstützung von Ihnen zu beziehen, oder Sie können die Mitglieder Ihrer Gruppe dazu bewegen, für gegenseitige Unterstützung zu sorgen. Ein guter Teamleiter weiß, dass seine Ressourcen begrenzt sind, und macht daher seine Gruppe zu einem Hilfesystem, wo jeder jedem hilfreich zur Seite steht und wo die Verantwortung für die Unterstützung auf die ganze Gruppe delegiert wird.

Hilfe gewähren bedeutet auch, aus der Gruppe herauszutreten, um eine gute Sache zu unterstützen, die Ihre Gruppe zu ihrer eigenen machen kann. Hilfe über die Gruppe hinaus zu leisten ist eine der besten Gelegenheiten, um Ihre Führungsfähigkeiten zu erweitern und als jemand anerkannt zu werden, auf den man zählen kann.

Führungspersönlichkeiten sind bestimmt

Ob Sie nun im Karate-Stil führen und Probleme direkt angehen, oder im Ju-Jutsu-Stil und Probleme nach innen ziehen, den Angriff müssen Sie mit Nachdruck ausführen. Wenn Sie beschließen, dass ein Problem lösbar ist, gewinnen Sie nichts durch Verzögerung. Wenn Ihre Planung steht, wenn Ihre Leute in den Startlöchern sitzen und bereit sind anzufangen und wenn Sie die richtigen Ressourcen an Ort und Stelle haben, worauf warten Sie dann noch?

Einer der vielleicht wichtigsten Kritikpunkte an Führung in unserer modernen Ära ist, dass sie nicht bestimmt genug ist, um den Herausforderungen einer komplexen Gesellschaft gerecht zu werden. Führungskräfte in demokratischen Gesellschaften haben einen deutlichen Nachteil gegenüber Diktatoren. Sie machen sich mehr Gedanken darüber, was ihre Anhänger denken werden, und sie machen sich Sorgen darüber, ob sie ihre Führung halten können. Aus diesem Grund sind sie weder mutig noch bestimmt. Sie lassen es zu, dass ihre Vision in endlosen Besprechungen durcheinander gebracht wird, und sie ersetzen Mut durch Kümmern.

Es ist leichter, humanitäre Hilfe zu den Überlebenden des Gemetzels in Ruanda zu schicken, als den Leuten klarzumachen, dass Sie ihre Hilfe brauchen, um es zu verhindern, und das ist auch der Grund für das Paradoxon, dass Amerika und seine westlichen Verbündeten zwar die stärksten Mächte auf diesem Planeten sind, aber gleichzeitig praktisch machtlos, wenn es darum geht, menschliches Elend auf der Erde zu verhindern.

Gute Führungspersonen müssen ihre Fähigkeit trainieren, bestimmt zu sein. Sie müssen an ihrer Befehlsstimme arbeiten und ihre Überzeugungen festnageln, damit sie bereit sind, für sie aufzustehen, wenn die Zeit gekommen ist.

Zehn Wege zur Führungsmeisterschaft

In diesem Kapitel

- Bereiten Sie sich vor
- Arbeiten Sie ehrenamtlich
- Bewahren Sie sich eine offene Gesinnung
- Halten Sie Reden
- Entwickeln Sie Disziplin
- Halten Sie Termine ein
- Bleiben Sie in Berührung
- Hören Sie zu
- Kooperieren Sie
- Tun Sie etwas für andere

*W*enn Sie sich durch *Erfolgreich führen für Dummies* gelesen haben, sollten Sie eigentlich bereits auf dem besten Weg sein, ein Meister der Fähigkeiten zu werden, die Sie als Führungskraft brauchen. Aber wie in dem Witz, wie Sie in die Carnegie Hall kommen, heißt es auch hier: üben, üben und üben. Hier sind zehn Punkte, an denen Sie arbeiten können, um schneller zur Meisterschaft zu gelangen.

Arbeiten Sie an Ihrer Vorbereitung

Vorbereitet können Sie gar nicht genug sein. Führungskräfte suchen ständig nach neuen und besseren Informationsquellen, besseren Planungswerkzeugen und geeigneteren Methoden, um ihre Leute zu inspirieren. Machen Sie in jeder Situation und bei jeder Person, mit der Sie in Kontakt kommen, neue Entdeckungen. Ahmen Sie das Vorbild großer Führungspersönlichkeiten in Ihrer Nähe nach, aber lernen Sie auch, was Sie unterlassen sollten, am Beispiel von Leuten, die in ihren Bestrebungen zu führen gescheitert sind.

Setzen Sie sich für eine gute Sache ein

Wir sind der Meinung, dass ehrenamtliche Tätigkeiten ein gutes Training zur Ausbildung von Führungsqualitäten sind, aber es wird die Zeit kommen, wo Sie in einem ehrenamtlichen Zusammenhang wirklich auch Führung ausüben wollen. Das ist der Punkt, an dem Sie sich zu einer Sache bekennen, sie ergreifen und Ihre eigene Vision dazu entwickeln müssen. Es ist nicht so wichtig, um welche Sache es sich handelt, solange sie die Welt oder das Leben der Menschen in Ihrer Umgebung verbessert. Beginnen Sie auf lokaler Ebene, aber erweitern Sie Ihren Horizont, während Sie ein Experte werden im Umgang mit den Angelegenheiten Ihrer Sache und damit, wie die Leute auf sie reagieren.

Bleiben Sie offen

Ihre Vision gehört Ihnen, aber Sie sollten auch offen für die Gedanken und Träume anderer sein, die vielleicht ähnliche Ideen wie Sie haben, die sich nur leicht von den Ihren unterscheiden. Wenn Sie die Vorteile der Ideen eines anderen erkennen können, werden Ihre eigenen Ideen besser und erhalten neue Dimensionen. Zum Offensein gehört auch das Begrüßen von Veränderung. Lernen Sie, nicht starr und steif an Ihren Entscheidungen festzuhalten. Schließlich gibt es ständig neue Informationen und neue Umstände, und wenn Sie offen für die Möglichkeiten von Veränderungen sind, werden Sie vor Überraschungen gefeit sein.

Proben Sie Ihre Reden

Eine alte Redensart aus Hollywood besagt, dass Sie es geschafft haben, wenn Sie Aufrichtigkeit vortäuschen können. Ronald Reagan war einer der größten Manuskriptleser aller Zeiten und seine Mischung aus volkstümlichem Auftreten und klarer Vortragsweise verwandelte ihn, der wahrscheinlich bestenfalls ein mittelmäßiger Präsident war, in den Großen Kommunikator. Reagan probte seine Reden, übte seine Vortragsweise und wusste, wo er seine Betonungen setzen musste, wobei er aus seiner Erfahrung als Schauspieler profitierte. Sie müssen lernen, das Gleiche zu tun. Die meisten Leute fühlen sich relativ unwohl, wenn sie vor einer Gruppe reden müssen – in irgendeiner Umfrage rangierte das öffentliche Reden noch vor dem Zähneziehen als eines der unangenehmsten Dinge, die man im Leben durchmachen muss –, aber wenn Sie eine große Führungspersönlichkeit werden wollen, ist es notwendig, in der Lage zu sein, die Leute von der Triftigkeit Ihrer Sache zu überzeugen.

Üben Sie sich darin, Reden zu schreiben, die die Dinge auf den Punkt bringen und Ihren natürlichen Stil widerspiegeln. Wenn dieser ein wenig steif ist, arbeiten Sie daran, ihn ein wenig aufzulockern. Erzählen Sie Geschichten von sich selbst, wie etwa das Dümmste, was Sie je getan haben, wenn Ihre Rede von Fehlern des Teams handelt, oder reden Sie davon, wie stolz Sie auf eine persönliche Leistung waren, wenn Sie eine Rede darüber schreiben wollen, wie die Gruppe mehr Esprit entwickeln könnte. Je mehr Zusammenhang Sie zwischen sich und der Gruppe herstellen können, desto wirkungsvoller werden Sie als Sprecher werden.

Wenn Sie Ihren Vortrag proben, lassen Sie ihn durch eine Person Ihres Vertrauens, wie z.B. Ihren Ehepartner, kritisch beurteilen. Arbeiten Sie mit der Stoppuhr, so dass Sie Ihre Rede zurechtstutzen können, aber verlangsamen Sie gleichzeitig das Tempo, bis sich Ihr Vortrag wie natürliche Rede anhört.

Seien Sie diszipliniert

Führung ist ein Satz von Disziplinen, zu denen das Formulieren einer Vision, die Entwicklung von Plänen, die Durchführung einer Mission und das Erreichen eines Ziels gehören. Sie müssen lernen, in jeder dieser Fähigkeiten tüchtig zu werden und in Bezug auf Ihre Stärken und Schwächen objektiv zu sein. Wenn Sie in der Planung eher schwach sind, aber stark, was Vision und Durchführung betrifft, lassen Sie sich bei der Planung von jemandem helfen. Wenn Sie sonst irgendwelche Schwächen haben, finden Sie die richtige Person, die Sie in Bezug auf diese Fähigkeiten unterstützt. Beobachten Sie sie bei der Arbeit und ahmen Sie sie dann nach. Sie werden wahrscheinlich nicht viel besser werden – wenn Sie schlecht in Mathe sind, werden Sie vermutlich auch schlecht bleiben –, aber Sie entwickeln eine bessere Vorstellung davon, wie die anderen Ihnen helfen können.

Diszipliniert zu sein bedeutet auch, bei der Bildung Ihres Teams Sorgfalt walten zu lassen. Erlauben Sie sich keine Sentimentalität bei der Beurteilung einer Person, die Sie mögen, die aber konsequent unterdurchschnittliche Leistungen abliefert. Wenn Sie wollen, dass Ihre Teams erfolgreich sind, müssen Sie dauernd danach streben, die besten Teammitglieder zu finden. Heben Sie sich Ihre Bemühungen, Seelen oder die Welt zu retten, für Ihre ehrenamtlichen Aktivitäten auf.

Halten Sie Fristen ein

Die meisten Projekte funktionieren besser, wenn alle unter Termindruck stehen, und Sie müssen derjenige sein, der die Termine festlegt und durchsetzt. Finden Sie heraus, wie lange es dauert, um eine bestimmte Arbeit zu erledigen, und suchen Sie dann nach Wegen, um diese Zeit zu verringern. Finden Sie heraus, wie lange es für Ihr ganzes Team dauert, mit einer Mission fertig zu werden, und veranlassen Sie Ihre Teammitglieder dann, in jedes Zeitintervall mehr Mühe zu stecken. Beschleunigen Sie die Dinge aber nicht unvernünftig, und vermeiden Sie Situationen, in denen ein Teammitglied einen Teil der Arbeit erledigt und dann nichts Besseres zu tun hat, als darauf zu warten, dass der Rest des Teams aufholt.

Unterhalten Sie den Kontakt zu Ihrer Gruppe

Der größte Fehler, den Teamleiter machen, ist, zuzulassen, dass sich zwischen ihnen und ihrer Gruppe eine Distanz breitmacht, und daher sollten Sie lernen, diese Distanz auf ein Minimum zu beschränken. Altertümliche Legenden sind voll von Geschichten von Königen, die sich als

Bettler verkleideten, um sich unter ihre Untertanen zu mischen und herauszufinden, was diese dachten. So weit müssen Sie gar nicht gehen, aber nutzen Sie Mittagessen, Frühstücke, Treffen nach Feierabend und alles, was Sie sich sonst noch vorstellen können, um in engem Kontakt zu Ihrer Gruppe zu bleiben.

Sprechen Sie Angelegenheiten der Gruppe schnell an. Sagen Sie, wenn jemand ein Problem hat, niemals, »Ich werde darauf zurückkommen.« Unterbrechen Sie das, was Sie gerade tun, und setzen Sie alle Räder in Bewegung, um das Problem zu lösen. Idealerweise sollte es genügen, der betreffenden Person zu erklären, wie sie etwas tun soll, und ihr einen sanften Schubs in die richtige Richtung zu geben, aber falls es sich um ein ernsthaftes Problem handelt, sollten Sie ihm die Zeit widmen, die es verdient. Ihre Gruppe wird lernen, Sie nicht mit Trivialitäten zu belästigen, aber bei wichtigen Fragen wird sie Ihrem Urteil trauen.

Ein guter Kontakt zu Ihrer Gruppe stellt auch sicher, dass diese Sie nicht im Dunkeln stehen lassen wird. Indem Sie regelmäßig um Berichte bitten, die Sie dann analysieren, bleiben Sie in die Aktivitäten Ihrer Gruppe eingebunden und sind so in der Lage, die notwendigen Verschiebungen in der Taktik oder der Durchführung vorzunehmen, die den Erfolg Ihrer Gruppe garantieren.

Denken Sie daran zuzuhören

Als Teamleiter wird von Ihnen erwartet, dass Sie für die Gruppe die Autoritätsperson darstellen, aber Autorität verleiht Ihnen noch nicht die Lizenz, ein Allwissender zu werden. Entwickeln Sie Ihre Zuhörfähigkeiten. Hören Sie nicht einfach nur das, was andere sagen. Achten Sie auf die Nuancen. Es gibt einen alten Witz, und der geht so:

> *Es ist die Zweite Internationale, und Stalin redet vor den versammelten Anführern des Kommunismus aus aller Welt. Trotzky, sein stärkster Gegner, fehlt bei dem Treffen und droht, den Kampf um eine einheitliche Führung unter Stalins Regie zu spalten. In der Plenarsitzung wendet sich Stalin ans Publikum und sagt:* »Ich habe hier ein Telegramm von Genosse Trotzky. Es lautet ›Du hattest Recht. Ich hatte Unrecht. Ich sollte mich bei dir entschuldigen. Trotzky.‹« *Donnernder Applaus im ganzen Saal, nur ein kleiner Mann steht auf, hebt seine Hand und sagt:* »Entschuldige, Genosse Stalin, aber ich glaube, du irrst dich. Trotzky ist Jude, er spricht mit ansteigender Flexion. Das Telegramm muss so gelesen werden: ›Du hattest Recht? Ich hatte Unrecht? Ich sollte mich bei dir entschuldigen? Trotzky.‹«

Wenn Sie lernen wollen, die Unterschiede zwischen dem ersten und dem zweiten Lesen des Telegramms zu bemerken, werden Sie einen weiten Weg zur Entwicklung Ihrer Zuhörfähigkeit gehen müssen.

Zuhören bedeutet auch, zu kapieren, was die Leute versuchen, Ihnen mitzuteilen. Viele Leute gehen Probleme indirekt an, und Sie müssen mit ihren Signalen vertraut werden. Vielleicht fragt Sie jemand, ob Sie Hunger haben, was in dem Fall bedeutet, dass *er* Hunger hat und gerne mit Ihnen zusammen essen gehen würde. Jemand fragt Sie vielleicht, ob Sie irgendetwas aus einem Geschäft brauchen, um einen Vorwand für einen Einkaufsbummel zu haben. Wenn Sie lernen zuzuhören, werden Sie in der Lage sein, indirekte Bitten in direkte zu übersetzen und sich entsprechend zu verhalten.

Kooperieren Sie mit Ihrer Umgebung

Moderne Führung baut auf Teamarbeit auf, und Teamarbeit auf Kooperation – mit den Leuten, die über Ihnen stehen, mit Ihren Teammitgliedern und mit der Außenwelt. Denken Sie daran, dass der Gegner von heute schon morgen Ihr Verbündeter sein kann und dass Sie in einer fließenden, sich ständig ändernden Welt leben. Bringen Sie die Leute dazu, mit Ihnen zum gegenseitigen Nutzen zusammenzuarbeiten, so dass Sie Ihre Vision verwirklichen und jene ihre Ziele erreichen können, was sie ohne Ihre Hilfe nicht schaffen würden. Lernen Sie, Streitigkeiten zu schlichten und Wege zu finden, dass jede Partei mit dem Gefühl, einen Sieg davongetragen zu haben, nach Hause geht. Selbst wenn Sie nicht vollkommen erfolgreich sind, werden die Leute Ihre Anstrengungen zu würdigen wissen.

Und immer zuerst an die anderen denken

Dies ist unser letzter Ratschlag. Es gibt Leute, die sind von Natur aus altruistisch, geben gerne und bieten der Welt ihre Hilfe an. Die meisten Leute allerdings haben zumindest einen kleinen selbstsüchtigen Zug in sich, das Verlangen, alles auf ihre Weise zu machen. Wir leben in einer Welt, die diesen selbstsüchtigen Zug unterstützt und uns im Wesentlichen dazu ermutigt, mehr zu nehmen, als wir brauchen.

Aber hören Sie, was der alte Kingston-Trio-Song »The Ballad of Desert Pete« uns zu sagen hat. Er erzählt die Geschichte eines Wüstenreisenden, der vor Durst fast umkommt und auf einen Krug Wasser mit einer Notiz daran stößt. Die Notiz besagt, dass in dem Krug gerade genug Wasser ist, um die Pumpe vorzubereiten, und dass Sie fest daran glauben müssen, dass Sie, wenn Sie dieses kostbare Wasser aus dem Krug den Pumpenkopf hinuntergießen, mehr Wasser haben werden, als Sie trinken können. Die Notiz schließt: »Trink so viel Wasser, wie du kannst, wasch dir die Hände, kühle deine Füße ab, fülle den Krug voll für andere, recht schönen Dank, Desert Pete.«

Wenn der selbstsüchtige Zug also über Sie kommt, üben Sie, ihm zu widerstehen. Lernen Sie, die Bedürfnisse anderer zu würdigen, und wenn Sie jemandem einen kleinen Gefallen tun können, der Sie nicht viel kostet, tun Sie es. Wenn Sie es sich zur Gewohnheit machen, anderen zu helfen, werden Sie es als Führungsperson einfacher haben und leichter die Bedürfnisse der anderen über Ihre eigenen stellen können.

ISBN 3-8266-2935-3
www.mitp.de

Malcolm Kushner

Erfolgreich Präsentieren für Dummies

Präsentieren wie ein Profi

- Lernen Sie, sich und Ihre Überzeugungen erfolgreich zu präsentieren
- Nutzen Sie die besten Tipps und Tricks erfahrener Redner
- Lesen Sie amüsante Anekdötchen rund um das Thema Präsentationen

Ob Sie es mit einer oder mit tausend Personen zu tun haben: Die Fähigkeit, Informationen gut geordnet und überzeugend zu übermitteln ist überall gefragt. Um etwas im Leben zu erreichen, muss man sich und seine Überzeugungen präsentieren können – sei es bei der Forderung nach einer Gehaltserhöhung oder bei einem Vortrag. Malcolm Kushner verrät Ihnen unzählige Tipps und Tricks, wie Sie solche Situationen überzeugend meistern können.

Sie erfahren:

✔ Was Sie tun können, um besonders überzeugend zu wirken
✔ Wie Sie eine klare und übersichtliche Präsentation vorbereiten
✔ Wie Sie Ihren Vortrag am besten beginnen und beenden und so die schwierigsten Phasen souverän meistern
✔ Wie Sie die Aufmerksamkeit Ihres Publikums erlangen und behalten
✔ Wie Sie Stimme und Körpersprache geschickt einsetzen können
✔ Welche rhetorischen Tricks Ihnen helfen, dass Ihnen Ihr Publikum gewogen ist
✔ Wie Sie am besten mit Zwischenfragen umgehen
✔ Wie Sie es schaffen, in Zukunft mit weniger weichen Knien ans Rednerpult zu treten

Stichwortverzeichnis

Symbole

80-20-Regel 74

A

Activision 137
Aescinus 76
Agenda 296
   überprüfen 297
Aggressivität 78
akademische Gemeinde 306
aktive Bürgerschaft 245
Aktivposten
   Geld 345
   Leute 345
   Märkte 345
   Wissen von lokalen Bräuchen 345
Akzeptanz 289
Alexander der Große 72
Alger, Horatio 257
Alinsky, Saul
   Eiserne Regel 249
allgemeine Arbeitsumgebung 158
alternative Lösungen 247
Altruismus 361
Amelio, Gil 62
American Express 72, 342
Amish People 134, 188
Analyse 295
andere über sich selbst stellen 99, 136
Anderson, Marian 38
Änderung 88
Änderungsagent 88, 113
Anfänger 292
Angst vor dem Risiko 63
Anhänger 36, 40, 289
   potentielle 206
Anspruchsberechtigter 44
Antwortverfahren 326
Anweisungen 286
Apple 62, 89, 270, 272, 276
Arbeit, ehrenamtliche 199
Arbeit nach Anweisung 286
Arbeitsplatz
   Ausstattung 169
   freiwillige Arbeit 193
   gestalten 176
   Sicherheit 169
Arbeitsumgebung
   allgemeine 158
   feindliche 103
   sichere 321
Assimilationstechnik 314
Attila, der Hunnenkönig 146
Aufmerksamkeit 325
Aufrichtigkeit 80, 145, 358
Ausbildung 39
Ausführung 151
   Scheitern 321
Außenmission 315
Autorität herausfordern 323

B

Barton, Clara 38
Baseball 34
Bedürfnisse
   anderer verstehen 316
   anderer vor die eigenen stellen 33, 42, 99, 180, 197, 202, 213, 221, 314, 324, 369
   der Angestellten 168
   eigene 211, 280
   einer kulturell gemischten Gruppe 339
Befehlsgewalt 36
Befehlsstruktur 37
   Zusammenbruch 319
Beförderung 95, 103, 166
Begabung 292
Belohnung 132
Benchmarking 263, 306
Bennis, Warren 50
Bericht 295
Bescheidenheit 352
   falsch verstandene 212

Beschwerde eines Teammitglieds 128
Besitzrecht 288
Bestandsaufnahme, persönliche 98, 211
Bestimmtheit 363
Betroffenheit 246
bezahlte Helfer 199
Beziehung
    zwischen Angestellten und Managament 106
    zwischen Teamleiter und seiner Gruppe 106
Boot Camp 312
Breedlove, Sarah 269
Brett, George 34
Brown, Paul B. 192, 230, 233
Bunche, Ralph 38
Bunkermentalität 336
Burns, M. Anthony 333
Bürokratismus 156
Bush, George 194

C

C.Murphy, Emmett 75
Capra, Frank 141
Carlson, Chester 268
Chamberlain, Neville 49
Chappell, Tom und Kate 90
charakteristische Zahl 132
Chardin, Pierre Teilhard de 257
Chavez, Cesar 244
Cheerleading 131
Chefstratege 107
Chiat, Jay 271
Christopher, Bob 42
Christopher, Robert 278
Chruschtschow, Nikita 52
Chrysler 46, 47, 79, 100, 110
Churchill, Winston 39, 48
Cisneros, Henry 249
Clinton, Bill 40, 324
Coalitions for Building Community
    Understanding 245
Colgate-Palmolive 45
Community Service Organisation of
    California 244
Corrigan, Mairead 32
Curie, Marie 38

D

Dalai Lama 39
D'Amato, Alphonse 131
d'Arc, Jeanne 351
de Beauvoir, Simone 341
de minimus-Regel 344
De-Facto-Leiter 201, 315
DeBenedetti, Carlo 130
Delegieren 165, 170, 238
Demosthenes 76
Derow, Peter 163
Dezimierung 290
Diallo, Amidou 245
Diplomatie 202
    in der ehrenamtlichen Führung 203
Direktheit 359
Direktionsausschuß 151
Disney 46
Disney, Walt 361
    Vision 267
Disneyland 119, 267, 361
Disziplin 367
Doktrin darlegen 313
dokumentieren 331
Dringlichkeit 79
    der Mission 145
Drittes Newtonsches Gesetz 326
Dschingis Khan 319

E

Each on teach one 311, 354
Earhart, Amelia 38
Eaton, Robert 46
effektiv kommunizieren 75
ehrenamtliche Tätigkeiten 366
Eifer 325
Einbeziehung des Vorgesetzten 295
Einebnen der Pyramide 49
Einfallsreichtum 359, 362
Einfühlungsvermögen 44
Einigungsprozeß 199
Einzelhandelspolitiker 131
Eisner, Michael 46
El Centro de la Raza 251

Stichwortverzeichnis

Ellison, Larry 55
Eltern
  als Trainer 228
  einbeziehen 238
  verrückte 233
emotionale Intelligenz 41
emotionale Verbindung 41
emotionaler Ballast 227
Engagement 142
  hervorrufen 142
Entscheidung
  begründen im Hinblick auf Ziele und Mission 130
  bewerten 249
  für höheren Zweck 57
  gemeinschaftliche 59
  institutionelle 60
  moralische 55
  philanthropische 59
  salomonische 56
  schnell umsetzen 162
  treffen 160, 326
Entscheidungsfindung 127
Entscheidungsprozeß
  beschleunigen 162
Entschlossenheit 206
Erfahrungen 362
  echte 313
  von außerhalb 309
Erleichterungen 130
Erwartungen 139
  bescheiden halten 200
  der Vorgesetzten 147
  des Teams verstehen 144
  in Einklang bringen 139
  planen 139
  unrealistische 200
Ethnobotanik 303

F

Fachwissen 272
Fähigkeiten
  Bestandsaufnahme 190
  des Teams einschätzen 292
  finanzielle 212, 216
  funktionelle 100

geistige 212, 214
körperliche 212, 215
soziale 213, 217
Fakten suchen 107
Faktoren eines Problems sortieren 72
Faktoren für den Karriereerfolg 63
Fallstudie 313
Farr, Mel 261, 274
Federal Express 49, 118
Feedback 49
Fehler 290
  befehlen statt führen 351
  denken, Führung sei für immer 353
  eliminieren 108
  in der Ausführung der Mission 322
  keinen Sinn für Humor haben 354
  nicht aus Fehlern lernen 349
  nicht flexibel sein 350
  nicht unterrichten 353
  nicht zuhören 352
  schwarz-weiß-sehen 355
  Vergangenheit nicht anerkennen 351
  zuerst an sich denken 352
Festlegung der Richtung 126, 127
Fields, Deborah 277
finanzielle Unabhängigkeit 220
Finck, Jim 47
Fitzgerald, Scott 220
Flexibilität 350
flexibles Reagieren 69
Football 112
Forbes, Malcolm 78
Forschergemeinde 306
Fraser, Sir William 36
Frau als Führungsperson 338
freiwillige Herd-Aktivitäten 188
freiwillige Herz-Aktivitäten 188
freiwillige Kopf-Aktivitäten 188
Freiwilligentätigkeit 187
  direkt nach der Arbeit 192
  gemischte Motive 198
  sich zurückziehen von 208
  Übereinstimmung 199
Friends of the Earth 208
Frist einhalten 367
Fröhlichkeit 358
führen, sich selber 211

Führung 31, 89
  als Anhänger 176
  auf internationaler Ebene 344
  ausüben 323
  echte 37
  ehrenamtliche 175, 179, 366
  Entscheidungen fällen 127
  Fähigkeiten, drei entscheidende 33
  hierarchische 51, 64, 96
  hinter den Kulissen 201
  im Jujitsu-Stil 363
  im Karate-Stil 363
  im Unterschied zu Management 151
  im Unterschied zur Verwaltung 50
  im virtuellen Zeitalter 345
  Mangel an Gelegenheiten 48
  Mythen 34
  neue 335
  reaktive 40
  Scheitern 322
  situationsbedingt 75
  situative 51, 53, 96
  übernehmen 39
  vermittelnde 58
  vorübergehende 51, 62, 96, 149, 315
  zum Scheitern verurteilte 181
Führungs-IQ 69
Führungsfähigkeiten, falsch genutzte 63
Führungskonzept
  Mission 126
  Richtung 126
  Vision 125
  Ziel 126
Führungskräfte
  Mangel 46
Führungskunst 151
Führungsperson
  als Angehöriger einer Minderheit 338
  als Frau 338
  als kultureller Außenseiter 342
  Anhänger 40
  auftauchen aus einer kulturell gemischten Gruppe 341
  Ausbildung 39
  begrenzte Amtszeit 281
  Beziehung zu Anhängern 320
  diplomatische 203

  hierarchische 281
  im Gegensatz zum Manager 49
  reaktive 281
  situative 54, 175, 218, 281, 329, 349
  unerwünschte 48
  verschiedene Rollen 85
  virtuelle 345
  Vision liefern 255
  Wiederverwendung 353
  Ziel 40
Führungspersönlichkeit 32
  Altruismus 361
  Aufrichtigkeit 358
  Bestimmtheit 363
  Eifer 357
  Einfallsreichtum 359
  Fröhlichkeit 358
  geborene 35, 67
  Hilfe 362
  Kennzeichen 357
  Kooperation 360
  Mut 362
  natürliche 317
  Überzeugungskraft 359
  von den Umständen gemacht 38
  Führungspotential 37, 175
  Führungsqualitäten 37, 99, 218
  nutzen 205
  funktionelle Fähigkeiten 100

G

Gates, Bill 276
Gefahren 108
Geld 345
  auftreiben 199
  Geld spenden 196
  Gelegenheiten 108, 276
  aussuchen 277
  entdecken 276
  Ja zu sagen 332
Gemeindeaktion 243
Gemeindeorganisation 244
  nach Alinsky 245
gemeinsame Grundlage 83
Gemeinsamkeiten erkennen 73
Gemeinschaftsentscheidung 59

Geneen, Harold 273
Genehmigung 289
General Bradley 141
General Custer 324
General Eisenhower 141
General Electric 257
General Foods 100
Gerstner, Louis Jr. 72
Geschäftsidee 118
Geschichte der Gruppe ausnutzen 162
Geschworener 179
Gesuch zugunsten der Gruppe 178
gesunder Menschenverstand 73, 152
Gewinn 279
Giuliani, Rudolph 88
Glauben 258
Glaubwürdigkeit 225
Glavin, William 64
Gleitzeit 168
Goleman, Daniel 41
Gorbatschow, Michail 75
Gordischer Knoten 72
Gordon, Craig 321
Grameen Bank 340
Greenpeace 208
Gregory, Dick 193
Grove, Andrew 261
Grove, Andy 274
Gründlichkeit 120
Gruppe
    Einigungsprozeß 199
    für wohltätigen Zweck einspannen 178
Gruppenlernen 83
Gruppenmission 199

H

Habitat for Humanity 189
Haig, Alexander 175
Halberstamm, David 43
Hartford Food System 250
Hasties, William H. 249
häufige Personalwechsel 98
Hein, Piet 127, 170, 225
Held 61
helfen 205
Hewlett-Packard 117, 157, 272

hierarchische Führung 51, 64, 96
Hilfesystem 363
Hirsch, Leon 80
Hitler, Adolf 41
Hoover, Herbert 48
Hopper, Grace 50

I

Iacocca, Lee 87, 89, 100, 110
IBM 276
Idee 270
    neue 278
    und Plan 279
ignoriert werden 100
Industrial Areas Foundation (IAF) 244
Informationen 294
    Glaubwürdigkeit beurteilen 86
    neue 334
    sammeln 86, 273, 303
    teilen 83
    triangulieren 86
    über neue Gruppe 97
innere Uhr 171
innovatives Denken 292
Instant-Teamleiter 317
Intel 261, 263, 272, 274
intellektuelle Ehrlichkeit 80
Intelligenz 68
    des Teamleiters 144
Internationale Landminenkampagne 33, 180
Internationaler Währungsfond 340
Internet 158, 345

J

Jackson, Andrew 80
Jackson, Jesse 338
Jahrbuch der Vereinten Nationen 304
Jaycees 177
Jeopardy 235
Job-Sharing 168
Jobs, Steve 62, 89, 270
Johnson, Jimmy 228
Joint Operation Agreements 301
Jones, Jim 327
Jordan, Michael 43

Jujitsu 133
altruistisches 137
Jujitsu-Führungskräfte 133, 137
Jujitsu-Gruppe 317
Jujitsu-Stil 363
Junior Chamber of Commerce of the United States 177
Justin Marconi-Regel 230

K

Karate 133
altruistische 137
Karate-Führungskräfte 133
Karate-Stil 363
karitative Spende 196
Karriereplan 103
Kelleher, Herb 325, 354
Keller, Helen 38
Kennedy, John F. 354
Kindel, Steve 264, 307
Kinder
Bedürfnisse anderer 223
eigene, bevorzugen 240
fürs Leben trainieren 221
Kooperation 222
nicht trainierbare 230
trainieren 227
unterrichten 221
Verantwortung 222
Wettkampfnatur 232
zuhören 223
Kinderbetreuung 168, 246, 332
bezahlbare 247
King, Martin Luther 258, 338
King, Martin Luther Jr. 91
KISS-Regel 154, 236
Kleidungsvorschriften 343
Kleptokratie 325
Klingl, John 233
Kohl, Helmut 75
Kommunikation 144
in Freiwilligengruppen 205
mit der Außenwelt offen halten 336
virtuelle 345
Kommunismus
Scheitern 324

Zusammenbruch 325
Kommunizieren, effektives 75
Konflikte minimieren 147
König Arthur 35
König George III. 64
König George VI. 64
Konkurrenz 117, 279, 305
aktiv überwachen 305
auskundschaften 321
Konsens 202
Konsens-Management 286
Konsequenz 33, 81, 146, 207
Konsumenten 338
kontinuierliche Verbesserung 160
Kontrolle von Managern 152
Konzentration auf Vision und Ziele 161
Konzepte neu zusammenstellen 74
Kooperation 134, 360, 369
entlocken 33, 42, 76, 99, 134, 179, 202, 314, 323
entlocken in einer gemischten Gruppe 341
im Jujitsu-Stil 135
im Karatestil 134
um Ziel zu erreichen 142
Koresh, David 327
Korn, Lester 63, 96, 113, 190
Kotick, Bobby 137
Kreativität 101
kritische Größe 117
kritische Zahl 304
Kroc, Ray 268
Küchenkabinett 80
kulturelle Vielfalt 169, 338

L

Lands, Edwin 116
Lau, Charlie 34
Leadership IQ 75
Leistung
erwartete 102
nicht erwartete 102
Leistungsmaßstäbe 164
Lernumgebung 83, 146
Lewis, John L. 359
lockerer Konstruktivismus 299
Logo 179

Löhne, konkurrenzfähige 122
Lüge 327
Lutz, Bob 79

M

machbarer Traum 115, 255, 268
Macher 195
Madden, John 228
Madison Park Development Corporation 251
Maestas, Roberto 252
Management 151
   einbeziehen 334
Manager 49
   Auswahlkriterien 154
Mark Anton 335
Mark, Reuben 45, 82, 354
Marketingchef 110
Markkula, Mike 271
Markt
   kennen 272
   zurückverfolgen 171
Markt-Check 321
Marktnische 118
Marriott, Bill 114
Mayflower-Pakt 248
McCabe, Ed 74
McDonald, Dick und Mac 268
McDonald's 268
McGowan, William 78
McKendry, Reiko 47
McKenna, Regis 271
McKnight, William 278
Meisterklasse 308
Menschenwürde 38, 176
Methodenhandbuch 313
Microsoft 272, 277
Minderheit 338
Mission 101, 105, 126, 170, 219, 255, 291, 332, 361, 367
   aus der Führungsperspektive 106
   aus der Perspektive des Management 106
   Chefstratege 107
   daran glauben 140
   definieren 105
   Definition 286
   Marketingchef 110

Retter 112
Scheitern 321
schnell festlegen 148
überprüfen 297
verstehen 316
Mission Impossible 112, 317
   -Leiter 112
   -Persönlichkeit 112
Missionserklärung 248
Mittagspause ausnutzen 193
Mittel 98, 117
Mittelweg 147
Mocha Mike's 275
Modeerscheinung 279
Moore, Gordon 261, 274
Morganthau, Hans 245
Moses 68, 349
Motivation 44, 46, 121
Murphys Gesetz 330
Mussolini 335
Musterdenken 324
Mut 362
My Season On The Brink 192, 230, 233, 238

N

Nachfolger 315, 318
Namath, Joe 112, 330
Nanus, Burt 85
Napoleon 31
NASA 143, 179
neuartige Ideen hervorbringen 75
Neuplanung 334
neutrale Geschäftswelt 340
nicht zuviel versprechen 330
Nische finden 113
Notwendigkeiten erkennen 162
Noyce, Robert 261, 274

O

offen sein für Ideen anderer 366
öffentliches Reden 366
Olivetti 130
Orakel von Delphi 71
Ordnung schaffen 121
Oregon Trail 126

Organisation
   beeinflussen 195
   Finanzen überprüfen 195
   karitative 194
   Methoden und Prozeduren überprüfen 343
   von Vorschriften gesteuert 155
   wohltätige 277
Ouchi, William 273
Owens, Jesse 38

P

Parcells, Bill 112
Paterson, Tim 276
Patton, George S. 102
Peace People 33
Penick, Harvey 34
persönliche Bestandsaufnahme 98
physische Dominanz 36
Pilztheorie des Managements 325
Pit, William 64
Plan
   aufstellen 118, 273
   ausarbeiten 116
   visionärer 117
Planung 286, 362, 367
   Beteiligung des Teams 273
   des Abgangs 336
   Scheitern 321
Planungsprozeß 273
Polaroid 116
Positionen ändern
   beim Sport 235
Prestidigitation 307
Prinz Charles 180
Prinzessin Diana 180
Problembehebung 77
Probleme
   der kulturellen Verschiedenheit 341
   essentielle 173
   karitativer Organisationen 194
   Kinderbetreuung 246
   persönliche von Teammitgliedern 142
   überdenken 170
   umformen 171
Profis 292
   einstellen 199

Projekt 304
Punkt ohne Wiederkehr 161
Puris, Martin 71

Q

Queen Elizabeth 40

R

Rabi, Isidor I. 268, 271
Rabin, Yitzhak 87
Rangabzeichen 353
Reagan, Ronald 366
reaktive Führung 40
Rebellion 319, 322, 327, 362
Rechtzeitigkeit 120
   bei der Arbeit im Netzwerk 346
Reden proben 366
regelmäßige Meeting-Zeiten 326
Regeln
   objektive 340
   subjektive 340
   zu viele 155
   zu wenige 155
reiche Leute 220
Rekonstruieren 171
Ressourcen 173, 273
   anfordern 143
   begrenzte 200
   benötigte, bereitstellen 121
   Bereitstellung am Arbeitsplatz 122
   effektiv einteilen 148
   konkurrieren um 338
   nicht ausreichende 359
   passende 321
   schwindende 275
Retter 112
Reverse Engineering 305
Revolution im Führungswesen 325
Richtungsweiser 87
Rickey, Branch 232
Rogers, Will 84
Rogers, William 140
Roosevelt, Eleanor 38
Roosevelt, Franklin 48
Rosenbaum, Ron 41

Stichwortverzeichnis

Rückzugsstrategie 335
Rudy 34
Ruhm 286
Rundbriefe 82
Ryder Systems, Inc. 333

S

S-Kurve des Investment 160
Saachi&Saachi 259
Saldick, Robert 70
Salomon 56
Sarnoff, David 257
Saul Alinsky 243
Scheckbuchnächstenliebe 196
Schlichtung 128
Schuldzuweisung 77, 143, 173, 299
schummeln 240
Schwächen 108, 190
    beherrschen beim Sport 231
    eigene 211, 367
Schweigen als Waffe 360
Schwert-Stein-Doktrin 35
Selbstbeherrschung 42, 43
Selbstbewußtsein 43
Selbstvertrauen 78
    fehlendes 316
Senator Inouye 352
Shackelford, Sir Ernest 358
Shaman Pharmaceuticals 303
Sharpton, Al 245
Shopping for a Better World 46
Shrine-Clownsschule 190
sich entschuldigen 333
sich selber antreiben 78
Siefert, George 90
Sierra Club 57, 208
Silicon Valley 271
Singles 197
Situation einschätzen 97
situative Führung 51, 53, 96
Skripte 75
Smith, Fred 118
Smith, Philip 100
Smith, Webster 156
Smithburg, William 101
Southwest Airlines 325

soziale Blase 360
soziales Geschick 46, 47
Sozialleistungen 122
Spaß am Sport 229, 235, 242
Sport
    Aufstellung ändern 234
    Positionen ändern 235
    Schwächen beherrschen 231
    Spaß 229, 235, 242
    Vorbereitung 232
    Wettkampf 232
Sprecher 89, 110
Stalin, Joseph 52, 368
Stärken 108, 190
    eigene 211
Stevens, George L. 245
Stolz 322
Strategie 170
strategischer Plan 126
Streit mit Vorgesetzten vermeiden 179
Streit im Team 172
strenger Konstruktivismus 300
Subjektivität von Regeln und
    Konventionen 340
Sullivan, Annie 38
SWOT-Analyse 248
SWOT-Diagramm 108, 165
    für Teammitglieder 165
symbolische Demut 100
Synthese von Ideen und Informationen 74

T

Tagebuch 298
Taktik 170
Talisman 236
Tamerlan der Große 319
Team
    Akzeptanz 289
    Arbeit mit Netzwerken 345
    arbeiten mit anderen Teams 300
    aufbauen 270
    Besitzrecht 288
    beste Praktiken verankern 298
    bestmögliches 291, 337, 367
    bilden 367
    delegieren an 165

effektives, aufbauen 149
erstes Meeting 103
Genehmigungen 289
Größe beschränken 293
Harmonie aufrechterhalten 332
Ideenaustausch fördern 298
inspirieren 131
internationales 344
Kontakt unterhalten 367
Lücken 167
Mitglied ersetzen 331
Mitglieder 305
nachbilden 311
Scheitern 159
sorgfältig auswählen 291
Streit schlichten 172
trainieren 159
Verantwortlichkeit 288
Versöhnung 290
Vertrag schließen mit 153
Vorteile 285
Vorteile für Teammitglieder 287
Wissen weitergeben 298, 311
Zeit nehmen für 294
Zeitung gründen 308
zusammenhaltendes 120, 149
Teamarbeit 285, 286
   fördern 121
Teamgeist 142
   aufbauen 176
Teamleiter
   aus der Tüte 316
   fehlerhaftes Urteil 327
   handeln als 83, 111, 142
   Kochbuch 316
   Nachfolger 315
   neuer 314, 315
   Scheitern 336
   Versagen 320
   virtueller 346
   von der Pike auf 317
   Wahrheit sagen 328
   weiß und männlich 338
Teamlernen 297, 303
   aus der Erfahrung 306
Teamwissen 298, 311
Telefonkette 206

Termindruck 367
Termine vorverlegen 172
The Ballad of Desert Pete 369
The Council on Economic Priorities 45
The Gambler 329
The King and His Court 293
The Millionaire Next Door 220
The Soul of a New Machine 142
The Success Profile 63, 113
Theory Z
   How American Business Can Meet Japanese Challenge 273
Thorpe, Jim 38
Tiefendiagramm 101
Time Warner 342
Timing 161
Toleranz 343
Trainer 90, 110, 227
   als Lehrer 229
   Erfolgsregeln 237
   Fähigkeiten 230
Träume 219
Triangulation 86
Trotzky 324, 368
Truman, Harry 32, 48, 160

U

überdenken 157, 335
Übereinstimmung
   bei Freiwilligentätigkeit 199
Überzeugungskraft 359
Ultimaten vermeiden 331
United Mine Workers 360
United Parcel Service (UPS) 49
Unternehmen
   Durchführbarkeit 280
   Gewinn abwerfen 279
   gründen 272
   Konkurrenz 279
   kritische Größe 117
   leiten 272
   neu gründen 119
Unterrichten 314
Unterschiede erkennen 73
Unterstützung durch Führungsperson 362
Unzufriedenheit bei Freiwilligentätigkeit 209

Stichwortverzeichnis

Urteilsvermögen 81, 207
  praktizieren 145
US Surgical 80

V

Veränderung 350
  begrüßen 366
verantwortlich machen 122
Verantwortlichkeit 32, 143, 288
Verantwortung 286
  akzeptieren 32, 115
  auf sich nehmen 333
  bereitwillig übernehmen 357
  entziehen 129
  ergreifen 32, 38, 152, 213, 221, 314, 323
  für unangenehme Aufgabe 357
  leben 322
Vergleichsmaßstab 295
Verläßlichkeit 81
Verlust eines Teammitglieds 294
Vermittlung 128
verpfuschte Aufgabe 290
verrückte Eltern 233
Verschiedenheit praktizieren 342
Versöhnung 290
Vertrag mit dem Team 153
Vertrauen 82, 146, 207
Verwaltungswissenschaft 49
Vielfalt 292
  wollen 343
Vision 50, 68, 87, 89, 101, 151, 220, 255, 286, 361, 367
  als machbarer Traum 268
  als Maßstab 260
  aus der Erfahrung 256
  daran glauben 140
  dynamische 281
  einfach halten 269
  entwickeln 115
  Idee für neue Dienstleistung 116
  in Plan umwandeln 116
  konzentrieren auf 161
  leben 90
  neue Produktidee 116
  realistische 274
  Scheitern 262, 320
  sich ändernde 281
  überprüfen 297
  und das menschliche Element 257
  und Glauben 258
  und Phantasie 257
  und Plan 273
  und Wissen 256
  verstehen 315
  von einer besseren Welt 193
  von größerer Vision übertroffene 320
  zu begrenzte 320
  zu gewaltige 320
  zugrundeliegende Idee 279
  zur Verbesserung der Welt 116
Visionär 260, 278
visionärer Plan 117
Visionary Leadership 85
Vlad der Pfähler 319
Volksweisheit 303, 306
Vollständigkeit der Antwort 326
Volvo 339
von vorne anfangen 329
Voraussetzungen in Frage stellen 334
Vorbereitung 365
  beim Sport 232
Vorschrift 155
Vorsichtigkeit 120
vorübergehende Führung 62, 96, 149

W

Wahrheit 327
Wahrheitssucher 86
Walesa, Lech 175
Walker, Robert 157
Walton, Sam 71
Warum-Fragen 224
Washington, George 259
Weisheit 207
Weiss, Carl 116
Weiterentwicklung 168
Weltbank 340
Wenli, Xu 55
Wettbewerb 171
Wettkampf beim Sport 232
White, T.H. 35
Williams, Betty 32

Williams, Doug 35
Williams, Jody 33
Williams, Rogers 208
Williams, Ted 34
Wilson, Gary 114
Wohl, Bernie 197
World Wide Web 158
Wozniak, Steve 270
Wright, Wilbur und Orville 256

X

Xerographie 268
Xerox 37, 64, 268, 271

Y

Youth Advisory Committee 47

Z

Zeitfrist für Antwort 326
Zeitung 308
Zelaznick, Shelly 52
Ziel 40, 87, 219
    als realistisch akzeptieren 140
    an die Wand hängen 153
    daran glauben 140
    definieren 105
    der Gruppe 98, 255
    erreichen 367
    identifizieren 120
    in kleinere Ziele aufteilen 156
    konzentrieren auf 161
    kurzfristiges 182
    realistisches 163
    überprüfen 297
Zielsetzung 101
Zivilisiertheit 344
zufällige Gelegenheiten ausnutzen 70
Zufallsfaktor 108
    eliminieren 108
zuhören 33, 42, 76, 99, 135, 179, 213, 221, 314, 324, 325, 368
    aktiv 202
    im Jujitsustil 136
    im Karatestil 136
    in einer kulturell gemischten Gruppe 340
    Organisation 136
Zündkerze 201
Zusammenarbeit 42, 213
Zuverlässigkeit 146, 207
zweideutige oder widersprüchliche Nachrichten 71
zweite Chance 329

Dirk Sutro
Jazz für Dummies

Aus dem Amerikanischen übersetzt von Harriet Gehring

Aus dem Inhalt:
- ✔ Stile und Geschichte des Jazz erkunden
- ✔ Legendäre Jazz-Größen kennen lernen
- ✔ »Besser hören« lernen
- ✔ Neue Lieblingsplatten entdecken

ISBN 3-8266-2836-5
www.mitp.de

Aber nicht nur Jazz-Freunde kommen bei uns auf den Geschmack!
Schauen Sie doch auch hier mal rein: